체육교사로 일하기

체육교직실무 매뉴얼

대표저자 **최의창**

박정준·전세명·최창규·한민국·이승재
조종현·김윤진·김기철·이정민·윤기준

체육교사로 일하기
- 체육교직실무 매뉴얼 -

2013년 8월 20일 인쇄
2013년 9월 2일 발행

저 자 최의창
　　　　박정준, 전세명, 최창규, 한민국, 이승재
　　　　조종현, 김윤진, 김기철, 이정민, 윤기준
발행처 레인보우북스
주 소 서울시 관악구 신림로 75 레인보우B/D
전 화 02) 872-8151 02) 871-0935(팩스)
E-mail min8728151@naver.com
I S B N 978-89-6206-268-7 93690
정 가 25,000원

*잘못된 책은 구입처에서 교환하여 드립니다.

PREFACE
머리글

학교체육이 학교교육의 새로운 주인공으로 떠오르고 있습니다. 2008년도 이후 학교체육 정책의 급격한 확대가 이루어지고 막대한 재정이 투자되고 있습니다. 급기야는 2012년 중학교 교육과정 상의 시수증가가 이루어지는 초유의 상황까지도 전개되었습니다. 연유야 어찌되었건 간에 그 결과야 어찌될 것이던 간에, 학교체육에 쏟아지는 뜨거운 관심을 증명해보여주는 사태가 아닐 수 없습니다. 학교체육은 이제 더 이상 학교교육의 단역이나 조연의 위치에 있지 않습니다.

사실 체육교사는 이미 학교에서 주인공의 역할을 해내고 있었습니다. 남교사가 부족한 현실, 특히 오래전부터 학생지도와 행정업무에 있어서 탁월한 수행력을 보여주는 체육교사는 학교에서는 없어서는 곤란한 최고 역할을 맡아오고 있던 것입니다. 다만, 전통적인 교과지위적 고정관념으로 학교안밖에서 인정을 받지 못했던 것입니다. 그런데, 최근의 제도적, 정책적 지지를 통해서 그 사태가 개선된 것입니다.

현재 학교에 발령받는 체육교사의 역량은 체육전문분야 전체를 통틀어서 가장 최고의 수준에 있습니다. 다른 교과의 신임교사와 비교해도 지덕체 세 영역 모두에서 하등의 미흡함을 찾을 수 없는 상황입니다. 건강하고 운동 잘 하고 잘 화합할 줄 아니, 다른 교과 교사들보다도 훨씬 더 우수한 지경에 있다고 까지 말할 수 있습니다. 대학교와 도서실에서 체육교사를 준비하는 예비체육교사들 대부분이 그와 같은 수준입니다.

대학교에서는 이러한 수준높은 교육전문능력을 지닌 예비교사들을 교육시키는 데에 많은 노력을 기울이고 있습니다. 교직과목들이 예전과는 달리 매우 알차고 현장중심적인 내용과 방식으로 가르쳐지고 있습니다. 특히, 〈체육교직실무〉는 교육실습이나 교과지도법 이외에 현장에서의 업무를 보다 더 잘 파악하고 제대로 수행해낼 수 있도록 의도하는 가장 최근에 개발된 수업이며, 교직필수과목으로 결정되어 모든 사범대학에서 가르쳐지고 있습니다.

그런데, 좋은 의도와는 달리, 〈체육교직실무〉를 제대로 지도할 수 있는 데에 도움이 되는 자료는 전혀 마련되지 않은 상황입니다. 그래서 현장의 교사들이 중심이 되어 특강 형식을 빌어 이야기를 진행하고 학교에 탐방하는 정도로 이루어지고 있는 실정입니다. 물론, 그렇게 실천되어도 학생들은 배우는 것이 있습니다. 현장에 보다 더 가까운 방식으로 실행되기 때문입니다. 하지만, 제대로 충분히 배우기는 어렵습니다.

예비체육교사로서 교육봉사와 교육실습을 통해서 (사정에 따라서는, 그 전이라도) 현장에서 체육교사로서 어떤 일을 수행하면서 교직생활을 해나가는지 그렇게 잘 알기는 어렵습니다. 〈체육교직실무〉 수업을 통해서 현장에서의 실무를 보다 더 직접적이고 장시간 이해하고 체험하고 성찰하는 시간을 가져야만 가능합니다. 그리고 그것은 체계적인 방식으로 진행되어야만 합니다. 그래서 교재라는 형태의 자료가 필요합니다. 그리고 신임체육교사들에게도 신속히 학교현장의 업무를 파악하는 훌륭한 안내서와 지침서로도 역할할 수 있는 자료가 요구됩니다.

〈체육교사로 일하기: 체육교직실무 매뉴얼〉에서는 학교 현장에서 이뤄지는 모든 상황을 보다 쉽게 이해할 수 있도록, 실제 교직생활과 직접적으로 연관되어 있는 중요한 업무를 다루고자 하였습니다. 본 책은 총 4부로 구성되어 있습니다. 1부는 세 교사의 학교생활 이야기를 중심으로 사례로 보는 학교교직실무, 2부는 체육교과에서 중점적으로 다루게 될 체육교직실무, 3부는 학교 업무와 교육지원 및 행정체계의 이해를 돕기 위한 일반교직실무, 그리고 4부는 기타 교직에서 필요로 하는 유용한 정보들을 수록한 부록으로 구성하였습니다.

1부에서는 체육교사가 학교 현장에서 직접 경험하게 되는 다양한 사례를 3명의 교사들을 중심으로 이야기가 진행됩니다. 2월부터 시작되는 새 학년, 새 학기의 준비에서부터 한 해를 마무리하는 12월까지 겪게 되는 시간적 흐름에 따라, 1년 동안의 학교현장의 실제적인 사례들을 보다 이해하기 쉽게 풀어나갔습니다.

첫째, 세 가지 각각의 사례들은 등장인물의 교직 경력에 따라 구분하였습니다. 첫 번째 사례는 신규교사 최욱 선생님의 이야기로서 학교생활의 적응 및 체육 수업운영 측면을, 두 번째 사례는 3~5년 교직 경험을 가진 이바른 선생님의 이야기로서 담임업무 및 학교 행정 업무측면을 중심으로 서술하였습니다. 그리고 세 번째 사례는 교직경력이 10년이 넘은 우승만 부장 선생님의 이야기로서, 보직교사로서의 체육교과 부서 운영 측면 등을 중점적으로 제시하였습니다. 이러한 교직경력에 따른 사례 제시는 학교현장의 업무를 보다 쉽게 이해하는데 많은 도움이 될 것입니다.

둘째, 각각의 사례에 따른 추가적인 설명이 필요한 부분에서는 표와 그림으로 예시를 제시하였습니다. 이러한 자료들은 실제 학교현장에서 사용되고 있는 자료들이며, 추가적인 설명이 필요한 부분에서는 2부와 3부의 교직실무 원고를 살펴볼 것을 권장하였습니다.

2부에서는 체육교사의 교직실무를 다루고자 하였습니다. 먼저 체육과 교육과정에 대한 간단한 이해를 바탕으로, 현장에서 이루어지는 체육수업의 운영과 현재 체육교과 부서에서 담당하고 있는 다양한 체육교육 관련 업무들을 요약하여 정리하였습니다.

3부에서는 일반교직실무를 다루었습니다. 학교 조직에 대한 이해와 학급 경영 측면, 그리고 행정업무를 진행하기 위해 필요한 차세대나이스, 업무관리시스템 등에 대한 교육정보 관련 업무까지 교사가 처음 학교 현장에서 기본적으로 습득해야 할 정보들을 수록하였습니다.

마지막으로 4부 에서는 생활기록부 작성 예시, 학교문서 관리 및 문서 작성 방법 등, 교사로서 습득하고 있으면 더욱 유용한 정보들을 수록하였으며, 각종 교육기관 및 연수기관과 연계할 수 있는 인터넷 사이트도 함께 소개하였습니다.

체육교과관련 교직실무 매뉴얼이 없어서 학교 현장을 이해하고 학교업무를 수행하는 데에 어려움을 겪었던 예비 체육교사 및 신규 체육교사들에게 이번 〈체육교사로 일하기: 체육교직실무 매뉴얼〉은 체육교과와 관련된 직접적인 업무와 사례들을 다양하게 제시함으로써 보다 현장교육에 더욱 가까이 다가가고, 체육교사로서 학교 업무를 배워나가는 데에 중요한 밑거름이 될 수 있을 것입니다.

〈체육교사로 일하기: 체육교직실무 매뉴얼〉은 현재 인천대학교 교수이신 박정준, 인천 동춘초등교사이신 전세명, 그리고 중등체육교사로 재직하고 계신 최창규, 한민국, 이승재, 조종현, 김윤진, 김기철, 이정민, 윤기준 선생님들께서 공동으로 집필에 참여해주셨습니다. 바쁜 업무에도 불구하고 후배들을 위한 선배교사의 애정으로 시간과 노력을 할애해주셨습니다. 아직 부족한 점들이 여기저기 엿보이지만, 본 매뉴얼이 예비체육교사와 신임체육교사들이 보다 더 신속하고 능률적으로 교직업무에 적응할 수 있는 효과적인 도우미 역할을 할 수 있을 것입니다. 향후 보다 나은 내용으로 구성될 수 있도록 독자 여러분의 조언을 기다립니다.

집필자를 대표하여 최의창 드림

2013. 8. 19

목 차

머리글   i

1부   사례로 보는 체육교직실무

1장   첫 번째 사례 ; 최욱 선생님의 이야기 • 3

\# 첫 인사 ··· 3
\# 체육교사 최욱 ·· 8
\# 꽃피는 봄이 오면 ·· 20
\# 담임교사 최욱 ·· 25
\# 여름방학 맞이하기 ··· 34
\# 가을 하늘 아래 운동장 ·· 45
\# 한 해 갈무리 ·· 50

2장   두 번째 사례 ; 이바른 선생님의 이야기 • 53

\# 또 다른 시작 ·· 53
\# 준비에 실패하는 것은 실패를 준비하는 것 ··················· 57
\# 사랑, 그 출발선에서 ·· 66
\# 짙어가는 학교생활 ··· 76
\# 여름방학, 그 달콤한 즐거움 ··· 87
\# 무한한 재능과 가능성을 찾아 ··· 98
\# 결실의 순간 ·· 106

3장   세 번째 사례 ; 우승만 부장 선생님의 이야기 • 113

\# 또 하루 멀어져간다 ··· 113
\# 우승만 부장님, 출발선에 서다 ·· 121
\# 뭐든지 척척, 우승만 부장님 ··· 136
\# 우승만 부장님, 결승선을 바라보다 ································ 155

2부 체육교직실무의 실제

4장 체육과 개정 교육과정 • 173
1. 2007 개정 체육과 교육과정 ·· 173
2. 2009 개정교육과정(미래형 교육과정)과 체육교과 운영 ···················· 178
3. 창의적 체험활동 및 독서교육지원시스템 ·· 180
4. 학교스포츠클럽 활동(체육시수 4,4,4) ·· 185
5. 자유학기제 ·· 191

5장 체육수업의 운영 • 197
1. 체육수업의 준비 ·· 197
2. 체육수업의 실행 ·· 216
3. 체육수업의 정리 ·· 223

6장 체육교육 업무 • 229
1. 교과 협의회 ·· 229
2. 각종 대회 운영 및 참가 ·· 234
3. 스포츠클럽 활동 ·· 241
4. 방과후학교 수업 운영 ·· 247
5. PAPS(Physical Activity Promotion System) ··································· 250
6. 운동부 운영(선진형 학교운동부 시스템 구축) ·································· 257
7. 청소년단체 활동 ·· 268
8. 기타 체육교육 업무 ·· 278

3부 일반교직실무의 실제

7장 학교업무의 이해 • 289
1. 학교조직과 사무분장 ·· 289
2. 학급경영 ··· 297
3. 교육정보관련 업무 ·· 342

8장 교육지원 및 행정체계의 이해 • 391
1. 교원의 인사 및 복무관리 ·· 391
2. 장학 ··· 417
3. 교원단체 및 교직단체 ·· 426

4부 부록

1. 생활기록부 기재 예시 ·· 435
2. 학교 문서관리 및 문서작성 방법 ·· 454
3. 사이트 맵 ··· 459

참고문헌 ·· 460

1 부

사례로 보는 체육교직실무

1장 첫 번째 사례
최욱 선생님의 이야기

#. 첫 인사

1. 교육청 발령

올해로 27살이 되는 최욱 선생님은 2월 14일 발렌타인데이에 초콜릿보다 달콤한 전화를 받게 된다. 2월 20일 인문시 서사교육지원청으로 오라는 전화를 받은 것이다. 목이 빠지게 기다리던 신규교사 채용의 정식 발령을 받게 된 것이다. 2월 20일 서사교육청 204호 소강당에는 연수 때 만났던 신규체육선생님 중 세 명이 가벼운 농담으로 설렘을 분출하고 있었다.

"현관에 있는 교육청 지도 봤어? 버스도 안다닐 것 같은 곳에 학교가 있어! 하하하"

이런 저런 농담이 오가고 있는 중, 한 중년 남성이 문을 벌컥 열고 들어와 가벼운 미소를 날리며 우리에게 한 마디 건넨다.

"반갑습니다. 저는 서사교육청 중등교육지원과 중등체육담당 채역만 장학사입니다."

> 지원한 지역 내에 신규교사로 발령이 날 경우 거주지를 중심으로 지역 교육지원청이 결정이 된다. 교사 수급에 관한 부분이 정해 진 후 발령 나는 신규 인원이 합격 순위별로 결정되며 그 이후는 모든 사람이 공평 조건으로 거주지기준으로 근무 지원청이 결정 나게 된다.

잠시 후 너스레를 떨며 들어오는 50대 초반의 남성, 정수기업체 직원으로 보이는 조용한 40대 중반의 남성, 진한 향수를 뿌린 50대 중반의 여성이 차례로 들어온다. 서로 간단한 목례를 나누고 약간의 어색한 분위기가 흐를 즈음 한 정장을 차려입은 50대 후반의 남성이 들어온다. 이 남성이 등장하자 앞서 온 사람들이 모두 일어나 너나없이 인사를 건넨다.

이들은 신규교사를 자신의 학교로 모시고 갈 각 학교의 대표들이다. 교감, 교무부장, 체육부장, 교장 중 단위학교별로 가능한 사람이 신규교사를 자신의 학교로 모시고 가기위해 온 것이다.

> 근무하게 될 지원청이 결정된 후에는 신규교사의 근무 학교가 결정 난다. 지원청에서 자신이 근무하게 될 학교명을 통보받고 신규임용장을 수여받게 되면 원칙상으로는 신규교사가 직접 학교를 찾아가야 하지만, 관례상 해당 학교에서 신규교사를 데리러 지원청으로 직접 찾아간다. 이 관례는 반드시 그런 것은 아니며, 지역마다 다른 양상을 보이기도 한다.

2. 학교 방문

정수기 업체 사람으로 보였던 40대 중반의 남성은 내가 처음으로 교직생활을 하게 될 학교의 체육부장님 이셨다. 간단한 통성명을 하고 이 분의 차에 함께 탑승을 하게 되었다. 은회색의 SUV차량에 흙이 잔뜩 묻어있는 것을 보니 학교근처에 비포장도로라도 있는 모양이다.

'나는 도대체 어디로 끌려가게 될까? 그 학교는 어디에 있으며 어떤 모습을 하고 있을까?'

이런 저런 잡념이 스치는 와중에 예상 가능한 질문들이 쏟아진다.

"선생님 나이는 몇 살 이예요? 학교는 어디 졸업했어요? 어디 살아요? 결혼은 했어요?"

뻔한 질문과 답변이 오가는 사이 알 수 없는 길을 헤매던 차량은 내가 근무하게 될 학교의 정문을 통과하고 있었다.

「하나중학교」

교무실에 도착하자 생각하던 풍경과는 매우 달랐다. 방학인데도 꽤나 많은 선생님들이 자리를 지키며 정신없이 무엇인가에 열중하고 있었다. 분명 내가 새로 발령받아 학교에 온다는 소문이 났을 텐데 아무도 반기는 이는 없다. 체육부장님의 손에 이끌려 교무실 중간에 위치한 교감선생님 자리로 가서 체육부장님이 소개를 한다.

"이번에 체육과 신규로 오신 최욱 선생님이십니다."

그러자 사람들이 이제야 시선을 나누어준다. 한 쪽 귀퉁이에 있던 남자 선생님이 교무부장이라고 인사를 건네며 반갑게 맞이한다. 이제야 무언가 인사를 나누는 분위기가 만들어지고 있었다. 잠시 후 살가운 인사로 맞이하시는 40대 초반의 여자 분이 녹차 한 잔을 건네주신다. 이 분은 나중에 알게 되었는데 교무보조업무를 맡고 계신 분이라고 한다.

교무부장님이 '착임계'라고 불리는 종이 한 장을 내미시면서 적을 것을 권유한다.

"이게 선생님 희망 업무인데, 1지망에 체육부 교구관리 쓰시면 되요. 그리고 학년은... 몇 학년 쓰시면 되나... 체육부장님 최선생님 몇 학년 쓰시면 되죠?"

"최욱선생? 1학년이요~ 최욱 선생님 1학년 하시면 되요."

> 서울 공립학교의 경우 5년에 한 번씩 정기적으로 교사의 전보가 이루어진다.(전보의 규정과 원칙은 각 시도교육청마다 다르게 운영된다.) 그리고 같은 학교에서 계속 재직을 하게 되더라도 원칙적으로는 매년 자신이 맡게 될 행정업무의 분장과 담당학년은 바뀌기도 한다. 이를 정하기 위해 모든 교사는 '착임계'라는 것을 쓰게 되어있다. 이 착임계의 희망업무를 바탕으로 행정업무체계를 조직하게 되고 담임 및 교수 학년이 결정된다. 만약 2~3명(혹은 그 이상)의 교사들이 희망하는 업무나 담임학년이 중복되는 경우는 각 학교 내에 존재하는 인사규정에 따라 정해진다. 이와 같은 혼란을 사전이 막기 위하고 서로의 의견을 존중하기 위해서는 교과협의회를 실시하여 새 학년도에 담당하게 될 학년을 사전에 조율한 후에 착임계에 쓰기도 한다. 이러한 작업은 주로 봄방학 기간 이전에 이루어지므로, 보통의 경우 당해 전보로 인해 다른 학교로 이동하는 교사와 2월 말 인사발령을 받는 신규교사의 경우는 이 결정에 주요한 역할을

1부 사례로 보는 체육교직실무

하지 못하는 것이 일반적이다. 즉, 가르치는 학년과 학교 내 업무분장은 기존에 재직하던 교사 위주로 결정되기 때문에 신규교사의 경우 자신이 원하지 않는 학년을 담당할 수도 있게 된다.

[표 1.1] 체육교과 부서 업무조직 예시 1

담당	업 무 내 용
부장 (1학년 부장 겸임)	부서업무 총괄, 1학년 업무 및 수련활동 총괄, 강당 관리, 학교급식위원회 운영, 교육복지특별사업(건강관리Pr), PAPS, 스포츠강사 관리
기획	공문서 처리 및 관리, 체육대회 계획수립 및 운영, 체육기자재실 관리, 학교스포츠클럽 활동 운영, 부서 홈페이지 관리 및 홍보
행사 및 교육	축구부 운영, 민방위 훈련, 안전교육, 행사질서 지도, 정수기 관리
보건	보건실 운영, 보건(성)교육, 학생건강기록부 관리, 환경위생관리, 건강관리자 관리, 학교안전공제 관련업무
영양	학교급식위원회 주관, 급식 관련 업무, 학교급식 모니터링 운영

[표 1.2] 체육교과 부서 업무조직 예시 2

담당	담 당 업 무
부장	업무 총괄, 안전 교육
기획	기획 업무, 체육 대회, 민방위 교육, 급식 지도 교사 배정, 기자재 관리, 청소 및 비품 관리
보건	학생 및 교직원 건강관리, 환경위생관리자, 건강기록부 관리, 성희롱 예방 및 성교육(성교육담당교사)

3. 첫 출근

3월 2일 드디어 첫 출근을 하는 날이다. 내가 가지고 있는 최고의 정장은 세탁소에서 도착한 그대로 좋은 비닐 막에 의해 먼지와 냄새로부터 보호를 받고 있다. 이 보호막에서 그 옷을 꺼내어 잘 차려입은 후 거울을 보고 또 보고를 반복하며 세상의 중심이 될 내 자신을 떠올려 본다. 이렇게 오래 거울 앞에 있었는데도 시간은 7시가 되지 않았다. 8시 30분까지 오면 된다고 하였지만 어떻게 그럴 수 있겠는가? 할 일도 없고 6시 50분경 집을 나선다.

버스의 기름 냄새까지도 향기로운 아침 7시 30분. 교문을 통과하는 나에게 처음으로 인사하는 것은 내 속을 확 뚫어 놓을 정도의 흙내음 이었다. 역시 학교에는 운동장이 있어 공기가 좋은 것 같다. 학교 뒤에 있는 산에서 뿜어져 나온 산소가 흙의 색을 입어 사람들의 속을 정화시켜주는 마법의 공기로 바뀌어 진 모양이다.

아직 학교에는 많은 교사들이 출근하지 않은 모양이다. 운동장의 흙내음에 이끌려 이리저리 돌아다니다 문득 든 충격이 있었다.

'그런데 내 자리는 어디지? 난 어디로 가야하지?'

우선 2월에 만났던 누군가가 오기를 기다리며 여기저기 학교 구경을 하기로 결정하였다.

> 학교는 매년 새로운 학년이 시작되면 굉장히 바쁘게 업무가 진행된다. 새로운 자리에서 업무가 시작되며, 새로운 교육과정에 새로운 학생들과의 만남을 준비하는 자리는 늘 정신없이 시작된다. 그래서 처음 학교에서 업무를 시작하는 신규교사의 입장에서는 3월이 굉장히 힘들게 느껴질 수도 있다. 먼저 적극적으로 가르쳐 주는 훌륭한 멘토 교사가 있는 행운이 없다면, 대부분의 경우 모든 것을 자신이 혼자서 알아서 해야 하는 경우도 많기 때문이다. 이 때 기본적인 시설점검부터 시작할 필요가 있다. 체육교사로서 기구를 보관하는 곳은 어디인지, 그 안에는 무엇이 있는지 꼼꼼히 파악해 볼 필요가 있다. 그리고 운동장이나 체육관 이외에 비가와도 활용할 수 있는 공간, 교실의 멀티미디어 활용여부 등을 면밀히 체크해 수업 진행에 불필요한 소모를 최소화해야 한다.

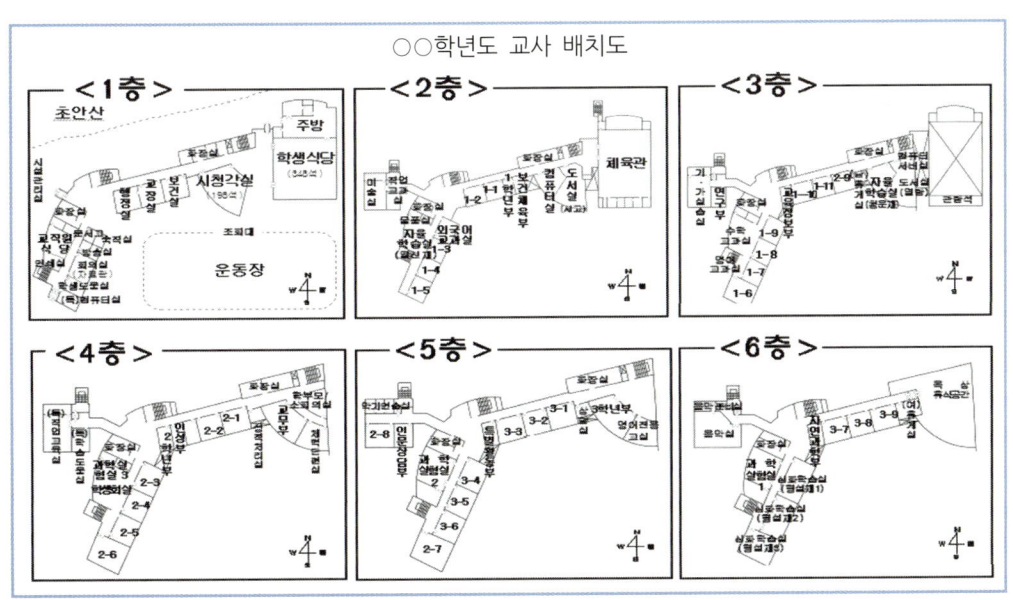

[그림 1.1] 학교 건물 배치도 예시

1부 사례로 보는 체육교직실무

#. 체육교사 최욱

1. 체육수업 시작하기

당장 내일부터 체육수업을 해야 하는데 나는 무엇을 가르쳐야하며 어떻게 가르쳐야 하는지 아는 것이 아무것도 없다. 그런데 나에게 조언을 해주는 이는 아무도 없다. 체육부장님에게 여쭤 보는 수밖에 없다.

"선생님 저 뭐 가르쳐야 하나요?"

"어, 연간평가계획 작년 꺼 하나 줄 테니 이거대로 가르치면 돼"

"올 해 것은 없나요?

"수정할 것 수정해서 보름 안에 나와, 가르치고 싶은 거 있으면 최선생이 수정해도 돼"

체육교사가 수업을 해야 하는 내용은 곧 평가해야만 하는 것으로 받아들이는 것이 교사들의 보편적인 생각이다. 이것이 바로 단위학교 내의 커리큘럼이라고 받아들이면 된다. 실제로는 가르치는 것을 모두 평가한다는 생각은 조금 무리한 부분이 있는데 편의상 대다수의 교사들은 그렇게 받아들인다. 따라서 가르쳐야 하는 것들의 순서나 내용이 대부분 이 평가계획에 다 들어가 있다고 생각을 한다. 그래서 모든 체육 교사들은 이 내용에 맞추어 수업을 진행한다. 다른 교과들은 교과서를 중심으로 수업을 하는데 체육 수업은 그렇지 않기 때문에 생기는 혼란이다. 실제로 국가수준의 체육교육과정에서는 5가지 가치영역 안에서 활동을 선택하여 가르치게끔 구성되어있다. 이 때 교사가 처음으로 해야 할 일은 주간 체육교과 담당교사별 시간표와 함께 학사일정을 확인한 후, 반별 수업시수를 파악하는 일부터 시작을 해야 한다. 그다음에는 수업을 계획하고 실행하는 일련의 교과서적인 전문성을 발휘해야 한다.

[표 1.3] 주간 체육교과 담당교사 시간표 예시

이름	담임	과목	시수	월1	월2	월3	월4	월5	월6	화1	화2	화3	화4	화5	화6	화7
양○○	체육부장	체육	18	103 체육	104 체육		206 진로		102 체육				209 진로	104 체육	102 체육	
김○○	105	체육	18		106 체육	110 체육	107 체육				110 체육	109 체육		108 체육	105 체육	
정○○	205	체육	18		201 체육	205 체육	203 체육		204 진로		204 체육	203 체육		202 체육	205 체육	
류○○		체육	18			209 체육	208 체육		207 체육	207 체육	206 체육	210 체육		311 체육	201 진로	
김○○	308	체육	20	307 체육		310 체육	302 체육		308 체육	305 체육	304 체육	309 체육		303 체육	301 체육	

[그림 1.2] 학사일정표 예시

2. 운동장피자 조각내기

뜀틀 수업을 위해서 운동장에 위치한 체육창고의 문을 열었다. 농구공과 축구공이 잔뜩 담겨 있는 볼 박스 뒤편에 먼지로 가득한 뜀틀이 살짝 얼굴을 비치고 있었다. 도저히 혼자 들어 옮긴다는 것은 불가능 해 보였다. 아이들을 잘 안다면 함께 나르자고 해 볼 텐데 누가 내 수업을 듣는 아이들인지도 모르겠고, 수업 시간은 다 되어가고... 그 즈음 뜀틀은 분리가 된다는 사실을 갑작스럽게 깨닫게 되었다. 세 번에 나누어 창고 밖으로 옮겨 운동장 한 귀퉁이에 설치를 하였다. 그런데 이게 웬일인가? 체육복을 갈아입은 3학년 학생들이 우르르 몰려나와 내가 설치한 뜀틀 바로 옆에 자리를 잡고 줄을 맞추어 서기 시작하는 것이다.

"얘들아 여기 서야만 하는 거야?"

"네. 저희들 여기 모이라고 설명 들었는데요!"

내 수업공간이 이상한 모양으로 조각났다. 토핑이 있는 부분의 피자가 땅바닥에 떨어지는 것이었다.

[그림 1.3] 운동장과 체육관 이외의 장소에서의 체육수업 진행 모습

운동장과 체육관 그리고 무용실 등 체육수업을 할 수 있는 공간은 제한적이다. 그러한 공간을 효율적으로 사용하기 위해서는 체육교사간의 협의가 기본 바탕이 되어야 한다. 간혹 체육과 교사들 간의 협의가 이루어지지 않아 주먹구구식으로 공간을 사용하는 학교의 사례가 보이는 경우도 있지만 이는 바른 모습이 아니다. 모든 체육교사들이 1년간 진행하게 될 수업들에 대해서 협의하며 공간 활용을 극대화하는 것이 필요하다.

3. 체육수업의 진수

'정말 지루한 수업이다.'

교사가 이렇게 생각하고 있으니 수업을 받는 학생들은 오죽하랴? 젊고 신선한 교사라는 아이템 하나만으로 아이들에게 쉽사리 미소를 얻어내는 좋은 점은 있는데 수업이 매일 이 모양이니 인기가 오래가긴 어려워 보인다. 한 대 있는 뜀틀 위를 빙그르 도는 한 명의 아이, 뛰어오다가 겁을 먹고 갑자기 멈춰서는 아이, 줄을 서서 기다리는 아이들이 집중하지 않는다며 조용히 시키고 있는 교사.

"애들아 보는 것도 좋은 연습의 하나라고! 지금 실시하는 친구가 어떤 모습으로 하고 있는지, 선생님은 그 친구에게 어떤 조언을 하는지 집중해서 들으라고! 왜 매번 선생님이 같은 종류의 조언만 하게 하니? 집중하고 머리로 하는 모습을 잘 그려보라고! 그리고 그 모습을 직접 실시 할 때 반영시키는 거야! 알겠어?"

"네... ..."

당신 같으면 알겠는가? 입장이 바뀐다면 학생의 역할을 잘 할 수 있겠는가?

수업은 한 명의 교사가 여러 명의 아이들을 상대로 교수행위를 하는 것이다. 어떻게 하면 이 많은 아이들이 수업에 집중하게 할 수 있는가에 대한 궁금증은 모든 교사들이 고민하고 있는 내용 중의 하나인 것이다. 그리고 그렇게 긴 고민 끝에 얻어낸 집중의 방법 속에서 학생들이 무엇을 얻어가고 있는가에 대한 내용도 함께 고민을 해야만 한다. 세상 그 무엇보다도 치밀하게 계획되고, 그 어떤 변수에도 흔들림이 없을 만큼 굳건하게 실행되어져야만 한다. 그러기 위해선 견고한 짜임새가 돋보이는 준비가 필수적이다.

1부 사례로 보는 체육교직실무

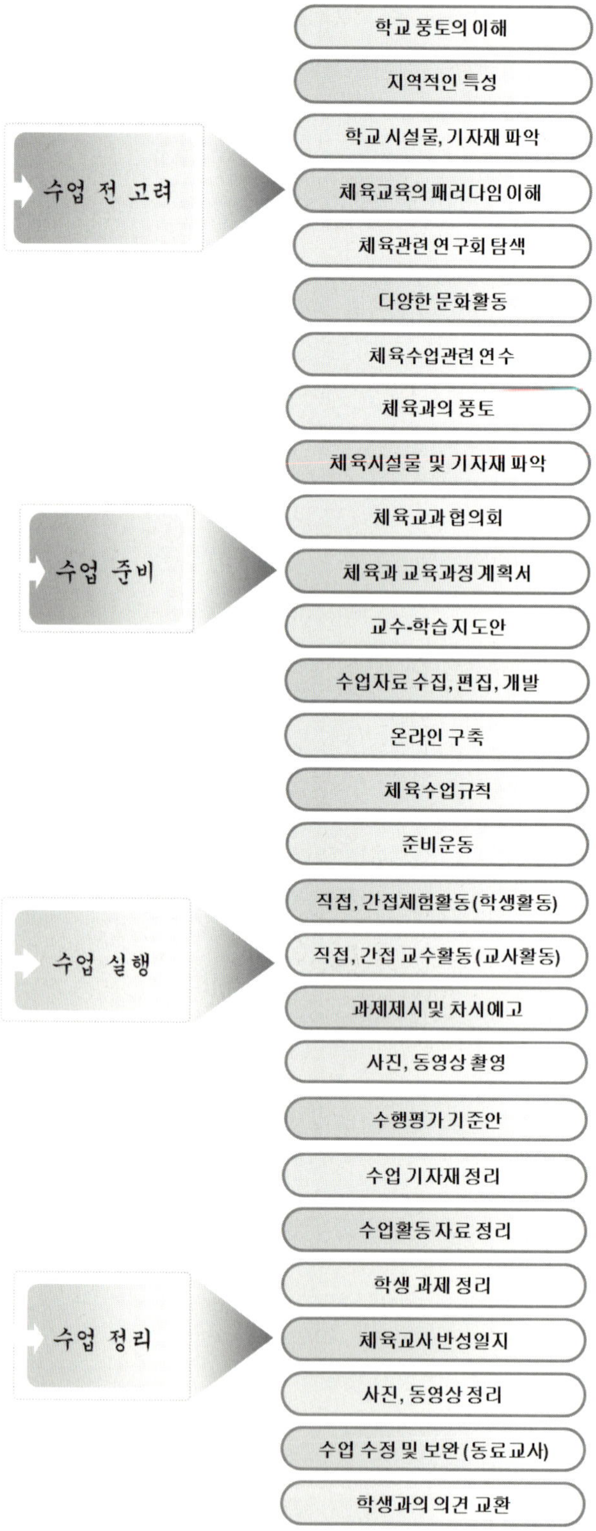

수업 전 고려
- 학교 풍토의 이해
- 지역적인 특성
- 학교 시설물, 기자재 파악
- 체육교육의 패러다임 이해
- 체육관련 연구회 탐색
- 다양한 문화활동
- 체육수업관련 연수

수업 준비
- 체육과의 풍토
- 체육시설물 및 기자재 파악
- 체육교과 협의회
- 체육과 교육과정 계획서
- 교수-학습 지도안
- 수업자료 수집, 편집, 개발
- 온라인 구축
- 체육수업규칙
- 준비운동

수업 실행
- 직접, 간접체험활동(학생활동)
- 직접, 간접 교수활동(교사활동)
- 과제제시 및 차시예고
- 사진, 동영상 촬영
- 수행평가 기준안

수업 정리
- 수업 기자재 정리
- 수업활동 자료 정리
- 학생 과제 정리
- 체육교사 반성일지
- 사진, 동영상 정리
- 수업 수정 및 보완(동료교사)
- 학생과의 의견 교환

[그림 1.4] 수업 준비, 운영, 정리

수업연구회, 혹은 교수학습지원센터 등의 홈페이지를 방문해보자. 현장 교사들이 수업을 보다 체계적으로 진행하기 위해 작성한 각종 지도안과 수업자료가 즐비하다. 이러한 자료들을 참고 하는 것만으로도 굉장히 많은 도움이 된다.

수 업 목 표

" 다양하게 구성된 터와 패 활동을 통해 축구association football / soccer 속에 담겨있는 의미와 가치를 직·간접적으로 체험함으로써 축구의 온전한 모습(Whole-Sports)을 경험하며 나아가 우리의 삶을 더욱 가치있고 참되게 할 수 있다."

① 직·간접체험활동을 통해 축구의 경기력(운동기능, 경기기술 등의 **기법적 가치**)과 체력을 향상시킴으로써 그것 속에서 느끼고 이해할 수 있는 다양한 가치(**심법적 가치**)들을 이해할 수 있다. - 어진마음/멋진행동/밝은 표정/고운마음... 참 좋은 사람(전인)
② 우리의 삶을 축구 게임을 통해 생각해보고, "**내 삶의 방향과 가치**"에 대해 이야기 해볼 수 있는 기회를 가질 수 있다. "축구로 通하다"
③ 터와 패활동 속에서 직·간접체험을 통해 축구를 만나고, 학생들과의 소통을 통해 **인문적으로 체육**을 경험할 수 있도록 한다.

수 업 계 획   "축구로 通하다"

[그림 1.5] 축구수업지도안의 예

4. 에프터스쿨? NO! 방과후학교

특별활동부장이라는 선생님께서 나를 찾아와 조심스레 한 마디 건네신다.

"최 선생님 이번에 방과후학교에 농구 수업 하나 개설해 주세요."

방과 후에 수업을 개설한다는 것이 무슨 이야기 인가? 보충수업 정도를 이야기 하는 것 같았다. 흔쾌히 수락을 하고 자리에 앉아 있는데 컴퓨더에서 새로운 메시지가 도착했음을 알리는 경보음이 울리는 것이다.

"띵기링"

'선생님 방과후학교 계획서입니다. 1기 농구반 계획 작성하셔서 내일까지 부탁드립니다. 함께 보내드리는 것은 활동 일지이니 나중에 실시하실 때 한 장씩 작성하세요~! 홍보 많이 해 주시는 거 잊지 마시구요~'

> 학교에서 조금 더 오랜 시간동안 학생들을 돌봐준다는 의지와 사교육에 대응하겠다는 취지로 만들어진 방과후학교에는 다양한 수업들이 자리 잡고 있다. 일반 학원에서 볼 수 있는 교과 수업도 있고 다양한 외국어 수업들도 있다. 그리고 빠질 수 없는 것이 체육활동과 관련된 수업들이다. 그만큼 많은 아이들의 관심사라고 할 수 있다. 이 방과후학교에 참여한다는 것은 정규 수업 이외에 또 다른 수업을 한다는 의미이다. 따라서 자신의 본 수업에 차질이 있는지 없는지부터 확인을 해 보고 참여를 할 필요가 있다. 체력적인 문제나 수업 준비의 문제로 인해서 이것저것 정리가 되지도 않는 시기에 무턱대고 실시하는 것은 상황을 악화시킬 우려가 있다. 또 다른 의미로 이것저것 다 경험해 보겠다는 강열한 의지가 뒷받침 된다면 모두 다 열심히 배워 나갈 수 있을 것이다.

[표 1.4] 체육교과 관련 방과후학교 강좌 시간표 예

○○학년도 1학기 ○○중학교 방과후학교 시간표

0교시(아침) : 7:40~8:20　1교시 : 15:30~16:50　2교시 : 17:00~18:20

강좌명(강의실), 운영기간 / 요일 및 시간		월			화			수			목			금	
		0교시	1교시	2교시	0교시	1교시	2교시	0교시	1교시	2교시	0교시	1교시	2교시	1교시	2교시
⋮															
34	배드민턴반 (강당) 김○○		배드민턴A						배드민턴B						
35	1학년 농구반 (강당) 김○○		1학년 농구						1학년 농구						
36	2학년 농구반 (강당) 류○○														2학년 농구
37	3학년 농구반 (강당) 정○○											3학년 농구			
38	연식 야구반 (운동장) 김○○		야구									야구			

5. 체육수업의 변수

　최욱선생은 하루하루가 다르게 변해가고 있었다. 수업에 대한 패턴도 알 것 같고, 아이들과도 아주 빠르게 친해진 상태다. 이렇게 즐겁게 수업을 진행하던 중 파릇한 여름을 재촉하는 봄비가 내리기 시작했다. 이미 준비운동도 다 하고 수업 공간도 준비를 마쳤는데 갑자기 비가 오기 시작하는 것이다. 아이들은 술렁이기 시작하고 수업 분위기는 이상해지기 시작했다. 한참을 고민하던 최선생은 아이들에게 카리스마 있는 모습을 보여주기로 결정한다.

　"이 정도 비가 무슨 대수야? 내가 군대 있을 때는 빗물에 밥 말아 먹었어. 안 죽으니까 빨리 줄서. 오늘 준비한 수업 그대로 진행한다. 줄서!!"

　체육교사는 아무리 철저한 준비를 한다고 해도 모자람이 없다. 아침부터 비가 온다면 어떻게 할 것인가? 내가 계획한 수업의 내용 중에는 우천 시에 진행할 내용도 준비가 되어있어야 하고, 갑작스런 변화에도 대처할 수 있는 마음의 자세가 필요하다. 비단 우천 관계 이외에도 황사나 폭염 등 아이들이 극복하기 어려운 상황이 충분히 존재한다는 사실을 인지하고 있어야 한다. 또 갑작스러운 업무나 아이들과의 트러블 등으로

계획한 수업시간이 확보되지 않을 순간이 너무나 많다. 이때를 슬기롭게 이겨낼 준비가 충분해야 한다.

[표 1.5] 우천시 수업지도 자료 1

영화(리멤버 타이탄) 감상문

1. 이 영화가 주는 핵심은 무엇일까요?

2. 영화를 본 후 소감은?

이 영화감상문은 수행평가에 반영됩니다. 정성껏 작성해 보세요.

○○학기 ○○중학교 **농구**　　　　[재미] ④ 그림을 그립시다!　　아s로 수업

2학년 (　　)반　(　　)번　이름 (　　　　　)

주어진 선을 이용하여 스포츠 상황이나 스포츠 의미(마크, 축약된 그림 등)를 그려봅시다. 주어진 선은 모두에게 같으되 당신의 상상력은 어느 정도 일까요?

1번 그림 제목 :	2번 그림 제목 :
3번 그림 제목 :	4번 그림 제목 :

1부 사례로 보는 체육교직실무

[그림 1.6] 우천 시 수업지도 자료2 및 학생 결과물

하늘이 도왔는지 빗방울은 이내 줄어들고 아이들도 평정을 찾기 시작했다. 계속해서 아이들에게 뜀틀연습을 시키고 있는데 뜀틀로 달려오던 한 아이가 겁을 먹고 멈추려 하다가 뜀틀 모서리에 쇄골부분이 부딪혔다. 또다시 아이들은 술렁이기 시작했고 최욱 선생은 당황하기 시작했다. 도대체 되는 일이 하나도 없는 날이다.

> 수업 중 아이들이 다쳤을 경우는 볼 것도 없이 '선조치 후보고'이다. 매우 급박한 상황이라면 빨리 응급차를 부르고 보건교사를 불러와야 하고, 약간 여유로운 상황이라면 안전조치를 한 후 보건교사의 도움을 얻어야 한다. 학교 보건실은 병원이 아니므로 웬만한 사안은 보건실 비치 약품으로 해결할 수 있다는 생각은 버리는 것이 유익하다.

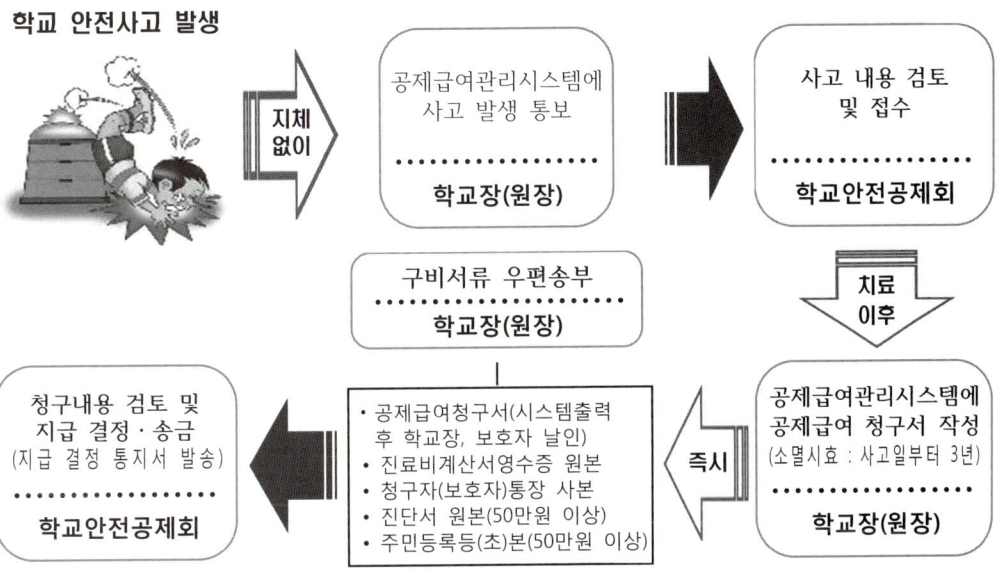

※ 구타·다툼·폭력 등 고의 또는 중대한 과실로 인하여 사고가 발생한 경우 등에는 보상에서 제외 될 수 있음.

[그림 1.7] 학교 안전사고 발생 시 학교안전공제 청구 절차

#. 꽃피는 봄이 오면

1. 첫 번째 수행평가

4월 중순경 세상 사람들은 새롭게 피어나는 꽃들에게 마음을 빼앗기는데 최욱선생은 새롭게 생겨나는 일들 때문에 정신을 빼앗긴다. 드디어 뜀틀 앞구르기를 시험 보는 날이다. 1학년 7반 아이들이 최신생의 첫 번째 수행평가 대상으로 '축! 당첨'되었다. 하지만 최선생은 걱정이 이만 저만이 아니다. 수행평가 기준을 만들 때는 그럴 듯한 말들로 적어 넣기는 했는데 막상 평가하려니 모호한 부분이 한두 가지가 아닌 것 같다.

'발구름을 잘 할 수 있다. 손을 짚는 위치가 적당하다. 구르는 동작이 원활하다. 착지 동작이 안정적이다.'

각 요소들에 해당하는 것을 소화 했는지만 체크해서 개수에 따라 점수를 주면 된다. 그런데 도대체 어느 수준을 기준으로 잡아야 한다는 것인가? 교사 수준? 아니면 여홍철 수준? 아니면 옆집 한민국씨 수준?

> 수행평가에서 가장 커다란 문제에 봉착하는 것이 자세평가이다. 개수나 시간을 측정하는 양적 평가에서는 비교적 이러한 결정의 문제가 생기지 않지만, 자세평가를 하게 되는 종목에서는 상당한 고민이 뒤따르게 마련이다. 이 문제는 수업시간에 아이들의 모습을 계속해서 관찰하고 기록(촬영 등)해 두어서 객관적인 기준을 만들어 놓아야 한다. 그리고 자신이 평가한 내용에 대해서 자신감을 가질 수 있어야 한다. 자신은 체육교육 전문가로서 그 자리에 있음을 잊지 말고 자신의 평가에 자신감을 가질 필요가 있다.
> 하지만 수행평가에 있어서 체육교사들이 간과해서는 안 될 내용이 한 가지 있다. 그 평가의 내용과 수준의 책정이 적절한가의 문제이다. 보통 평가의 객관성 확보라는 거창한 명목 아래 '민원 원천 봉쇄형 평가'를 선호하는 교사들이 많다. 양적평가에만 의존 하면 기타 학부모나 학생의 항의에 잘 이겨낼 수 있다는 방식의 매우 편한 생각인 것이다. 하지만 이를 거꾸로 생각해 본다면 자기 자신에 대한 자신감이 결여 된 모습이기도 하고 평가가 가지는 교육적 효과에 대해서 많은 부분을 버리게 된다. 다양한 방식의 적절한 평가에 대해서 고민을 해야만 하는 것이 교사의 가장 중요한 책무인 것이다.

[표 1.6] 수행평가 기준안 예시 1

<table>
<tr><td colspan="5" align="center">OO중학교 1학년 핸드볼 수행평가 기준안</td></tr>
<tr><td colspan="2">내용</td><td>방법</td><td>기준</td><td>배점</td></tr>
<tr><td rowspan="2" colspan="2">실기</td><td rowspan="2">1. 러닝 점프 슛
2. 패별 경기 능력</td><td>1) 러닝 점프 슛
- 지그재그로 놓여진 3개의 콘을 통과하여 점프 슛을 하여 측정
- 정확도, 순발력, 협응력, 점프력을 고려하여 A,B,C,D 등급 부여(각 등급 당 1점 감점)
- 점프 슛한 공이 골이 되면 1점   10점</td><td rowspan="2">25점</td></tr>
<tr><td>2) 패별 경기능력 측정
- 패별로 경기한 핸드볼 기록을 누가기록
- 남학생 패에서 승률이 가장 높은 패와 여학생 패에서 승률이 가장 높은 패는 15점
- 승률이 낮은 패(남, 여 각 한패)는 12점   15점</td></tr>
<tr><td rowspan="2">과제</td><td>개인</td><td>1. 체육일기
- 2주에 한번 이상 제출</td><td>1) 1번 과제 : 3점
- 3번의 일기를 모두 제출함 3점
- 2번 제출함 2점
- 1번 제출함 1점
- 미제출시 0점</td><td>3점</td></tr>
<tr><td>모둠별</td><td>1. 전통스포츠와 뉴스포츠 비교 분석하기
2. 학교생활, 일상생활에서 배려, 포용의 방법
3. 핸드볼 캐릭터 그리기</td><td>1) 1번~3번 과제 각 4점씩
- 과제로서 적절하고 과제의 이해도가 높고 창의적인 과제면 4점
- 과제의 이해도와 연관성이 부족하면 3점
- 주제와의 연관성이 전혀 없거나 성의가 전혀 없으면 2점
- 미제출시 0점
※ 과제에 도움이 되지 않거나 아무활동도 하지 않은 학생은 모둠별 점수부여시 2점감점   12점</td><td>15점</td></tr>
<tr><td colspan="2">희망 과제</td><td>1. '우생순' 영화 감상문
2. 핸드볼 팀이나 선수에게 편지써서 답장 받아보기</td><td>1. 1번 과제를 수행한 학생은 가산점 1점 부여
2. 2번 과제를 수행한 학생은 가산점 3점 부여</td><td></td></tr>
</table>

[표 1.7] 수행평가 기준안 예시 2

신체활동	학습요소	평가 관점		평가 기준	배점
여가문화	여가활동 보고서 1	※ 다음의 주어진 과제 중 택1하여 소감문을 작성해옴. 1. 「스포츠 영화 감상문」 2. 「스포츠 선수 자서전 독후감」 3. 「스포츠 소설 독후감」 ※ 추천 도서는 도서실에 비치되어 있으며, 추천 도서 및 영화 목록은 담당 교사에 의해 제시된다. ※ 평가 기준 1. 영화, 혹은 책의 기본 정보(제목, 해당되는 운동종목, 감독, 출연배우, 제작 연도 등) 2. 일시, 기간, 장소 등 3. 영화가 나에게(혹은 우리에게, 우리의 삶에) 주는 메시지(A4 분량 1페이지 이상)	A	평가관점 모두 우수한 경우	10점
			B	평가관점 중 1가지가 미흡한 경우	8점
			C	평가관점 중 2가지가 미흡한 경우	6점
			D	평가관점 모두 미흡한 경우	4점
	여가활동 보고서 2	※ 「스포츠 경기 관람」 과제를 다음의 평가관점에 의거하여 실시한다. 1. 경기장 티켓 부착(날짜, 요일, 장소가 분명히 명시되어 있는 티켓) 2. (선수들이 직접 경기 중인) 경기장을 배경으로 한 자신의 사진 첨부 3. 자신의 소감문 1페이지 이상 포함하여 보고서의 분량은 총 A4용지 2페이지 이상 작성	A	평가관점 모두 우수한 경우	10점
			B	평가관점 중 1가지가 미흡한 경우	8점
			C	평가관점 중 2가지가 미흡한 경우	6점
			D	평가관점 모두가 미흡한 경우	4점

2. 스포츠클럽 대회 출전

교육감의 이름으로 학교 간 스포츠클럽 경기대회에 출전하게 된다. 선수도 아닌데 다른 학교 아이들과 학교 대표들이 경기를 한단다. 세상 정말 많이 좋아졌다. 최선생이 학교 다닐 때에는 이런 것들이 하나도 없었는데 정말 재미있겠다. 아이들을 이끌고 버스를 타고 다섯 정거장 지나 승리중학교에 도착하였다. 학교체육복을 잘 맞춰 입은 하나중학교 농구반 아이들의 얼굴에는 비장함과 설렘, 그리고 선전에 대한 열망이 함께 묻어나고 있었다. 농구공 네 개와 커다란 이온음료 5병을 들고 승리중학교 체육관 문을 열었다. 우리의 몸에서 묻어나는 태양의 강렬한 빛이 체육관의 조명을 한입에 먹어 삼키는 매우 멋있는 등장이었다. 기선을 제압했다고 생각하는 즈음 체육관 문이 닫히고 체육관 조명이 우리의 태양광을 삼켰고 아이들의 어깨는 상당히 좁혀져 있었다. 'LA0000'의 노란 유니폼을 맞춰 입고 발목까지 오는 농구화를 신은 상대팀 아이들의 비주얼에 기가 죽은 것이다. 생고무 바닥의 실내화와 남색바탕에 노란 줄무늬 학교 체육복은 아이들의 어깨를 좁게 만들었던 것이다.

[표 1.8] 학교스포츠클럽대회 개요

대회 종류	운영 방식	출전 팀수	주 최	종 목	일 정
전국 대회	토너먼트방식 (왕중왕전)	결선토너먼트 (1위팀)	교과부/ 문화부장관	18개	11-12월
시·도 대회	토너먼트방식 (시·도 대표팀 선발)	지역교육청대회 (조별1위팀)	교육감	지정/자율	10월
교육지원청 대회	리그+토너먼트방식 (지역청 대표팀 선발)	클럽(학교대표)	교육장	지정/자율	9월까지
교내 대회	리그+토너먼트방식 (학교 대표팀 선발)	학급/클럽	학교장	지정/자율	연중상시

출처 : 2013 전국학교스포츠클럽 종목별 대회 요강

요즘 각 지역청마다 학생들의 즐거운 학교생활을 위해 다양한 체육활동들이 펼쳐진다. 가장 대표적인 활동이 스포츠클럽 대회이다. 인근 지역의 학교끼리 예선을 펼치고 상위 팀을 모아서 결선 토너먼트를 펼치는 형식의 대회인데 상당히 반응도 좋고 유익한 활동으로 자리 잡고 있다. 축구와 농구를 필두로 다양한 종목의 대회들이 펼쳐지고 있는데 아쉬운 점은 여학생 종목이 비교적 활성화 되지 않았다는 부분이다. 지속적인 노력으로 이 약점을 극복해야만 할 것이다.

3. 꽃길 따라 걸어보기

체육부장님과 함께 5교시 수업을 마치고 학교를 빠져나간다. 월요일 2시가 조금 넘은 시간에 학교를 빠져나간다는 것이 색다른 매력을 가져다주고 있었다. 오늘은 걷기대회 답사를 가는 날이다. 주차장에 차를 대고 작은 꽃들이 반기는 천변을 걷기 시작했다. 한 참을 걷다가 부장님이 가방에서 사진기를 꺼내는 것이다.

"여기 찍어봐! 그리고 저쪽 방향에서도 찍어보고, 이쪽 방향으로 한 방 더 찍고, 그렇지 네 방향 다 찍어"

그날 사진을 많이 찍기는 했는데 나와 부장님의 얼굴 그리고 예쁜 꽃들은 그 사진의 주인공이 아니었다.

봄철에는 보통 많은 학교에서 체육행사가 한 가지 정도 계획되어 있다. 대표적인 것들이 걷기대회, 육상대회, 구기대회, 체육대회 등인데 이 중 한 가지 정도는 소화 하는 것이 일반적이다. 이 부분들을 준비하고 진행하는 것이 체육교사들의 커다란 일 중 하나인데, 다른 교사들의 도움도 얻어야 하는 부분이 생기기 마련이다. 그렇기 때문에 그들의 도움을 명확하게 하기 위해서 또 다른 준비를 해야 하는 경우도 생기게 되는 것이다. 앞에서의 사진 찍기와 같은 일들이 그런 이유일 것이다. 현장 상황이나 준비 내용 등을 정리해서 교직원들에게 전달하고 협조를 요청 한 후 실제 행사를 진행하는 순서가 보통이다. 물론 이 가운데 90%이상의 준비와 실행은 체육교사의 몫이 된다. 이 때 학생자치회의 도움을 적극적으로 이끌어 내는 것도 좋은 선택이 될 것이다.

#. 담임교사 최욱

1. 조회부터 종례까지

8시 30분 교실로 올라가서 자율학습지도를 한다. 분명히 학급 규칙으로 30분까지 등교를 해야 한다고 이야기 하였지만 아직도 빈자리가 여기저기 보인다. 출석부에는 분명 조회시간 지각 처리란이 있고, 아이들의 생활기록부를 생각하면 곤란하고, 원칙을 잃을 수는 없고 고민이 이만저만이 아니다.

> 아이들이 한 번의 이야기로 행동이 수정될 수 있다면 아이들이 아닌 것이다. 아이들에게 물리적 제제를 강조하면 즉각적인 행동수정이 가능하겠지만, 그런 교사들이 많아질 경우 아이들은 지극히 수동적인 양상을 보이고 눈치 보는 일을 가장 앞에 두게 마련이다. 이해시키고 타이르고 혼을 내는 지루한 행동을 반복해야 하는 것이 교사의 책무이다.

4교시 흙먼지를 엎어 쓰고 교실로 올라가 아이들의 급식지도를 하게 된다. 아이들에게 위생을 강조했던 최선생이기에 먼지를 털고 손을 닦은 후 교실에 입성한다. 벌크식 급식이 이루어지는 하나중학교는 복도에 급식대가 마련되면 급식당번이 음식을 배분하고 아이들이 줄을 서서 받은 후 교실로 가서 먹게 되는데 어수선 하기 그지없다. 아이들에게 힘찬 샤우팅을 내지른 뒤 정숙한 배식을 강조한다.

"야! 조용히 안 해? 침 튀니까 입 다물고 받아서 교실로 가!"

이 때 교실에서 커다란 웃음소리와 함께 한바탕 소란이 일어난다. 간식으로 나온 방울토마토를 서로의 얼굴에 던지며 토마토 축제를 벌이는 것이다.

"야!!!!"

> 급식지도에서 제일 중요한 것은 배식 당번의 적절한 양 분배이다. 아이들의 식욕은 하늘을 찌르고 좋아하는 음식의 종류도 비슷하다. 그 때문에 물리적인 힘의 관계에 따라 배식이 이루어지는 경우가 많다. 또 배식 당번들이 자신들의 반찬 확보를 위해 미리

조금씩 분배한 후 자신들만 많이 가져가는 일 또한 가장 많이 일어나는 문제행동이다. 학년 초 학급규칙을 학생들과 함께 정하면서 모두 똑같이 분배 한 후 공평하게 배식하는 방법을 고착화시켜야 한다.

반찬이 적은 것 보다 더욱 괴로운 일은 절친한 친구가 없는 아이들의 나 홀로 식사가 될 것이다. 이는 교사의 강제로 해결될 수 없는 부분이기 때문에 세심한 배려가 필요하다. 뚜렷한 해법을 찾기 어렵다면 자신의 자리에서 먹는 원칙을 지키도록 강제하는 것이 상처를 최소화 시킬 수 있는 평범한 방법이다.

전쟁 같은 급식지도를 마치고 식당으로 가서 밥을 먹고 있는데 반장이 황급히 최욱 선생을 찾아 왔다. 아까 잠시 벌어졌던 토마토 축제에서 남았던 마음의 앙금이 급우간 싸움으로 벌어진 것이다. 최욱 선생은 밥도 채 먹지 못하고 잔반을 버린 채 교실로 뛰어올라간다. 하지만 이미 상황은 종료된 이후 이다. 한 아이는 화장실에서 코피를 닦아내고 있었고 한 아이는 흥분을 가라앉히지 못한 채 친구들에게 둘러싸여 제지당하고 있는 중이었다. 두 아이를 한 데 모아 이유를 들어보니 가관이었다. 자신이 던진 토마토는 가슴에 맞아서 충격이 크지 않았는데, 그에 응수한 토마토는 자신의 얼굴에 맞아서 데미지가 컸다는 설명이었다. 죽일 듯이 싸우던 이유는 그들만이 알고 있는 충격의 크기였던 것이다.

학급에서 자주 일어나는 일이 바로 싸움이다. 말다툼의 경우는 마음의 상처가 크고 몸싸움의 경우는 몸의 상처가 남는다. 정도의 차이는 언제나 존재하지만 이 상처는 아이들에게 각양각색의 모양으로 남게 된다. 이 상처를 치유하는 과정은 담임교사의 몫으로 돌아간다. 만약 상황이 좋지 않은 상태로 돌아가게 되면 담임교사의 선에서 끝내지 못하고 생활지도부로 해결의 끈을 넘겨야만 하는 부담이 있다.

어떠한 종류가 되었든지 싸움이 일어나면 해당 학생의 부모에 알리는 것이 중요하다. 교사의 판단으로 부모님이 급히 아셔야 한다면 바로 알리고 문제의 해결을 함께 해야 할 것이며, 그렇지 않은 경우에는 교사와 해당 학생 간 해결의 시간을 충분히 가진 후 추후에 부모에게 결과를 알려주는 형식도 취할 수 있다. 몸이 되었건 마음이 되었건 상처의 크기가 크다면 그 문제는 학부모와 함께 신중히 해결해야 하고, 그 크기가 작은 것으로 판단된다면 종례시간을 이용해서 일괄적인 훈계의 내용으로 진행을 하는 것이 좋다. 물론 해당 학생과의 개별적 면담은 필수적으로 이루어져야 한다.

체육교사로 일하기 - 체육교직실무 매뉴얼 -

6교시를 마치고 옷도 못 갈아입은 상태에서 교실로 올라간다. 2층에 올라갔을 때 쯤 아차하고 생각나는 것이 하나 있었다. 학급 함에 있는 유인물을 가져가지 않은 것이다. 다시 내려와 유인물을 꼼꼼히 챙겨서 교실로 다시 향한다.

> 학교에는 다양한 가정통신문이 들어간다. 하나하나의 활동에서 학부모의 참여와 관심을 유도하는 긍정적인 활동이기는 한데 지나치게 유인물 형태만 고집하는 경향이 많다. 그 유인물 중에는 다음날 담임으로서의 업무를 하나 추가하는 일들이 있는데 그것이 바로 회신서이다. 가정통신문을 나누어 줄 때 무슨 내용의 유인물이 나갔는지 교무수첩에 적어 놓고 다음날 회신서를 걷는 활동을 잊어서는 안된다.

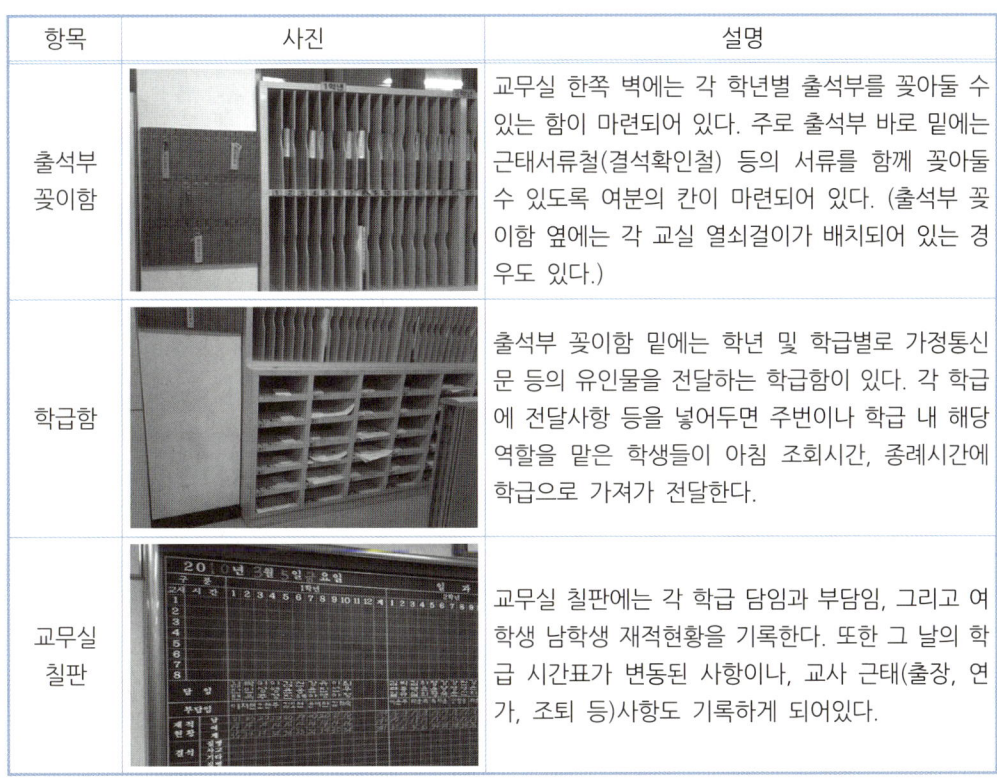

항목	사진	설명
출석부 꽂이함		교무실 한쪽 벽에는 각 학년별 출석부를 꽂아둘 수 있는 함이 마련되어 있다. 주로 출석부 바로 밑에는 근태서류철(결석확인철) 등의 서류를 함께 꽂아둘 수 있도록 여분의 칸이 마련되어 있다. (출석부 꽂이함 옆에는 각 교실 열쇠걸이가 배치되어 있는 경우도 있다.)
학급함		출석부 꽂이함 밑에는 학년 및 학급별로 가정통신문 등의 유인물을 전달하는 학급함이 있다. 각 학급에 전달사항 등을 넣어두면 주번이나 학급 내 해당 역할을 맡은 학생들이 아침 조회시간, 종례시간에 학급으로 가져가 전달한다.
교무실 칠판		교무실 칠판에는 각 학급 담임과 부담임, 그리고 여학생 남학생 재적현황을 기록한다. 또한 그 날의 학급 시간표가 변동된 사항이나, 교사 근태(출장, 연가, 조퇴 등)사항도 기록하게 되어있다.

[그림 1.8] 교무실 내부 모습

오늘의 버라이어티 한 하루 일과를 정리하며 일장 훈계를 30여분에 걸쳐서 한다. 이렇게 심각한 이야기를 하고 있는데 부회장이 손을 드는 용기를 발휘한다.

"선생님 저 학원가야 하는데요?"

1부 사례로 보는 체육교직실무

아... 20여분 더 설교를 하고 청소를 지도한다.

요즘 중학생 아이들은 자의반 타의반으로 인기 연예인스러운 빡빡한 일정을 소화하고 있다. 그 중심을 이루는 것이 학원가는 일인데, 워낙 오랜 시간 사교육에 노출되었던 아이들이기에 학원가는 일을 일과 외의 활동으로 생각하지는 않는다. 교사 입장에서는 미치고 팔짝 뛸 노릇이지만 아이들에게는 충분히 나올 수 있는 내용이다. 그렇다고 아무런 문제의식 없이 이 사건을 받아들여서는 곤란하다. 다만 아이들의 입장도 어느 정도 받아들여 종례시간을 조절해야 한다.

청소지도는 특별구역과 교실청소로 나뉜다. 상식선에서 생각하면 이 두 종류의 청소 당번으로 분류해서 청소를 지시하면 다 이루어질 것 같지만 실제 모습은 그렇지 못하다. 빗자루는 몇 번까지 할 것이며, 대걸레는 누가 하고, 몇 번부터 몇 번까지는 몇 분단을 하고 어떻게 쓸고 어떻게 닦아야 하는지 일일이 지도해 줘야 한다. 이런 청소지도를 한 달 가량 지속적으로 하게 되면 최소한 몇 달은 별 잡음 없이 청소를 소화할 수 있다.

[표 1.9] 청소 배정표

1-2 청소배정					
◆ 교실 청결 관리 및 청소 지도 총괄 : 회장, 부회장					
	교 실				
	순서	1분단	2분단	3분단	4분단
	1	○○○	★★★	◇◇◇	▲▲▲
	2	...	...	...	
	3				
	4				
	5				
	6				
	7				
	보 건 체 육 부				
	1	승규, 오현, 혁진			

〈일과 중 청결활동〉
♥♥♥ : 교탁서랍, 교탁 안, 청소함   ○○○ : 칠판, 교실도우미
●●● : 앞 게시물 정리, 출석부, 뒷 게시판 게시물 정리
▲▲▲ : 교실 지킴이

2. 중간고사

　종교도 없는 아이들이 '시험에 들지 말게 하소서'라는 말을 입에 달게 해 준 데에는 학창시절이 큰 역할을 하지 않았나싶다. 약간의 과장을 조금 보탠다면 세상 모든 학생들은 시험을 싫어할 것이다. 하지만 다른 입장의 사람들이 간혹 보이긴 한다. 그 중 대표적인 사례가 교사가 아닐까 싶다. 아이들은 시험을 마치고 하교를 하고 교사들은 조용한 학교에서 그동안 밀렸던 일들을 차분히 할 수 있는, 황금연휴에 비길만한 짜릿한 시간들이다. 신규교사 최욱 선생도 이번 중간고사가 교사로 맞이하는 첫 시험기간인 것이다.
　교실에 올라가 문을 연 순간 불타오르는 번개구이 열공의 냄새가 오감을 자극한다.

　'오! 놀라워라! 아이들이 공부에 미치는 순간이 있다니...'

　하지만 속내는 조금 다르다. 절반에 가까운 아이들은 공부를 가장한 책과의 첫인사를 나누고 있는 중이다. 다음 시험기간에는 예습과 복습의 중요성에 대해 미리미리 강조를 해야 할 것 같다는 생각을 하게 된다. 시험을 잘 보라는 인사를 가볍게 건네고 교무실을 향하는데 옆 반 칠판에 무엇인가 정갈하게 적혀있는 것이 있다.

　'저건 뭐지? 헉! 나도 적어야 하는 거네?'

　분필을 챙겨 다시 교실로 향한다.

　시험기간에 담임교사는 몇 가지의 해야 하는 업무가 있다. 기존의 교사들에게는 워낙 쉽고 정례화 된 일이기에 따로 이 부분에 대해서 친절하게 설명해주시는 선생님이 없다.

---

1) 교실 책상배열 : 보통의 경우 5열 정도로 맞춘다. 35명 기준으로 7줄로 정리한다.
2) 책상 정리 : 책상 안에 놓여있는 책과 물건들을 시험 전날 집으로 가져가거나, 사물함에 넣어 책상서랍을 모두 비울 수 있도록 지도한다. 아이들은 책상 안에 거의 모든 것들을 놓고 다닌다.
3) 응시현황 : 총 재적(학급 총 인원수), 결번(전출생, 유예학생 등에 해당되는 학생 번호), 결시자, 응시인원을 매일 칠판에 적어 놓는다. 특히 결시자의 경우는 결시사유(병결, 무단결, 공결 등)를 적어야 한다.

1부 사례로 보는 체육교직실무

> ※ 조회시간에 자리에 없는 아이들은 반드시 학부모님과 통화하여 확인을 해야만 한다. 시험에 응시하지 않는 각 사유(질병결석, 공결석, 무단결석 등)에 따라 성적반영비율과 성적처리가 각 상황에 따라 다르기 때문이다. 교내시험에서 단순 지각의 경우는 그대로 시험을 진행시키기 때문에 응시자로 파악하고 시험 감독에게 전달을 하면 된다.
> 4) 시험시간안내 : 시험에 응시하는 과목과 OMR카드에 기록될 과목코드번호, 시험 시간과 쉬는 시간 등을 칠판에 적어 아이들의 혼란을 최소화해야 한다.

3. 수련회

중간고사가 끝나면 아이들 얼굴에는 그늘이 순식간에 사라진다. 뒤이어 나올 성적표 따위가 아이들의 해맑음을 가로막을 수는 없다. 이 강열한 밝음의 원천은 아마도 바로 며칠 뒤에 있을 수련회 때문일 것이다. 어린 시절 부모의 품을 떠나 공식적으로 가출을 할 수 있는 몇 안 되는 일탈의 기회인 수련회 말이다. 친구들이 하나의 버스를 빌려 먼 곳으로 여행을 떠나고 일상적인 수업이 아닌 즐거운 활동들로 가득 찬 수련회. 게다가 친구들과 귀신이야기 비밀이야기 털어놓으며 밤을 꼬박 샐 수 있는 수련회야말로 학교생활의 꽃이라 불리 울 수 있을 것이다. 물론 아이들에게 이렇게 커다란 설렘을 가져다주는 활동이라면 교사에게는 이 설렘의 100배에 가까운 불안감을 가져다주게 된다. 이건 진실이다.

> 수련회와 수학여행의 차이는 간단하다. 수련회는 한 장소에 아이들을 모아놓고 수련회를 위탁받은 업체가 일련의 활동을 진행하는 것이고, 수학여행은 여행사의 패키지를 선택하여 학교의 교사가 가이드와 함께 이동하며 여행을 즐기는 것이다. 겉으로 보기엔 수련회에 대한 부담은 거의 없어 보이지만 그 속내를 살펴보면 절대 그렇지 않다. 수련회건 수학여행이건 학교건 그 어떤 학생의 문제행동에서 교사는 자유로울 수 없다고 보면 된다. 다만 방과 후에는 가정에 보내졌기 때문에 부모에게 그 역할을 인도하는 것이지만 수련회와 같은 활동에서는 그마저도 교사가 껴안아야 하는 부분이 되는 것이다. 따라서 엄청난 업무가 가중되는 것이다. 게다가 들뜰 대로 들떠 있는 아이들이 어떤 사고를 칠 지 걱정하다보면 함께 즐거운 시간을 가져야 할 교사의 얼굴이 어느새 일그러지게 되는 것이다. 치밀한 사전교육과 마음의 교감을 통해서 사고를 미연에 방지하고 아이들의 설렘을 아름다운 추억으로 연결시킬 수 있어야 한다. 짧은 한 줄의 할 일이 아마 교직생활 전부에 걸친 숙제가 될지도 모르는 일이다.

교 훈 : 열린 생각, 진취적 행동, 봉사하는 마음	가 정 통 신 문
수 련 회 실 시	OO 11-13 호

꽃피는 아름다운 계절에 학부모님 댁내에 건강이 가득하시길 기원합니다.
OOOO학년도 학생들로 하여금 다양한 활동과 심신수련 및 창의적 체험중심교육의 일환으로 학교를 벗어나 호연지기를 기르고 아울러 급우들 간의 친목을 도모하는 수련교육을 하고자 하오니 전교생이 참여 할 수 있도록 학부모님의 많은 협조 부탁드립니다.

기 간	OOOO년 O월 OO일(O) ~ O월 OO일(금) : 2박 3일		
학 년	1	2	3
장 소	OO유스호스텔	OO유스호스텔	OOO
경 비	91,500(구만천오백)원	88,000(팔만팔천)원	85,600(팔만오천육백)원

내 역	1) 교통비(왕복-9대)
	  : 20,500원
	2) 급식비(6식×4,500원)
	  : 28,200원
	3) 숙박비(2박×10,550원)
	  : 21,500원
	4) 수련활동지도비: 10,000원
	5) 시설사용료: 10,600원
	6) 휴양림 입장료: 700원
		1) 교통비(왕복-9대)
		  : 21,000원
		2) 급식비(6식×4,600원)
		  : 27,600원
		3) 숙박비(2박×10,000원)
		  : 20,000원
		4) 수련활동비(2박3일)
		  : 11,000원
		5) 시설사용료: 8,400원
			1) 교통비(왕복-9대)
			  : 21,000원
			2) 급식비(6식×4,100원)
			  : 24,600원
			3) 숙박비(2박× 7,500원)
			  : 15,000원
			4) 수련활동지도비(2박3일)
			  : 15,000원
			5) 체험활동비:10,000원

※ 교통비는 참가 인원에 따라서 변경될 수 있음

OOOO년 O월 O일

O O 중 학 교 장

-------------------------------- 절 취 선 --------------------------------

[수 련 회 참 가 의 견 서]

저는 수련활동의 목적에 따라 생활 규칙을 잘 준수할 것을 서약하며,
부모님의 연서로 참가할 것을 신청합니다.

학년	반	번호	학생명	참가여부	학부모성명
				(O , ×)	(인)

※ O월 OO일 O요일까지 담임선생님께 반드시 제출바랍니다.

※ 수련회는 참가 동의서 반드시 수합해야 한다.

[그림 1.9] 수련회 참가안내 가정통신문

1부 사례로 보는 체육교직실무

4. 즉흥 구기대회

수련회의 여흥이 남아있는 건지 스승의 날을 기념해서 그러는 건지 아이들의 즐거움이 좀처럼 가라앉지를 않는다. 수련회가서 아이들끼리 작당을 하고 왔다고 한다. 반대항 구기대회를 하자는 것이다. 기말고사까지도 여유가 있고 시간이 학생들도 여유가 넉넉하니 수업시간 조금만 할애 받아서 하자는 것이다. 작년에도 했었으니 올 해도 해달라는 것이다. 공식적인 행사는 아닌 것 같은데 상당히 오랜 시간동안 실시해 오던 행사는 맞는 것 같다는 느낌을 지울 수가 없다. 체육부장님에게 여쭈어 본다.

"아이들이 구기대회 하자는 데요?"

"어. 애들 방과후나 점심시간에 연습시켜서 체육 수업시간 바탕으로 경기하는 거야. 다른 교과 선생님들도 크게 바쁘지 않은 시기라 수업협조 잘 해주실 거야. 여기 작년 계획서 있으니까 한 번 살펴보고 만들어 봐"

> 결재를 얻어야 할 수 있는 행사도 있고 그렇지 않은 행사도 있다. 하지만 어떨 때에는 그렇지 않은 행사가 조금 더 교육적으로 유의미 할 때가 있기도 하다. 학생들의 요청과 교사의 도움으로 진행되는 방식의 구기대회가 바로 이런 행사의 대표적인 사례이다. 비공식적이긴 한데 아이들에게는 공식적인 행사로 자리잡아있고, 교사들도 어느 정도 이 학교의 문화로 이해하고 있는 상태인 것이다. 최대한 많은 학생이 하나의 종목에 동시에 참여할 수 있고, 학급친구들 간의 우정 쌓기에 방점을 찍을 수 있는 계기가 되기도 한다. 남학생종목과 여학생종목을 적절하게 배치하여 운영한다면 더욱 좋은 활동이 될 수 있을 것이다.

○○ 구기대회
(5월 ○○일 ~ 5월 ○○일)

1. 남,여 혼합 팀으로 구성
- ◉ 1,2학년 : 전반(여자) 득점 + 후반(남자) 득점
   = 합산하여 계산 후 승패결정
- ◉ 3학년 : 남녀 혼성 9인제 경기
   (남 6명 이하 - 예; 남 6명, 여 3명)

2. 출전 선수 및 경기규칙
- ◉ 담당 체육선생님들께 수업시간에 꼭 확인할 것!

3. 다음을 꼭 지킵시다!
- ◉ <u>심판의 판정에 절대 복종!</u>
- ◉ 중앙현관의 대진표와 학급 경기일정 반드시 매번 확인
   → 경기날짜 및 해당시간에 <u>일찍 준비</u>하여
   체육복 갖춰 입고 나오기! (종치면 바로 게임 시작할 것임)
- ◉ 매너있는 경기
   (지나친 파울, 욕설, 상대팀을 비방하는 모든 행동 등..하지 않기)
- ◉ (두 눈에 독기를 품고)
   학급 경기에 최선을 다하는 멋진 송마 학생의 모습 보입시다!

[문의사항] 담당 체육선생님 혹은 체육부 ○○○ <u>선생님</u>께로!

[그림 1.10] 구기대회 안내문 예시

1부 사례로 보는 체육교직실무

#. 여름방학 맞이하기

1. 기말고사

　몇 날 며칠을 고민하고 씨름했는지 모른다. 시험문제 한 문제 내기가 이렇게 어려운지 최욱 선생은 6월 중순에야 알게 된다. 신체활동이 주가 되는 실기 위주의 수업이다 보니 이론내용을 중심으로 문제를 출제 한다는 것이 매우 마음에 걸렸다. 교과서에 있는 내용을 5가지 문장으로 서술한 후, 한 두 단어만 요령껏 바꾸어 시험문제를 출제한다는 자신이 매우 부끄러워 보였다. 그래서 자신이 수업한 내용을 중심으로 문제를 내려고 하다 보니 표현력과 구성력에서 상당한 문제를 보이게 되는 것이었다.

　하지만 2007체육과 개정 교육과정에 의해 새로 출판된 교과서를 아주 세심히 살펴보았다. 예전 내가 중고등학교 때 배웠던 조그마하고 두껍고, 그리고 낱장이 잘 찢어지던 그런 교과서가 아니라, 삽화도 많이 들어가 있고, 생활에서 발견되는 다양한 상식도 포함되어 있으며 굉장히 다양한 종목과 풍부한 내용으로 구성되어 있었다. 게다가 교과서와 함께 온 지도서, 그리고 CD에는 교과서에 담긴 삽화와 자료들이 고스란히 그대로 담겨있어서 이 자료들을 이용하면 시험문제를 보다 잘 출제할 수 있다는 자신감이 생겼다.

　같은 학년 수업을 함께 들어가는 선생님과 상의하여 정확한 시험범위를 정하였고, 서로 출제범위를 확인한 후 긴긴 고민 끝에 문제 출제를 마쳤다. 단순한 암기위주보다는, 학생들이 수업시간에 배운 내용 중, 꼭 기억해야 할 내용, 그리고 우리 일상생활에서 스포츠 상식으로서 꼭 알고 있어야 하는 내용 중심으로 시험문제를 출제하였다. 오타, 문장 오류, 문제와 답지의 확인 등 아주 꼼꼼히 살펴본 후 이원목적분류표까지 작성해서 교무부 고사계 담당 선생님께 제출 하였다. 첫 시험문제를 제출했다는 내 모습이 오늘따라 너무 대견스러웠다. 내 시험문제를 풀고 있을 아이들을 생각해보면 아주 가슴이 벅차올랐다.

그런데 퇴근 전, 갑자기 고사계 선생님으로부터 긴급호출을 받았다. 내가... 제출할 서류 중 몇 가지를 빼먹었다는 것이다.

"최선생님, 선생님 고사 서류 몇 가지 빠지셨어요."

"네? 시험문제랑 답안지 냈는데요?"

"여분 문제지랑 해설서 안 내셨어요. 오늘 퇴근 전까지 꼭 제출하고 가세요."

이게 뭔 소린가? 난 당연히 시험문제와 답안지(이원목적분류표)만 제출하면 되는지 알았는데... 뭔 상황인지 이해가 되지 않아 부장님께 바로 여쭤보았다. 2명의 교사가 함께 출제하였으므로, 각 교사들이 출제한 1.5배수의 여분 문제지와, 답안 해설서도 함께 내야 한단다. 오늘까지가 제출마감이어서, 난 결국 퇴근길 가방을 정리하다가 다시 컴퓨터를 켜고 자리에 앉았다. 왜 이리 제출하는 게 많은 거야 원~

> 두 명 이상의 교사가 한 학년을 가르치게 되는 경우에 시험문제를 출제할 때는 모든 교사가 협의하여 시험 문제에 대한 명확한 범위를 결정하여 문제를 제출하고 이론 수업을 진행해야만 원활하게 기말고사를 치러 낼 수 있다. 대부분의 내용은 교과서에 있는 내용에서 출제하는 것을 원칙으로 한다. 시험을 위해 교사가 별도로 내용정리(유인물)에서 다루어 준다면 이는 교과서의 효력을 발생할 수도 있다. 시험에 임하는 모든 학생들에게 전달이 되었고 가르침이 있는 내용이라면 평가의 소재가 되는데 큰 문제가 없다는 것이다. 교사는 교수학습의 자율권을 가지고 있기 때문에 이 부분에 관해서 많은 권한을 가진다. 그만큼 많은 책임도 따르는 법이니 매우 신중하고 정확하게 문제를 출제해야 할 의무가 있다.

○○년 ○○중 1학년 2학기 체육 이론공부   반   번   이름

1. 영역형 경쟁활동-축구

영역형 경쟁활동 이란?	개념	• 상대팀의 영역을 침범하여 골을 넣는 활동 • 상대방과의 신체적 접촉이 심함 예) ( ), ( ), ( ), ( )등
	가치	• 팀을 이루고 있는 모든 선수들의 <u>협동심, 조직력이 중요</u>한 역할 → 협동심과 조직력이 잘 발휘되면 객관적인 전력 보다 좋은 성과를 거둘 수도 있음. • <u>팀의 감독과 주장 선수는 선수들을 격려하고 잘 이끌 수 있도록 리더십을 발휘</u>해야! • 이러한 협동심, 조직력, 리더십은 생활 속에서도 잠재적인 능력으로 발휘됨

1-1. 공간만들기

※ 공간만들기란?
　수비수를 따돌리고 공격수가 공을 **드리블, 패스, 킥, 트래핑**을 통하여 공의 소유권을 지키고 슛을 할 수 있는 공간을 만들어 내는 것!

패스	• 같은 편 선수에게 공을 정확하게 컨트롤하여 전달하는 기능 • 동료의 위치와 움직임, 수비수의 움직임을 파악하여 동료가 공을 잘 받을 수 있도록 공의 높이와 속도까지 조절하는 기술 ※ **오프사이드** (offside) • 볼과 선수의 위치에 관한 규정 • 선수가 상대 진영에서 최종 수비수보다 전방에 위치하는 경우 • 오프사이드 위치에 있는 선수가 동료 선수의 도움(패스)으로 볼을 터치하거나 플레이된 순간 오프사이드 반칙에 해당 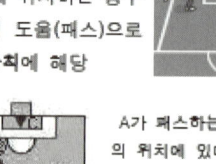 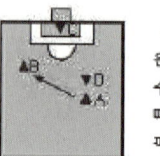 A로부터 패스를 받은 B앞에 상대방선수가 C밖에 없기 때문에 오프사이드 파울이다. 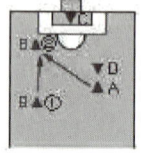 A가 패스하는 순간 B가 ①의 위치에 있다가 A가 공을 차고난 뒤에 B가 ②로 이동하여 패스를 받은 경우 파울이 아니다.
드리블	• 발을 이용하여 상대방의 움직임에 대응하여 공을 컨트롤하여 이동하는 기술
트래핑	• 발이나 가슴 등을 사용하여 공을 막거나 컨트롤 하는 것 • 정확한 패스와 공격을 위해 안전하게 트래핑 하는 것이 중요.     가슴 트래핑　발바닥 트래핑　무릎 트래핑　배 트래핑　　트래핑의 원리: 공을 받을 때 충격을 흡수함으로써 공이 밀려 튕겨 나가지 못하게 하는 원리이다.

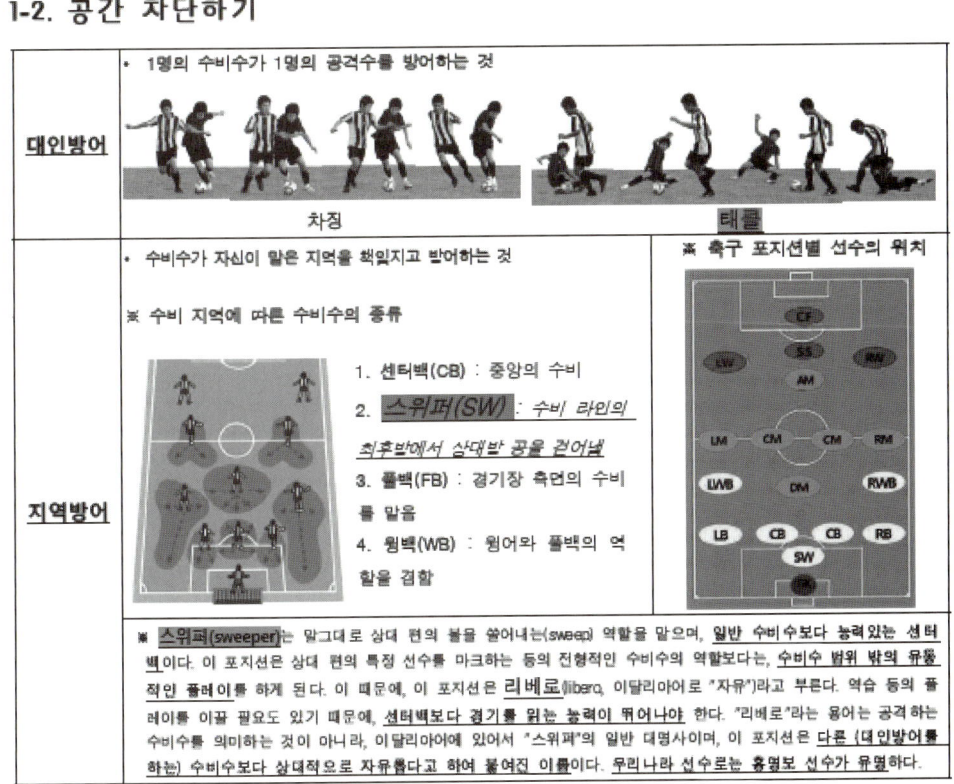

[그림 1.11] 기말고사 대비 수업 유인물 예시

한편 고사와 관련된 여러 가지 서류들은 다음과 같다. 최근에는 각 학교별 시험문제 공개 원칙에 의해 시험문제를 학교 홈페이지에 탑재하여 개방하거나, 혹은 학교 도서실에 해설지와 함께 비치해 두어야 한다. 한 번의 고사를 치르기 위해서 교사가 시험문제지 제출 이외에도 준비해야 할 것들이 참으로 많은 것이 사실이다.

①

20○○학년도 ○학기 기말 고사 | 제 1학년 체육과 과목코드 : 07 | ○○중학교 2○○○년 ○○월 ○○일 ○요일 ○교시

②

출제교사	양○○, 김○○
≪문항배점≫ 객관식 : (25)문항×(4)점 = 100 점 합 계 : 100점	

1. 다음은 여가활동의 각 구분에 대한 설명을 나타낸 그림이다. 각 구분에 들어갈 여가활동의 예로서 알맞게 짝지어진 것을 고르시오.

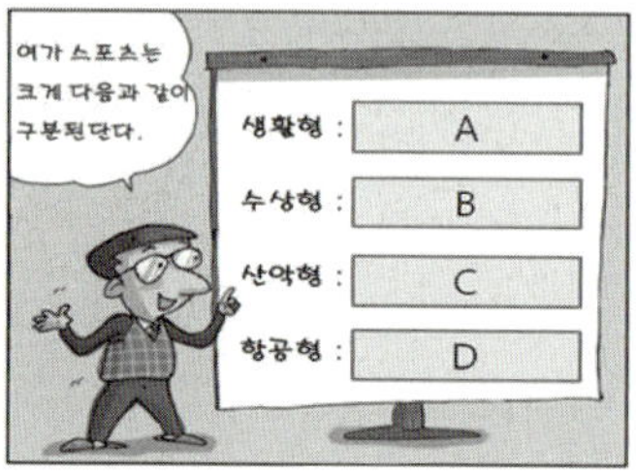

	A	B	C	D
①	저글링	– 윈드서핑	– 등산	– 스포츠 클라이밍
②	스노클링	– 등산	– 패러 글라이딩	– 인라인 롤러
③	인라인 롤러	– 스노클링	– 윈드서핑	– 행글 라이딩
④	자전거 하이킹	– 등산	– 번지점프	– 스노클링
⑤	인라인 롤러	– 래프팅	– 스포츠 클라이밍	– 번지점프

2. 다음 그림은 나에게 맞는 여가활동을 찾아가는 과정을 마인드 맵으로 표현한 것이다. ①번 ~ ⑤번까지 제시된 여가활동 종류와 그 그림이 바르게 연결된 것을 고르시오.

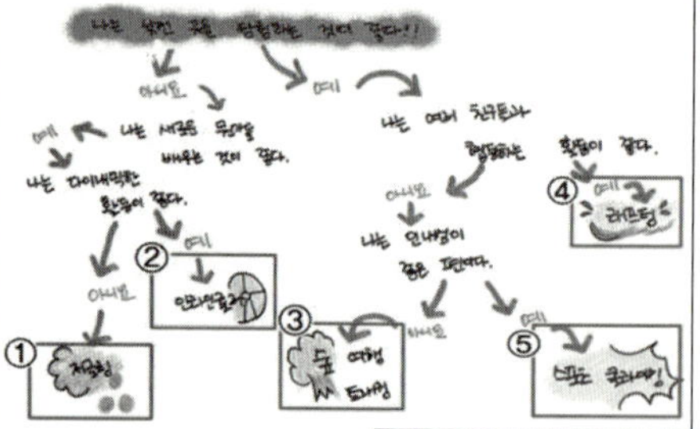

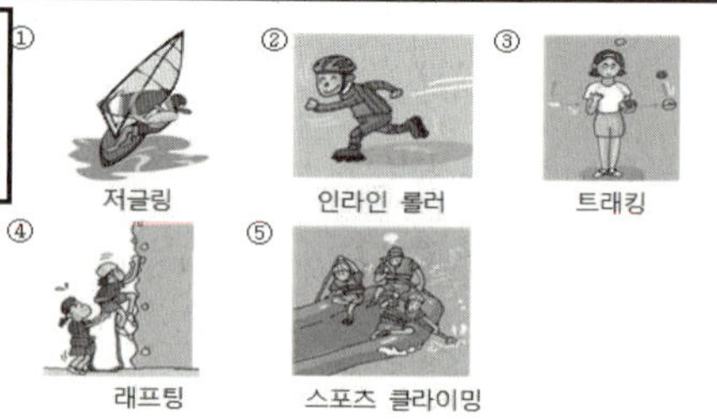

3. 다음 중 청소년기 여가활동의 특징으로 옳지 않은 것은?

① 주로 혼자 하는 활동이 많다.
② 개인적인 즐거움이나 스트레스 해소를 목적으로 한다.
③ 오락, 휴식 등의 소극적 여가활동보다 문화 활동, 스포츠 활동 등 적극적인 여가활동에 더 많이 참여한다.
④ 가족과 함께하기 보다는, 친구들과 함께하는 활동이 많다.
⑤ 자신의 특성에 대한 이해를 바탕으로 다양한 경험과 즐거움을 느낄 수 있는 여가활동을 실천해야 한다.

4. 다음 중 담배에 대하여 옳은 설명을 한 사람은?

① 지훈 : 담배는 개인 취향에 따른 기호식품이야.
② 정웅 : 암 발생과 담배는 전혀 상관이 없어.
③ 수형 : 직접흡연은 간접흡연보다 각종 유해물질을 더 많이 흡입하므로 건강에 더욱 해로워.
④ 윤진 : 니코틴, 타르, 이산화탄소는 암과 심혈관계 질환의 주요 원인이야.
⑤ 순영 : 담배는 유해약물이 아니야.

5. 흡연의 유혹을 이기기 위한 알맞은 방법으로 묶인 것을 고르시오.

ㄱ. 담배를 끊으려는 굳은 의지를 가진다.
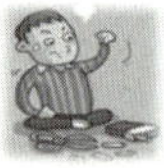

ㄴ. 주변에 금연 사실을 알리고 협조를 구한다.
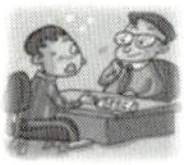

ㄷ. 담배 권유에 자신의 의견을 분명히 밝힌다.
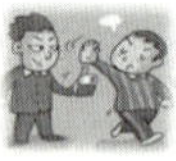

ㄹ. 운동을 통해 유해 물질을 몸 밖으로 내보낸다.
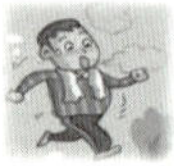

① ㄱ ② ㄱ, ㄴ ③ ㄱ, ㄴ, ㄷ
④ ㄱ, ㄴ, ㄹ ⑤ ㄱ, ㄴ, ㄷ, ㄹ

③

1학년 2학기 체육 (1)/(4)(뒷면에 계속)

⊙ 본 시험문제의 저작권은 ○○중학교에 있습니다. ⊙

[보충] 지필고사 평가 출제 예시 및 이원목적분류표 작성 예시

① 고사 출제지에는 제일 첫 페이지에는 다음의 사항을 입력한다.
  : 출제 학년도, 학기, 중간/기말고사, 출제학년, 과목, 과목코드, 고사 날짜, 고사 시간(교시) 등
② 함께 출제한 교사명과 문항별 배점을 함께 기입한다. 만약 문항별로 배점이 다른 경우도 함께 명시해 두어야 한다.
③ 저작권과 관련하여 문제가 발생하지 않도록 시험문제에도 저작권과 관련된 내용을 함께 명시한다.

이원목적분류표

과주임	계	교무	교감	교장

20○○학년도 ○학기 ○○고사 제 ○학년 체육과

고사일시 : 20○○년 ○○월 ○○일 ○교시   출제교사 : 양○○ (인)   김○○ (인)

①

문항번호	단원	평가영역	분석목표			난이도			배점	정답
			지식	이해	적용	상	중	하		
1	여가활동	여가활동의 구분			○	○			4	5
2	〃	여가활동의 종류		○			○		〃	2
3	〃	청소년기 여가활동		○			○		〃	3
4	건강활동(보건과 안전)	흡연		○			○		〃	4
5	〃	〃	○					○	〃	5
6	〃	〃	○					○	〃	1
7	표현활동	줄넘기			○	○			〃	2
8	〃	〃			○	○			〃	3
9	건강활동(보건과 안전)	약물과 기호식품			○		○		〃	2
10	〃	〃	○				○		〃	5
11	〃	〃		○			○		〃	1
12	〃	음주		○			○		〃	3
13	경쟁활동	경쟁활동의 예		○			○		〃	4
14	경쟁활동(축구)	기본기능		○	○		○		〃	1
15	〃	경기방법 및 규칙	○				○		〃	1
16	〃	〃		○			○		〃	4
17	〃	〃		○			○		〃	1
18	〃	〃			○	○			〃	4
19	〃	〃	○				○		〃	2
20	〃	〃	○				○		〃	5
21	〃	〃		○			○		〃	5
22	〃	〃		○			○		〃	3
23	〃	〃	○				○		〃	3
24	〃	축구선수		○					〃	2
25	〃	〃		○					〃	4
	이	하		여		백				
합계			7개	11개	7개	7개	11개	7개		

정답분포 ②

①	②	③	④	⑤
5개	5개	5개	5개	5개

객관식 (25)문항 (100)점
합계 100점

③

예상점수	70점

1부 사례로 보는 체육교직실무

① 다음 사항을 확인 후 기입한다.
- 문항번호 : 출제한 문항의 총 번호까지 기입한다.
  예) 25문제를 출제하였으면 문항번호는 1번~25번까지이다.
- 단원 : 출제한 문제의 대단원을 기입한다.   예) 경쟁활동, 도전활동 등
- 평가영역 : 출제한 문제의 중단원, 혹은 활동영역을 기입한다.
- 분석목표 : 출제한 문항이 지식, 이해, 적용의 세 가지 영역 중 해당하는 곳
- 난이도 : 해당 문항의 난이도를 기입하며, 주로 상,중,하의 난이도가 골고루 분포되도록 한다.
- 배점 : 각 문항별 해당 배점을 기입한다. 문항별 배점이 다른 경우 유의하여 기입한다.
- 정답 : 각 문항의 정답을 기입한다. 정답이 두 개인 경우 숫자 두 개를 함께 기입한다.

② 정답분포 : 어느 한 정답에만 몰리지 않고 1~5번까지 골고루 분포되도록 한다.

③ 예상점수 : 학생들이 평가 후 나오게 될 평균 점수를 기입한다. 대부분 70점 내외로 예상하여 문항의 난이도를 출제하도록 권장하고 있다.

2. 방학 과제 안내

방학이라는 긴 시간은 학생에게나 교사에게나 매우 유익한 시간으로 자리하게 된다. 한 달이 넘는 시간을 얼마나 계획적으로 유익하게 활용할 수 있는가의 문제는 학생에게나 교사에게나 중요한 부분인 것이다. 그나마 교사는 스스로의 계획을 세울 수 있는 존재라고 생각하기 때문에 혼자서 계획, 준비, 실행하는 것이고 학생은 교사가 방학숙제라는 이름으로 계획의 일부분을 도와주는 것이다. 보통 방학숙제의 경우 실행하고자 하는 의지가 매우 작기 때문에 보통의 경우 수행평가와 연계시켜 방학과제를 제시하는 일이 많다. 최욱 선생은 방학 중에 열리는 올림픽감상과제를 꼭 내주고 싶어서 수행평가에 반영한다고 공식적인 부풀림을 하게 된다. 물론 수행평가에 반영은 할 것이다. 참여도 점수 1점 정도?

> 방학 중 과제로서 체육교과에서 해 줄 수 있는 것들은 상당히 많이 있다. 보통의 경우 반대로 생각할 수 있는데 실제로 보면 아주 많은 과제를 내어 줄 수 있고 실제로도 학생들에게 많은 보탬이 되는 경우가 많다. 체력관리를 위해서 줄넘기나 조깅 걷기 등과 같은 실행의 여부를 강제하지 않는 권유적 성격의 과제를 제시할 수 있고, 또한 각종 스포츠 경기나 관련 영화 도서 같은 것들을 관람 감상 하는 방식의 과제는 학생들의 유익한 문화 활동으로 충분한 역할을 할 수 있다. 적극적인 자세로 방학과제를 제시하여서 학생들의 건강한 방학생활을 인도해야 할 것이다.

[표 1.10] 방학과제 안내문 예시문

> 방학 과제 안내문
>
> 가. 가족과 함께 체육활동 3가지 이상 체험하기
>   - 가족이나 친척들과 함께 체육활동 체험하기
>   - 체험 후 체험후기 작성하기(사진 첨부)
>
> 나. 스포츠 문화 감상하기
>   - 다양한 스포츠 문화(스포츠 서적, 영화, 뮤지컬, 사진전 등)들 중 한가지를 체험한 후 문화 감상문 작성하기
>   - 형식에는 제한이 없으나 자신이 직접 체험한 내용을 바탕으로 작성하기
>
> *방학과제들은 선별하여 체육관 앞 게시판에 게시할 예정입니다.*
> *여러분들의 적극적인 과제활동을 기대할게요.*

3. 방학 중 방과후학교

방학 중에 열흘 정도 오전 시간을 할애해서 아이들과 농구를 할 계획이었다. 헌데, 방과후부장님으로부터 쪽지가 왔다. 방과후학교 수업이 여름방학 중에도 이루어진다는 '기쁜' 연락이었다. 한편으로는, 처음 교직에서 경험하는 소중한 여름 방학이 열흘 정도 날아간다는 아까운 생각이 들기도 했다. 하지만, 아이들에게 조금 더 내가 가진 재능을 가르쳐 줄 수도 있고, 나태해 질지도 모르는 방학생활의 줄기를 잡아준다는 좋은 의미도 있어 보인다. 그래서 오전 7시40분부터 활동을 할 계획이다. 학생들 스스로 계획 실행하는 건강 활동이 과제로 부여된다면 방과후학교 수업은 교사주도로 이루어지는 방학중 건강활동의 실제가 될 수 있을 것 같다.

> '방과후학교'라는 명칭에서 볼 수 있듯이 명백한 교육활동이다. 치밀한 계획과 준비로 학생들에게 매우 유익한 활동으로 제공되어야 할 것이다.

[표 1.11] ○○중학교 수업 계획서 예시

20○○ 여름방학 방과후학교 수업 계획서

방과후강좌명 : 배드민턴 A   담당교사 (김○○)인
교재 : 자체제작

회차	날짜	학습 내용
1	8/2	배드민턴 기초 지식 학습
2	8/3	배드민턴 기초 기능 1(푸시)
3	8/4	배드민턴 기초 기능 2(헤어핀)
4	8/5	배드민턴 기초 기능 3(드라이브)
5	8/6	배드민턴 기초 기능 4(하이클리어)
6	8/16	배드민턴 기초 기능 5(스매시)
7	8/17	배드민턴 기초 기능 6(드롭)
8	8/18	배드민턴 기초 기능 7(단식경기)
9	8/19	배드민턴 기초 기능 8(복식경기)
10	8/20	배드민턴 조별 리그전

※ 작성요령: 날짜-실시예정일(월/일) 1회가 2시간임

방과후 배드민턴반 개인진도표(개인기능)

순	이름	forehand		serve (long, short)		backhand		drive		clear	smash	수비	push	hairpin	push & hairpin	drive fore & back	dear right & left	smash 수비	jump push	round	jump push & hairpin	round & hairpin	jump push & round	hairpin cross	short push fore
		push	hairpin	push	hairpin	fore	back	fore	back	中	中				fore & back				fore	back					
1																									
2																									
3																									
4																									
5																									
6																									
7																									
8																									
9																									
10																									

[그림 1.12] 방과후학교 수업자료 예시

4. 교사 연수 받기

　교사가 되어 처음으로 맞이하는 방학. 집에서 빈둥빈둥 놀고 싶지만은 않다. 무언가 새롭게 배워서 아이들에게 전해주는 그런 배움의 시간을 갖고 싶다. 올해 초 함께 신규로 발령받았던 동료교사로부터 연락이 왔다. ○○○연구회에서 주최하는 여름 연수가 있는데 함께 들을 수 있냐고 물어본다. 난 주저하지 않고 냉큼 신청하였다. 2박3일간 펼쳐지는 연수라고 하는데 체육교사로서의 생활에 커다란 도움이 될 것만 같은 부푼 기대가 막 솟아났다. 웹사이트에 들어가서 연수 일정과 계획서를 찬찬히 살펴보았다. 임용고사 공부 할 때 책에서만 볼 수 있었던 뉴스포츠 종목도 있었고, 아직은 사실감이 잘 오지 않는 2009 개정교육과정에 대한 이론적인 강의도 있었다. 선배교사들도 워낙 추천해준 연수여서 최교사에게 너무나 큰 도움이 될 만한 연수라는 생각이 든다.

　드디어 연수 첫 날이다. 오늘따라 날이 너무 덥다. 지하철과 버스를 몇 번이나 갈아타는 고생을 하고, 땀을 흘려가며 찾아간 강의실에는 이미 절반 이상의 체육교사들이 자리하고 있었다. 놀라울 따름이었다.

　'이 더운 여름 이렇게 이른 시간에 나와 같은 생각으로 나와 같은 필요에 의해서 연수에 참가한 사람들이 이렇게 많다니...'

　30여분 더 흐르니 강의실이 빼곡해졌다. 체육교육의 새로운 방향, 다양한 성공수업 사례, 실험적인 교육내용, 교직생활에 활력이 되는 교양강좌 등 뭐 하나 중요하지 않은 것이 없었다. 무엇보다도 좋았던 것은 다른 교사들과 같은 이야기를 조금 더 다양하게 나눌 수 있었다는 것이다. 답답했던 무언가가 확 쓸려 나가는 느낌이었다.

> 방학 중 이루어지는 연수는 교육청 주관의 연수와 다양한 기관 주도의 연수가 있다. 직무와의 관련성이 인정되면 직무연수라는 이름으로 학점이 부여되고 연수비도 지원이 된다. 그리고 개인적인 교양을 쌓는 데에 필요한 연수들은 자율연수라고 하여 학점이 인정되지 않고 연수비도 지원되지 않는다. 하지만 두 가지 연수 모두 교사 개인에게는 매우 중요한 것들이다. 수백개에 가까운 방학 중 연수중에 자신에게 필요한 내용을 강의하는 연수를 찾아서 듣는 활동은 방학 중에 필수적으로 이루어져야 하는 활동으로 볼 수 있다.

1부 사례로 보는 체육교직실무

[표 1.12] 체육교과 관련 연수의 예

	연수명	구분	내 용	연수시간	비고
1	초중등 체육교원 직무연수 (*초등 30시간)	직무연수	기초종목(육상, 체조, 수영)을 비롯한 종목 실기 연수와 교수·학습 방법 개선을 통한 체육교과 전문성 신장 연수 확대	60	7, 8월
2	중등 체육과 1급 정교사 자격연수	자격연수	체육과 1급 정교사 자격 부여 연수	90	7, 8월
3	스포츠동영상제작연수	직무연수	스포츠 동영상 제작 전반에 관한 이론 및 실기	30	8월
4	겨울방학교원스키직무연수	직무연수	스키의 이론 및 실기	30	1월
5	전국체육교사모임 연수	직무, 자율 연수	체육과 교수 학습에 관한 현장 중심의 연수	30	8월, 1월
6	하나로수업 워크숍				2월

5. 2학기 수업 준비하기

　방학 중에 교사가 해야 할 일중 중요한 한 가지가 바로 교재연구이다. 다음 학기에도 아이들과의 수업은 이루어지기 때문에 좋은 수업을 위해서 철저한 준비를 할 수 있는 여유로운 시간이 방학이라고 보면 정확할 것이다. 연수에서 얻은 다양한 자료와 아이디어들, 이 많은 보물들을 자신의 수업에서 쏟아 내기 위해선 치밀한 계획이 필요하다. 연수와 수집활동으로 얻은 서 말의 구슬을 아름다운 목걸이로 꿰어야 하는 작업이 필요한 것이다.

> 일과에 　기지 않는 시간적 여유가 있는 방학에 하는 수업준비는 비교적 체계적이고 조금 더 견고하게 준비될 가능성이 높다. 특히 다양한 아이디어와 수업자료들이 교사에게 준비된 후에 이루어지는 수업의 계획은 그 어떤 준비보다 신명나고 철저할 것이 분명하다. 그래서 교사에게 주어지는 유익한 방학은 학생에게 유익함이 전해지는 방학으로 연결될 가능성이 높은 것이다.

#. 가을 하늘 아래 운동장

1. 가을 하늘에 펼쳐진 만국기

학교운동장에 만국기가 걸릴 즈음이면 운동회가 펼쳐질 것이라는 예상을 할 수 있을 것이다. 초등학교에서는 운동회라고 부르지만 중학교 이상에 오면 체육대회라는 용어를 더 많이 사용하는 것 같다. 둘 다 행사는 똑같은데 왜 그런지는 모르겠다. 점심시간에 밥을 먹고 있는데 식사를 다 하신 교장선생님이 다가와 인사를 건네신다.

"최선생님 많이 힘드시죠? 그래도 선생님 같은 신규 선생님들이 학교에서 열심히 뛰어 주셔야 학교가 사는 거예요. 이번 체육대회 때도 신선한 바람 일으켜주세요! 새로운 아이디어 많잖아요. 뭐가 좀 변해야 즐거운 거예요. 하하하"

"아... 네... 하...하.."

신규교사가 오면 무언가 상당히 새로운 것들이 많이 준비되어 있을 것이라는 기대들을 하게 마련이다. 이건 입장을 바꾸어 생각한데도 매우 당연한 생각일 수밖에 없다. 따라서 새로운 교사로서 무언가 신선한 아이디어를 꺼내 놓아야만 하는 것이다. 그렇게 하기 위해선 조금 더 나은 검색력을 동원하여서 많은 종류의 체육대회내용을 가지고 있어야만 한다. 많은 자료가 있어야 새로운 무언가가 나오기 마련이기 때문이다.

[보충] 각종 교내 체육대회

교내에서 열리는 체육대회는 주로 1학기 4월~5월, 2학기 10월 중에 열리곤 한다. 체육대회는 종합적인 종목으로 전교생이 참여하는 운동회 형태로 열리는 경우도 있지만, 최근에는 굉장히 다양한 종목과 유형으로 열리며, 연간 1회만 운영하는 곳도 있고 연간 2~3회까지 운영하는 학교도 있다. 교내 체육대회는 대부분 구기대회, 육상대회, 걷기대회, 마라톤대회, (종합)체육대회 등의 유형으로 구분할 수 있다.

1. 구기대회

교내에서 열리는 구기대회는 주로 5월, 6월, 2학기 9월, 10월에 열리는 학급대항 경기이다. 체육대회가 종합적인 종목이라면 구기대회는 학년별로 각각 한 종목씩을 정해서 토너먼트방식으로 진행된다. 예를 들면 1학년은 축구(풋살), 2학년은 농구, 3학년은 배구로 정해서 경기를 하는 것처럼 말이다.

교내구기대회는 학급의 많은 학생들이 참여할 수 있도록 최소 3피리어드나 4쿼터 각각의 승부나 점수를 합산하도록 하여 진행되는 경우가 많다. 이 대회의 개최 목적은 단체경기를 통한 체육문화를 바로 알고 실천하는 데 가장 큰 목적이 있고 교내 우수선수를 발굴하여 학교간 경기대회나 스포츠클럽대회 대표선수로 출전, 운동부 선수 발굴 등의 목적도 있다.

2. 육상경기대회

육상경기대회는 교내, 지역교육청, 본청, 각종 전국육상경기대회에 출전하는 점진적인 계열성을 지니고 있다. 교내에서는 5개 내외의 육상경기를 선정·실시하여 기초체력이 뛰어난 학생의 선수선발, 교내체육행사의 목적으로 진행되고 있다. 교내육상경기의 종목은 단거리달리기, 중거리달리기, 도약경기, 투척경기 중 학교체육환경에 맞는 종목은 선정하여 실시하지만 지역교육청, 본청, 각종 전국육상경기대회는 모든 육상경기를 실시한다.

3. 걷기대회

걷기대회는 승부를 가리지 않는 단합대회의 형식을 띈다. 걷기에 적당한 공원이나 길을 섭외하여 전교생 혹은 학년 단위로 실시하는 것이 대부분이다. 행사에 대한 계획이나 연습이 다른 체육대회 행사에 비해 간소한 장점이 있다. 질서상, 최선상 등의 시상을 통해 참여율을 높이고 최선을 다하도록 독려한다.

4. 마라톤대회

걷기대회와 마찬가지로 큰 공원이나 산책로 등의 장소에서 5km내외의 거리로 실시하는 것이 일반적인 경우다. 걷기대회와 다른 점은 개인전, 단체전 형식의 승부를 가리는 형식의 대회로 진행되며 안전상의 문제를 걷기대회에 비해 보다 각별하게 신경 써야 한다. 또한 교내마라톤대회를 통해 선발된 우수한 경기력을 지닌 학생들이 교육청대회나 전국대회에 참여하는 경우도 있다.

5. (종합)체육대회

종합체육대회는 보통 가을에 실시하여 1년간의 체육활동을 종합적으로 하루 한 장소에서 담아내는 가장 큰 체육행사라고 생각하면 좋을 것이다. 물론 학사일정상 2학기에 예술제(학예제)를 실시하는 학교는종합체육대회를 1학기에 실시하는 경우도 있다.
종합체육대회에서 실시되는 프로그램은 종합장애물, 육상경기, 각종 구기종목, 각종 표현활동 발표, 사제경기, 학부모경기, 교사경기 등을 학교실정에 맞게 계획하여 실시한다. 이 체육행사를 통해서 애교심과 소속감을 기르며 경기참여, 응원, 경기진행, 행사진행 등을 통해 체육을 문화를 종합적으로 경험할 수 있는 매우 중요한 시간이다.

1부 사례로 보는 체육교직실무

2. 가을하늘에 날벼락

높고 푸르기만 하던 가을하늘에 날벼락이 떨어졌다. 지구별 연구수업을 하라는 것이다. 최교사는 아는 것이 없는데 이미 연초에 연구부에서 지구별 연구수업 대상자로 최교사의 이름을 적어 넣어 보고를 마쳤단다. 당황해 하는 최교사에게 연구부장이 한 마디 건넨다.

"연초에 연구수업 관련 메신저 보낼 때 첨부파일에 내용이 있었어요. 못 보셨구나... 그래도 국가고시 통과한 똑똑한 사람인데 뭐가 걱정이예요. 얼마나 잘하실 텐데.. 호호호"

체육과 선배 교사들에게 자문을 구하고 여름 연수에서 강의를 하셨던 선생님들에게 연락을 하여 준비를 시작하였다. 학습지도안을 비롯하여 수업 자료를 묶어 수업 자료집을 만들고 그동안 모아왔던 학생 과제물과 수업 자료 등을 수집하며 연구수업을 준비한다.

드디어 연구수업 당일이 되자 학교가 어수선해지기 시작하였다. 교감선생님이 플로터로 연구수업 일정을 뽑으셔서 학교 현관에 게시를 하는 것이다. 그리고 내가 수업준비를 하고 있는 자리에 의자를 20여개 가져다 놓으시는 것이다. 책상이 놓이고 음료수와 과자 등이 놓이고, 출석부가 놓이고...

'아... 연구수업.. 이거 장난이 아니네...'

장학의 종류가 많아진 학교현장에서는 수업 공개의 회수와 종류가 다양해지는 추세이다. 그 중 지구별 연구수업이나 연구교사제 참여 등은 참관하는 사람의 수적인 측면에서 비대함을 자랑한다. 그래서 보다 많은 자료와 철저한 준비를 요구받기 마련이다. 나 스스로 수업을 진행 할 때는 필요 없던 것이 누군가에 설명되어져야만 하는 순간에는 필요하게 되는 것이다. 그것도 짧은 시간 안에 많은 것들을 이해시켜야 하는 것이기 때문에 더욱 그러하게 되는 것이다. 그래서 많은 교사들이 이러한 종류의 대규모 수업공개는 꺼리게 되는 것이다. 하지만 이러한 활동들을 즐기기 시작하면 교사 자신의 발전은 물론이요 체육교과의 발전도 꾀할 수 있다는 사실을 꼭 알아야 할 것이다.

[표 1.13] 다양한 교사 연구지원 제도 예시(서울)

1. 체육교과 「학교컨설팅장학지원단」 구성·운영
 가. 목적 : 체육수업컨설팅을 통한 교원의 전문성 향상 및 교수·학습방법 개선
 나. 사업주관 : 서울특별시교육연구정보원
 다. 주요내용
  1) 수업지원단 조직운영 : 공모에 의하며 학교급별, 교과별로 구성·운영
  2) 지원단 자격: 컨설팅 능력과 전문성을 지닌 교직경력 7년 이상의 교원 및 교육전문직
  3) 지원단 활동내용
   가) 서울시교육청, 지역교육청 및 단위학교 컨설팅장학 지원 활동
   나) 자발적 컨설팅 의뢰자 요청 시 1:1 맞춤식 컨설팅 활동
   다) 교수학습 자료 개발 및 수업 공개 실시
   라) 지원단원 우대
    · 교육감위촉장 수여 및 활동 우수 단원 교육감 표창
    · 지역청 평가 및 학교 평가 시 지원단 관련 활동 실적 반영
    · 15시간 이상 수업컨설팅 받으면 직무연수로 인정(연수학점 1학점 부여)

2. 서울학교체육연구대회
 가. 목적 : 체육수업 혁신 및 학교체육 주요정책의 현장 적합성 제고
 나. 대상 : 초·중·고교 교원 및 교육전문직
  ※ 〈종전〉체육(담당)교원 및 교육전문직 → 〈개정〉 모든 교원 및 교육전문직
 다. 주관 : 서울시교육청
 라. 분야 : 연구논문(학교체육주요정책분야 연구), 수업사례발표(체육수업방법 개선)
 마. 등급 : 최종 출품된 작품 수의 분야별 40%내에서 1:2:3의 비율로 1,2,3등급 부여
  1) 1등급 : 서울시교육감상 수여, 시·도 규모 연구대회 실적 및 전국대회 서울시 대표 추천
  2) 2, 3등급 : 서울시교육감상 수여 및 시·도규모 연구대회 실적 인정
   ※ 연구실적 평정점은 시·도대회와 전국대회 중 유리한 것 한 개만 평정
   〈근거 : 교육공무원승진규정 제37조2항, 연구대회관리규정 제5조2항(훈령 제669호)〉
 바. 특전 : 교육공무원 승진규정 제37조 2항의 규정에 의한 시·도규모 연구대회 입상에 준한 연구실적으로 인정.
 사. 세부계획 : 추후 공문 시행
 ※ 교사의 전문성 함양을 위하여 다수의 교사 참여 적극 권장

#. 한 해 갈무리

1. 사조직? 공조직? 또 다른 조직에의 참여

일 년간 지켜본 학교에서 가장 존경해 마다 않던 선생님 한 분이 최교사에게 다가와 조심스레 말을 건넨다.

"최선생. 학교에는 부서 말고도 또 다른 조직이 있어. 사조직이라고 보기엔 공식적이고 공조직이라고 보기엔 학교업무분장에 있지 않으니 무리가 있지. 이게 교원단체라고 하는 것이지. 내가 하고 있는 단체는 말이지..."

그렇게 대화하던 둘의 모습을 지켜본 교감선생님이 오후에 찾아오셨다.

"최선생. 학교에는 여러 가지 단체가 있어...." 다 좋은 이야기 같기는 한데 아직 뭐가 뭔지도 잘 모르겠고 어지러울 따름이다. 꼭 이런 단체에 들어야만 하는 것인지도 혼란스럽고, 아무튼 이래저래 고민이 많은 오후이다.

> 학교생활을 일 년 정도 하다보면 선생님들의 성향을 알 수 있게 된다. 그리고 그 성향에 따라 가입한 교원단체도 비슷하다는 것을 쉽게 알 수 있다. 생활을 하면서 내가 어떤 성향에 가까운지 판단을 해서 자신이 들어가야 할 단체를 선택하는 것이 현명하다. 단순히 인간관계만을 우선하여 단체를 고르고 가입하는 일은 매우 어리석은 일이다. 물론, 어떠한 판단이 서질 않는다면 어떠한 단체에도 가입하지 않는 것이 옳은 행동이다.

[표 1.14] 교원단체 및 교원노조 유형

구분	유형
교원단체	한국교원단체 총 연합회
교원노조	전국교직원 노동조합 대한민국 교원조합 자유교원 조합 한국교원 노동 조합

※ 교원단체 및 교원노조에 대한 추가 사항은 3부 〈Ⅱ.-4 교원단체 및 교직단체〉를 참고

우선은 교원단체에 들어가는 것은 며칠 후로 결정을 미루기로 하였다. 최교사는 우선 들어가야 할 모임이 있기 때문이다. 최교사가 수업준비를 하면서 들어갔던 사이트들 중에 마음에 쏙 드는 연구회가 하나 있었다. 그 연구회에 들어가서 그 선생님들과 함께 수업을 준비하고 공부를 하고 싶어졌기 때문이다. 대학원 진학에 대한 고민도 있었지만 우선은 수업연구에 보다 더 많은 노력과 시간을 투자하기 위해 이 연구회에 먼저 들어가는 것이 최우선이라고 생각했다.

[표 1.15] 체육 교과 관련 연구회

체육 교과와 관련한 교과 연구회는 전국 각 지역별로 여러 곳이 있다. 우선 각 시·도 교육청 단위의 교육연구정보원을 기반으로 한 교과 연구모임의 수가 많고, 체육교사의 자발적인 요청과 노력에 의해 만들어진 연구회도 있다. 여러 체육 교과 관련 연구회 중 대표적인 연구회들을 다음과 같이 소개 한다.

▶ 전국체육교사모임
전국의 체육 교사들이 중심이 되어 만든 모임으로, 체육 수업에 필요한 다양한 수업 자료와 매체를 제공하고 있다. 매년마다 방학 중 연 2회 연수 개최, 연 4회 '체육교육'지 발간, 정기적인 교재 연구 모임을 운영하고 있다. (http://mom.eduhope.net)

▶ 체육영상교육연구회
체육영상교육연구회는 21세기 미디어 기술의 발달과 스포츠 문화의 성숙, 그리고 학교현장의 교단 선진화에 따른 물적 토대를 기반으로, 체육의 인지적 영역(이론, 실기, 보건)에 대한 단순한 기초 기능만을 평가하던 지필평가 방식의 한계를 극복하고, 실기종목의 동작지식에 대한 올바른 이해, 스포츠를 향유하는데 필요한 제 능력(기능, 사회적 행동, 과학적 지식)에 대한 평가를 영상을 통하여 구현해내고자 2002년도에 창립된 현장 체육교사들의 자주적 연구·실천 모임이다. (http://peves.net)

▶ 서울중등체육교육연구회
서울에서 근무하는 현직 중등체육교사가 중심이 되어 만든 학회로, 현재 1,000여명의 회원을 확보하고 있다. '중등체육'이라는 연구 간행물을 매년 2회 발간하고 있으며, 교직원 테니스대회 운영, 방학 중 직무연수(스키, 골프) 및 자율연수를 실시하고 있다. (http://spems.co.kr)

▶ 하나로수업연구회
하나로 수업의 실천을 위해 자발적으로 구성된 연구회로, 서울 및 경기 지역의 체육교사를 중심으로 구성되어 있다. 인문적 체육교육론에 근거한 하나로 수업 모형의 현장 실천, 교육 자료 개발, 연수 및 자료 공유 등의 활동을 하고 있다. 최근 각종 매체를 통해 하나로 수업의 노력이 알려지면서 체육계에 많은 관심을 받고 있다. (http://cafe.daum.net/HOPEschool)

2. 수업 갈무리

일 년간 체육수업을 하면서 얻은 자료들이 이렇게 많을 줄은 몰랐다. 최선생 스스로에게 좋은 점수를 주며 뿌듯해 하고 있는 와중에 무언가 고민이 생기기 시작했다. '이 자료들을 버려야 하는 건가? 이 자료들을 가지고 있으면 무얼 할 수 있는 건가?' 이런 고민을 하고 있던 차에 연수 때 만났던 다른 지역 선생님에게 전화가 왔다.

"최선생, 지난 연수 때 선생님 수업에서 나온 결과물들 있다고 했지? 그거 정리한 거 있지? 내가 내년 수업 자료로 활용해야 하는데 나 좀 쓸 수 있게 파일로 보내줄 수 있어? 영상도 함께 말이야. 물론 내 자료도 보내 줄 테니까 억울해 하지 말고. 하하하"

> 수업자료를 정리하고 재가공 하는 일은 교사의 일 년 마무리 중 가장 중요한 활동이라고 볼 수 있다. 파일 형태로 영상이나 결과물들을 보관하고 때에 따라서는 실물로 보관해 두면 다음 해의 또 다른 수업자료로 활용할 수 있고, 다른 교사들과의 수업자료 공유에도 매우 효과적이다.

[표 1.16] 체육수업 정리 자료 목록

- 영역별(신체활동 가치별) 수업 운영계획서
- 학기별 수업 운영계획서
- 영영별 수업운영 보조자료(활동지 및 안내자료) 목록
- 영역별 수업운영 보조자료(동영상) 목록
- 영역별 사진, 동영상 촬영 자료
- 영역별 학생 과제 정리 자료
- 영역별 수행평가 기준안 자료
- 영역별 사용 기자재 목록
- 체육교사 반성일지 자료
- 영역별 교수 - 학습 지도안(세부 지도안)
- 개인 수업 자료집

2장 두 번째 사례
이바른 선생님의 이야기

#. 또 다른 시작

1. 안목 높이기

2011년 2월이 갓 시작된 어느 날… 아직은 봄방학 기간 중이지만 이바른 교사는 새 학기 준비를 위해 출근을 하고 있다. 새 학년이 시작한 이후의 바쁜 학교생활을 몇 번 경험을 해보니, 미리 준비하지 않으면 안 될것 같다는 생각이 들었기 때문이다. 특히 이 시기에 주어지는 일들이 교사와 학생 모두에게 중요하고 의미 있는 일임을 어렴풋이 알기에 이렇게 방학을 즐기지 못하는 것이 아쉽다기보다, 미리 준비 할 수 있는 시간이 있다는 것에 감사하고픈 마음이다.

> 돌이켜 보니 처음 학교에 온지도 만 3년이 지나, 나와 함께 이 학교에 입학하여 첫 수업을 함께했던 학생들도 모두 졸업을 했다. 그 동안은 대학 시절에 배운 것을 바탕으로 좋은 체육수업을 하는 일에 마음을 쏟아 왔던 것 같다. 그 결과, 다행스럽게도 지난해에는 계획한대로 수업을 잘 운영하여 나에게, 또 학생들에게 만족스러운 수업을 할 수 있었던 것 같다. 그동안 좋은 수업을 위한 많은 노력을 기울여왔고 이러한 것들이 좋은 결과를 가져온 것 같다. 이제는 체육교사로서 서툰 수업을 지나서 학생들과 함께 신체활동을 통한 여러 가지 가치를 발견하는 수업을 만들어 나갈 수 있을 것이라는 자신감도 생겼다.

1부 사례로 보는 체육교직실무

하지만 그렇다고 해서 학교생활이 모두 만족스러워진 것은 아니다. 지난해에 처음으로 1학년 학급을 처음 맡아 담임교사가 되었는데 여간 어려웠던 것이 아니다. 내가 학교에서 하는 주된 일이 수업이고 담임교사로서의 역할은 조회, 종례를 해주는 부수적인 역할로 생각했었는데, 이런 어설픈 판단이 담임교사로서의 내 교직 생활에 큰 후회를 만들었다. 직설적으로 말해 나는 학급 운영을 썩 잘하지는 못하였다. 그래서 올해는 체육수업 뿐 만 아니라 학급운영에 대해 좀 더 많은 준비를 하여 적극적으로 학급운영을 해 봐야겠다는 다짐을 하였다.

[표 1.17] 연간 학급운영 계획 예시(고등학교)

1학년 2반 학급운영 계획

1. 생활지도

【지각】

7:50 까지	영어단어 20개 + 한자 20자 외우기
8:00 까지	영어단어 20개 + 한자 20자 외우기 교과서 시 한편 외우기
늦은 지각	전화나 문자로 알릴 것 ▶ 학교 오면 쉬는 시간에 담임에게 온다.

※ 30분 이후에 온 지각자 모두는 방과 후, 복도에서 벌 받고 갑니다.
※ 잦은 지각자는 면담 후 학부모님 방문

【질병결석】
- 심하게 아파, 학교에 오지 못할 때
- 미리 부모님 or 본인이 담임에게 문자메시지
- 본인이 잊지 말고 처방전, 진단서, 약봉지 가져오기 ▶ '결석신고서' 받아서 다음날 제출

【조퇴】
- 쓰러질 정도가 아니면 조퇴는 없다.
- 조퇴증 출석부에 끼워두고 조퇴하기.
- 조퇴 신청 시각에 보호자 연락 후 조퇴함.
- 허가 사유 : 불가피한 병원예약(예약 있으면, 미리 부모님이 전화하시도록 할 것)
※ 요즘 병원은 약 7:00까지 하는 것으로 알고 있음. 종례마치고 가도록 함

【외출】
- 불가피한 경우가 아닐 때는 허가하지 아니한다.
- 정해진 시간 후 학교에 도착 즉시 쉬는 시간에 담임에게 얼굴 보일 것

- 무단외출 담임이 알았을 경우 엄.중.처.벌.
- 허가 사유 : 불가피한 병원예약(부모님 통화 & 처방전 제출)

【사고결과】
- 일과중 출석부에 체크된 경우를 말함
- 사고결과자는 그 날 방과 후를 지각자와 함께 한다.
- 보건실에 입실할 때에는 입실증 받아서 출석부에 끼워둘 것

【수업중】
- 수업 종이 울린 즉시 움직여, 1분 내로 착석
- 종이 울리면 자던 사람도 일어난다.
- 수업 중에는 엎드리지 않는다.
- 교탁위에 서면 여러분의 일거수일투족이 모두 보인다. 수업 중 상황은 선생님과 나의 1:1 관계이다. 예의있게 긴장감 가지고 수업에 임한다.

【청결】
- 교실 내 신발 착용 절대금지(적발 시 엄중처벌)
- 자신의 신발 바닥이 교실 바닥에 닿은 경우, 그 날 방과 후는 지각자와 함께 한다.
- 책상, 벽면, 의자, 교탁, 정보화 기기 등에 낙서를 절대 금한다.

【주번활동】
① 아침 = 환기, 쓰레기통 주변 확인
② 쉬는 시간 및 점심시간 = 칠판지우기 & 교실 앞뒤 쓰레기 줍기 & 복도 쓰레기 줍기

③ 일과 후 = 칠판 완전 깨끗이 지우기 & 복도 구석구석 쓸기 ▶ 담임에게 검사받고 체크표에 체크한 후 귀가한다.

【좌석배치】
- 2주 or 3주에 1번씩 제비뽑기를 통하여 결정한다.
- 자리배열은 담임(회장)이 정하는 다양한 (안)에 의한다.
- 좌석배치표는 1,2학기 : 김태석이 담당한다. (받아서 붙이고, 깨끗하게 유지)

【조회·종례】
- 조회는 7:57~8:05에 하는 것으로 한다.
- 조종례시간엔 반드시 자리를 지킬 것.

【학급문고】
- 독서는 인생의 필수영양소
- 월수금 아침 자습 20분은 전원 독서로 정한다^^
- 1인 2권을 목록 내에서 배정하여 가지고 온다.
- 학급원 전체가 분실되지 않도록 주의를 기울인다.

〈특별 1시간 후 종례〉
- 귀중품이 분실되거나 학급 내에서 주먹다짐이 있을 때
- 심한 낙서가 있거나 물품이 크게 훼손 됐을 때
- 지각자가 7명 이상인 경우

〈모범상 수여〉
- 그 달의 마지막 날 : 한 달동안 지각을 한 번도 안한 친구들 개근상 수여 : 한 달동안 가장 훌륭한 학교생활을 한 친구에게 우수학생상 수여

의미 있는 학급운영을 위해서는 1년의 계획이 가장 중요하다. 학교 제반 규칙과 학교의 주요 행사, 교육과정을 고려하여 색깔 있고 특색 있는 학급운영 계획을 세우는 것이 중요하다. 무엇보다도 학생들에게 학급 담임으로서 학급을 어떻게 운영할 것인지에 대하여 학기 초에 상세히 안내하고 학생들과 한 마음으로 1년 살림을 꾸려가는 것이 가장 중요하다.

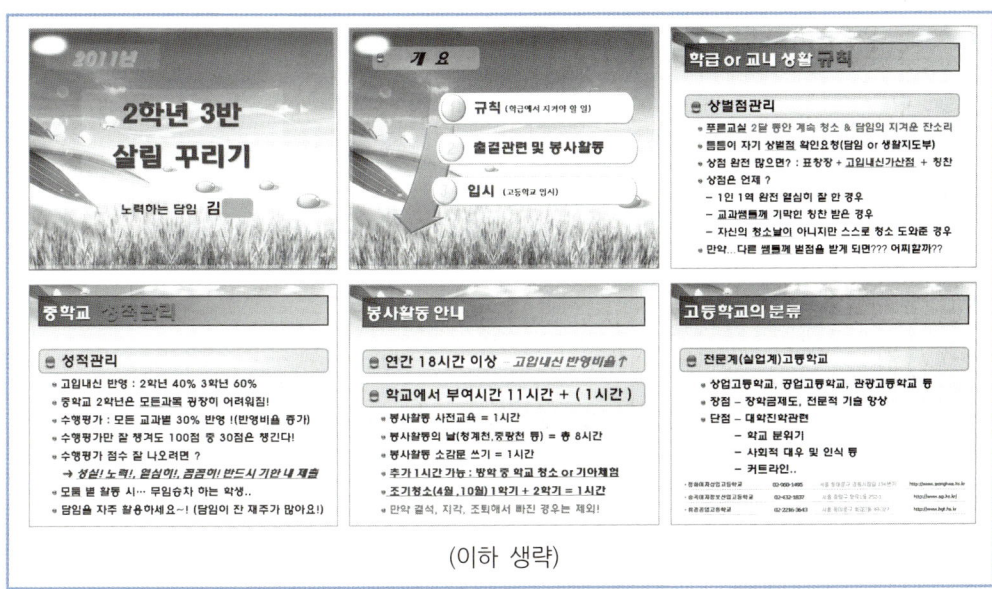

[그림 1.13] 연간 학급운영 안내 프리젠테이션 자료(중학교)

2. 새로운 마음가짐

어떤 것이든 처음 새로운 일에 입문하여 역할을 수행하는 것이 쉽지만은 않다. 하지만 나는 비교적 어려움을 많이 겪지 않았다고 생각한다. 이는 바로 유능한 선생님과 3년 동안 함께 지내온 덕분이었던 것 같다. 적지 않으신 연세에도 체육과 관련된 업무며 수업이며, 그리고 학생들 인성지도에 있어서도 적극적으로 임하셨을 뿐 아니라, 본인이 혼자 하셨을 많은 일들에도 일부러 날 참여시켜 주셔서 보고 배울 수 있는 기회를 많이 마련해 주셨다.

나에게 많은 것을 가르쳐주시고 도와주셨던 유능한 선생님께서 올해를 마지막으로 정년퇴임을 하신다. 선생님의 남은 교직생활 동안에 좋은 추억 많이 만들고, 특히 체육과 관련된 부서 운영의 전반에 대해서도 빨리 배워야겠다는 다짐을 해 본다. 그래서 교직을 떠나시는 선생님께서 안심하실 수 있게 해드릴 수 있다면, 그리고 선생님 곁에서 배운 내가 믿음직하게 뒤를 잇는 모습을 보여 드릴 수 있으면 참 좋을 것 같다는 생각도 함께해본다.

그리고 지금까지는 꾸준히 예체능부에 소속되어 일을 하고 있지만, 3년을 학교에서 보낸 지금 돌이켜 생각해보면 교내 다양한 업무도 이제는 한결 수월하게 작업을 해 나가는 내 모습을 볼 수 있었다. 지금의 나라면, 예체능부 이외에 여러 다른 부서에서의 일도 해볼 수 있을 것 같다. 그런 점에서 학교 운영에 대한 큰 줄기들과, 다른 부서의 업무에 조금 더 관심을 갖고 학교가 전체적으로 어떻게 운영되는 지에 대해서도 잘 배워야겠다는 다짐도 해보았다.

#. 준비에 실패하는 것은 실패를 준비하는 것

1. 새로운 보금자리

　새 학기를 준비하는 2월의 셋째 주 화요일, 나는 새 학기 대비 직원회의 시간에 조금 일찍 도착했다. 교무실은 상당히 어수선하다. 전체 교직원 회의가 있기 때문이다. 각 교과별로 몇 학년을 가르치게 되는지 대충 상의한 눈치라 별 문제가 없어 보이지만 업무분장이라는 것은 교사들의 기호가 비슷비슷 하기 때문에 나름의 눈치작전이 오가기 마련이다. 겉으로는 웃고 있지만 마음은 그렇지 않은 몇몇 선생님들이 계시다. 이 때 작년에 학생부 사안담당을 하시던 물리과 김 선생님께서 소리를 내신다.

　"이거 교직사회 3D 업종은 매년 바꿔야 하는 거 아닌가? 맨날 파출소 다니는 것도 이젠 넌덜머리가 난다고. 다들 돌아가면서 해봐야 힘든걸 알지…"

　오늘의 회의는 새 학기의 운영에 필요한 중요한 사항들을 결정하는 중요한 모임이다. 오늘 결정 할 내용은 다가오는 새 학기에 내가 몇 학년을 담당하며 주당 몇 시간의 수업을 해야 할지 체육과 선생님들과 상의하는 것이다. 그리고 올해에 내가 맡을 업무(보직)와 몇 반의 담임을 할지도 결정될 것이다. 올 한해 이 학교에서 내가 맡는 역할의 종류와 범위를 정하는 것이라 할 수 있다.

> 학교를 운영하는 교사의 담당 업무의 종류는 부서의 구성에 따라 매우 다양하다. 그리고 어떤 업무를 맡게 되는지는 교직의 만족도를 결정하는 매우 중요한 문제가 될 수 있다. 그 때문에 이러한 의사결정은 쉽지 않고 많은 갈등의 가능성을 갖고 있기도 하다. 이 결정은 교사 스스로가 몇몇 희망 업무를 적어서 교감선생님께 제출하면, 이를 바탕으로 교장·교감 선생님의 상의와 교직원 회의, 개인적인 협의를 통해 결정되게 된다.

【2011학년도 업무 및 담임(보직) 희망 조사표】

○○중학교

성 명		○ ○ ○	과 목	체 육
현담임 및 업무(2010학년도)		학년	교무기획부장	계
현임교에서의 담임 및 부서	2009학년도	학년	교무기획부장	계
	2008학년도	학년	특별활동부장	계
	2007학년도	학년	특별활동부장	계
	2006학년도	학년	부	계
2011학년도 희망 담임, 학년, 부서 동아리활동반	순	제1지망	제2지망	제3지망
	담 임	학년	학년	학년
	부 서	부	부	부
	담당계	계	계	계
	동아리활동반	반	반	반
2011학년도 보직희망 여부	희망 여부 (○, ×)	부장	부장	부장
	○	※ 희망하시는 부서가 있으면 지망 란에 기록함.		

■ 건의 사항(없으면 기재하지 않아도 됨)

■ 비담임 희망 시 사유를 자세히 기재하여 주세요.

※ 업무 및 담임(보직) 희망 반영여부는 학교운영상 반영되지 않을 수도 있습니다.

[그림 1.14] 업무분장 희망 조사표

매년 12월 말, 혹은 봄방학 기간 전에 다음 년도 업무분장을 새롭게 구성하기 위하여 모든 교사들은 업무분장 희망 조사표를 개인별로 작성하여 제출한다. 학교 내 인사를 담당하는 교감이 조사표를 수합하여 정리하며, 개인이 희망하는 부서에 최대한 많은 교사들이 배정될 수 있도록 각 부서의 부장 교사들과 몇 차례에 걸친 회의를 진행하게 된다. 대부분의 체육과 교사들은 체육과와 관련된 부서의 일을 맡기도 하지만, 생활지도부, 교무기획부, 연구부 등의 부서에도 배정되어 체육교과가 아닌 다른 업무의 일을 맡는 것도 가능하다.

20○○학년도 교직원 업무 분장표 ○○중학교

[업무 분장표: 교무기획부(15), 교육연구부(6), 생활지도부(10), 교육정보·1학년부(7), 학년부(5), 자연과학교육부(9), 예체능교육부(6), 상담사회·2학년부(7), 창의인성교육부(6), 연어교육부(8), 교육복지부(5), 행정실(10) 등 각 부서별 세부 업무 내용이 표기되어 있음]

교내 업무 분장은 학교마다 유사하며 대부분 정형화 되어있다. 주로 학교마다 10~13개 내외의 부서들이 존재하며, 각각 업무를 분담하여 학교 행정일을 운영하게 된다. 각 부서명은 해당 학교의 교육과정과 학교 특색사업에 따라 다르게 명칭이 결정될 수도 있으며, 주로 새 학년이 시작되기 전인 2월, 각 부장교사들과 교감, 교장이 모인 부장회의에서 그 명칭과 세부 업무가 결정되어 진다.

1부 사례로 보는 체육교직실무

2. 끊임없는 회의와 협의의 속으로

교무실 중앙 테이블에 놓인 여러 장의 유인물, 뭐가 이렇게도 유인물이 많은지 한 장 한 장 살펴보았다. 나는 예상대로 2학년 담임이었다. 담당 업무는 예체능부 기획이다. 다행이다. 다른 부서로 갈 수도 있다는 생각을 했지만 다행스럽게도 또 이 업무를 맡게 되었다. 각 학년별로 모여서 각자 맡을 학급의 아이들을 선정하는 시간이 되었다. 알파벳으로 적혀진 분반 자료를 한 봉투에 모아두고 학년부장님께서 제비뽑기를 실시하신다.

'작년에 엄청나게 사고 치던 기철이만 우리 반에 안 온다면 나는 너무 행복할 것이다. 제발 그 녀석만 없어라, 그녀석만 없어라...'

담임을 제비뽑기 3반으로 결정 났고 G반으로 분반된 아이들이 우리 반 아이들이다. 또 다행이다. 기철이가 없었다. 흑장미파 짱으로 알려진 순정이가 있기는 하지만 순정이는 나를 잘 따르니 별 문제가 없을 것 같다. 올 한해 운수가 약간 트이는 모습이다.

그렇게 학급 학생들과 담임교사가 결정되었고, 이번 2학년 학생들을 처음으로 담당하는 선생님들과 기존에 1학년을 가르치고 함께 2학년으로 올라오신 선생님들과는 벌써부터 아이들 얘기로 시끌벅적하다. 몇 반의 누구가 가장 생활지도가 힘들며, 몇 반의 누구가 성적이 어떠며 어느 대학을 준비하고 있는지 등, 학생들의 기본적인 정보들을 서로 주고받느라 벌써부터 이야기 바구니가 한 바가지이다. 못다한 이야기들은 점심식사 시간에 나누자고 하면서 3학년 담임선생님들께서는 자리에서 일어나셔서 식당으로 향하였다. 식당으로 걸어가는 그 순간에도... 우리는... 줄곧 아이들 이야기뿐이었다.

> 한 학년의 담임교사들은 굉장히 긴밀한 관계를 유지하고 있어야 한다. 고등학교보다 상대적으로 생활지도가 더 많이 필요한 중학교에서는 교사들 간의 정보교환과 의견교류가 굉장히 중요한 영향을 미친다. 한 학생의 인성과 학업을 관리하는데 있어서 담임, 그리고 각 교과를 담당하는 교사, 그리고 상담부서, 생활지도부서 등 여러 교사와 여러 부서들이 함께 정보를 공유하고 학생을 지도해야 하는 경우가 많다. 학교는 굉장히 유기적인 연결고리로 구성된 유기체이다. 아직 경험이 부족한 젊은 교사들은 주변 선생님들과 긴밀한 관계를 유지하며, 많은 질문과 도움을 통해 지속적으로 학교 현장에 대하여 배워나가려는 자세가 필요하다.

3. 학교 살림살이

연구부에서 메신저가 왔다. 금요일 3시까지 각 부서별 교육계획서 내용을 보내라는 이야기다. 나름 중요한 업무 중 하나인데 부장님과 상의해야만 할 것 같아서 부장님 자리로 다가간다.

"부장님 연구부에서..."

딱 한 마디 했는데 최신형 스마트폰 보다도 빠른 답변이 돌아왔다. 이건 요즘 광고하는 4G보다도 빠른 반응이다.

"교육계획서 하라고? 쿨박스에 들어가면 작년 내용 있잖아. 그거 날자 바꾸고 대충해서 보내줘. 올 해 특별한 거 없어. 거의 작년과 똑같아. 알잖아? 나보다 똑똑한 사람이 뭘 물어봐. 하하하. 혹시 바꾸고 싶은 거 있으면 바꾸고. 맞다. 그리고 아침운동 추진 사업부분만 남겨놓고 우선 만들어봐. 아침 운동계획은 내일 협의해서 결정하자고."

대단한 능력자다. 이렇게 어려운 일을 저렇게 가볍게 대답하신다. 저런 능력이 있어야지 부장을 할 수 있는 것인가 보다. 난 언제 저런 능력자가 되지? 아니, 난 저런 능력자는 안 하련다.

> 새 학기를 위한 보다 구체적인 준비는 각종 계획서를 작성하는 일이다. 학교에서의 교육활동은 모두가 문서화된 체계적인 준비와 계획을 바탕으로 이루어진다. 이러한 교육 계획 중 가장 포괄적인 것은 '학교교육계획서'이다. 이는 한 해 학교 운영의 나침반에 비유할 수 있다. 학교교육계획서에는 학교의 일반적인 현황에서 시작하여, 각 부서가 해야 할 업무의 내용, 올해에 중점적으로 추진되는 주요 사업에 대한 설명이 담겨져 있다. 나는 학교교육계획서를 만드는 담당 부서의 요청에 따라서 내가 맡은 예체능부의 한 해 업무를 정리하여 보내야 한다. 또한 올 해 우리 부서에서 의욕적으로 실천하고자 하는 중점 사업에 관해서도 그 계획을 만들어야 한다.

[그림 1.15] 단위학교 학교교육계획서(체육교육부 예시)

4. 수업은 수업계획에서부터

맞다. 너무 빠른 답변 덕택에 교과 관련 계획서이야기를 빠뜨렸다. 하지만 다시 다가가지는 않을 작정이다. 이번에는 부장님과 텔레파시가 통했다고 해야 하나? 그냥 내가 알아서 할 작정이다. 체육과 선생님들에게 일일이 연락을 하여 담당 학년 교과지도 계획과 수행평가 계획을 답장으로 보내달라고 요청하였다. 물론 만나서 서로 이야기 하고 함께 계획해야 맞는 것인데 계획서 제출일이 촉박하니 편법을 쓸 수밖에 없다. 몇 년 해 보니 이게 빠르다. 교사들 특징이 말을 너무 잘해서 말부터 쏟아내기 시작하면 문서가 나오질 않는다. 우선 평가계획을 다 받은 후 내가 하나의 문서로 만들어 복사하고 운동장과 체육관 그리고 기구 사용의 분배를 적절히 한 후 내가 원하는 방향으로 회의를 진행하는 것이 빠르다. 이게 내가 몇 년간 터득한 방법이다. 나 하나 고생하면 체육

수업이 잘 이루어 질 수 있다는 것이다. 다른 학교에는 이런 거 적극적으로 하시는 선생님들 많이 있으시다는 데 경력도 짧은 내가 이 중요한 일을 추진하고 있다니 뿌듯하고 마음이 서글프고 막 그렇다. 밥이라도 많이 먹어야겠다. 먹고 살자고 하는 일인데...

또 다른 계획서는 수업과 관련된 중요한 계획은 교과지도계획와 수행평가계획이다. 수업 내용을 어떠한 순서로 어떠한 날짜에 가르칠지 미리 계획을 하고, 특히 학교 일정에 따라 일어날 수 있는 수업 변동 내용에 대해서 체크해두어야 한다. 수행평가는 더욱 중요하다. 수업의 방향을 정하는 중요한 요소이기 때문이다. 담당학년과 관련해서는 동 학년을 가르치는 선생님들과 협의하여 수행평가계획을 세워야 하고, 이 모든 자료를 수합해서 모든 체육과 선생님들이 협의 하여 최종 계획을 정리하는 것이다.

[그림 1.16] 단위학교 교육과정 운영계획(체육과 예시)

5. 지피지기면 행복이 보인다.

담임교사의 역할과 관련되어서도 준비 할 내용이 많다. 우선 올해 나와 희노애락, 생사고락을 함께 할 학생들이 누구인지 확인하고 싶어졌다. 사고뭉치 기철이의 합류 여부만 보느라고 너무 대충 보았다. 학생부 단골손님 순정이를 제외하곤 기억나는 학생들이 없기에 꼼꼼히 분반 자료를 들여다보았다.

'담임선생님이 나라는 것을 알게 되면 학생들이 어떤 반응을 보일까... 첫 인사를 어떠한 이야기로 시작할까...'

여러 가지 생각에 마음이 설레고 두근거렸다.

첫 날에 좋은 시작을 하기위한 노력으로 내가 담당할 학급의 학생들의 이름을 외워서 불러주면 좋을 것 같다는 생각을 하였다. 첫 인사에서부터 학생들의 이름을 직접 불러주면 학생들도 훨씬 기분 좋은 시작을 할 수 있겠지? 하지만 그 다음은 무엇을 해야 할지 막막했다. 그래서 결정한 것이 나의 소개이다. 아이들은 많고 그를 담당하는 담임교사는 나 하나이고. 나에 대한 소개를 하는 것이 가장 먼저라는 생각이 들었다. 그래서 취업관련 자기소개서 보다 자세하게 나의 이야기를 적어보기로 마음먹었다.

"나는 올 해로 32살이고, 부모님과 함께 살고 있으며, 엄청나게 아름다운 여자 친구가 있으며, 지난겨울 크리스마스에 여자 친구에게 현빈을 닮았다는 이야기를 들었는데 그 당시 옆에 있던 여중생이 구토 증세를 보였고 그래서 119를 불러 여중생을 구했으며......"

> 3월이 시작되면 학생들에 대해 모르는 것이 너무 많아 학생들을 파악하는 것으로 학급운영을 시작하는 것이 좋다. 또한 새 학기가 시작되면 주번, 청소당번, 좌석배치 등 학급 내의 여러 문제에 대해 방침을 정해야 할 것들이 많다. 또 학급의 환경미화는 어떻게 할 것인지 등 교사에게는 악명 높은 3월인 것이다.

[그림 1.17] 학기 초 학부모 안내문 및 학부모용 설문지 예시(중학교 용)

학기 초가 되면, 학생들뿐만 아니라 학부모님께 학급운영에 대한 전반적인 운영 방향을 안내해 드리고, 학생 인적사항 및 성격, (경제적 상황을 포함한) 가정환경, 교우관계, 학원 수강 유무 등의 상세한 사항에 대하여 미리 조사하기 위한 설문지를 배부하기도 한다. 이러한 방법은 반드시 실시해야 되는 것은 아니지만, 이러한 제반 과정을 통해 학급운영에 있어서 학부모님과 담임간의 신뢰를 쌓을 수 있고, 학생들의 기초적인 정보에 대하여 학기 초 파악이 가능하여 학생 지도와 상담에 굉장히 많은 도움을 받을 수 있다.

1부 사례로 보는 체육교직실무

#. 사랑, 그 출발선에서

1. 우리의 다짐

　오늘은 우리 아이들에게 학급 규칙에 대한 안내를 하려 한다. 고등학교 2학년이면, 이젠 스스로 알아서 할 일도 많을 것이고 또 자신에 대한 진로를 점점 더 생각하면서 철이 조금씩 들어가는 나이이기도 하지만, 한편으론.... 이들은... 아직 고등학교를 다니는 어린 학생이다. 담임의 적당한 규제와 학급 규칙이 있어야 절제와 규율을 지키는 우리 아이들.

　"자! 오늘은 우리 학급 규칙에 대해서 함께 얘기를 해볼까?. 몇 가지 주요 사항에 대해서 선생님이 먼저 얘기를 해볼게. 지각하는 친구들은 어떻게 벌을 주는 것이 좋을까?"

　"벌금 걷어요. 천원씩이요! 작년에 우리 반도 그렇게 해서 지각비 모아서 연말에 피자파티 했어요!"

　"그래, 영철이 의견도 좋아. 그런데.. 선생님이 그 방법을 하다 보니, 자꾸 요녀석들이 부모님께 얄금얄금 돈을 타와서 부모님만 괜히 속썩이는 얄미운 친구들도 있더구나. 조금 더 지혜로운 방법이 없을까?"

　"청소시켜요! 벌청소여!"

　"흠...글세...선생님은 청소를 벌로 생각해본적이 없어서...흐흐흐. 청소는... 우리가 다 함께 쓰고있는 교실을 스스로 치우고 정리하는 '의무'가 아닐까 싶은데? 그리고 청소는 벌로 너무 약해."

　"그럼 빽빽이 시켜요!"

　"맞아, 맞아, 우리도 작년에 깜지했는데, 그거 진짜 좀 짜증났어."
　"오호라~ 그렇단 말이지? 그럼...이건 어떨까? 지각할 때마다 한자 20개씩 외우기! 어때?"
　"캭~! 선생님! 제발 그것만은...."
　"안되요 선생님! 선생님..."

"너희들을 반응을 보니.... 콜!!!"

학급 규칙은 학급 학생들이 지켜야 할 일종의 자체적인 규율이므로, 반드시 학생들과 상의 하에 결정하는 것이 좋다. 되도록 민주적인 회의로 진행하며, 다수의 의견이 반영되도록 해야 한다. 최근에는 학생들의 인권존중과 체벌금지에 대한 측면이 부각되면서, 학생들이 자율적으로 규칙을 준수하고, 규율을 어겼을 경우 스스로 그에 대한 벌칙을 수행할 수 있는 분위기를 형성하는데에 담임의 역할이 매우 중요하다. 규칙을 정할 때 학생들의 의견을 존중하고 학생들이 서로 수긍하는 규율을 정하면, 학생들은 본인들의 의견이 반영된 규칙과 규율이므로 보다 더 책임감있게 지킬 수 있게 된다.

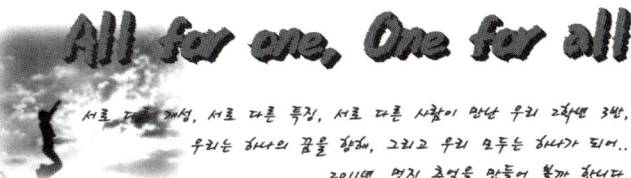

[그림 1.18] 학급규칙 안내문(중학교) 예시

1부 사례로 보는 체육교직실무

2. 할 일이 참 많은 3월

　2학년 1반, 4교시, 올해 수업 안내에 대한 오리엔테이션 수업 중이었다. 별로 말이 없고 내성적이었던 나였지만, 교사가 되니 왜이리 할 말이 많아지던지, 종칠 시간이 다 된 것도 모르고 내 말에 취해 정신없이 '연설' 중이었다. 딩동댕동, 딩동댕동~ 명쾌한 종소리가 울림과 동시에 아이들은 제자리에서 일어나 정신없이 뒷문을 열고 뛰어 나가려 발에 시동을 걸고 있는데...

　"야! 아직 수업 안 끝났다고! 어디 누가 벌써 일어나!"

　그제 서야 정신 차리고 슬금슬금 제자리에 앉는 아이들.. 이른 아침 등교하여 그 혈기 왕성한 10대에 4교시까지 버티려면 얼마나 배가 고팠을까..이해는 되지만 우선 질서가 먼저이니.

　"너희들 배식 순서 학급이 있잖아. 순서대로 나가야지."

　"그런게 어딨어요. 먼저 달려가서 먹으면 아무도 뭐라 안 그래요."

　"맞아 맞아, 달리기 빠른 사람이 먼저 먹는 거에요."

　학교는 매일 점심시간, 한바탕 전쟁을 치른다..이젠 스스로 알아서 먹을 수 있는, 그리고 질서를 지킬 수 있는 고등학생임에도 불구하고, 먹을 거 앞에서는 아이들도 어쩔 수 없나보다. 휴..이놈의 전쟁은 언제야 끝날 것인가.....

급식이 실시되는 장소는 보통 급식실이 따로 마련되어 학생들이 학급별 순번에 의해, 혹은 학년별 순서에 의해 일괄 한, 두 장소에서 배식이 되는 형태가 있으며, 각 교실로 밥과 국, 반찬이 운반되어 교실에서 배식이 이뤄지는 형태가 있다. 학교 시설과 환경적 운영상 두 가지 형태가 혼합된 경우도 있다. 보통 급식실 배식의 경우는 불필요한 운반 장비가 필요 없이 한 장소에서 배식이 되므로 배식 운영에 경제적이며 효율적이라는 장점이 있지만, 급식실 장소가 협소한 경우, 혹은 한 장소에서 3개 학년이 배식이 이뤄지는 경우 배식 순서를 융통성있게 운영해야하며, 학생들이 교실에서 급식실로 몰리는 과정에서 각종 사고가 발생할 수 있다는 단점이 있기도 하다. 한편 교실배식은 밥과 국, 반찬을 담은 배식카가 점심시간 전에 운반되어야 하는 번거로움이 있지만, 학생들의 이동이 없어 안전 사고에 문제가 없으며, 학급에서 식사를 하므로 담임의 임장지도가 용이하다는 장점이 있다.

3월.. 교사들에게는 참으로 힘든 한 달의 시간이기도 하다. 새 학기가 시작하면 왜 그리 하나하나 작은 것부터 챙겨야 할 것들이 참 많은지.. 하루하루가 정말 정신없이 지나간다. 하지만, 사랑하는 우리 반 아이들과 함께할 뜻 깊은 시간들을 잘 농사짓기 위해서는 씨앗을 아주 조심스럽게 잘 뿌려야 한다는 사실! 연차가 지난 수록 뼈저리게 느끼고 있다. 그래서 올해는 조금 더 우리 반 아이들에게 정성과 사랑을 베풀어야겠단 다짐을 또다시 해본다.

그런..긍정적인 마음으로 책상에 앉은 오늘.
출근길 아침 컴퓨터를 켜고 오늘 아침 챙겨온 짐들을 약간 정리해 두고, 컴퓨터가 부팅 되면서 교사들의 교내 연락망인 쪽지를 열어보니.....

헉...
오늘도 할 일이 태산이다.

쪽지 한가득 매운...내용들은..

학생명렬표 내주세요.
사진첩 내주세요.
비상연락망 제출해주세요.
학급 회장 부회장 선출 관련하여 안내드립니다.
학급 환경미화에 대한 사항입니다..
동아리 활동 부서 배정 해주세요.

2011학년도 동아리활동 조직 계획표(학급용)

♣ 3월 5일 3교시에 학급에서 편성하고 4교시에 배정카드 들고 동아리활동 집합장소에 가서 조직합니다.(출석에 유의하도록 지도)
♣ 동아리활동반이 조직이 되면 첫 회 활동일 (3월 19일) 전 까지만 반을 교체할 수 있고 그 이후는 **절대 불가**합니다.
♣ 3월 19일 전까지 반을 교체할 시 미리 담임선생님, 현재 동아리활동반 담당선생님과 교체할 반의 동아리활동반 선생님의 허락 하에 교체할 수 있도록 지도 바랍니다.

학년		반		담임교사 :			(인)		재적인원 : 결 번 :	

연번	계발활동반	담당교사	강사	집합 장소	1학년 인원	2학년 인원	3학년 인원	비고	필요한 경비(준비물)	학생번호
1	과학독서반	김진현		2-5	1	1			필기도구	
2	과학영재반	허은규		제1과학실		1	2		필기도구	
3	과학토론반	손미현		제3과학실		1	1		필기도구	
4	난타퍼포먼스	이미자	외부	2층 음악실	1~2				필기도구	
5	농구반	김수형		강당	1	1	1	남학생	운동복, 운동화	
6	누리단	김윤진		2-3		1		기존학생 포함		
7	답사기록반	박종규		2-6		1			필기도구	
8	도서반	김희숙		도서실	기존, 신입학생				필기도구	
9	디지털카메라활동반	이은재	외부	2-8		1			1회당강사비4,000원디지털카메라소지자	
10	리본아트반	강영순	외부	3-3		1	2		1회당 재료비, 강사비 6,000원	
11	만화그리기반	한길동		1-3	1	1			그리기도구	
12	문화체험반	박완재		2-9		1			교통비, 입장료	
13	미디어바로보기반	강양숙	외부	2-1		1			1회당 시설이용료, 강사비 3,000원	
14	바둑반	김미원	외부	1-9	3				1회당 강사비 6,000원	
15	박물관탐사반	민흥숙		3-1		1	1		교통비, 입장료	
16	방송반	유진영		2-2	기존, 신입학생				필기도구	
17	밴드반	최용진		4층 음악실	기존, 신입학생				필기도구	
18	불링반	정순영		3-4		1			1회당 시설이용료 3,000원	
19	비보이반	임신자	외부	3-7		1		남학생	1회당 시설이용료, 강사비 3,000원	
20	선물포장반	김이향	외부	English zone		1	2		1회당 재료비, 강사비 6,000원	
21	슈퍼스타K반	강윤아	외부	1-1	1	1			필기도구, 1회당 강사비 4,000원	
22	스케이트반1	이미련		2-4			3		교통비, 1회당 활동비 8,000원	
23	스케이트반2	윤문재		3-6			3		교통비, 1회당 활동비 8,000원	
24	스쿼시반	원혜숙	외부	2-7		1			1회당 시설이용료, 강사비 6,000원	
25	신문반	강은지		1-7	기존, 신입학생				필기도구	
26	십자수반	고영희		2층 가사실	1	1			재료비	
27	여가문화탐구반	김조은		3층 학습도움실		1	1		교통비, 입장료	
28	연식야구	김삼년		2-10	1	1	1	남학생	운동복, 운동화	
29	영미문화탐구반	박인옥		1-6	1	2			필기도구	
30	예쁜손글씨반(POP)	나경민	명예	1-5	2	1			1회당 재료비 5,000원	
31	요가반	권영신	외부	예절실	2				1회당 강사료 5,000원	
32	인물탐구반	이경희		1-2	2				필기도구	
33	종이접기크래프트반	최우정	외부	1-8	3				1회당 재료비, 강사비 6,000원	
34	종이펠트공예반	이상주		미술실	1	2		여학생	1회당 재료비 4,000원	
35	지역사회연구반	오정선		3-5		1	1		교통비, 입장료	
36	천연화장품만들기반	강정희	외부	3-8		1			1회당 재료비, 강사비 6,000원	
37	축구반	류지훈		축구부실	기존, 신입학생				필기도구	
38	컴퓨터반	윤여한		컴퓨터실	3				필기도구	
39	퀼트반	이지현	외부	3-9		1	2		1회당 재료비, 강사비 7,000~12,000원	
40	클레이아트반1	이미경	외부	3-2		1	2		1회당 재료비, 강사비 6,000원	
41	클레이아트반2	박소희	외부	1-4	3				1회당 재료비, 강사비 6,000원	
42	패브릭반	이영경	외부	1-10	3				1회당 재료비, 강사비 7,000원	
43	폴라리스반	이창일	외부	수학수준별 C반	기존, 신입학생			여학생	간편복	
44	환경연구반	류정하		제2과학실		1	1		교통비, 입장료	
45	KYCS문화반	박여관	명예	3-10	3				필기도구	

[그림 1.19] 동아리활동 조직 안내표 예시(중학교)

2009 개정교육과정이 적용되면서 기존에 특별활동으로 운영되던 계발활동이 창의적체험활동의 '동아리활동'으로 변경되어 운영되기도 한다. 동아리활동(계발활동)은 한 달에 1회 정도 수업이 있는 토요일에 전일제로 실시되는 경우도 있으며, 학교 교육과정에 따라서 주중(월~금) 두 시간을 연이어 수업을 진행하는 경우도 있다. 이러한 창의적체험활동의 동아리활동은 학교마다 교육과정에 의해 자율적으로, 특색 있게 다양한 형태로 운영되고 있다.

하….

교사에게 3월은 너무 잔혹하다. 3월 한 달 동안 교사는 울트라 초샤이어인이 되어야 한다. 수많은 서류들을 작성하고 제출해야 한다. 동시에 새로운 수업도 준비해야 하고, 학급운영도 새롭게 정비해야 한다. 사랑하는 아이들과의 만남은 너무 좋은데..이런 행정적인 일들이 몰아닥칠 때면 정말 한숨밖에 나오질 않는다. 오늘도 늦게까지 남아서 일을 하고 가야할 듯하다.

하지만, 우리의 아이들을 생각하면서 오늘도 힘내보자. 학교에서 제출하라고 하는 수많은 행정적인 서류들은 살짝 뒤로 미루고 이쁜이 우리 반 1인 1역도 한번 정해보자. 학교일도 중요하지만, 무엇보다도 난, 사랑하는 우리 학급 아이들과 좋은 추억을 만드는 일이 더 먼저이니까.

[그림 1.20] 학급 1인 1역 역할분담 예시(중학교)

3. 우리 아이들 맡겨만 주세요!

새 학년이 시작된 후, 정신없이 시작 된지 벌써 2주째, 이번 주 목요일은 학부모 총회가 있는 날이다. 나름 꼼꼼하고 세심하다고 자부하는 나! 학부모님들께 깨끗하고 정돈된 교실모습을 꼭 보여드리리라! 고로 이번주 내내 우리 반은 대청소를 실시한다.

"어, 오늘 민수랑 민경이 지각인거지? 오늘 둘이서는 남아서 바닥 수세미 청소하면 되겠네."

"영상이가 머리가 좀 길구나. 선생님이 분명 충분한 시간을 준 거 같은데. 흐흐흐. 영상이도 오늘 좀 남아야겠지?"

지각, 과제 미제출, 수업시간 껌 씹기, 복장 및 두발 불량 등등, 트집 잡을 수 있는 사안은 모두 대청소로 통한다.

욕심을 조금 더 내보았다.
고등학교에서는 좀처럼 하지 않는 교실 환경미화. 대부분의 고등학교 선생님들께서는 꺼리시지만, 난 소중하니까! 우리 반도 소중하다. 특별하진 않지만, 우리 아이들이 늘 화사한 반 분위기에서 수업을 받을 수 있게 나는 우리 반 환경미화에도 최선을 다하리라.

> 몇 년 전까지만 하더라도 학급 교실을 얼마나 깨끗이 청소하고 얼마나 예쁘게 잘 꾸몄느냐를 평가하여 학급별로 시상을 하기도 하였었다. 하지만 최근 대부분의 학교에서 환경미화 심사를 실시하지 않는다. 대부분 학급내 환경을 깨끗이 정돈하는데에 초점을 두고 있다. 하지만 학생들에게 필요한 정보(진학), 기타 학급내 게시물 부착을 위해 자체적으로 담임교사와 아이들이 교실 게시판을 꾸미는 경우도 있으며, 혹은 학교에서 일괄적으로 안내문이나 게시판용 판넬을 배부하여 부착하기도 한다.

[그림 1.21] 교실 뒤 게시판 사진 예시

"자, 내일 학부모회에 부모님 오시는 사람? 하나, 둘, 셋, 넷.........음..여섯 분 오시는구나. 내일은 너희들만 너무 좋겠지만, 오전수업 하고 점심식사 하면 바로 집에 갈 거야."

"야호!"

"근데, 알지? 점심 먹고 선생님이 종례하러 들어왔을 때, 정리 정돈 안되어 있는 사람은 아마 집에 못갈 것이다.. 흐흐흐."

오늘 나는 아마 퇴근이 늦을 것 같다. 부모님들이 몇 분 오시지는 않지만, 우리 학교 교육과정과 다양한 행사, 그리고 각종 교육프로그램(방과후학교, 특기적성 등)에 대하여 설명 드리고, 담임으로서 1년 학급 운영에 대한 세부적인 내용을 안내드릴 자료를 만들어야 하니 말이다. 무엇보다도, 이젠 2학년이 된 우리 아이들에게 진로에 대한 안내를 더 많이 드려야 하기 때문에 오늘은 나도 많은 공부를 하고 준비를 해야 할 것 같다. 이젠..학부모님들께 '아이들을 제게 믿고 맡겨만 주세요'라고 당당하게 말씀드릴 수 있는 멋진 교사가 되자!

2011. 3. 17(목)

2011학년도 ○○중 ○학년 ○반 학부모회의 자료

담임 ○ ○ ○

		Ⅰ. 학교생활 안내
	항 목	내 용
1	출결 안내	• 교실입실 : 08:30 (우리 학급 지각에 대한 규정) → 아침 자율학습시간 운영 계획 (주 1회 칭찬하기 릴레이, 영,수,사,과 등 주요과목 쪽지시험) • 학교 규정에 의한 지각(출석부) : 08:40분 부터 • 질병 및 기타(상고 등)의 이유로 결석・지각・조퇴 시 담임에게 사전 연락 부탁드립니다. → 해당 사유가 없을 시 무단결석・지각・조퇴에 해당하며, **내신 성적에 반영 됨.** → 질병결석・지각・조퇴 시 3일 이내에 근태계와 증빙서류 필히 제출 (증빙서류 : 병원진료확인서 또는 처방전, 영수증, 약 봉투 등 첨부)
2	봉사 활동 (<u>연간 18시간</u>)	• 학교에서 부여하는 봉사시간 : 10시간 → 단, 봉사시간이 부여되는 시간에 모두 출석하여야 함 (조기청소(2회), 방학 중 교내 봉사활동(1회) 포함) • 교내 특정 역할 수행 시 봉사시간 부여 (예, 급식도우미, 분리수거도우미, 정보도우미, B to B 도우미 등) • 개인이 해야 할 봉사시간 : **8시간 이상** • 완료 시점 : 1,2학년 - 겨울방학 전까지, 3학년 - 10월 31일 까지(내신 성적 반영마감일) ※ **봉사활동은 성적에 반영됩니다.(1, 2, 3학년 전 학년 모두 고입 내신성적에 반영됨.)**
3	학교행사	• 수련회 : 5월 11(수) ~ 13일(금) → 세계유스호스텔(강원도 둔내) • 구기대회 : 5월 중(체육수업 중 진행) • 학부모 수업공개 : 6월 10일 (금) • 학급문화체험(소풍) : 10월 25일 • 용마제(축제) + 체육대회 : 10월 21~22일
4	휴대전화 사용	• 등교 시 휴대전화 소지는 가능하나 교내에서는 꺼놓은 상태이어야 함. • 수업 중 전원이 켜져 있어 본인의 의지와는 상관없이 휴대전화가 울리거나 본인이 사용한 경우 일주일 동안 사용제한을 받으며, 부모님께서 내교하셔서 수령하셔야 함. • 바른 휴대폰 사용으로 휴대전화로 불미스러운 일이 없도록 지도 부탁드립니다. • **고사 중 휴대전화 소지 자제 지도 요망.(소지 시 부정행위 간주)**
5	상벌점제도	• 상점 항목 : 교내봉사, 적극적인 수업태도 등 • 벌점 항목 : 지각, 용의복장, 교내외 생활, 흡연, 수업태도 등 학생으로서 배우고 지켜야 할 생활을 지도하기 위한 항목. • 푸른 교실 제도 : **벌점 누계 14점 이상 일 경우** • 푸른 교실 영향 : 푸른 교실 두 번 이상 일 경우 다음 학기에 회장 입후보 자격을 잃게 되는 등 **불이익**을 받을 수 있음.
6	교내 다양한 교육프로그램	• **방과후학교(방학중학교)** : 주요교과 및 특기적성(예체능) 과목 개설 • **디딤돌 수업** : 중랑구청 지원 사업, 중하위권 학생 중심으로 국,영,수,사,과 수업을 무료로 제공 • **희망자리공부방** : 저소득층 학생 대상으로 독서실과 유사한 형태로 방과후~20:30까지 운영, 석식제공

74 체육교사로 일하기 - 체육교직실무 매뉴얼 -

2011. 3. 17(목)

Ⅱ. 학급 생활 안내

항목	내용
1. 학급 규칙	• 되도록 학생들이 충분히 지킬 수 있는 범위에서 설정 • <u>사람과의 '관계'에 대한 배움, 서로 다름을 인정, 베풂, 배려</u>에 더욱 더 많은 비중을 둘 것 • '우리'라는 공동체 생활, 그리고 학교라는 작은 사회생활 속에서 지켜야 할 규범과 규칙을 스스로 실천할 수 있도록 강조
2. 올해의 학급경영의 중점	• 용마중학교 학생들의 가장 큰 단점 : 무기력하며, 소극적임. 자신의 재능을 발견하지 못함 → 자신을 성찰하며 장점을 이끌어 낼 수 있는 기회를 만들려 함. • 항상 남을 배려하며, 우리를 서로 아끼고, '하나'가 될 수 있는 학급이 되려 함. • 항상 즐겁고 사람냄새가 물씬 풍기는 추억으로 가득한 학급이 되었으면 함. • 우리 '3반'에 대한 소속감을 극대화 시킬 수 있는 방안 모색 • 항상 '<u>정직</u>'하고 '<u>예의바른</u>', '<u>남을 배려하고 따뜻한 마음을 가진</u>' 사람이 되기를 바람 • 중학교 2학년으로서 <u>심리적, 정서적 갈등과 변화</u>가 가장 큰 시기이므로 심리 상담측면에 굉장히 많은 주의를 기울일 것임. • 자신의 장점과 특기를 스스로 인식하여 조금씩 <u>진로에 대해 생각</u>할 수 있도록 노력함.

3. 부모님께 부탁드립니다	• 좋은 일이던지, 나쁜 일이던지 <u>항상..연락</u>을 주시면 감사하겠습니다.
	• <u>알림장 혹은 가정통신문을 수시로 검사</u>해주시길 부탁드립니다.
	  → 과제물, 준비물 등을 수시로 검사 부탁드립니다.(특히 수행평가에 관심을 많이 가져주세요)
	• 고등학교 진학에 대한 준비를 시작해 주세요.
	• <u>학교에서 주관하는 다양한 교육활동 및 체험활동 프로그램에 적극적으로 참여</u> 부탁드립니다.
	(기타 다양한 동아리 활동 -소리샘, 방송반, 누리단, 댄스반, 도서반, 만화그리기 반, 환경동아리 등)
	• 아이들과 함께 방학동안, 혹은 토요휴업일 동안 다양한 경험을 하도록 도와주세요.
	  → 바쁘시더라도 시간을 내시어, 영화(연극 등)의 공연)관람, 농촌체험, 전시회 관람 등으로 아이들의 시각을 넓혀주시고 다양한 경험을 통해 더욱 더 깊이 생각할 수 있는 기회를 마련해 주세요.
	• 용마중학교에 대한 자긍심을 많이 심어주세요.

2011년 한 해 동안 최선을 다해 희망과 열정으로 가득한 3반을 꾸려나가는
항상 노력하는 담임이 되겠습니다. 감사드립니다.

담임 ○ ○ ○올림

[그림 1.22] 학급 담임이 제작한 학부모총회 안내문 예시(중학교)

#. 짙어가는 학교생활

1. 시간은 금이다!

우울하다. 우리나라 국적을 가진 고등학생에게 가장 눈앞에 닥친 현실은, 대학수학능력시험이다. 아직까지 우리나라는 수능시험을 잘 치러야 자신이 원하는 대학에 가서 자신이 공부하고자 하는 전공공부를 할 수 있는 어쩔 수 없는 교육체계에 수긍해야만 한다. 대한민국 국민으로서 직업을 가지기 위해서는 하는 수 없이 아이들에게 공부하라는 얘기를 해줄 수밖에 없었다. 내년이 되면... 엄청난 양의 공부를 몰아쳐서 해야 할 텐데, 효율적 시간관리를 하는 자가 승리하듯이 시간을 쪼개어 공부하는 습관을 길러주기로 결심했다.

자, 아침자습시간을 잘 활용해보자!

> 효율적인 아침자습시간 운영은 담임교사에게 있어서, 그리고 학생들에게 있어서 굉장히 큰 영향을 미친다. 중학교의 경우 담임재량으로 다양한 활동이 이뤄진다. 요일별로 독서활동, 칭찬릴레이, 교육영상자료 시청, 영어단어(혹은 한문) 외우기 등 담임교사의 재량에 따라 많은 활동이 이뤄지곤 한다. 아침조회 시간을 잘 활용하면, 학생 상담활동에, 그리고 진로활동 및 교과 학습측면에서 굉장한 이득을 볼 수 있다. 시간은 금이다! 교사도 학생도 짜투리 시간을 잘 활용해보자!

[표 1.18] 아침자습 이용 방법 안내문 예시

3학년 6반은 화, 목 자습시간에 전원 독서를 한다.

1. 자신이 읽는 중인 책은
   반드시 책갈피를 끼운다.
   - 책갈피 윗부분에 자신의 이름 쓸 것
   - 책갈피 대용으로 포스트 잇 사용가능

2. 책갈피 있는 책은 읽는 다른 사람이 읽고 있는
   책이므로 다른 책을 택한다.

3. 청결한 책 관리
   - 학급문고 모든 책은 자신의 책처럼 소중히 한다!

4. 정돈된 책장 관리
   - 책은 잘 정돈된 상태로 꽂혀 있도록 정리한다.

※ 우리 모두의 정성으로 만들어진 학급문고★
일년 간 우리의 마음의 양식을 쌓아 줄 학급문고★
우리 모두 책을 아끼고 소중히 합시다!

영단어 시험 및 아침 자습 운영

〈영단어 시험〉
- 단, 100개 중 *표를 포함하여 약 20단어 정도를 제한다. (회장&담임이 의논)
  즉, 하루 80개 단어가 되는 것임
- 시험 시간은 7:35~7:45 10분
- 7:34분에 시험지를 배부하여 번호를 적고 35분에 정확하게 시험을 시작한다.
- 늦게 오는 사람은 들어오자마자 부터 시험에 임한다. (즉, 아직 오지 않은 짝의 자리에도 종이를 놓아둘 것)
- 7:45 이후 오는 사람은 전원 방과 후 재시험
- 200번씩 번호를 끊어 이틀 동안 200단어를 외우고 시험 본 것을 삼일째 되는 날 다시 한 번 되돌아가 점검한다. ex. 월 1~100번까지 / 화 101~200번까지 / 수 1~200번까지

〈영단어 재시험〉
- 재시험은 수업 종료 15분 후에 실시한다. (월~목 4:25 금 3:25 토 11:00)
- 재시험의 커트라인은 본 시험과 같으며, 다른 내용에서 문제가 나올 수 있다.
- 재시험은 당일 제일 늦게 온 사람이 칠판에 적고 담임샘의 역할을 하는 것으로 한다.

〈아침 자습 운영〉
- 단어 시험 직후 7:45부터 월,수,금엔 자습을, 화,목엔 독서를 한다.
- 아침 자습 시 자는 사람, 수업 종 친 후 복도에 있는 사람은 1학기말까지 특별 관리 대상임. 영단어 재시험자와 같이 수업 종료 15분 후까지 남았다가 간다.
- 화,목 시험 후엔 전원이 반드시 독서를 하며 책은 7:35 전에 미리 자리에 가져다 둔다.
※ 영A 단어 - 수업 중 시험도 반 이상 맞지 못한 경우 화, 수, 금에 재시험자와 같이 남는다. 100개 단어 3번씩 쓰고 뜻을 적는 방식으로 깜지를 하고 귀가한다.

2. 행복은 성적순이 아니잖아요!

드디어, 중간고사가 끝! 아이들은 시험이 끝나면 한결 마음이 가벼워 지겠지만, 교사들에게는 지필평가의 서술형 논술형 문항 채점, 성적관리 등의 또 새로운 업무들이 기다리고 있다. 웬지 올해는 내 말도 잘 들어주고, 집중도 잘하는 우리 반 이쁜이들, 시험은 어떻게 보았나.. 문득 궁금해졌다. 시험이 끝난지 3일이 지난 오늘쯤에는 대부분의 교과 선생님들께서 채점을 다 하셨겠지? 나는 오늘 출근하자마자 교무업무시스템에 들어가서 우리 반 지필평가 점수를 확인하였다.

엥? 학년 전체 평균 점수보다...무려........ 4.3점이나....

낮다니?????

> 학생들의 성적확인은 차세대나이스 〈교무업무시스템〉에서 확인할 수 있다. [성적]-[지필평가조회]-[학급별일람표조회-전체교과목]-[고사선택(중간고사/기말고사), 학년반 선택]을 하면 담임을 맡은 학생들의 모든 교과별 성적과 학급 평균 성적, 그리고 학년 전체 평균성적을 확인 할 수 있다.

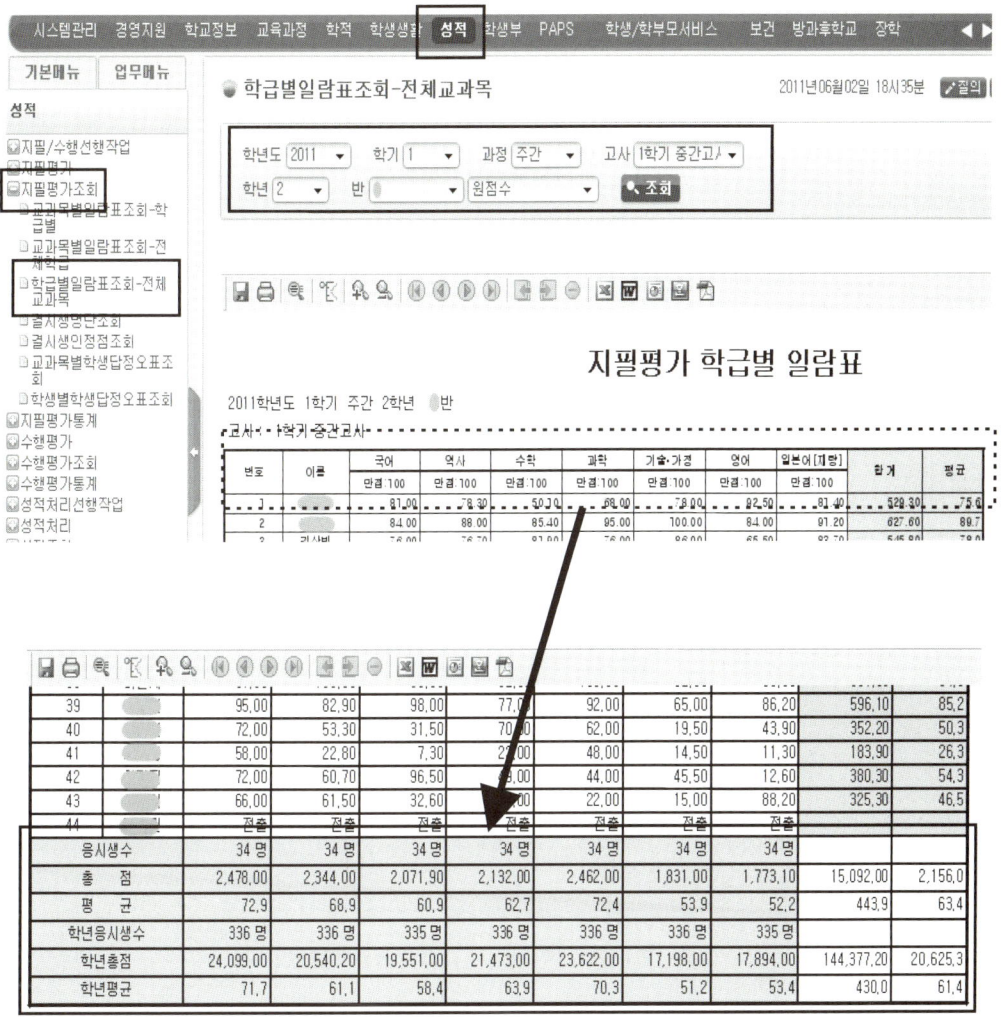

[그림 1.23] 교무업무시스템 지필평가 조회 방법

학생들의 정오표 확인, 교과선생님들의 지필평가 및 수행평가 점수의 마감 등, 성적처리 업무가 완료되면, 학급담임 교사는 다음의 절차에 의해 가정통신문을 작성하고 성적통지표를 각 가정에 배부하게 된다.

1. 성적통지표 출력 전 사전작업 : [성적]-[성적처리]-[성적통지표(가정통신문)관리]-[학년도, 학년 반, 산출기준 선택]-[조회]-[개인가정통신문 또는 전체가정통신문 작성]
2. 성적통기표 출력 : [성적]-[성적조회]-[성적통지표조회]-[학년 반, 산출기준 선택]-[조회 후 반 전체 출력]

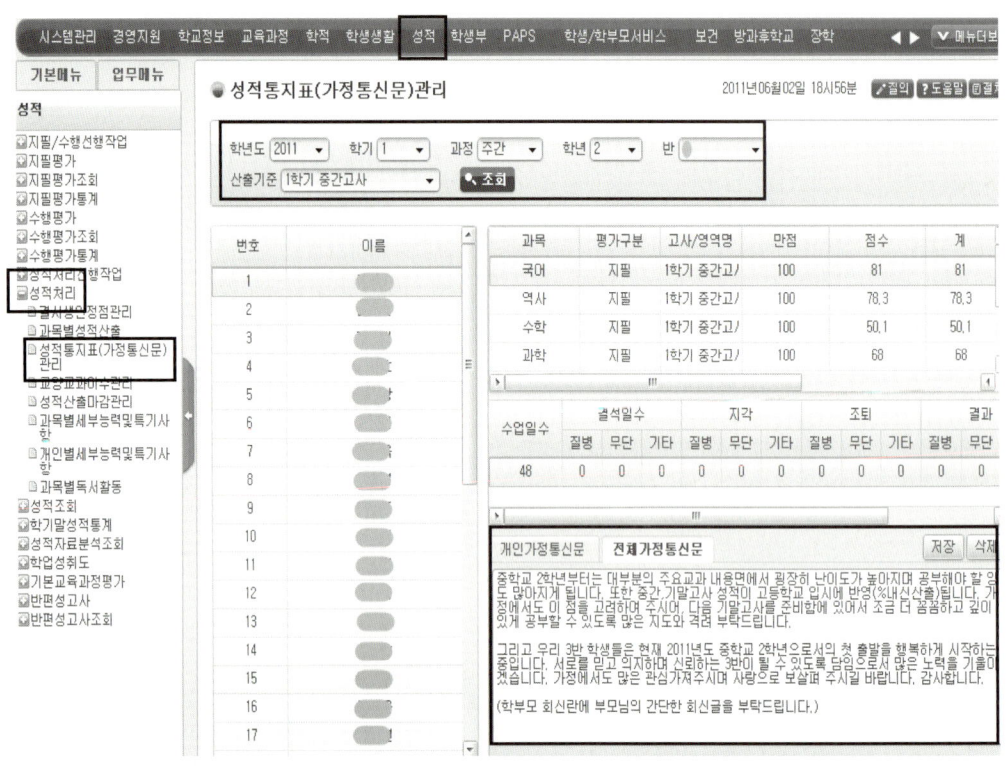

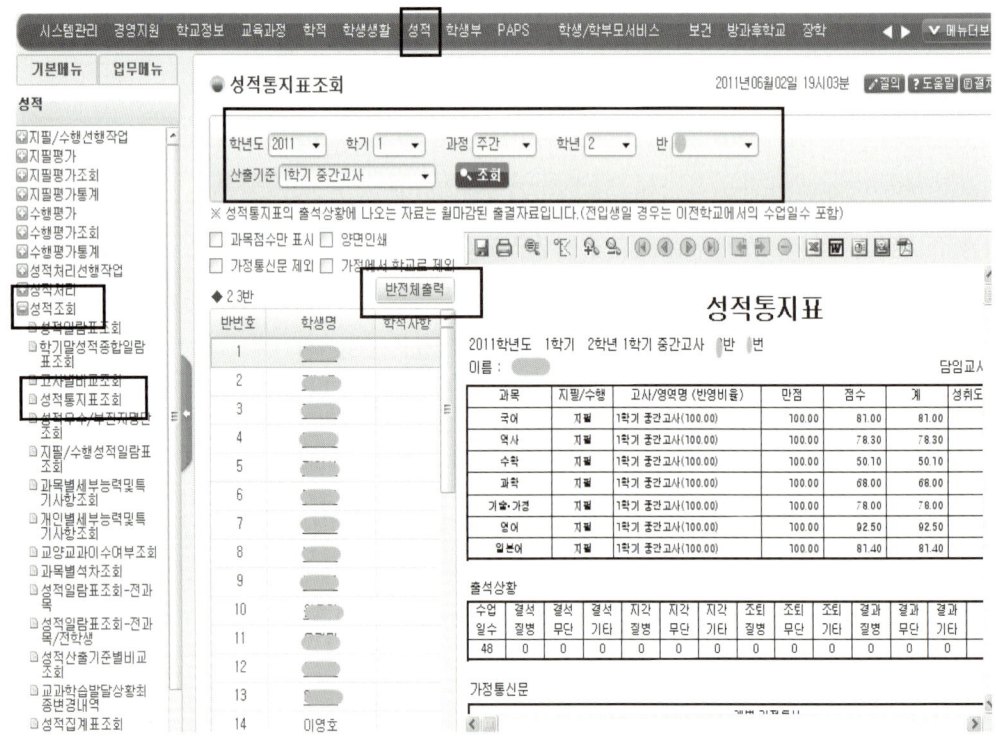

체육교사로 일하기 - 체육교직실무 매뉴얼 -

3. 꿈은 꾸는 자의 것.

어느덧 이번 학기도 중간을 넘어섰다. 학기 초의 어수선함도 많이 정리되었고, 이미 시험도 한번 치렀다. 모두 비슷비슷 하게만 보였던 학생들도 점점 자신의 색을 보여주고 있다. 자신의 계획에 따라 학교생활을 차곡차곡 해나가는 아이들도 있고, 마음의 방황이 겉으로 드러나는 아이들도 있다. 그리고 친구관계로 고민하는 아이들, 숨겨진 가능성이 싹터나가는 아이, 모두가 시간이 지남에 따라 짙어가고 있었다.

학생들을 보면서 가장 안타까운 것은 꿈을 발견하지 못하고, 여기저기로 흔들리는 듯이 보이는 점이다. 진로에 대한 목표가 있는 것이 모든 상황을 해결해 주지는 못하겠지만 중간고사가 끝나고 마음이 흐트러지기 쉬운 이즈음에 학생들의 진로에 대해 적극적인 지도가 필요할 것 같다는 생각이 들었다. 이를 통해 학생들이 걱정과 불안을 조금이라도 덜고, 미래를 준비하는 여정에서 자신감을 얻을 수 있다면 더없이 좋을 것 같다.

이를 위해 우선 학생들은 자신에 대해 정확히 아는 것이 필요하다고 생각한다. 학생들 중에는 자기의 희망과 바람이 무엇이고 어떤 일에 행복감을 느끼는지 모르는 경우가 상당히 많다. 또 자신의 성적이 어느 수준인지 파악하고 강점과 약점을 알아보는 것도 중요하다. 그 다음으로는 진로의 목적을 정하고 그에 맞는 진로 계획을 수립해야 한다. 이러한 일련의 과정에 대해 좀 더 연구하고, 그렇게 학생들을 관리해주면 더욱 좋을 것이다.

> 진로에 대한 고민이 잘되고 있는가를 살피기 이전에 파악해야 하는 것은 진로에 대한 진지한 고민을 하고 있는지에 대한 파악이다. 믿기 어렵겠지만 명확한 꿈이 없는 아이들이 학교에는 부지기수로 많다. 그 아이들에게 가장 먼저 해 주어야 하는 일이 '꿈의 선정'이다. 무엇이 되었건 자신의 희망을 찾은 후에 그 희망이 자신에게 어울리는지 아니면 수정이 필요한지 결정할 수 있는 것이다. 또한 그 꿈을 위해서는 어떠한 노력이 더 필요한 것인지 조언을 해 줄 수 있는 것이다. 현재 우리나라의 교육제도 속에서는 그 역할의 상당부분을 담임교사가 해 주어야 하기 때문에 이 부분에 대한 고민은 아무리 많아도 부족함이 없다. 아이들 스스로 진로에 대한 고민을 하게하고 그 이후에 꿈의 길속으로 안내하는 세세한 조력자의 역할을 해야 하는 것이다. 단순히 점수에 맞추어 적절한 상급학교를 찾아 인도하는 것이 진로지도의 전부라고 생각한다면 당신은 그냥 그런 선생님밖에 되지 않을 것이다.

[표 1.19] 진로지도 자료 예시(고등학교)

🐰 지금은 원서접수를 위한 면접기간! 🐰

2학년 (　)반 (　)번 이름 (　　　)

☀ 수능성적발표 : 2008.12.10(수)
☀ 원서접수 : 2008.12.18(목)~12.24(수)

가군	08.12.26 (금) ~ 09.1.9 (금)
나군	09.1.10 (토) ~ 1.19 (월)
다군	09.1.20 (화) ~ 2.1 (일)

☀ 합격자발표 : 2009. 2. 1 (일)까지
☀ 등록 : 2009.2.2(월)~2.4(수)

Ⅰ. 배치 참고표 공부하기

※ 배치 참고표를 살펴보고, 다음 물음에 답하시오.

1. 배치 참고표는 반영 영역 수능(　　　)(or 백분위)로 구분하여 지원할 수 있는 대학을 배치하여 안내하고 있다.

2. 각각 가, 나, 다군에서 가장 점수가 높은 대학과 과를 적어보시오.

군 별	대학명	과
가 군		
나 군		
다 군		

3. 경인교대는 모집 군별 중 (　　)군에 있으며, 경인교대는 두 곳의 캠퍼스가 각각 (　　), (　　)에 위치하고 있다. 표준점수로 (　　)점 대에 속해 있다.

4. 교대의 졸업 후 진로는? (　　　)

5. 교대는 주로 어느 군에 있는가? (　　) 군

6. 가장 많이 반영하는 영역의 합은 무엇인가? (　　)
① 언·수·외·탐
② 언·외·탐
③ 탐 + (언,수,외) 택2
④ 언·외 + (수,탐) 택1
⑤ 외·탐 + (언,수) 택1
⑥ (언,수,외,탐) 택3

7. 자신이 가고자 하는 대학은 위의 ①~⑥에서 어느 영역의 합을 택하고 있는가? (　　)

8. 수리 포기할 것인가? ^^;; 수리를 포기한 OOO학생. 가, 나, 다 군에서 각각 지원할 수 있는 대학을 3가지 이상 쓰시오.

군 별	언·외·탐 반영 대학
가군	
나군	
다군	

Ⅱ. 11월 모의고사 성적표로 내가 갈 대학 정하기

1. 나의 희망대학 찾기 (배치표에서.. 상상력을 동원)

군 별	대학명	과	정원	08 경쟁률
가군				
나군				
다군				

2. 2학년 (　)반 (　　)의 표준점수 구하기

언·수·외·탐	언·외·탐	탐+(언,수,외)택2

3. 11월 모의고사 성적으로 현재 지원가능한 대학 찾기

군 별	대학명	과	정원
가군			
나군			
다군			

4. 나의 점수와 나의 희망대학 간 점수차는? 표준점수 (　　) 점

☀ 이제 겨울방학 학습계획을 세워봅시다.

아이들의 진로에 대한 의견을 수집해본 결과, 굉장히 다양한 직업군들이 나왔다. '사'자 돌림의 의사, 변호사, 판사 등, 조금은 버거울 것만 같은 직업군들이 여전히 등장하였으며, 바리스타, 파티쉐 등의 최근 티비에서 자주 등장하는 세련된 직업군들도 등장하였다. 운동을 좋아하는 몇몇 학생들에게서는 '운동치료사', '스포츠 에이전시', '체육교사', '스포츠 기록원', '스포츠 중계 캐스터', 등 굉장히 다양한 스포츠 관련 직업들도 등장하였다. 인터넷의 발달 때문인지, 아니면 최근 다양해진 스포츠 관련 직업군들에 대한 홍보 때문인지 아이들도 이미 자신의 진로에 대해 생각하는 시간이 우리 때보다 엄청나게 빨라진 듯 하여 새삼스레 놀라기도 하였다.

> 학급 운영에 있어서 진로에 대한 이야기는 아무리 많이 해도 지나침이 없다. 자신이 아는 상식, 그리고 상식이 없다면 여러 가지 정보를 수집하여 학생들에게 최대한 많은 정보를 알려주는 것이 좋다. 체육교사로서는 스포츠관련 진로에 대하여 이야기 해주는 것도 좋은 방법이다. 자신 주변의 지인들의 이야기에서부터, 현재 다양한 체육과 진로에 대하여 정리하고 학생들에게 이야기해준다면 아직까지 자신의 진로에 대하여 구체적인 그림을 그리지 못한 아이들에게 많은 도움이 될 것임이 분명하다.

[표 1.20] 체육교과 진로관련 직종

구분	직종
스포츠 커뮤니케이션	신문기자, 방송기자, 리포터, 저널리스트, 해설가, 아나운서
스포츠 마케팅	각종 스포츠용품 디자인 홍보 및 판매, 스포츠 시설 운영/관리 대행사, 체육행정 관리
체육/스포츠 관련 공직	체육관련 기관(문화관광부, 행정자치부, 체육진흥공단 등)공무원 경기단체(대한체육회, 마사회, 경륜회, 경정회 등)행정 및 사무원, 공공체육시설 관리
스포츠 경영관리	각종 스포츠 센터 및 클럽 경영자, 프로 및 아마추어 스포츠 팀 관리자
스포츠 에이전트	각종 스포츠관련업무 대행사(축구, 야구, 농구, 골프 등 각종 프로경기 관련업무 등)
이벤트 기획	유관 기업체 체육 문화행사 대행 레저스포츠(스킨스쿠버 투어, 스키투어)여행 가이드, 유아 및 아동체육 기획
생활(사회)체육 지도자	골프, 수영, 태권도, 에어로빅, 헬스 등 스포츠 지도자, 스쿠버다이빙, 수상스키 등 레포츠지도자 리조트 안전관리 지도자(스키장, 골프장, 수영장)
경기지도자	운동선수 코치 및 감독, 선수 트레이너, 군인체육지도자
신체활동 지도자	캠프 및 레크리에이션 지도자
스포츠 의학	병원, 스포츠 센터 등의 운동 처방사, 특수체육(장애인 대상)지도자 개인 체력관리 및 트레이너, 레크리에이션 치료사
체육, 스포츠 연구	스포츠관련 연구소 연구원, 체육과학 연구원의 연구원, 교육개발원의 체육연구원 대학부설 체육연구소의 체육연구원
경호 요원	대통령 경호 등의 정부기관원 경호요원, 사설 경호요원
직업 군인	장교 출신의 직업군인, 체육장교(육·해·공군사관학교 체육장교 및 교수직)
스포츠 시설 건설업체	스포츠 경기장 건설 업체 종사
체육입시학원 종사자	체육입시학원 운영 및 학생 지도
대학교 교수	체육계열대학교 교수, 강사, 육·해·공군사관학교 체육계열 교수
중등학교 교원	중·고등학교 체육교사, 중·고등학교 특수체육교사
초등학교 및 특수 교원	초등학교 특수체육교사, 유치원 특수체육교사

4. 함께, 그리고 또 함께

중간고사가 끝나고, 따스한 봄날의 막바지... 화사한 꽃들도 다 지고, 점점 나른해지고 더워지는 5월 마지막 주가 되었다. 학생과 선생님들 모두에게 조금은 힘든 시기이며 방학은 아직도 멀게만 느껴진다. 이럴 때에 학생들과 의미 있고 즐거운 행사를 가져보면 좋을 것 같다는 생각을 해본다. 떡본 김에 제사 지낸다고 종례시간에 들어가서 나는 커다란 사고를 치게 된다.

"애들아 이번 토요일 방과 후에 학교에서 고기 한 번 구워먹자!"

아이들 반응이 여러 가지다. 담임이 미친것이 아닌가 하는 극단의 반응부터, 기쁨의 에너지를 발산할 방법을 못 찾아 소리만 질러대는 아이들, 자신의 스케줄에 이물질이 끼어들어 성가시다는 표정의 아이들까지 각양각색이다. 하지만 역시나 대부분의 반응은 롤러코스터 정점의 분위기와 흡사하다. 고기는 내가 준비하기로 하고 채소와 쌈장 밥 도구 등은 아이들이 준비하기로 한다. 삼겹살만 먹고 헤어진다면 왠지 영수증을 주어야 할 것 같아서 몇 가지 행사를 더 생각해 본다. 고기를 구워먹고 체육행사를 하고 날이 어두워지면 시청각실에서 공포영화 한 편 보고... 초등학생부터 고등학생까지 학교에서 이루어지는 행사의 모습은 매우 판에 박혀있는데 신기하게도 그 반응은 늘 신선하니 참으로 미스테리하다.

> 학생들이 생각할 때 가장 기억에 남고 고마운 담임선생님은 어떤 모습일까? 진로지도를 잘해서 좋은 학교에 보내주시는 능력 있는 선생님, 학급 생활에서 지나친 제재 없이 마음 편히 다닐 수 있게 해주시는 너그러운 선생님 등 많겠지만 내 기억을 되살려 보면 우리들과 가까이서 즐겁고 의미 있는 행사를 많이 열어주셨던 다정한 선생님이 가장 좋았던 것 같다. 학급의 행사를 함께 준비하고 치르면서 서로 고민하고 협동하다 보면, 책 속에서는 배울 수 없는 많은 것들을 학생들이 경험하고 자연스럽게 배울 수 있을 것이라 생각한다.

◆ 2학년 10반 대학탐방 행사 계획 ◆

1. 일시 : 20○○. ○○. ○ (금) 15:10~18:10
2. 장소 : ○○대학교 서울캠퍼스
3. 행사 내용 : ○○대학교 캠퍼스 워킹 투어
4. 인솔 교사 : 000, @@@
5. 참가 학생 인원 및 명단 : 2학년 10반 33명
6. 유의사항
   ** 준비물 : 왕복차비 (마을버스-지하철이용)
   ** 복장 : 교복
   ** 행사 일정 : 4:00 ○○대학교 도착 ▶ ~4:30 워킹 투어, ▶ ~5:30 저녁 식사 (학생회관 식당)

#. 여름방학, 그 달콤한 즐거움

1. 기말고사

기말고사를 앞둔 2주 전, 중간고사로 워밍업을 했기에 기말고사를 대비하며 다소 익숙한 모습이다. 최종 등급이 주어지는 기말고사를 앞두고 더 긴장감 있게 준비하는 학생들의 모습에 나도 함께 어떻게 하면 시험을 더 잘 치룰 수 있을지 내가 담임으로서 어떤 도움을 줄 수 있을 지 생각해 보게 된다.

수시 지원과 직결되는 고등학교 정기고사 성적은 등급으로 점수가 매겨지며 그 등급이라 함은 우리 학교 정원 내에서의 상대적인 백분율이라고 보면 된다. 이를 안내하는 것이 필요할 것 같다는 생각이 들어서 학습 분위기를 조성하고 학습을 이끌 수 있는 안내문을 배부하기로 정하였다.

◆ 20○○-2학기 기말고사, 마무리! ◆

✎ 2학기 기말고사 시간표

날짜 구분	12월 11일(화)	12월 12일(수)	12월 13일(목)	12월 14일(금)
과목명	국어(1~)	수학10-나(1~)	체육(1~) 영어10-B(41~)	과학(1~) 음악(41~)
시간	08:30~09:30(60분)	08:30~09:40(70분)	08:30~09:40(70분)	08:30~09:40(70분)
날짜 구분	12월 15일(토)		12월 17일(월)	12월 18일(화)
과목명	사회(1~) / 미술(41~)		국사(1~) 윤리와사상(41~)	도덕(1~) 기술・가정(41~)
시간	08:30~09:30(60분)		08:30~09:20(50분)	08:30~09:20(50분)

📝 기말고사 과목별 시험범위

과목명	몇점 목표?	범위	주관식
국어		눈길, 산정무한, 외국인 눈에 비친 19세기 말의 한국, 관동별곡, 간디의 물레, 춘향전	O
도덕		P. 104-151	X
사회		p.114~165 (사회A프린트 p.31~45, 사회B프린트 p.13~20)	O
국사		근대 태동기의 정치, 경제, 사회, 문화	O
수학10-나		p.80~193	O
과학		199~235쪽, 265~303쪽	O
기술·가정		164-185, 88-105, 가정 프린트	X
체육		유인물 P1~4	X
음악		p.48,49,90,91,92,93,112,113,144. (이상 9쪽)	X
미술		조소, 디자인, 감상(교과서: 34~60P)	X
영어10-B		교과서 9,10,11과 모의고사 6월 21~50번	O
윤리와사상		p.104~135	X

● 시험 공부 계획표

D - ?	날 짜	실제 학습 시간	공부 계획	실천 여부
(중 략)				
D-4				
D-3				
D-2				
D-1				

▷ 수업 시간에 하지 말아야 할 것 ! ◁

1. 꾸벅꾸벅 졸기
오랫동안 의자에 앉아 있는 것은 쉬운 일이 아니다. 수업에 집중하려고 노력하더라도 슬며시 밀려드는 잠을 쫓아내기란 쉽지 않다. 특히 점심시간 후 무거워지는 눈꺼풀을 견뎌내는 것은 참으로 곤욕스러운 일이다. 그러나 식곤증 같은 특별한 경우가 아니어도, 수업시간만 되면 꾸벅꾸벅 조는 학생들을 볼 수 있다.
　수업시간에 조는 것도 일종의 습관이다. 나쁜 습관은 쉽게 몸에 익는다. 조는 것이 습관이 되지 않게 주의해야 한다. 가장 좋은 방법은 깨어 있는 동안 최상의 컨디션을 유지할 수 있도록 규칙적인 생활리듬을 유지하는 것이다.

2. 선생님 눈길 피하기
수업은 선생님 혼자 독백하는 모노드라마가 아니다. 선생님과 학생이 주고받는 쌍방향 커뮤니케이션이다. 눈 마주치기는 이러한 커뮤케이션 방법 가운데 하나다.

(중략)

어떻게 공부해야 할까?
명문대 최우수 합격자가 들려주는 공부법 20가지

1. 먼저 진로를 정하고 스스로 동기부여를 확인하라.
→ "왜"라는 질문을 스스로 생각하도록 한다. 왜 무엇 때문에 xx대학 △△과를 가려고 하는지 분명히 한다.
- '2002년 수능수석' 서울대 법대 윤석준 군-

2. 즐기는 공부만이 최고가 될 수 있다.
→ 억지로 공부하면 성적이 좋을 리가 없다.
즐겁게 공부하는 사람이 장기적인 싸움에서 최후승리자가 된다.
- 서울대 공대 기계항공공학부 김상덕 군 -

3. 시간보다 내용을 중요시하는 공부를 하라.
→ 1시간 수학 공부 대신 '수학 10문제 풀기'처럼 구체적으로 계획을 짜야 시간 때우기식 공부습관을 개선할 수 있다.
한꺼번에 몰아서 공부하는 것보다 자신이 할 수 있는 양의 70~80%를 매일매일 공부하는 습관이 훨씬 효과적이다.
- 이화여대 영문학과 김혜영-

4. 짧은 시간에 효과적으로 지식을 이해하고 암기하려면 낮 수업 시간에 집중하는 것이 가장 좋다.
→ 수업 시간에 졸거나 주의집중을 하지 못하면 방과 후 혼자 정리하려해도 같은 시간에 수업 이상의 효과를 거둘 수 없다.
- 고려대 법학과 이현재 군-

5. 노트 정리는 자기만이 알 수 있는 요점 정리를 해두어라.
→ 수업 중에 자신이 뭘 배웠는지 되살리기 위해서는 정리한 요점을 훑어본 뒤 의심스러운 부분은 분명하게 이해하고 넘어가야 나중에 정리하는 일이 없어진다.
- 연세대 의대 이재혁 군-

6. 집중력, 최고의 학습 비결은 바로 집중력임을 기억하라.
→ 우리나라 월드컵대표팀이 결정적인 순간 골 먹는 이유가 바로 집중력이 부족한 것이 아니던가. 히딩크가 대표팀 선수들에게 90분 내내 집중력을 잃지 말라고 한 말을 기억하라.
- '2002년 수능 2등' 서울대 법대 지중현 군-

(이하 생략)

2. 그래, 싸우면서도 크는 거야!

기말고사가 끝나고 방학이 다가오는 여유 있는 7월, 방학을 앞두고 학교 분위기가 어수선 하다. 수업 중에 영화를 보는 반이 있는가 하면 진도를 나가는 수업도 있다. 날씨는 무더워지는데 에어콘 가동은 한시적으로만 돼서 아이들의 짜증은 극에 달하기도 한다. 날씨가 무더우면 사건!!!! 이 일어나곤 한다. 혹시나 폭력사고가 일어날까 조회시간에는 어김없이 한 마디 말을 덧붙인다.

"날씨가 더우면 살짝만 부딪혀도 서로 짜증이 날 수 가 있으니, 서로 조심하고 잘 지냅시다. 사소한 장난이 싸움으로 이어지는 거 알죠??"

이렇게 잔소리 아닌 잔소리를 했건만, 아니나 다를까 무사히 아무 탈 없이 한 학기를 보내는 줄 알았던 이번 7월 우리 반 경민이가 다른 반 학생인 호준이와 싸움이 벌어졌다. 남학생 반에서는 매년 한 번쯤 흔히 일어나는 일이긴 하지만 이번엔 조금 과하다. 우리 반 경민이는 코피가 나고 상대방 호준이는 얼굴에 상처가 남았다. 서로 친한 사이였는데 장난이 서로 지나치다 보니 서로 예민한 부분을 건드렸고 결국 주먹질에 이르렀던 것이다.

우선 둘 모두가 씩씩 거리는 가운데 보건실에서 치료를 한 후, 부모님들께 연락을 드렸다. 깜짝 놀라신 부모님께 추후 일정에 대하여 말씀을 드리고 학교에 내방하실 것을 전하였다. 학교에서 폭력에 대한 부분은 생활지도부(인성지도부)로 넘어가 조사 및 징계 절차를 거친다. 마치 사회에서 모든 일을 구청 및 동사무소(담임 역할) 등에서 맡지만, 범죄 관련 사안은 경찰서(생활지도부)에서 하는 것처럼 말이다. 담임교사는 생활지도부에 사안을 설명하여 학생을 인계 후에 생활지도부의 안내에 따르면 된다.

[표 1.21] 교칙위반 학생 지도방법 예시(중학교)

교칙위반 학생 지도방법	
1. 학교 등교	
가	8시까지 등교하기
나	용의복장 검사 - ○○○ 선생님께
2. 자율학습 시간 전 할 일	
가	8시부터 8시 30분까지 화단주변 쓰레기 줍기, 운동장, 체육관 청소
3. 수업참여	
가	수업은 정상적으로 참여하기
나	최선을 다해 수업듣기
4. 포스터 그리기	
가	잘못된 행동을 고칠 수 있는 포스터 그리기
나	2장 포스터 그려서 최창규샘께 제출하기(17일까지)
다	정성껏, 성실하게 그려 제출하기
5. 반성문 쓰기	
가	귀가시 반성문 한 장씩 가지고 가지고 가기
나	반성문 작성하여 사인(부모님, 담임)받아 다음날 8시에 최창규샘께 제출
6. 소감문 작성	
가	도서관에서 청소년 권장도서 두권씩 빌려오기
나	학교 쉬는 시간이나 집에서 책 읽기
다	두 권 읽은 후 소감문 작성하여 제출하기(19일까지)

[출처] 방원중학교 2011 교칙위반학생지도방법

3. 신나는 여름방학

"자~ 오늘 아침조회시간에는 기분 좋은 소식부터 전할까? 오늘부터........카운트다운이야! D-7일이다. 여름방학 말이다!"

"꺄~~오, 여름방학이다!!!!"

"나 이번 여름방학 때 기필코 근육키울 거야."

"에이, 넌 어림도 없어. 너 학원 다니는 것만 해도 몇 개냐. 난 그냥 집에서 맨 날 컴퓨터하고 놀기만 할 거야."

"글쎄, 이번 여름방학 너희들 하고 싶은데로 잘 될까? 선생님은 오늘 부모님들께 전체 문자 보낸다! 방학중 학교에서 실시하는 방과후학교에 우리반 전원 참석하길 권장 드린다고!!!!. 지금 대입수능이 벌써 1년 밖에 남질 않았다고 말이지. 흐흐흐"

"악~! 안돼요 쌤~!"

여름방학은, 학생들도, 선생님들도 언제나 환영이다. 학생들은 여름방학이 되면, 선생님들이 띵까띵까 놀기만 하는 줄 알지만, 여름방학은 교사들에게 정말 꿀맛 같은 휴식시간이다. 3월부터 정신없이 줄기차게 달려오느라 모든 에너지를 쏟아부었던 지난 1학기를 마치고 잠시 숨을 돌리며 2학기를 준비하는 일종의 밧데리 충전의 시간과도 같다.

워낙 계획성이 철저하고 부지런한 교사들의 공통적인 성격적 특성상, 선생님들은 여름방학기간 중 하루라도 소홀히 보내지 않는다. 방학 중에 실시되는 방과후학교 수업을 미리 준비하는 교사도 있고, 끊임없는 자기계발을 위해 각종 연수들을 찾아 신청하며 듣는 선생님들도 계신다. 학급담임으로서는 무엇보다도 우리 반 아이들과 의미 있는 추억을 만들기 위해 방학 전부터 분주히 작업을 개시한다. 방학 중 학생들과 벙개모임, 혹은 1박 2일(2박 3일)의 야영을 꿈꾸고 있다면 어렵지 않다.

즉각 실천에 옮기자!

> 방학 중 학급단위별로 모임을 갖는 경우가 있다. 1일 당일로 행사를 개최하는 경우도 있고, 1박 2일, 혹은 2박 3일로 야영을 다녀오는 경우도 있다. 방학 중 이러한 계획을 세우는 경우에는 먼저 구두로 부장교사, 교감선생님, 교장선생님께 방학 중 학급모임에 대한 충분한 목적과 의미를 설명드린 후 행사 진행에 대한 허가를 받아야 한다. 구두 허락을 받은 후엔 학급 행사에 대한 세부적인 계획서를 작성하여 내부 결재를 득한 후, 가정통신문을 발송하여 학부모들의 동의서를 수합하여 보관하고 있어야 한다.

○학년 ○반 하계 수련회...

학급 하계 수련회 안내문

이제 기나긴 여름 방학이 시작됩니다. 고등학교 시절의 절반이 되는 이번 방학은 우리 아이들에게 매우 중요한 시기라 생각됩니다.
앞으로 넘어야 할 큰 산을 앞에 두고 우리 아이들이 "보다 멀리 뛰기 위해 한껏 웅크리는 개구리처럼" 2박 3일이라는 짧은 시간이지만 이를 통해 앞으로 자신의 진로를 고민하고 학업에 더욱 전념할 수 있을 것입니다.

> 날 짜 : 20○○년 ○월 ○○일(○)~○○일(○) - 2박 3일
> 장 소 : ○○리 ○○관광단지 - 무궁화 캠프

준 / 비 / 물................꼭 꼭! 잘 챙겨 와야해!!!

세면도구	수건, 칫솔 등	체 육 복	
속 옷	여분 3개	우 산	
여분의 옷	여분 3개 (반티 필수)	개인 상비약	
반 바 지	물놀이用	비닐봉투	갈아입은 옷 넣을 것
조별 준비물	▷ 코펠 ▷ 칼 ▷ 버너		▷ 고기 ▷ 조별 식단에 따른 음식재료 ▷ 기타 등등
기타 준비물			

시간	첫째 날	시간	둘째 날	시간	셋째 날
8시30	학교 집결	7시00	기상 및 아침운동	7시30	기상 및 아침운동
9시00	가자! 출발 (군포역→대성리)	7시30	세면 및 방정리	8시00	세면 및 방정리
12시00	도착 및 입촌식	8시00	아 침 식 사	8시30	아 침 식 사
12시30	방정리.식사 준비	9시00	수상안전 교육	9시30	조별 이야기 나누기
1시00	식 사 시 간	10시00	휴 식	11시00	사 랑 나 누 기
2시00	주 변 산 책	10시30	물고기 잡이	12시00	점 심 식 사
2시30	야 영 교 육	12시00	점 심 식 사	1시30	퇴 촌 식
4시00	자 연 학 습	1시00	자 유 시 간	2시00	
5시00	식 사 시 간	2시00	모의 올림픽		가자! 다시 희망을 부르자! GO HOME(^^&)
7시00	조별 신문 만들기	4시00	휴 식		
8시00	한 여름밤 시네마 천국	5시00	음식경연 대회 및 식 사 시 간		
10시00	주변정리 및 세면 취 침	6시30	휴 식 (장기자랑 준비)		
		7시30	장 기 자 랑		
		9시30	주변정리 및 세면		
		10시00	취 침		

가장 험한 곳에 가장 빛나는...

○ ○ 고 등 학 교

[그림 1.24] 학급야영 안내문 예시1

1부 사례로 보는 체육교직실무

[표 1.22] 학급야영 안내문 예시2

🐰 Wow! 즐거운 학급야영 🐰

🐰 날짜는?? 20○○ 년 7월 20일 입니다!! 4:30까지 늦지 않게 오기닷!!
🐰 장소는?? 우리학교(체육관, 운동장, 교실, 음악실…)

❤ 야영 준비물
1. 의류 : 긴팔 옷(모기에 대비한), 운동복, 앞치마, 양말, 속옷, 운동화,
2. 침구류 : 덮을 이불, 깔아야 한다면 요, 베개(?) (탁구실에서.. 매트 준비함)
3. 세면도구 : 수건, 칫솔, 치약, 비누, 샴푸·린스 (머리감으실분)
4. 기타 : 핸드폰 배터리, 안경, 카메라, 우산, 슬리퍼, 모자, 먹을꺼리..
5. 적극적으로 참여하겠다는 열린 마음과 더불어 함께하는 생활에 대한 배려심

❤ 유의사항
- 돈은 일체 가져오지 마세요. 잃어버린답니다.
- 소중한 물건은 집에 두고 와요. 잃어버린답니다.
- 야영 중 외출은 하지 않는 걸로 해요.
- 부모님께 반드시 말씀드리고 와요. (내일 12:00까지 집에 올게요.)
- 준비물을 잘 챙겨와요.(이것저것 다 가지고 와요-하다못해 오이라도..)
- 불평하지 않고 열심히 하는 걸로 해요.

🐰 우리패 이름은요? (자유롭게 정하세요. -패라고 끝나지 않아도 됨. 특히, 짝패 금지)

| |
| |

🐰 우리패의 메뉴는??

| |
| |

🐰 우리패 멤버를 적어봅시다. 우리 패는 몇 명? (   )명
 - 준비물을 나누어보아요. 집 냉장고 젤 아래 칸 야채박스를 열어 막 챙겨와요-호호~
 - 집 거리를 생각해서 조장이 준비물을 정해줘요. (치약은 너, 이불은 너, 욜케~)

이 름	준 비 물
(이끔이)	
(깔끔이)	
(기록이)	
(나눔이)	
(받침이)	
( )	

3. 방학 중 연수

'띠리링, [연수알림]'

'띠리링, [연수알림]'

"이런, 왜 이리 쪽지가 많이 와, 연수 시즌이 오니 아무래도 연수가 많구만."

"그죠~ 저희가 알아서 연수 찾아봐도 되는데, 하여간, 요새 연수 공문도 많이 오는 것 같아요. 이 중에서 좋은 거 있음 하나 같이 들어요. 선생님."

쉬는 시간마다 쪽지가 온다. 방학이 다가올수록 연수담당 선생님께서는 늘 바쁘시다. 각종 연수가 있다는 공문을 공람했으니 살펴보라고 교내 메신저로 쪽지를 연거푸 보내신다. 오늘도 하루 만에 연수관련 쪽지가 3건이나 도착했다.

연수담당 선생님께서 연락을 주신 뒤, 공람된 연수 공문들을 쭉 훑어보는 경우도 있지만, 이런 경우 공문이 학교에 도착하고, 연수담당 선생님께 하루 정도 시간이 흐른 뒤 공문이 전달되며, 각 학교 선생님들께는 공문이 하루 이틀 뒤에 공람되기 때문에 연수 공고가 난 이후로 신청하기까지 몇 일이 걸리는 경우가 많다. 공문을 받자마자 바로 신청했지만 인기 있는 연수는 신청마감이 되어 땅을 치고 후회한 적이 많았던 나로서는, 연수시즌이 되면 매일매일 조급하고 초조하게 공문 대장을 뒤져보곤 한다. 오늘 연수 담당 선생님께서 보내주신 공문들도 내가 이미 다 몇일 전에 〈검색〉하여 살펴 봤던 공문들이다. 이런 불안감, 별로 좋지 않은 것 같은데... 그래도 뭐 내가 듣고 싶은 연수를 빨리 검색하여 찾아보면 좋은거니 내 스스로에게 나쁘지 않다고 생각한다.

난 이미.. 찜해놓은 연수가 있다. 오늘... 그 연수 내가 1등으로 신청 할꺼다.. 흐흐

> 방학 중 교사들에게는 다양한 연수의 기회가 주어진다. 방학이 가까워지는 6월과 11월쯤이 되면 각종 연수 안내 공문이 학교 〈업무관리시스템〉에 도착한다. 교내 연수 업무를 담당하는 선생님께서 안내도 해주시지만, 틈틈이 [대장]을 찾아보아 자신이 원하는 연수를 그때그때 살펴볼 수도 있다. 〈업무관리시스템〉에서 연수 공문 검색 방법은 다음과 같다. [대장]-[등록대장]-[검색]-검색어를 '연수'로 입력하여 자신이 원하는 연수를 클릭한다.

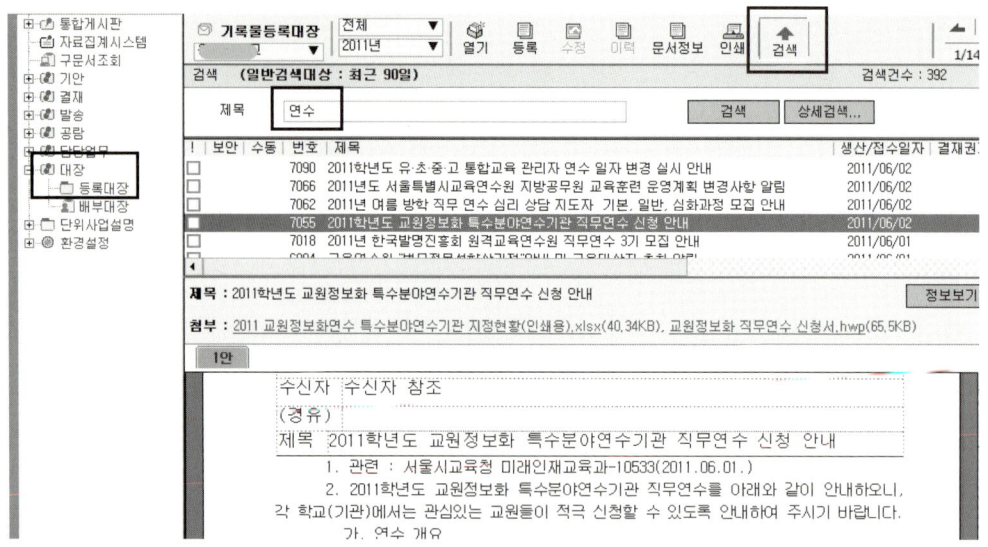

[그림 1.25] 업무관리 시스템에서의 연수공문 검색 방법

교원직무연수 신청서

본인이 귀 기관에서 실시하는 특수분야연수기관 직무연수과정에 참여할 수 있도록 조치하여 주시기 바랍니다.

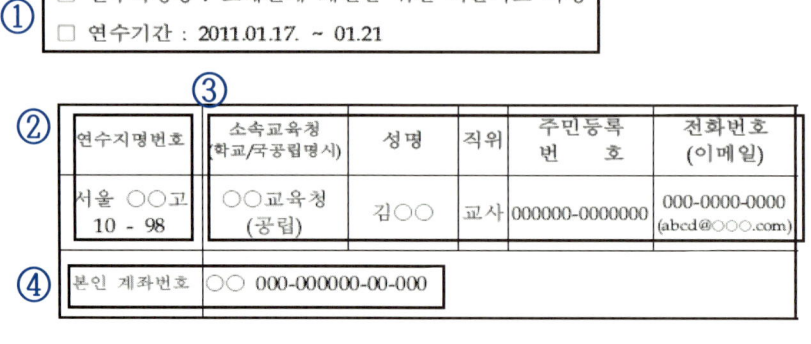

2010년 12월 1일

성명 김 ○ ○ (인)

라파미술치료연구원장 귀하

교원을 대상으로 각 기관에서 실시하는 연수를 신청하는 경우, 다음의 양식에 의해 연수신청서를 작성하여 제출하게 된다. 모두 이 양식과 동일한 것은 아니지만, 기본적으로 입력해야 하는 몇 가지 사항들은 다음과 같다.

① 이수하고자 하는 연수명과 연수 이수 기간을 기입한다.
② 연수지명번호란 교내 연수 지명대장에서 부여받는 번호로, 연수업무를 담당하는 교사에게 문의하여 번호를 부여받으면 된다. 1년 동안 교내에서 연수를 신청하는 순서대로 번호가 부여된다. 연수지명번호는 다음의 원칙에 의해 지정되는 것이 일반적이다.
 [지역명 - 학교명 - 연도 - 교내 연수부여 순서(01, 02, …, 99, 100, …)]
③ 신청한 교사의 기본적인 인적사항을 기록한다.
④ 연수비가 있는 경우, 연수입금자 확인을 위해 본인명으로 된 계좌명을 기입한다. (만약 연수를 신청한 후 취소하여 연수비를 환불받을 때에도 계좌명이 필요한 경우가 있다.)

#. 무한한 재능과 가능성을 찾아

1. 뽐내기 한판

 2학기 개학이다. 중학교는 대부분 10월에 학교 축제를 하지만, 고등학교는 주로 2학기 개학을 하자마자 바로 학교 축제를 한단다. 학교축제를 준비하는 각종 포스터가 학교 전체에 나붙고 있다. 축제가 돌아오기는 했나보다. 아이들도 서서히 들뜨기 시작했고 축제는 이미 시작한 것 같다. 그래도 나름 여자 친구에게 현빈 닮았다는 이야기를 듣는 나로서는 이번 축제에 아이들 앞에서 무언가 한 번 해봐야겠다는 생각을 지울 수는 없었다. 그렇다고 모양 빠지게 직접 학생회를 찾아가 내 장기에 대해 이야기 할 수도 없고 마음이 답답하였다. 이 때 학생회장 녀석이 찾아와서 부탁할 것이 있다고 전한다.

 '아 이 녀석 내가 노래 잘하는 거 어떻게 안거야? 무슨 노래한다고 하지? 댄스까지 섞어달라고 하면 진짜 곤란한데... 그냥 점잖게 발라드 하나 한다고 해야지.'

 "어 그래 무슨 부탁이 있는데?"

 "선생님 이번 축제 때 연극하는 팀이 있는데 높이뛰기 매트가 필요한데요, 그거 빌려주실 수 있어요?"

 "어? 높이뛰기 매트? 아... 그거... 당일 날 얘기해도 되는데 왜 벌써 왔니?"

 "그래도 미리 부탁을 드려야죠. 저는 센스 있는 회장이니까요. 하하하"

 "하하 녀석 참 센스 있구나... 이 녀석..."

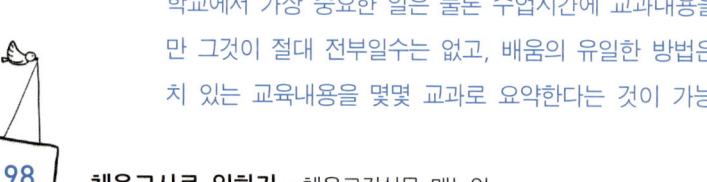

학교에서 가장 중요한 일은 물론 수업시간에 교과내용을 배우고 익히는 일이다. 하지만 그것이 절대 전부일수는 없고, 배움의 유일한 방법은 아니다. 가르치고 배우는 가치 있는 교육내용을 몇몇 교과로 요약한다는 것이 가능하겠는가?

그러한 의미에서 학생들의 다양한 특별활동은 상당히 중요할 활동이다. 하지만 이를 위해서 교사가 무엇을 어떻게 준비할지에 대해서는 체계적인 준비가 부족하다고 생각된다. 그러한 특별활동 중에서 가장 두드러지는 것은 뭐니 뭐니 해도 학교별 축제가 아닐까? 주로 가을에 실시하는 학교 축제는 똑같이 앉아 배우고 익히는 굴레에서 벗어나 개개인의 숨겨진 재능과 독특한 장기를 펼쳐내는 매우 의미 있는 행사이다. 만약 동아리의 지도 교사로 활동하는 경우에 당연히 해당 동아리를 적극적으로 지원하는 일을 하겠지만 그렇지 않은 경우에도 학교 축제 준비를 위해 협조해야 하는 부분이 적지 않다. 운동장, 체육관등 체육 교사가 주로 관리하는 학교 시설을 행사에 이용하기 때문에 대여시간 분배나 사용 관리를 해야 하기 때문이다.

보조적인 역할이 아니라 축제에 보다 직접적으로 참여하는 것은 동아리 또는 특별활동 부서를 통해서 가능하다. 모임의 특성에 따라 다르겠지만, 특별활동의 성과물을 보여주는 전시마당, 일반 학생들에게 특별한 체험기회를 제공하는 체험마당 등을 열어서 운영함으로써 축제의 한 몫을 담당 할 수 있다. 체육 분야의 좀 더 구체적인 예를 들자면 스포츠 댄스를 주제로 한 공연, 작은 스포츠 대회를 여는 체험마당, 스포츠 관련 수업 자료 또는 학생의 작품을 보여주는 전시 등이 있을 수 있다.

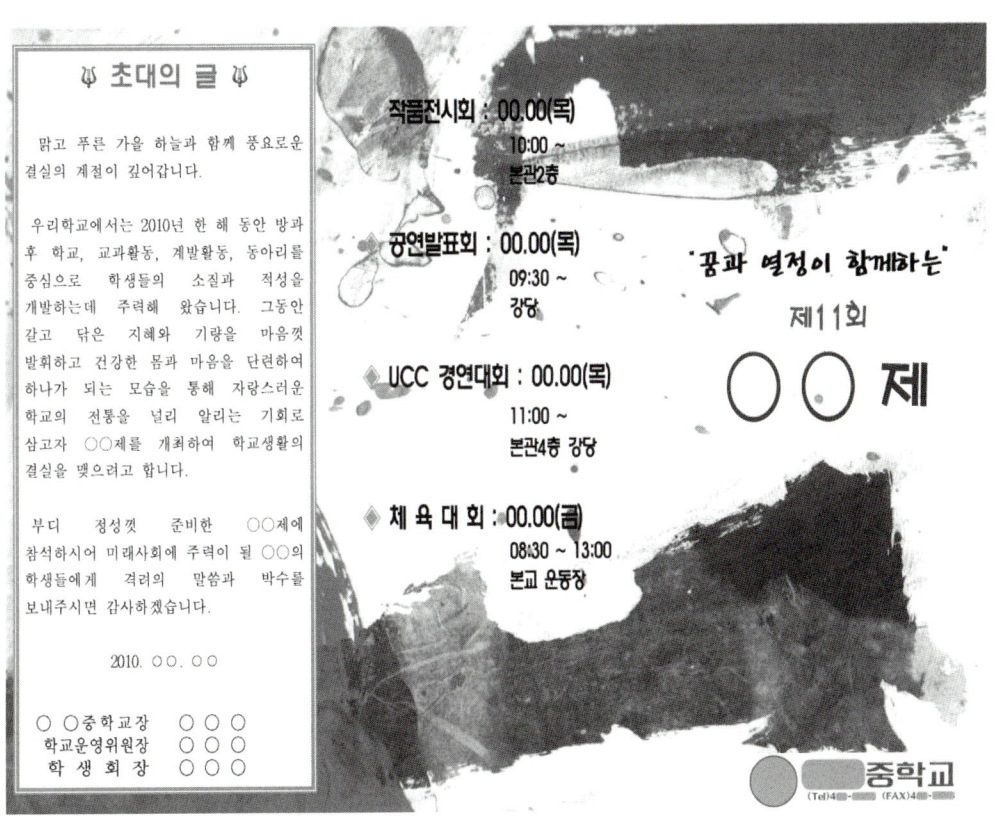

[그림 1.26] 발표회(학교 축제) 초대 안내장 예시(중학교)

2. 담임 뒷 이야기

축제가 끝난 학교는 분위기가 묘하다. 추석연휴는 다가오는데 추석연휴가 끝나면 중간고사기 때문에 선생님은 진도에 쫓겨 바쁘고 아이들은 공부하기 싫은 시즌이다. 마음이 싱숭생숭한 가운데 몸도 말썽이라, 반 아이들은 툭하면 지각에 조퇴에 결석도 하려고 한다. 날씨가 아침 저녁으로 쌀쌀해져서 감기도 잦다. 감기에 걸렸다하면 온갖 아픈 표정으로 쉬려고만 아이들은 가끔은 안타깝다. 어쨌든 그 덕분에 출석부는 난장판이다. 내가 학생 관리를 좀 소홀히 한 탓도 있는 것 같다. 후에 사회에 진출해서 무슨 일을 하더라도 성실하게 일하고 생활할 수 있도록 학생들의 출결 관리를 철저하게 해야겠다는 다짐을 해본다. 오늘은 ○○○ 학생이 다음 주 추석을 대비하여 벌초하러 간다고 체험학습을 해야 한다고 한다. 체험학습? 결석하고 체험학습에 참가하려면 체험학습 신청서를 사전에 결재 받아야 한다. 이런 일은 반에서 1년에 한 두 번씩은 있었던 것 같은데 매번 가물가물하다. 교무부에 문의하여 체험학습신청서를 파일로 받았

다. 출력하여 그 학생을 불러 내일까지 꼭 작성해오라고 전한다. 신청서는 사전에 결재를 받아야 하고 결과보고서도 따로 제출해야 한다.

우리 반 또 어떤 학생은 결석이 많아져서 수업일수가 모자라는 지경에 이르렀다. 중학교 까지는 의무교육이기 때문에 제적이 없지만 고등학교부터는 수업일수가 약 76일 정도 이상 모자를 때에는 제적을 당한다. 즉, 결석일수가 약 76일 정도 보다 많으면 제적을 당한다. 그렇기 때문에 담임으로 그 사전조처를 취해야 한다. 학부모님과 전화통화를 해야 하고 학생과의 연락을 계속 취해보아야 한다. 더불어 약 20~30일 간격으로 제적예고통지서를 3회 정도 보내어 결석이 계속될 때에는 제적이 될 수 있다는 것을 알려야 한다. 한 학생으로 인해 할 일이 참 많아진다...;;;

"휴우.. 반 학생들은 서른 명이 넘는데 욘석 때문에 내가 들이는 시간이 얼마나 많은가.." 하는 넋두리를 하면서 교무부에 비치되어 있는 제적예고통지서철에 작성을 하여 교무부장님, 교감선생님, 교장선생님의 결재를 받아 제적예고통지서를 그 학생의 집에 보낸다.

제적예고통지서

담임	부장	교감	교장

발송번호

제 학년 반 번 성명 :
제적사유 :
등교일시 : 20 년 월 일 시
발송일시 : 20 년 월 일 시
결　과 :

제적예고통지서

발송번호 :

　　　　　제 학년 반 번 성명 : _____

　귀하께서 보호하고 계신 위 학생의 (　　　　　)사유에 대해 상담하고자 합니다.
　20 년 월 일 시까지 학교에 나오시어 담임선생님과 상담하여 주시기 바랍니다. 만일 학교에 나오시지 않으실 때는 학칙에 의거하여 제적하겠음을 통지합니다.

　　　　　　　　　20 　년 　월 　일

　　　　　△ △ 고 등 학 교 장

　　　　　　보호자　　　　　귀하

[그림 1.27] 재적예고 통지서 예시(고등학교)

제 - 호

등교요구 통지서

담임	부장	교감	교장
		전결	

제   학년   반   번 이름 : _____
주   소 :
보호자 :
결석기간 :   년   월   일 ~   년   월   일

　위 학생은 초·중등교육법 시행령 제 23조에 의거하여 중학교 의무교육 대상자이나 (　　)일간 무단으로 결석하였음을 알려 드립니다. 계속하여 무단결석시에는 상급학년으로 진급할 수 없으므로 (　　　)년 (　　)월 (　　)일까지 학생과 함께 학교에 등교하여 귀댁의 자녀가 성실하게 학교수업에 임할 수 있도록 지도하여 주시기 바랍니다.

　　　　　　　　　　년　월　일
　　　　　　○ ○ 중 학 교 장

[그림 1.28] 등교요구 통지서 예시(중학교)

[표 1.23] 체험활동 신청서 예시

담 임	학년부장	교 감	교 장

체험 학습 허가 신청서 및 계획서

학년   반   번 (   )

상기 본인은 다음의 체험 학습에 참가하고자 학부모 연서로 신청하오니 허가해 주시기 바랍니다.

1. 체험 학습 기간 :   월   일 ~   월   일
2. 체험 학습명 :
3. 위 체험 학습의 개요 :

4. 체험 학습 계획 :

201 .   .   .

신청인 :
학부모 :

○ ○ 고 등 학 교 장   귀 하

----------------------(이 용지 전체를 복사하여 발급)---------------------

체험 학습 허가서

학년   반   번 (   )

위의 학생이 신청한   월   일 ~   월   일 상이의 체험 학습을 허가하며 다음의 서류 및 과제물을 충실히 제출할 경우 이 기간 중 본교의 수업 일자를 출석으로 인정하겠음.

• 제출할 서류 및 과제물
1. 참가를 확인할 만한 증명서
2. 학생이 학습하는 모습을 담은 사진(2매/일 이상)
3. 체험 학습 보고서(A4용지 2매 이상의 분량 - 10P 활자 기준, 표지 제외)

201 .   .   .

○ ○ 고 등 학 교 장

3. 대학수학능력시험

"11월에 웃는 아이들"이라는 학원이 있을 정도로 11월이라는 달은 학생들에게 긴장감과 떨림을 안겨주는 때이다. 대학수학능력시험을 앞둔 고3 학생들의 표정은 사뭇 진지함이 배어나고 태연한 척하지만 최종 지점을 향한 비장함도 느껴진다. 담임교사인 내가 들어가면 '선생님, 무슨 얘기라도 해주세요.'하는 눈빛으로 나를 바라본다.

"언어영역은 시간이 모자르니, 무조건 미리 집중해서 빠르게 풀고 점검하는 방식이 좋다. 수리영역 풀 때는 검산할 수 있도록 시험지에 꼼꼼히 계산 과정 써서 풀어, 계산과정 틀려서 문제 틀리면 억울하니까 꼭 써놓을 수 있도록 하자...."

"모의고사 치른다고 생각하자. 마지막 모의고사니 만큼 후회 없이 최선을 다해 마무리 하자. 우리 반 모두 화이팅이다!!"

지금까지 해오던 것을 실수 없이 잘했으면 하는 마음에서 여러 조언을 해주며 아이들도 나도 마음의 평안을 갖기 위해 안간힘을 쓴다. 그리고 마지막 선물을 준비한다. 우리 반 아이들에게 주는 나의 정성. 작은 초콜렛들에 간단한 멘트를 써서 학생들에게 나누어 준다. 어쩌면 한편으로 부담이 되기도 하겠지만, 응원하는 마음을 받아주고 힘을 내기를 바랄 뿐이다.

한편, 내가 맡고 있는 농구동아리에서는 후배들이 직접 선배들을 응원하며 케익과 떡을 준비했다. 나도 참가하여 이야기를 나누며 웃으며 긴장을 푸는 시간을 갖는다.

이와 동시에 수능감독 배정이 어떻게 이루어지는지에 대하여 쪽지가 온다. 우리 학교에서는 교무부 선생님들, 그리고 부장님과 연세가 많으신 분들 순으로 학교에 남아서 본부 감독을 하시고, 그 외 선생님들은 외부 고사실 감독을 가기로 정하였다. 수능감독은 본부 요원, 고사실 감독관, 복도 감독관으로 나뉘는데 고사실 감독관은 막중한 책임을 떠안고 학생들과 같이 긴장해서 진행해야 한다.

두둥~ 당일이다. 학생들만큼이나 아침 일찍 출발하여 내가 배정된 00고등학교에 도착하였다. 우리학교 선생님들 두 분도 함께 여서, 선생님들과 함께 7:30 감독관 회의를 기다리며 차 한잔을 한다. 1, 2, 3, 4교시 중에서 한 시간은 쉰다. 언제 배정될지는 누구도 알 수 없는 것이다. 고사 본부에서는 시험 시작 20분 전 쯤에 어느 고사실 감독인지 공지한다. 하루가 어떻게 갔는지 모르게 아이들만큼이나 긴장을 했다. 이제 정말 끝인 것 같은 느낌이 든다...

#. 결실의 순간

1. 학급 학생들의 생활 기록하기

"자, 이번 겨울방학 전에 우리가 확인해야 될 것들이 몇 가지 있지? 그 중에서도..우선..우리 봉사활동 개인별로 몇 시간이나 했는지 한번 확인해 볼까?"

"아! 선생님! 저 지난 토요일에 친구들이랑 봉사활동 한 거 있었어요. 깜박할 뻔했네요. 확인서 낼께요."

"그래, 선생님 주렴, 생활기록부에 입력해줄게. 자, 지금 현재까지 기록된 봉사활동 시간 게시판에 붙여놓을테니 다들 오늘 중으로 확인하고 겨울방학 중에 봉사활동 계획을 잘 세워보렴. 방학 중에 꼭! 시간 다 채워야 한다!"

> 봉사활동이란 것을 이제부터는 생활기록부에, 그리고 창의적체험활동 종합지원시스템(에듀팟)에 틈틈이 기록하게 되어있다. 고입, 대입과도 밀접하게 연관되어 봉사활동을 보다 체계적이고 현실감있게 실천하도록 지원하기 위함이기도 하며, 학생들의 다양한 체험활동을 독려하고 사회봉사의 경험을 통해 인성발달을 도모하기 위함이기도 하다. 이러한 거창한 목적에서 실시되고 있는 '봉사활동'시스템을 학생들이 이해하고 있는지는 잘 모르겠으나, 어쨌든, 학생들은 공공기관, 혹은 학교에서 지정해준 장소에서 일정시간의 봉사활동을 행하고, 해당기관에서 확인서를 받아와서 담임교사에게 제출한다. 담임교사는 이를 교무업무시스템에 입력하며, 최종 학년말 생활기록부에 반영시킨다.

봉사활동 누가기록

20○○학년도 ○학년 ○반

번호	이름	시작일	종료일	봉사활동영역	봉사활동 내용	장소 또는 주관기관명	시간	시간누계
1	고○○	2010.03.06		기타	봉사활동 사전교육	(교내)○○중학교	1	1
		2010.05.07		자선구호활동	기아체험 24시 참가(급식비 기부 및 기아체험 동영상 시청)	(교내)○○중학교	1	2
		2010.06.15		환경시설보전활동	자연보호 및 환경보존활동	(교내)중랑천(중화체육공원)	4	6
		2010.08.12		일손돕기	교사 보조 도우미	(교외)한마음어린이집	3	9
		2010.08.14		일손돕기	교사 보조 도우미 및 도서 정리	(교외)한마음어린이집	2	11
		2010.08.20		일손돕기	교사 보조 도우미	(교외)한마음어린이집	3	14
		2010.09.04		환경시설보전활동	자연보호 및 환경보존 활동	(교내)○○중학교(어린이대공원)	4	18
		2010.10.30		기타	봉사활동 소감문 쓰기 대회	(교내)○○중학교	1	19
		2010.11.06		일손돕기	건강교실 줄넘기 발표회 진행도우미 및 뒷정리	(교외)서울특별시학생체육관	3	22
		2011.01.13		환경정화활동	방학중 봉사활동(교내)	(교내)○○중학교	1	23
2	김○○	2010.03.02	2010.07.20	일손돕기	2010학년도 1학기 교내 쓰레기 분리수거(1학년) 일손돕기	(교내)○○중학교	5	5
		2010.03.06		기타	봉사활동 사전교육	(교내)○○중학교	1	6
		2010.05.07		자선구호활동	기아체험 24시 참가(급식비 기부 및 기아체험 동영상 시청)	(교내)○○중학교	1	7

[그림 1.29] 학급별 봉사활동 누가기록 교무업무시스템 출력 확인물 예시

[그림 1.30] 학급별 봉사활동 확인서 예시

1부 사례로 보는 체육교직실무

한편, 생활기록부라고 하는 것은 학급 학생들의 1년 간 생활을 모두 모아서 기록물로 남겨놓은 과정이다. 평생에 걸쳐서 보관되고 보여 져야 할 자료이기 때문에 매우 중요한 문서이다. 학교에 온 지 1년이 되었지만 이 작업은 해 본 적이 없기 때문에 최 교사는 상당히 두려워하고 있다. 이 때 반가운 소리의 종소리가 컴퓨터에서 들려온다.

"띵기링"

'생활기록부 정리 어려우시죠? 지금 보내드리는 매뉴얼에 따라서 정리해 주시면 되고요 12월 20일까지 마감을 해 주셔야……'

> 생활기록부에 적히는 내용은 대부분 정해진 내용을 옮겨 적는 수준에서 이루어진다. 다만 학생의 행동을 종합적으로 평가해 주는란이 있는데 이 부분이 바로 우리가 어렸을 때 관심 있게 바라보던 담임선생님의 최종 평가이다. 나머지 부분이야 매뉴얼과 자료를 보고 차분하게 입력하면 되는 일이지만 이 종합 평가란에 들어가야 할 말을 적는 일은 여간 어려운 일이 아니다. 그래서 평상시 상담했던 내용이나 느꼈던 부분을 평소에 메모해 두는 습관이 있다면 이 부분에서 매우 유용하게 쓰일 것이다. 그리고 또 하나 평생 가져가야 한다는 사실 때문에 100%에 가까운 교사들이 이 부분의 평가내용은 긍정적인 내용으로만 적어준다는 사실을 잊어서는 안된다.

[표 1.24] 학기말 교무업무시스템(생활기록부) 항목별 입력 방법 및 내용

1. 출결현황 확인/ 특기사항 입력
2. 학생 인적사항
3. 학적, 출결, 수상경력 사항 확인
4. 진로지도상황 특기사항 입력
5. 창의적 재량활동상황 확인
6. 특별활동상황 또는 창의적 체험활동(자치/적응/행사, 자율/진로) 자료 최종 입력 및 확인
7. 교외체험학습상황 누락 자료 입력
8. 교과학습발달상황 개인별 세부능력 및 특기사항 입력 후 반영
9. 행동특성 및 종합의견 입력
10. 학교생활기록부 전체 항목 자료반영
11. 자료검증 및 항목별 수정
12. 대조/확인 작업
13. 마감
14. 학교 생활기록부 출력 및 보존(3학년)

\# 생활기록부 작성에 대한 세부내용은 3부 〈1. 학교업무에 대한 이해〉 편을 참고하면 된다.

2. 추억만들기

　요즘 부쩍 하루해가 짧아졌음을 느낀다. 지난 일 년 동안 내가 맡은 반 학생들과 이런저런 행사들을 많이 갖고 기억에 남는 학창시절을 함께하고 싶었는데 좋았던 추억과 아쉬운 기억이 스쳐 지나간다. 이러한 소중한 순간을 그때그때 더 아껴둘 것을... 조금 늦었지만 지금이라도 늦지 않았다. 1년간의 아름다운 추억을 간직하기 위한 방법들을 찾아보고자 하였다. 그동안 학급 행사에서 찍어두었던 사진들을 학생들과 공유하고 나누고 싶었는데 이것을 잘 활용할 수 있는 아이디어는 없을까? 그러던 찰나에 컴퓨터의 폴더가 눈에 띈다. 아이들과 찍었던 일 년의 사진들이다. 하나 둘 사진을 살펴보니 눈가가 촉촉해 지는 것이 나도 많이 늙었다는 생각이 서서히 들기 시작했다.

　　요즘 소프트웨어 중에는 쓸만한 앨범제작 프로그램이 많이 있다. 매우 활용도 쉬울뿐더러 음악과 함께 만들 수 있어서 또 다른 감동을 선사할 수 있다. 교사의 능력만 있다면 동영상 제작으로 이어져도 아주 좋다. 그리고 교사의 노력으로 앨범을 만들 수 있다면 아이들의 노력으로 문집 등을 만들 수도 있다. 교사와 학생 그리고 시간이 함께 기억될 수 있는 무언가가 있다면 멈칫거림 없이 실행에 옮길 필요가 있다.

학급 사진 CD 만들기

o 한 해 동안 교실에서 행사 활동에서 찍은 사진을 행사별로 정리해서 CD에 담는다.
o 행사별로 폴더를 만들어 사진을 넣는다.

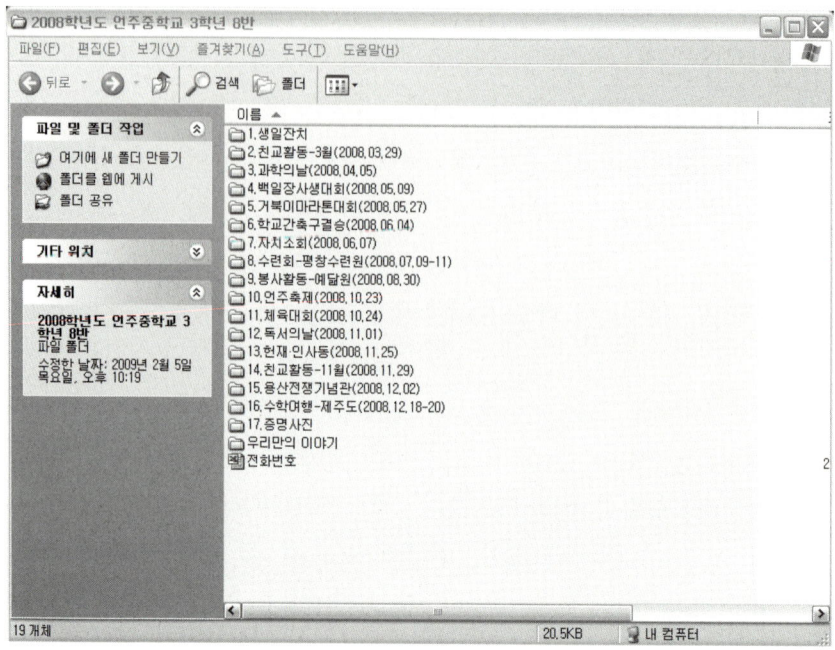

o 사진을 선택하여 동영상을 만들 수도 있다.
o 학생 수만큼 CD를 만들어 선물한다.

[출처] 청담중학교 2011 학급담임업무매뉴얼

[그림 1.31] 학급앨범 제작 방법 예시

3. 되돌아보기

연말마다 '벌써...'라는 아쉬움과 시간의 빠름을 느끼지만 이번에는 조금 더 그러한 마음이 큰 것 같다. 어느덧 초임발령지인 이 학교에서 근무한지 만 5년이 되어가고 새학기는 새로운 학교에서 시작해야하기 때문이다. (일반적으로 정기전보는 5년마다 이루어 짐) 정기 전보 이외에도, 유임, 초빙 등 교원 인사와 관련된 낯선 용어가 많은데 새로운 학교를 알아보면서 이렇게 교원 인사에 대한 문제에 대해 알아보고 싶어졌다.

> 교사는 현재 세 가지 방법으로 평가받고 있다. 하나는 교원평가라는 이름으로 동료교사, 학부모, 학생 등에게 다면적으로 평가받고 있고, 또 하나는 교원성과급의 등급 결정을 받기 위한 단위학교 수준의 평가방식으로 평가되고 있다. 마지막 하나는 교장선생님과 교감선생님에게 근무평가를 받게 된다. 이 중 근무평가는 나중에 진급과 관련된 행정적 실효성이 있는 것이고, 성과급 평가는 금전적 문제와 결부가 된다. 그리고 교원평가 내용은 서술형과 점수형으로 받아 볼 수 있게 되는데 기분이 아주 묘하게 마련이다. 모두 좋은 평가를 받을 수 있다면 좋겠지만 교육의 내용이 몇몇 숫자로 평가되는 데에는 한계가 많다는 지적이 우세하다.

[표 1.25] 교사 자기실적 평가서 예시

교사자기실적평가서(제28조의2제2항관련)						
1. 평가지침 : 근무실적평정의 신뢰성과 타당성이 보장되도록 객관적 근거에 의하여 종합적으로 평가하되, 허위 또는 과장이 있을 경우 평가자료로 삼지 않는다.						
2. 평가기간 : ○○○○년 1월 1일부터 ○○○○년 12월 31일까지						
3. 평가자(본인) 인적사항 ○소속 : ○○○○부 ○직위 : 교사 ○성명 : ○○○						
4. 평가자 기초 자료 ○ 담당 학급 : ○학년 ○반 ○ 담당 과목 : 체육 ○ 담당 업무 : ○○○○부 기획 ○ 연간 수업시간 수 : ○○시간 ○ 연간 학생상담 시간 수(교과) : ○○시간 ○ 연간 학부모상담 시간 수(교과) : ○○시간 ○ 연간 학생상담 시간 수(생활) : ○○시간 ○ 연간 학부모상담 시간 수(생활) : ○○시간						
5. 자기실적 평가 (※ 평가내용이 많을 경우 별지에 작성) 가. 학습지도 나. 생활지도 다. 교육연구 라. 담당 업무 ※ 자기 평가 종합 상황						
자기 평가	목표달성도	당초 설정한 목표에 대한 달성 정도	만족	보통	미흡	
	창 의 성	학습지도, 생활지도, 교육연구 및 담당업무 등에서 창의적인 업무수행 정도	만족	보통	미흡	
	적 시 성	학습지도, 생활지도, 교육연구 및 담당업무 등을 기한내 효과적으로 처리한 정도	만족	보통	미흡	
	노 력 도	목표달성을 위한 위한 노력, 공헌도	만족	보통	미흡	
○○○○년 ○○월 ○○일 작성자(본인)성명 ○ ○ ○ 서명(인)						

3장 세 번째 사례
우승만 부장 선생님의 이야기

#. 또 하루 멀어져간다

1. 굿바이 1년

나이를 먹으면 노래가 귀로 들리지 않고 가슴으로 들린다고 했던가? 김광석의 '서른 즈음에'라는 음악이 왠지 짠하게 들리는 요즘이다. 다른 학교로 가기 위해 인사발령 전보내신서를 작성하는 선생님, 그리고 인근학교의 어떤 선생님이 우리학교로 온다더라 또는 우리 학교의 어떤 선생님이 모 부서로 부서이동을 한다더라와 같은 소위 '카더라통신'이 확실한 근거를 가지지 못한 채 꼬리에 꼬리를 물고 여러 교직원 사이에서 회자된다.

"우승만 선생님, 이번에 학교 옮겨요?"

"우승만 선생님은 늘 「수」를 맞는 선생님이니까 뭐 좋은 '수' 있을 거야!"

툭 던진 옆자리 선생님의 말에 그냥 한 번 씨익 웃어주고 만다. 참 바빴던 한 해를 뒤로 하고 서둘러 방학이 찾아왔으면 하는 기분으로 요즘 학기말 담임업무의 갈무리에 여념 없다. 이것저것 따져보니 어느덧 내게도 부장을 맡아야 하는 시기가 찾아온 듯하다. 꿈과 희망을 품고 교직에 발을 들여 놓은 지 벌써 12년. 교장선생님께서 공석

인 체육교육부장을 맡아달라는 이야기를 전하셨던 터라 더욱 그렇다. 학교의 전반적인 업무와 역할들을 두루 경험해 봤지만 부장타이틀을 처음으로 달게 되는 것이 전혀 부담되지 않는 것은 아니다. 내가 체육교육부장이 되면 학교생활에 어떠한 변화가 찾아올까? 우 선생님에서 우 부장님으로! 너무 어색할 것 같다.

> 한 학교에서 부장교사가 되기 위해서는 1급 정교사 자격연수(1정 연수)를 이수한 뒤 그에 관한 자격을 소지하고 있어야 한다. 보통 교직경력이 만 3년(해당 교육청에 따라 4년)이 지나면 1급 정교사 자격연수를 받을 수 있으며 자격연수 해당지기 되는 순간 교육청에서 해당 년도에 연수를 받을 것인지 여부를 조사하는 공문이 도착한다. 1정 연수는 여름방학 중, 약 2~3주간 교직실무 및 체육교사들의 다양한 수업개선사례 연수와 같은 여러 영역에 대한 재교육이 진행된다. 1정 연수를 이수하고 나면 여름방학이 바람과 같이 사라지긴 하지만, 지난 교직생활 3~4년을 돌아보는 의미 있는 시간이 되기도 하다.

고등학교에서는 부장 타이틀을 달기위해 오랜 시간이 걸린다고 친구교사를 통해 들은 적이 있다. 헌데 내게 벌써 이런 날이 찾아올 줄이야. 수업시수가 줄어들게 될 것이고, 체육관련 업무의 모든 것을 책임져야 하고, 부서원들을 챙겨야 하는 자리이기에 다소 부담스럽지만 어차피 해야 할 것이라면 빨리 발을 들여놓고 싶은 마음도 생긴다. 용기 내어 교장선생님께 전화를 한 통 드린다.

"교장선생님! 우승만입니다."

"아, 그래요 우 선생님. 지난 번 말씀드린 것에 대해 생각해보셨나요?"

"부족하지만 내년 체육교육부장을 맡아 열심히 최선을 다해보겠습니다."

"그래요! 잘 결정했어요. 그렇지 않아도 국가시책이 체육에 많은 관심을 가지고 있어서 내년도 체육과 업무 비중이 늘어날 것 같습니다. 잘 준비하고 계획해서 우리학교 체육수준을 업그레이드 시키는데 많은 공헌을 해주시리라 믿습니다. 우 선생님, 고마워요!"

기존 체육교육부장님으로부터 업무 인수인계를 받아야 하는데 학교운동부(배구부) 대회참가로 인해 출장을 가셔서 며칠 뒤에나 도착하신다는 소식이다. 전화라도 한 통 미리 해야겠다는 생각이 든다. 교감선생님께서는 어떻게 아셨는지 벌써 우리 교무실에 들어서시며 날 보고 방긋 웃으신다.

"내년에 학교 안 옮기는 거지? 우 선생님 부장 잘할 거야. 내가 도와줄게."

교감선생님과 간단한 이야기를 나누고 퇴근하는 길. 여러 가지 생각이 머리를 복잡하게 만든다.

> 학교의 부장TO는 해당 학교의 학급 수에 따라 결정되는데 보통 10~12명 정도 된다. 교무기획부장, 연구기획부장, 생활지도부장, 체육교육부장(예체능교육부장), 과학교육부장, 창의체험부장, 진학지도부장 등 학교 업무의 1차적인 결정을 하는 각 부서의 장을 의미한다. 각 부서의 명칭은 학생복지부장 또는 학생자치부장과 같이 해당 학교의 특징과 환경적 요건 등을 반영하여 결정하게 되며, 학교 여건에 따라 환경예체능부 또는 과학정보부, 생활체육부 등과 같이 부서명을 2~3개 통합하여 운영하는 경우도 있다.

2. 설렘, 그리고 새로운 학기

각 학교에 경찰을 출동시키는 등 전국적으로 큰 관심을 가지고 있는 졸업식을 사건 사고 없이 멋지고 깔끔하게 잘 마무리 했다. 졸업문화의식의 발달인지, 아니면 공권력의 영향력인지 씁쓸한 미소가 나의 얼굴에 가득 퍼지는 순간이다. 3학년 우리 반 아이들에게 정이 많이 들었는데 졸업을 시킨다니 눈물이 앞을 가린다. 고등학교에 입학해서도 늠름하고 의연하게 학교생활을 잘 했으면 하는 바람이다. 학생들과 멋지게 악수를 나누고 멀리 떠나보내는 부모의 심정으로 아이들의 떠나는 뒷모습을 바라본다.

"우승만 선생님! 아니지 이젠 우승만 부장님이죠? 내일 학교로 잠깐 나오셔야겠어요. 협의할 사항이 있네요. 시간되시죠?

졸업식의 여운을 뒤로 하고 집에 있는 꼬마아이들과 며칠 쉬며 새 학기 수업준비를 하고 있는데 학교에서 중요하게 협의해야 할 사항이 있다며 부장직에 오르지도 않은 나를 벌써부터 오라 가라 한다. 새 학기를 맞이하며 부장들의 상견례, 업무분장 등 소소하면서도 중요한 꺼리들을 결정하고 조정해야 할 시기인 듯하다.

새 학년도가 되기 이전 2월, 각 부서의 부장직이 결정되면 부장 회의를 통해 의견을 조율하며 결정을 내려야 하는 각종 소소한 회의들이 진행된다. 새 학년도 마다 학교의 필요성에 의해, 혹은 국가 교육정책에 부합하도록 부서명을 조금씩 조징하여 변경하는 경우도 부장회의에서 결정된다. 이때 새롭게 변경된 부서명에 따라 부장들 간에 업무를 서로 조정하여 결정하여 수정하기도 한다. 이렇게 부서명과 업무가 조정되어 결정되면 교내 모든 교사들에게 안내문이 배부가 되고, 교사들은 새롭게 조정된 업무분장표를 살펴보며 새 학년도에 자신이 희망하는 업무를 용지에 적어 제출한다. 이렇게 제출된 자료들을 취합하여 부장들은 다시 회의를 거치게 되는데, 각 업무들을 희망한 교사 본인의 의견과 개별적인 업무능력, 그리고 기타 여러 가지 사항들을 복합적으로 고려하여 업무분장을 조정하여 결정하게 된다. 이와 함께 교사들이 기제출한 각 학년 담임희망 조사서도 수합하여 새 학년도에 담당하게 될 학년과, 담임 학급도 함께 배정된다. 이렇게 부장회의에서 결정된 사항은 교내 '인사자문위원회'를 거쳐 '확정'이 되고, 2월 말 경, 새 학년 대비 첫 교직원회의에서 발표된다.

[그림 1.32] 신학기 교직원회의 자료(업무분장, 및 부장 및 담임교사 안내문) 예시1

1부 사례로 보는 체육교직실무

2013학년도 교무업무 조직 및 분장(안)

구분	교과	교사명	직책	구분	교과	교사명	직책
교무부	과학	윤○○	부장	1학년부	과학	김○○	부장
	국어	윤○○	기획		수학	성○○	기획
	수학	김○○	고사		국어	문○○	1반
	국어	최○○	교육과정		영어	우○○	2반
연구부	체육	송○○	부장		일반사회	전○○	3반
	국어	안○○	기획		수학	김○○	4반
	지리	민○○	수업연구		윤리	김○○	5반
혁신 기획부	역사	김○○	부장		영어	홍○○	6반
	영어	최○○	기획		역사	한○○	7반
학생 복지부	영어	윤○○	부장		체육	김○○	8반
	국어	이○○	기획		과학	조○○	9반
	보건	장○○	보건		국어	강○○	10반
	영어	남○○	영전강 1		특수	최○○	장학금
	영어	서○○	영전강 2	2학년부	역사	조○○	부장
		이○○	학교지킴이		국어	이○○	1반
		최○○	영양		국어	변○○	2반
진로진학 상담부	진로	정○○	부장		영어	김○○	3반
	음악	이○○	기획		영어	김○○	4반
	수학	이○○	진로체험		윤리	조○○	5반
	일반사회	성○○	위탁교육		체육	반○○	6반
	전문상담	송○○			일어	이○○	7반
교과 교육부	국어	이○○	부장		수학	최○○	8반
	과학	이○○	기획		생물	김○○	9반
	지리	이○○	방과후업무		영어	정○○	10반
	국어	임○○	도서		특수	김○○	특수학급
	행정지원사	송○○	교무. 행정지원1	3학년부	수학	박○○	부장
		김○○	과학지원사		국어	정○○	기획 1반
창의 체험부	과학	김○○	부장		영어	이○○	2반
	미술	박○○	기획		영어	전○○	3반
	국어	김○○	동아리		지리	조○○	4반
	체육	구○○	봉사활동		역사	김○○	5반
교육 정보부	일반사회	배○○	부장		일반사회	유○○	6반
	수학	이○○	기획		수학	권○○	7반
					수학	박○○	8반
					과학	송○○	9반
					특수	이○○	특수학급

[그림 1.33] 신학기 업무분장 예시2 (학년부 체제를 적용한 업무분장)

작년 체육교육부장님과 통화를 시도했다.

"부장님이세요? 저 우승만입니다. 체육교육부장 업무 인수인계 부탁드려도 될까요?"

"뭐 벌써 그런 걸....내가 대략적으로 정리해서 파일로 보내드릴게. 자세한 것은 개학하고 합시다! 학기 시작되고 업무 처리하면서 인수인계하면 되니까 너무 걱정 마요!"

나만 바빠서 조바심을 낸 것인가? 허거덕!

최근 교육과정 관련 학교스포츠클럽 수업시수 증가, PAPS, 학교스포츠클럽리그 대회 적극 운영, 다양한 학생건강체력증진 프로그램 운영 등 「체격」은 좋아졌는데 「체력」이 나빠진 학생들에 대하여 관심이 집중되고 있다. 사실, 체력저하에 대한 주된 원인(잘못된 식습관 및 생활태도 등)은 학교 밖에서 벌어지는 경우도 많은데, 학교에서 학생들의 모든 건강을 책임지라는 식의 언론 보도들도 체육교사의 입장에선 사실 부담스럽고 한편으로는 원망스럽다. 학원에 이리저리 끌려다니며 책상에만 앉아있는 아이들에게 감히 강인한 체력을 가진 슈퍼맨이 되라고 요구하는 것도 무리이긴 하지만, 공문내용을 요약해보면 틈과 짬을 이용해 학생들의 체력을 학교건강증진 프로그램을 활용해 어떻게든 증진시키라는 것이니 수용하지 못할 내용도 아니다. 그 결과를 학교평가에도 반영하고 이를 통해 학교급별 성과급을 차등지급 하겠다고 하니 적은 수준의 내용이 아닌 것임은 확실하다. 책상에 자주 앉아있는 상황이라면 '앉아서 하는 스트레칭 프로그램', 정규 수업시간이 허락하지 않는다면 아침시간 및 점심, 그리고 방과후 시간을 활용해 아이들을 '움직이게 하라'는 아주 진취적인 내용들로 가득하다. 체력저하를 야기 시킨 체육교사 한 사람으로써 아이들에게 미안한 마음을 가져야 할 것 같은 분위기다. 교육행정이나 정치를 담당하는 사람들이 「체력은 곧 국력」이라는 굉장히 중요한 의미를 너무나 늦게 깨달은 듯 하여 씁쓸하지만, 뒤늦게라도 체력의 중요성을 인식하고 다양한 변화와 함께 분위기를 쇄신하려고 하니 그리 속상한 기분만은 아니다.

3. 굿바이 방학~ 헬로우 개학~

2월 말일이다. 개학을 며칠 앞 둔 터라 선생님들의 표정이 그리 밝지만은 않다. 방학을 보낸 이야기들로 시끌벅적한 교무실이지만 나름대로 선생님들은 자기가 맡은 업무를 꼼꼼하게 잘 처리하고 계신다. 역시 베테랑들은 다르다. 신규교사도 보이고 새롭게 우리학교로 오신 선생님들의 모습도 눈에 띈다. 전체 교직원회의에서 부장 임명장을 받고 이제 공식적인 체육교육부장이 되었다. 학급담임발표와 모든 교사의 부서배정도 마무리 되었다. 1시간 동안 학년별 회의를 마친 뒤에 또 다시 부서별 회의가 진지하게 진행될 예정이다. 신임부장이니 만큼 회의 자리를 준비하고, 회의하며 마실 차와 간식 등을 마련했다. 회의내용도 간단하게 요약한 유인물 또한 챙겨두었다. '모두에게 친절하고 봉사하는 마음으로 1년을 알차게 보내야지!' 라고 다짐하고 다짐해본다.

첫 회의에서 어떤 분위기를 만들어야할까? 체육과 선생님들도 계시고 다른 교과 선생님도 계시다. 나보다 연장자이신 분도 계시고 교직경력이 나보다 많은 분도 그렇지 않으신 분도 계시다. '그 분들이 나를 잘 도와주실까?' 하며 자문해본다. 작년 회의록과 연간계획서를 바탕으로 만들어본 회의주제 유인물을 테이블 위에 하나하나 정성껏 올려본다. 항상 웃음과 열정으로 가득한 체육교사 다섯 명으로 구성된 체육교육부 리더. 자 이제 시동을 걸어볼까?

> 일반적인 회사와는 달리 학교에서의 부장이라는 자리는 부서에 있는 동료교사를 감시하거나 관리하는 위치가 아니다. 학교는 수직적인 문화보다는 수평적인 위치에서 학생들에게 다양한 가르침을 전달하고 의미 있는 내용을 공유하는 소통이 잘되는 문화를 가지고 있다. 때로는 그렇지 못한 분위기로 인해 힘들어 하는 경우도 찾아볼 수 있지만 대다수의 학교는 교직원 서로를 돕고 아끼는 분위기다. 부서원들이 모여 업무분담을 해야 하는 새 해 첫 만남의 자리이지만 간혹 서로의 말로 인해 상처를 받게 되는 경우도 발생한다. 이런 일이 생기지 않도록 단단히 확인하고 챙겨야 한다. 일단 '큰소리를 내면 나에게 업무가 떨어지지 않겠지', '내가 무조건 발뺌을 하면 나에게 어려운 일은 돌아오지 않을 거야' 라는 식의 사고보다는 공평하고 깔끔하게 일을 나누고 누군가가 가지지 못한 '부족함'은 나의 '넉넉함'으로 채워줄 줄 아는 적극적 배려가 필요하다.

[표 1.26] 체육과 협의록 예시

체육과 협의록 예시

결재	계	부장	교감	교장

체육과 협의록				
일시	20○○학년도 4월 7일 16시~17시		장소	체육부실
참석자				

주요안건	공정하고 효율적인 수행평가 협의, 동료장학 협의, 교과자료 신청

협의내용	1. 공정하고 효율적인 수행평가를 위한 협의(중간고사 미실시)
	  가. 출제범위
	    1) 1학년 : 줄넘기 모둠뛰기(15%), 매트운동 앞구르기(15%), 도움닫기 멀리뛰기(15%), 축구드리블(15%), 수업참여도(10%)
	    2) 2학년 : 줄넘기 엇걸어뛰기(15%), 매트운동 다리벌려구르기(15%), 농구드리블(15%), 배드민턴서브(15%), 수업참여도(10%)
	    3) 3학년 : 허들(20%), 배구 경기기능(20%), 농구레이업슛(15%), 수업참여도(10%)
	  나. 성적 격차 해소 방안
	    1) 해당 학년 교사 공동 평가 기준을 원칙으로 한다.
	    2) 질적 및 양적 평가를 적절히 혼합하여 평가한다.
	    3) 혼성학급임을 감안하여 성별 차이를 맞는 평가기준을 채택한다.
	    4) 평가의 환경을 동등한 수준으로 조성하여 평가한다.
	    5) 부상자에게 적절한 과제를 부여하여 공정한 평가를 지향한다.
	2. 교과자료 안내 및 활용방안
	  가. 독서지도방안(도서구입신청 목록확인)
	  나. 독서교육과 시청각교육을 통해 수업 중 실제학습시간 확보
	3. 교구 및 학습자료 구입계획협의
	  가. 공, 스피커, 티볼 용구 구입, 풋살 골대 구입 및 농구골대설치
	  나. 소프트웨어 캄타시아 5.0 구입희망
	4. 4월 동료장학계획
	  가. 유○○(4.16 2-2, 3교시 문화관) - 참관교사 : 최○○
	  나. 최○○(4.17 1-2, 6교시 운동장) - 참관교사 : 이○○

기타사항	- 교내육상대회를 운영결과 협의 - 수업중 안전관리 철저

#. 우승만 부장님, 출발선에 서다

1. 부서원들과 하나 되기

　부서원간 조금씩의 양보를 통해 업무분장이 원활히 잘 마무리 되었다. 끝내 결정되지 않고 공중에 떠있던 자투리 업무덩어리(재난대피훈련 및 학교안전공제 담당)는 내가 하겠노라 말씀드리고 챙겨왔다. 부장이 조금 더 발로 뛰면 될 것 아닌가? 확정된 체육부 선생님들과 구체적인 업무분장에 대해 협의한 후 올해 계획되어 있는 우리 부서의 주요업무와 활동들을 간략하게 설명했다. 상당히 많은 일이 계획되어 있지만 부서원간 업무협조만 원활히 잘 이루어진다면 큰 무리 없이 지나갈 것 같다는 생각이 들었다. 무한 친절로 봉사한다는 이 맘 변하지 않기를.

　지난해 체육교육부 예산편성요구서를 참고하여 새 학기 예산편성요구서를 제출하라는 내용의 메신저가 도착했다. 체육과만 해당되는 줄 알았는데 영양과 관련된 급식실과 보건실 업무도 포함이란다.

　'체육과 업무라면 내가 다 알고 있는 것이라서 약간의 조정만 하면 될 것 같은데, 급식실과 보건실이라.... 이거 며칠 걸리겠는 걸?'

　당장 내일 아침까지 제출하라는 연락에 부랴부랴 급식실과 보건실을 다녀오는 길이다. 나보다 연장자이신 교직 선배님들께 첫 업무관련부터 전화(교내 인터폰)로 말씀드리는 것이 예의가 아닌 듯 했다. 다음부터는 유선으로 연락드리겠다고 했더니 안내려오고 인터폰으로 하셔도 된다고 하시며 나를 참 예의바른 사람이라는 듯이 바라보신다. 한순간에 기분이 급격히 좋아진다.

> 기존의 부서별 예산편성요구서는 엑셀 파일에 작성하여 제출했지만 이제는 업무관리시스템을 이용해 전산망에 입력하게 되어있다. 정확하고 꼼꼼하게 1년 치 예산사용 계획을 수립하지 못하면 나중에 복잡하고 난감해지게 되는 경우가 발생한다. 그에 대한 손해와 불편함, 그리고 아쉬움은 담당부서에서 고스란히 떠맡게 된다. 1년을 내다보며 작은 예산 하나하나까지 신경써야하니까 신중히 따져봐야 한다. 확실한 계획과 준비 없는 예산집행은 없다. 미리 계획되어 있지 않은 예산은 사용자체가 불가하다고 생각하면 편하다. 은행 잔고가 없으면 사용하지 못하는 체크카드처럼 말이다.

[표 1.27] 체육교과 관련 예산편성 항목 요약 예시

정책	단위	세부	세부항목	원가통계비목	비고
기본적 교육활동	교과활동	체육교과활동	교과운영	교육용 소모품비	운동장 살포소금 (염화칼슘), 체육교구구입
				교구, 기자재 소규모 수선비	
				기기 취득비	학생건강체력 기구대
	특별활동	학교체육대회			
		학생행사활동	학생 체육행사 지원	학생 대회 출전비	
			학교 종합체육대회	행사용품비	
선택적 교육활동	교기 육성	축구부 육성	축구부 지원		

2. 갑작스러운 일들

신규 때부터 작년까지 9년 간 기안문을 작성하여 상신하기만 하다가 이젠 나의 이름이 결재권을 행사 할 수 있는 결재라인 상위 단계에 자리 잡고 있다. 그 만큼 책임도 따른다는 의미일 것이다.

"부장님, 체육과 교원현황보고 기안 상신했습니다. 결재 부탁드립니다."

체육과 막내 선생님의 전화를 받고 컴퓨터 앞에 앉았다. 학내연락망인 '쿨메신저'에도 보건 선생님께서 보건실 물품구매와 관련한 결재를 올렸다고 메세지가 하나 도착해 있다. 업무관리시스템에 들어가니 '결재대기함'이라는 탭이 눈에 들어왔다. 부장으로서 그리고 2011년 첫 결재를 하는 기분이 묘하다. 결재상신 할 때는 몰랐는데 다른 선생님들께서 올린 기안문을 보니 여러 가지 수정해야 할 부분이 눈에 보인다. 큰 문제는 아니니 일단 통과. 추후 부서협의회 자리에서 전달하자고 마음먹고 교직원수첩에 회의내용으로 메모를 해두었다.

결재는 크게 두 가지로 나뉜다. 외부로 나가는 공문과 내부결재공문이다. 모든 공문서의 담당(배정 및 확인) 및 책임은 해당학교의 교감이다. 공직자는 공문으로 움직이는 사람들이기 때문에 공문을 정확하게 읽고 이해하는 능력이 중요하다. 흔히 '외부기관으로 발송되는 공문은 해당 기관의 얼굴이다'라는 표현을 하곤 한다. 불필요한 문장을 피하고 일목요연한 형식을 통해 전하고자 하는, 또는 보고하고자 하는 사항에 대해 성실히 작성하면 된다. 작성이 마무리 되면 결재라인을 지정한 후 순차적으로 결재를 얻으면 된다. 보통 작성자-부장-(행정실장)-교감-교장 순으로 지정된다(행정실장이 들어가게 되는 경우: 예산과 관련된 공문일 경우). 교장선생님의 최종 결재가 확인되면 지정된 수신처로 해당 공문을 발송하면 된다. 간혹 급한 공문이 도착하면 결재라인의 윗선에 계신 분들께 상황과 사정을 말씀드리고 빠른 결재를 부탁드리면 서둘러 처리해 주신다. 교육청 등 외부로 보고를 해야 하는 공문일 경우에는 수정을 요하는 경우가 있기 때문에 당일 발송보다는 하루나 이틀 전에 처리하는 것이 좋다.

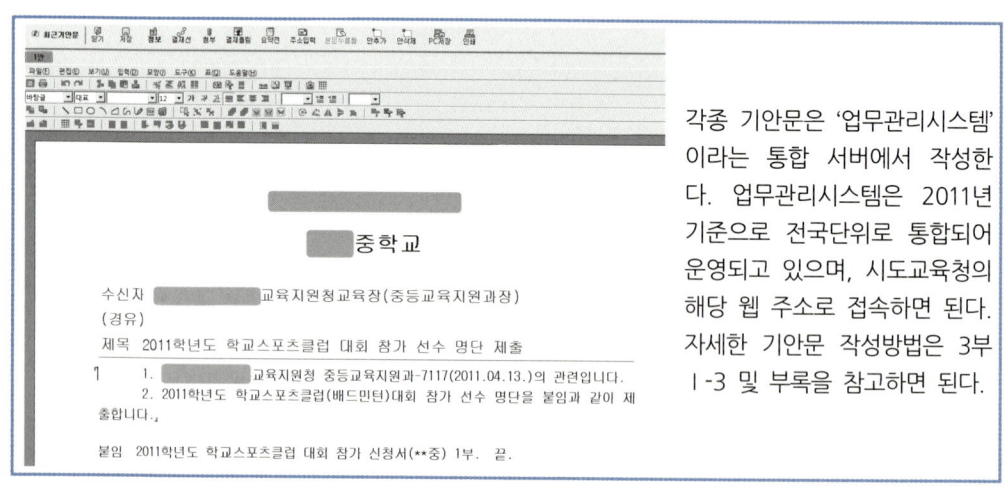

각종 기안문은 '업무관리시스템'이라는 통합 서버에서 작성한다. 업무관리시스템은 2011년 기준으로 전국단위로 통합되어 운영되고 있으며, 시도교육청의 해당 웹 주소로 접속하면 된다. 자세한 기안문 작성방법은 3부 I-3 및 부록을 참고하면 된다.

[그림 1.34] 기안문 작성 예시

학교에서는 갑작스런 일들이 빈번하게 일어난다. 지난번 입학식 관련하여 교무부에서 협조를 요청한 단상을 정리하고, 빔 프로젝트를 확인하고, 아이들과 함께 내빈용 의자를 나르고, 외부 손님들께서 드실 음료준비, 화장실 청소와 같이 신경 쓸 일이 아주 많다. 입학식 행사를 마치고 교무부장님께 한 통의 전화를 드렸다.

"교무부장님, 우승만입니다."

"아, 우승만 부장님! 입학식 장소 잘 준비해 주셔서 고맙습니다!"
"네, 부장님도 애 많이 쓰셨어요."

"말씀드릴 것이 있습니다. 입학식과 같이 체육관을 사용해야 하는 행사가 또 있으면 다음부터는 조금 더 세분화된 업무분장을 부탁드리겠습니다. 모든 일을 몇 분의 체육 선생님들께서 준비하셨는데 너무 무리가 되네요."

"아 그러셨군요? 죄송합니다. 다음부터는 그렇게 처리하도록 하겠습니다."

업무 협조를 해주지 않는다는 것이 아니다. 가끔 발생하는 일이지만 단지 체육관을 사용한다고 해서 행사준비와 관련된 모든 일들이 몇 분의 체육교육부 선생님들께 떠맡겨 진다면 누군가에겐 엄청난 부담이 되기 때문이다.

> 보통 학교 행사를 진행하는데 있어서 교내 체육관(혹은 강당)을 사용하거나, 운동장을 사용하게 되는 경우, 체육부의 협조를 필요로 하는 경우가 많다. 이때 부서장들 간에 긴밀한 협조가 매우 중요하다. 행사를 진행하기 전 부장회의에서 사전에 행사에 대한 간략한 설명을 한 후, 해당 부서 부장교사에게 행사 진행에서 반드시 필요한 항목들까지 세세하게 설명을 해주어야 교내 행사가 유기적으로 잘 진행될 수 있다. 체육부의 도움을 필요로 하는 다른 부서의 행사는 주로 입학식과 운동장 조회, 졸업식, 학교 축제 등이 있다.

[표 1.28] 입학식 계획서 예시

20○○학년도 입학식 준비 계획 (예시)

1. 일 시 : 20○○년 3월 2일 월요일 오후 2시
2. 장 소 : 본교 4층 강당
3. 세부 업무 내용

구 분	세 부 내 용	담 당	완결일
자료준비	· 입학식 안내장(250매) · 입학식 축사, 입학허가 선언, 입학식 선서문 · 입학 안내 입간판 작성 설치 · 입학식 현수막 준비 · 내·외빈용 꽃 및 리본	교무기획 교무기획 교무기획 행정실 행정실	2. 28
식장시설	· 방송시설(마이크 5, 반주테이프 등) · 식장 구성 - 좌석(내빈석 6, 교사석 21, 학부모석 30) - 탁자 배치, 강연대 · 입학식 현수막, 태극기, 교기, 화분2 · 비디오 촬영(방송반), 사진 촬영(용마 소리샘)	교육정보부 행정실 방송반, 기자반	2. 28
예행연습	· 교가 지도 · 선서학생 지도 · 질서 지도	음악교과 교사 교무기획 체육교육부	3. 2
입 학 식	· 식순에 따라 사회자가 진행 · 안내장 배부	교무부장 교무기획	3. 2
뒷 정 리	· 좌석 정리 및 강당 정리	행정실	3. 2

4. 입학식 당일 업무

구 분	시 간	세 부 내 용	장소	담당자
학년 담임회의	13:00~	· 1학년 담임 회의 및 자료 배부 · 학급 명렬 안내 · 주의 사항 전달	제1교무실 중앙테이블	교무부장
신입생 집합	13:20~	· 출석 확인 · 4층 강당으로 집합(확정 반으로 집합) · 질서 지도(간단한 예행연습)	임시반 교실 강당	담임교사 체육부장
입 학 식	14:00~ 14:30	· 식순에 따라 입학식 진행 · 교직원소개 - 교감, 행정실장 - 부장교사 및 1학년 담임교사 소개	강당	교무부장 학교장 교감
신입생 이동	14:30~ 14:40	· 담임교사 인솔 하에 확정 반 교실로 이동(4층)	확정 반 교실	담임교사
담임시간	14:40~	· 담임시간 - 출결 재확인 및 수업시간표 발표 - 환경조사서 배부 및 작성요령 지도 - 주의사항 전달 - 교과서 배부(미수령자) : 2층 기술실에서 배부 - 급식희망신청서 미제출자 수합 → 수합 후 행정실로 제출 - 청소 및 귀가 지도	학정 반 교실	담임교사

3. 우리는 교육가족(교직원-학생-학부모)

우리 학교 체육복은 회색이다. 체육활동을 많이 해도 땀이 나지 않는 계절에는 상관없지만 가만히 서있기만 해도 땀이 무진장 나는 무더운 날씨를 만나면 겨드랑이가 축축하게 젖어서 여학생은 물론 남학생들도 체육복을 기피하는 현상이 발생하곤 한다. 뭐 별 것 아닌 것이라 치부할 수도 있겠지만 아이들 세계에서는 이런 현상이 치명적인 사건으로 번질 수도 있다. 또한 체육복 지퍼의 고장이 잦아서 체육복을 착용하고도 단정한 모습을 찾아볼 수 없다는 이야기를 여러 선생님들을 통해 수차례 듣곤 했다. 이러한 이유로 체육교과 협의회를 개최하여 체육복 교체 건과 체육복 공동구매와 관련된 내용을 협의해보기로 했다.

"우리 학교 체육복을 조금 더 진한 색깔로 바꾸었으면 좋겠습니다."

"맞아요, 회색은 학생들에게 열심히 체육활동에 참여하지 말라는 것과 같은 의미인 것 같습니다."

"네, 저도 봤어요! 겨드랑이 주변이 땀으로 젖은 학생을 놀리는 아이들도 있더라구요. 남학생인데도 짜증난다며 체육복을 바로 벗어서 집어던지던데요? 이런 상황이라면 여학생들은 말할 것도 없겠네요."

"적극적으로 체육수업에 참여할 수 있도록 체육복에도 변화가 필요할 것 같습니다. 그리고 지난 번 얘기 되었던 1학년 신입생들의 체육복 공동구매에 대한 의견도 부탁드립니다."

"체육복 가격이 너무 올랐습니다. 그 정도의 재질이면 도매시장에서도 아주 저렴하게 구입할 수 있는데 단지 학교 체육복이라는 이유만으로 비싼 가격으로 판매되는 것은 어불성설입니다."

"교감선생님께 오늘 협의된 내용을 말씀드린 후, 체육복 공동구매에 관한 여러 가지 의논을 추진했으면 합니다."

지나치게 가격이 높아져 있는 우리학교 신입생들의 체육복을 협의회를 통해 공동구매하기로 최종 결정하였다. 거품을 빼니 거의 2/3 가격으로 구입이 가능했다. 하지만 새로운 디자인으로 체육복을 교체하는 것은 나중으로 미루기로 했다. 제작업체에서 워낙 재고가 많아서 난색을 표현한다고 한다. 2년 정도의 사전작업을 통해서 체육복을 바꿔야 한다니 쉬운 작업은 아닌 듯 하다. 체육복 공동구매 신청서를 받은 후, 사이즈를 확인한 후 주문하면 끝이다. 번거로운 작업이긴 하지만 아이들이 저렴한 가격으로 체육복을 착용할 수 있으면 그것으로 족하다.

교복과 마찬가지로 체육복도 공동구매 하는 학교들이 차츰 증가하고 있다. 지나치게 부풀려 있는 가격의 거품을 제거하기 위해 학교와 학부모가 힘을 모아 학생들에게 저렴하고 질 좋은 제품을 선정하여 제공하는 방식이다. 공동구매를 하게 되면 업체들의 입찰을 통해 가격하락 경쟁을 유도하여 담합으로 발생하는 가격상승을 막을 수 있다. 하지만 공동구매로 진행되는 위와 같은 모든 일이 누군가의 업무로 떠맡겨지기 때문에 열정과 관심이 없다면 체육복 공동구매는 쉽게 이루어지지 않는 것이 현실이다.

[표 1.29] 체육복 공동구매 안내 가정통신문 예시

	교훈		가 정 통 신 문
	20○○학년도 체육복 공동구매 안내		제00-00호

학부모님께

  본교는 학생들의 건강과 학년의 통일성 문제로 ○○학년도 신입생부터 체육복 공동구매를 추진하고 있습니다.

  학부모님들로 구성된 추진위원회의 노력으로 양질(   )의 체육복을 저렴한 가격에 사들여 학부모와 학생들이 대단히 만족한 결과를 얻었습니다. 이에 신입생 학생들의 체육복을 공동구매하여 구입하고자 합니다.

  학부모님들께서는 학생과 아래 내용을 참고하시어 신청서를 작성하여 담임선생님께 제출해 주시면 빠른 시일내에 신입생 체육복을 제작하도록 하겠습니다.

──────────────── 아 래 ────────────────

1. 체육복 하복 하의 가격 : 0,000원
2. 신청서 제출일 : 3월 11일   담임선생님께
3. 전화문의 : 010-0000-0000(추진위원장), 010-0000-0000(체육교육부장)

0000. 0. 0.

○○중학교 체육복 공동구매 추진위원장

------------------------------- 절 취 선 -------------------------------

구입 신청서

학년   반   번 학생 성명 : [   ]☎[   ]
                       학부모 : ☎[   ]

선택하시면 바꿀 수 없습니다.(주문 제작합니다. 신중하게 선택해 주세요)						
체육복 크기	85(S)	90(M)	95(L)	100(XL)	105(XXL)	110(XXXL)
신장( )	160cm이하	161-165	166-170	171-175	176-180	181cm이상
O 표기						

○○중학교 체육복 공동구매 추진위원장 귀하

4. 체육과 하나 되기

　3월을 견디면 1학기는 쉽게 지나간다는 이야기가 있다. 지난 겨울방학 기간이 그립고 여름방학은 아직도 다른 세상 이야기처럼 멀기만 하다. 최고의 음료 '견디서'를 마셔야 할 시기다.

　창의중학교 「체육교과 수행평가척도안」이 체육과 막내 선생님의 멋진 작품으로 탄생했다. 이번에는 남학생뿐만 아니라 여학생들도 다양하게 체육에 참여할 수 있도록 종목변화에 신경을 썼다. 건강·도전·경쟁·표현·여가의 5가지 영역을 골고루 배치하였고, 수업이 획일화되지 않도록 평가방법의 개선에도 세심하게 신경을 썼다. 수행평가 종목 최종결정과 관련된 협의록을 작성한 후, 체육교사별 수업에서 필요한 물품 및 기자재를 확인하여 구입신청 하라고 전달하였다. 특별한 경우를 제외하고 물품구입은 인근의 체육사를 통하지 않고 에듀파인의 '학교장터(S2B)'를 활용하여 구입하니까 더욱 저렴하고 질 좋은 제품을 확보할 수 있었다. 다른 체육선생님들도 나와 같은 생각을 하고 계셨다. 다들 바쁜 일정 속에서도 협의회 할 때마다 시간 맞춰 모여주시고 즐겁고 유쾌하게 협의가 진행될 수 있게 협조해 주시니 더욱 열심히 부장 역할을 해야겠다는 생각이 든다. 역시 체육과 여러 선생님들께서 도움을 주시니까 일이 깔끔하게 마무리됨을 느낀다.

[그림 1.35] 학교장터(S2B) 웹페이지 메인 화면 예시

연구부에서 학교교육계획서를 제작한다고 체육교육부 연간교육과정을 확정하여 제출해 달란다. 다음 주에 있을 학부모 총회 연수 자료도 만들어야 하는데... 뭐 이리 협의, 정리하고 제출할 것이 많은지? 학기 초 협의만 벌써 몇 번째이던가? 그래도 나는 달린다.

5. 학부모님들과의 첫 만남

갑자기 운동장이 주차장으로 변신한다. 5교시 종소리와 함께 운동장으로 자동차가 밀물처럼 몰려든다. 오늘은 다름 아닌 학부모총회의 날.

"오늘 무슨 날이세요? 우 선생님 너무 멋진데요?"

깔끔한 복장으로 단정하게 차려입고 각 부서 부장님들 소개시간에 맞춰 다목적실로 내려갔다. 나의 순서에 우뢰와 같은 박수가 터져 나올 것 같았으나 그건 나의 착각, 그리고 화성 옆 오산이었다. 올 한해 동안 우리부서에서 어떠한 업무를 진행하는지, 스포츠클럽 수업시수 운영(4-4-4)과 학교스포츠클럽 리그 대회 참가와 교내 체육대회 등을 중심으로 약 10분간 설명을 드리고 가정에서도 학생들의 체육활동에 많은 관심과 협조를 부탁드렸다. 공부에만 지대한 관심이 있을 것 같았던 학부모님들이 내 이야기에 관심을 보이며 경청하는 모습을 보며 과거와는 달리 요즘엔 학생들의 건강에도 적지 않은 관심을 가지고 계심을 알 수 있었다.

> 첫 인상이 중요하다고 했던가? 학부모총회에서 비춰지는 학교와 교사의 모습은 상당히 오래 지속된다. 총회에 참가하셨던 학부형들의 느낌은 말과 행동으로 1년간 학교주변을 떠돌고 학교의 이미지로 인근 지역 부모님들 입에 수없이 오르내리곤 한다. 그렇기 때문에 바로 '이 날'을 위해 많은 신경을 쓰고 준비를 해야 한다. 물론 없는 것을 있다는 식의 거짓 준비는 안되겠지만 기왕 준비하려면 완벽하게 준비하여 학부모님들에게 신뢰를 안겨드리는 시간이 되면 더할 나위 없이 좋다. 학교교육과정의 전반적인 소개 후 담임교사는 참석하신 학부형님들과 개별 면담을 해당 학급에서 실시한다. 참석하신 학부형님들의 자녀이름을 반드시 확인하라. 일찍 가셔야 할 일이 있다며 다른 학부형님들보다 먼저 면담중인 어머님의 자녀가 옆 반 학생임을 확인하고 당황해하지 말고!!

[표 1.30] 학부모 총회 가정통신문 예시

교훈		가 정 통 신 문
	20○○학년도 학부모 총회 안내	○ ○ 제00-00호

    희망찬 새봄을 맞이하여 가정에서는 자녀들의 신학기 준비에 노고가 많으신 것으로 압니다. 학교에서도 신학기를 맞아 새로 오신 선생님들과 함께 자녀들을 장차 이 나라의 훌륭한 일꾼이 되도록 최선을 다하여 지도하겠습니다.
    알려드릴 말씀은 학부모님께서 자녀교육과 학교발전에 참여할 수 있는 계기를 마련하기 위하여 학부모 총회를 아래와 같이 개최하고자 하오니 바쁘시지만 꼭 참석해 주시기 바랍니다. 아울러 새로운 담임과의 만남을 통해 자녀들의 학교생활에 대한 이해를 높일 수 있는 시간이 되시기를 바랍니다. 부득이한 사정으로 불참 시에는 위임장을 3월 16일(수)까지 보내주시면 감사하겠습니다.

※ 학부모 총회 일시 : 0월 00일 (0요일) 오후 2시

시 간	내 용	장 소
14:00 ~ 14:40	• 20○○년도 학교회계 결산 보고 및 2011학년도 예산 보고 • 학교장 인사 • 2011학년도 교육 활동 안내	본교 강당 (4층)
14:40 ~ 15:30	• 학부모회 임원 선출(학부모회 조직) • 학부모회 활동 논의	
15:30 ~ 16:30	• 담임과의 대화	각 교실 및 교무실

0000년 0월 00일

○ ○ 중 학 교 장

-- 절 취 선 --

    학년   반   번 학생이름

본인은 0월 00일(0)에 실시되는 학부모총회에 참석하고자 합니다.

참석 가능	참석 불가능

위 임 장

  본인은 부득이한 사정으로 학부모 총회에 참석하지 못하여 총회의 모든 의결 사항에 대하여 동의합니다.

보호자   (인)

○○중학교 학부모 회장 귀하

[그림 1.36] 학부모 교육계획서 예시
(학부모 총회 안내 책자)

6. 돌다리도 두드리자!

전교생 요양호 학생을 파악한다는 가정통신문이 오늘 배부된다. 가정에서는 자녀의 건강상태를 재확인하여 만약에 있을 안전사고를 미연에 방지함을 돕고, 학생관리의 최일선에 있는 교직원들이 학생들의 병력을 확인하여 생활지도 및 학급운영에 참고하게 된다. 반별로 정리된 후 교직원 전체에게 배부되는 이 한 장의 서류는 대외비 문건에 속한다. 자신의 병력이 일목요연하게 정리된 자료가 누군가에게 읽혀진다는 것에 기분 좋아 할 사람은 이 세상에 아무도 없을 것이다. 아이들이 드러내고 싶지 않은 부분을 선생님이 확인하고 이를 근거로 학교생활에 더욱 차분하고 안전하게 적응할 수 있도록 도움을 주는 절차라고 생각하면 편할 듯하다.

학교에서는 수업시간 뿐만 아니라 쉬는 시간과 점심시간, 그리고 방과 후에도 여러 건의 학생안전사고들이 수시로 발생한다. 경한 사안도 있지만 간혹 중한 사안이 발생하여 방송매체를 통해 학교와 지역사회를 발칵 뒤집어 놓는 일도 생긴다. 요양호 학생들에 대한 사전파악은 만약에 있을 안전사고를 대비하기 위해 반드시 거쳐야 할 의미 있는 과정이다. '별 일 없겠지'라고 생각하는 순간적 판단이 '별 일이 생길 수 있구나'

라는 후회막급으로 돌아와 쉽사리 해결되지 못하는 사안을 떠안고 동분서주하며 이리 저리 골머리를 앓는 선생님들의 소식들은 우리에게 새삼 안전사고 예방에 대한 경종을 울려주곤 한다.

> 요양호 학생의 목록은 체육교사에게 상당한 의미를 지니고 있다. 학생의 건강상태를 확인함은 물론 자칫 학생의 건강 수준을 체크하지 못한 채 무리하게 활동에 참여시키게 되어 안전사고가 발생할 경우도 발생하기 때문이다. 아이들은 주변 사람들의 반응을 의식하여 자신의 건강상태를 선생님이나 학교에 적극적으로 알리지 않는다. 학부모나 학생도 학교에 알리지 않고 교사도 모르고 있는 삼합의 조건이 완성될 때 안전사고가 '꽝'하고 발생하게 되는 것이다. 사소한 병력까지 꼼꼼하게 확인하고 학생들을 면담하는 교사의 시간투자가 반드시 필요함은 몇 번을 강조해도 지나치지 않다. 요양호 학생 명단은 반별로 정리되어 있으며 많은 학생들이 포함되어 있는 명단이 아니기 때문에 수업시간을 활용해 개별 면담을 하는 것은 그리 어려운 일이 아닐 것이다. 예방만이 최선이다.

[표 1.31] 건강관리대상자 명단 예시

20○○년도 건강관리대상자 명단					
학년	반	번호	이름	병명 및 주의사항
1	○	○○	○○○	어린선(각질이 심하게 일어나는 피부병의 일종)으로 야외활동 자제. 땀 배출이 잘 안되어 열이 피부에 머물러 온 몸이 붉은 상태 보임. 우측무릎 관절에 지방제거술로 부종이 있음 ☎000-0000-0000
	○	○○	○○○	○○대병원 5년 고관절탈골수술 후 재활치료 중. 줄넘기, 점프 등 운동 시 주의
	○	○○	○○○	기관지 천식으로 오래달리기 등 심장에 무리가 가는 운동 주의. 좌우 중이염 수술로 청력이 약함 ☎000-0000-0000
2	○	○○	○○○	갑상선기능저하증. 정신적 안정 필요, 피로하지 않도록 주의 ☎000-0000-0000
	○	○○	○○○	관상동맥 혈관 확장으로 인한 심혈관질환으로 아산병원 정기진료 중 플라벅스, 아스피린을 복용중이며 심한 운동이나 놀람을 주의 ☎000-0000-0000
⋮	⋮	⋮	⋮	⋮

7. 학생선수 육성하기

벌써 4월 초. 봄이 왔는지도 몰랐는데 앙상했던 나뭇가지들이 초록 옷으로 갈아입고 한껏 자태를 뽐내고 있다. 어떻게 3월이 지났는지도 모르게 불쑥 4월이 찾아왔다.

학교운동부(배구부)를 담당하는 선생님께서는 여러 가지 업무처리로 바쁘시다. 대회 참가 및 운동부 운영도 중요하지만 운동부 담당교사만이 처리할 수 있는 여러 가지 공문처리 때문에 수업에 대한 준비가 소홀해질 수밖에 없다며 무척 아쉬워하신다. 운동부 통계와 관련된 보고 공문뿐만 아니라 한 학기에 반드시 한 번씩 개최하여 학생 선수들에 대한 관리를 해야 하는 학생선수보호위원회 준비, 운동부 예산을 투명하게 집행했는지에 대한 보고, 학생선수들의 전체적인 관리 등 모든 것이 운동부 담당교사의 몫이다. 해당운동부에 대한 열정과 사랑이 없다면 운동부 감독을 하지 않는 것이 차라리 낫다.

"운동부 연간 운영계획서를 준비하여 다음 주까지 내부결재 해야 합니다."

"운동부 훈련계획 및 대회참가로 인해 생기는 수업결손을 어떻게 처리해야 할지에 대한 후속대책도 운영계획서 안에 포함시켜야 할 것 같습니다."

"네, 그렇게 작성하여 결재하는 방향으로 하겠습니다."

> 운동부 담당 감독교사가 학생선수 육성으로 인해 인정받는 성과는 전국소년체육대회와(초,중학생) 전국체육대회(고등학생 이상)이 있다. 학생선수가 도대표로 참가하여 메달획득이라는 좋은 결과를 얻게 될 경우 가산점부여와 해당 운동부에 운동부 육성을 위한 지원금이 추가로 배정된다. 2013년 현재, 교육과학기술부를 중심으로 운동부 활성화 방안이 전국 지역청에서 연구 및 개발되고 있으며, '공부하는 운동선수'와 '운동부 지도자 코칭 연수' 등 다양한 방법으로 학생운동선수를 지원하는 방안이 추진되고 있다.

[표 1.32] 운동부 운영 계획 예시(육상부)

■ 연간훈련계획

월별	계 획	훈련 내용
3월	· 기본기 훈련 시즌 준비	· 선수 개인에게 맞는 기초체력과 기본 종목 훈련
4~6월	· 각종시합시즌 대비훈련 · 전국소년체전 선발전 및 각종 전국대회 참가	· 각 종목별 강화훈련 · 시합대비 각 종목 전문기술훈련 · 각종시합에 참가하는 방법 및 우수한 기록 작성을 위해 선수 개인을 특성에 맞게 지도
7~8월	· 전반기 시즌 마무리와 하계 강화훈련	· 전반기 시즌 반성과 후반기 시즌 준비를 위해 선수들 장·단점 파악 · 하계 강화훈련을 통해 선수들을 떨어진 체력과 전문기술 훈련 강화
9~11월	· 자기 종목 집중 연습 · 시즌마무리	· 시합시즌에 맞는 종목별훈련
12~2월	· 동계강화훈련 시작	· 다음 시즌을 준비하는 동계 강화훈련을 통하여 기초체력 전문 근력강화 및 정신력 등을 기른다.

■ 대회 출전
1. 대회 출전 시 반드시 지도교사가 인솔하며 시험기간 중이나 시험 개시 전에는 출전을 자제한다.
2. 수업 결손 방지 및 선수 보호를 위하여 과다한 대회 출전을 지양하며, 학생 신분 및 출전 선수로서의 품위를 유지한다.
3. 20○○학년도 대회 출전 계획

대회규모	대회일정	대회명
전국	7.○○ - 7.○○	제○○회 KBS 전국 육상경기 대회
	8.○○ - 8.○○	○○회 추계 중·고등학교 육상경기대회
서울	6.○○ - 6.○○	제○○회 서울특별시장기 육상경기대회
	10.○○	제○○회 서울특별시교육감배 단축마라톤대회
	9.○○	제○○회 서울(초, 중)학교 육상경기선수권대회

■ 지도방법 고안
1. 선수의 신체적 발육상태, 건강, 기능적 개별성, 심리적 개별성을 고려하여 종목을 선정하고 지도하도록 한다.
2. 인문적 코칭을 통한 자기반성과 과학적 접근을 통한 경기력 향상을 꾀한다.

■ 기대효과
1. 체육에 관해 막연한 꿈을 가진 학생들에게 구체적인 진로탐색의 기회를 제공하고 성취할 수 있도록 한다.
2. 육상부를 통해 운동하는 학교분위기를 조성하고 다양한 육상경기의 교육프로그램을 학교체육에 접목할 수 있다.
3. 학생 체력 증진 및 기초체력 분야의 선수 육성으로 한국 육상 발전에 기여할 수 있다.

#. 뭐든지 척척, 우승만 부장님!

1. 준비하고 대비하자, 재난대응훈련.

비상시의 학생대피훈련이 과거와는 달리 훨씬 강화되었다. 많은 학생들이 생활하는 학교에서도 연습을 실전처럼 하고 실제 비상사태가 발생하게 될 경우 연습했던 것을 상기하며 대피해야 함은 당연하며 무척 중요하다. 물론 이와 같은 대피훈련이 별 것 아닌 것이라고 치부해버릴 수도 있겠지만 최근 국제적인 정황을 관찰해볼 때 우리나라도 결코 예외가 될 수는 없다. 화재 및 지진과 같은 대형 재난사태가 언제, 어디서 발생될지 모르기 때문에 상황을 고려하여 담당교사 및 담임교사가 학생들의 대피 및 안전에 대한 1차 책임자가 된다.

비상시 전체 교직원의 역할을 부여하고, 학생들의 대피 경로에 대한 동선을 편성하여 학교 대형 화재사건 발생이라는 가정 하에 연습훈련을 계획한 후 교감선생님 및 교장선생님의 결재를 받았다. 재난안전과 관련된 동영상을 시청한 후, 지진에 대비한 실내 안전수칙 체험을 실시한 후 지정된 동선에 따라 운동장 및 대피장소로 신속하고 차분하게 대피하는 훈련을 실시했다. 훈련도 마찬가지로 학생들이 대피통로로 급하게 밀집되는 것으로 인해 사고가 발생하지 않도록 많은 신경을 써야한다(실제로 대피훈련 중에 사고가 발생하는 경우가 있기에 더욱 신경이 쓰인다). 봄의 불청객「황사」로 인해 대피훈련을 실시 여부에 대한 의논을 했지만 황사 농도가 약한 수준임이 확인되어 훈련을 실시하였다. 지역 소방서의 협조를 얻어 소방차도 사이렌을 울리며 멋지게 등장하였다. 아이들의 박수소리에 소방관 아저씨들도 당혹스러워한다. 운동장 중앙에 모닥불을 피워놓고 학년대표 3명, 교직원 대표 1명이 실제 소화기를 사용해 소화하는 시연도 선보였다.

> 소방방재청에서 실시하는 훈련을 각급학교의 상황을 고려하여 적극적으로 참여할 것을 당부하는 공문이 수차례 학교로 도착한다. 만약의 사태를 대비한다는 것이기 때문에 대피훈련은 학교자체계획을 반드시 수립한 후 실시하는 것이 옳다. 계획된 학사일정 안에 포함되어 있지 않고 지정된 날짜에 실시되는 훈련이기 때문에 학생들이나 교직원의 불만이 발생할 수도 있지만 훈련에 대한 당위성이 있는 만큼 소홀히 하지 말고 더욱 내실 있는 훈련을 구상하여 진행하면 될 것이다. 물론 비상시의 상황이 발생하면

안되겠지만 우리의 생각과는 달리 발생했을 경우, 위와 같은 훈련이 지속적이고 체계적인 계획 하에 실시되었는지의 여부가 중요한 사안으로 처리될 수 있다.

2. 교직에서의 봉사활동, 상조회

"우승만 부장님, 우리 학교 교직원을 위해 봉사 한 번 해주실래요?"

"네? 어떤 봉사를 말씀하시는데요?"

"상조회 회장직을 맡아주시면 합니다.'

"제가 할 수 있을까요?"

"여러 선생님들께서 체육교육부장님이 하시면 잘 하실 것 같다고 추천해주셨습니다."

"네, 추천해주셨으니 열심히 한 번 해보겠습니다."

상조회장을 맡고 계신 선생님께서 전근을 가셔서 현재 공석인 자리에 나를 추천해주셨다. 상조회는 단위학교 교직원들의 친목도모를 위해 만들어진 모임으로 전국 모든 학교에 「○○○상조회」 또는 「○○○친목회」라는 이름으로 운영되고 있다. 상조회장, 총무, 감사의 직을 맡으신 분들이 실질적 운영을 하게 되며 교직원의 경조사 및 교직원 인사발령이 있을 경우 송별회 및 환영회를 계획하고 추진한다. 단위학교 상조회별 규정은 다소 차이가 있으며 매월 월급 수령 시 원천 징수하여 총무가 관리 및 운영을 하게 된다. 규정에 없는 사안이 발생하였거나 회칙수정 관련 사항이 생기면 전체 교직원 회의에서 개정 및 결정에 대한 논의를 하게 된다.

> 학교마다 상조회장의 처우는 틀리지만 상조회장을 맡아 1년간 봉사를 한 교사에게는 교원 평가시 가산점을 주는 경우도 있다. 경조사가 많지 않은 학교도 있지만 경조사가 한꺼번에 몰려 1년간 수차례 전국 방방곳곳을 돌아다니게 될 정도로 바쁜 경우도 있기 때문이다. 상조회 총무를 맡은 교직원은 행정실로부터 해당 월의 상조회비를 급여 계좌로 송금 받아 상조회의 경조사 및 행사를 지원하게 된다.

3. 여학생이 당당해야 체육수업이 살아난다.

「여학생이 당당해야 체육수업이 살아난다.」

이 표현에 동의하는가? 동의여부를 떠나 이는 분명하고 아주 확실한 사실이다. 현재 전국 대부분의 학교가 남녀공학으로 운영되기 때문에 체육수업을 통해 남학생과 여학생을 동시에 만나게 되는 경우가 대부분이다. 그렇기 때문에 대부분 한 공간과 시간을 통해 남학생과 여학생을 동시에 지도해야 하며 단성의 학생들을 가르칠 때 보다 교사의 노력이 배가되어야 한다.

"여학생들 때문에 아주 힘들어요."

"여자 아이들은 왜 움직이질 않을까요?."

"어떤 좋은 방법 없을까요?."

「남학생들은 모두 체육수업을 좋아한다.」 또는 「여학생들은 모두 체육을 싫어하거나 기피한다.」는 생각은 우리 체육교사가 가지고 있는 아주 큰 편견 중 하나이다. 체육수업에 대한 흥미와 관심을 이끌어내지 못하는 이러한 현상의 가장 큰 책임은 체육선생님의 몫임이 분명하다. 우리들의 학창시절을 생각해보면 그 답을 쉽게 찾을 수 있지 않을까? 내가 아무리 수학을 싫어하더라도 멋지고 예쁜 수학 선생님에 대한 관심만으로도 수업이 좋아지고 수학을 열심히 하게 되었던 조금은 유치했던 학창시절 말이다. 나의 체육시간에 아이들이 움직이지 않는 이유를 분석하고 더 꼼꼼하고 알찬 내용으로 수업을 준비하고 계획한다면 이러한 고민들은 분명 해결되리라 본다. 그리고 무엇보다도, 아이들의 눈높이에 맞춘 이해와 정성어린 관심은, 학생들에게 인기 있는 교사로서의 가장 원초적인 조건이 된다.

[그림 1.37] 학생 체육수업 소감문

"우승만 부장님! 어제 「여학생 체육활성화 시범학교」 신청에 대한 공문이 도착했습니다. 우리 한 번 신청하여 시험학교로 운영해볼까요?

"교감선생님! 내일 체육과 협의 및 연구부장님과 상의한 후 말씀 드리겠습니다"

"네, 학교차원에서 아주 중요한 사항이니 만큼 잘 협의해 보시고 연락주세요!"

「여학생체육활성화」는 최근 언론사뿐만 아니라 정부에서도 많은 관심을 가지고 혁신해야 할 사항으로 중요시되고 있다. 모 방송사에서 학교체육혁신 프로그램을 제작하여 우수 방송사례로 선정되기 까지 했으니 말이다. 이러한 노력 덕분인지, 정규 체육시간을 자유 시간으로 생각하며 축구하는 시간 또는 스탠드에 앉아서 잡담하는 시간 정도로 여기는 아쉬운 체육수업시간은 이제 많은 중학교에서는 쉽게 찾아 볼 수 없다.
전체 학생의 반을 차지하는 여학생들을 포기한 채 수업에 성공할 수 있을까? 「수업준비」는 「공연준비」와 같다고 한다. 45분 또는 50분의 멋진 공연을 위해 무수히 많은 노력과 땀을 투자해야 한다. 내가 소홀히 여기는 수업을 아이들이 진지하고 의미 있게 바라볼 리 만무하다. '재미'와 '의미'라는 두 마리 토끼를 잡기위해서, 그리고 체육수업 속에 교사의 수업가치관과 철학을 녹여내기 위해서 체육교사는 많은 생각과 고민으로 하루하루를 보내야 한다.

"아, 그리고 2주 후에 교생실습이 시작됩니다. 인성대학교 체육교육과 재학생 한 분과 통합대학교 교육대학원에서 교직을 이수하신 한 분이 한 달간의 교생실습으로 우리학교에 배정되었습니다. 교직에 큰 꿈을 안고 오시는 두 분께 좋은 추억을 안겨주셨으면 합니다. 체육과 어떤 선생님께서 교생실습을 담당하실 지도 함께 결정하여 알려주셨으면 좋겠습니다."

"네, 교감선생님! 그 부분도 내일 말씀 드리겠습니다"

[표 1.33] 교생실습 운영계획서 예시

> 1. 목적
> 가. 교사로서의 올바른 교육관 및 교육에 대한 긍지와 사명감을 가지게 한다.
> 나. 교사로서의 기본적인 자질과 전문적인 능력을 함양토록 한다.
> 다. 학급 경영, 학습 내용의 구성, 지도 및 평가, 학생의 생활지도, 특별활동 지도에 대한 경험을 쌓도록 한다.
>
> 2. 방침
> 가. 지도 교사는 본교 교직원으로 한다.
> 나. 교생은 지도 교사가 지정하는 내용의 범위에서 학급 경영에 참여하고, 학생을 개별적 또는 집단적 방법으로 지도하며 평가하는 기회를 갖는다.
> 다. 각종 학습 지도 자료의 제작과 활용 방법을 익힌다.
> 라. 교무 일반에 관한 사무 처리 요령을 익힌다.

[표 1.34] 교생실습 운영계획서 예시

3. 교육실습개요

주차	지도내용	담당자	비 고
1주	* 수업, 학급운영, 제반 학교 업무의 이해 및 소양 교육 ▷ 교생 소개 ▷ 학교 운영 및 안내, 유의사항 ▷ 바람직한 교사상 및 교생의 실습 자세 ▷ 부별 실무교육 및 적응지도 ▷ 지도 교사 인사 및 학급 인사	교감 교장 교감 각부부장 지도교사	
2주	* 교과 지도 실습 및 학급 사무 실습 등 각 영역의 참관 위주 실습 활동 ▷ 수업 참관 및 학생 생활 지도 ▷ 학습지도안 작성 및 교수 학습 방법 연구 ▷ 교무 업무 처리, 학급 경영 참관 ▷ 학생상담 실시	지도교사 연구부장 지도교사	교과 및 학급 지도교사와 협의 자율적 연구 활동
3주	* 교과 지도 실습 및 학급 경영 실습 활동 ▷ 학습 지도 및 학습 자료 제작 활용 ▷ 학급 경영 실습 및 사례 연구 ▷ 교생 협의회(평가, 반성)	지도교사 지도교사 연구부장	교과 및 학급 지도교사와 협의 자율적 연구 활동
4주	* 교생 수업연구 및 평가회 ▷ 학습 지도 및 수업 연구 ▷ 학급 경영 및 교무처리 전반 ▷ 교생 협의회(수업공개 협의회 및 교육실습평가회)	지도교사 지도교사 연구부장	교과지도 및 학급 경영에 대한 평가 (연구 부장)

4. 각 부 지도내용

부 서	지도내용	담 당
교 감	학교 운영 및 관리, 교육력 강화를 위한 지도, 학교 현황, 교직자의 사명과 복무자세 역할	각부부장
교무기획부	교육과정 운영 및 학사 일정	
교육연구부	교육 계획의 실제 및 운영, 자율장학, 교수학습 방법 연구 지도	
생활지도부	생활지도부 업무, 학생 사안처리, 등교지도	
상담복지부	상담복지부 운영 계획 및 상담 계획, 교육복지투자우선지역 사업	
자연과학부	과학교육 활성화, 영재교육, 과학의 날 운영	
방과후학교부	방과후학교, 희망자리 공부방 운영	

5. 지도교사배정 ※7개교과 9명(학급지도교사: 9명, 교과지도교사: 9명)

연번	과목	성명	전공학과	출신교	학급경영 지도교사	교 과 지도교사	담임학급
1	국어	박○○	국어	건국교대원	이○○	이○○	3-9
2	사회	박○○	지리	건국교대원	강○○	강○○	3-3
4	과학	이○○	생물	경기교대원	김○○	김○○	2-5
5	체육	최○○	체육	고려대	김○○	김○○	2-3
6	체육	최○○	체육	건국교대원	김○○	김○○	2-10
				(이하 생략)			

4. 학교운영위원회, 학교를 함께 가꾸다.

학사일정은 교직원이 총괄 및 운영하지만 운영에 필요한 중요내용은 학교운영위원회(이하 학운위)를 통해 최종 결정된다. 급식업체 선정, 교복 및 체육복의 선정, 수련회 및 수학여행 장소의 선정, 학교운동부의 다양한 지원 등 중요한 결정사항들은 반드시 학운위를 심의를 거쳐 최종적으로 결정된다. 학운위는 지역위원, 교장, 교감, 교직원 등으로 구성되며 보통 학운위 개최 전에 교직원 전체 메신저를 통해 운영위 심의 안건이 있는 부서에서는 심의내용을 보내달라는 메시지가 행정실을 통해 전체 교직원에게 전달된다.

"우승만 부장님, 이번 학운위에서 직영으로 운영되는 우리학교 급식시설을 현대화하기 위한 추경예산에 대해 심의를 했으면 합니다. 급식시설 현대화는 곧 학생들의 급식 질 향상을 의미한다고 생각합니다."

"맞습니다. 최근 급식으로 인한 식중독 사안도 인근 학교에서 발생한 바도 있었던 것으로 알고 있습니다."

"네, 알겠습니다. 급식관련 체육교육부의 협의 내용을 운영위 안건으로 상정하겠습니다."

> 학운위는 학교를 감시하거나 통제하기 위한 장치가 아니고 교육가족이 하나 되어 학교의 운영에 대해 진지한 고민과 의견들을 나누는 장이다. 보다 좋은 교육 내용을 확보하기 위해 다시 한 번 확인하고 점검하는 장치라고 생각하면 된다. 학교운영위원회의 장은 보통 재학생의 학부모님이 맡으며 학교의 중요행사에 초대되어 학교와 관련된 여러 가지 내용들에 대해 협의한다.

여학생체육활성화 시범학교에 선정되었다는 공문이 학교에 도착했다. 치열한 경쟁을 뚫고 어렵게 선정되었다는 후문이다. 탄탄한 계획서를 준비한 보람이 있었다. 예산의 지원을 받아 운영하는 만큼 「여학생체육」을 활성화 하기위한 다방면의 아이디어를 취합하여 전체 교직원의 의견을 모아 집중적으로 운영해보고 싶다. 우리학교를 롤 모델 삼아 여학생체육을 활성화하기 위한 방안이 벤치마킹 된다는 자부심을 가지고 체육교

육부 선생님들과 긴밀한 협조 하에 차근차근 준비해 나가려 한다.

[표 1.35] 학교운영위원에 대한 사항 및 학교운영위원 예시

<학교운영위원회>

1. 설치 의의 : 단위학교의 교육 자치를 활성화, 지역 실정 및 특성에 맞는 다양한 교육 창의적 실시
2. 성격
   ○ 법정위원회 : 법률, 시행령 및 조례에 근거하여 설치·운영 된다
   ○ 심의·자문기구 : 법률과 시행령 및 조례에서 규정한 심의·자문·의결사항에 대하여 반드시 심의·자문·의결하도록 함
   ○ 독립된 위원회 : 학교장(집행기관)과 독립된 기구
3. 구성 : 학부모위원, 교원위원, 지역위원으로 구성되며, 학생 수에 따라 총 위원수가 결정된다.
4. 임기 : 위원장 및 부위원장은 1년, 위원은 2년이며, 연임이 가능하다.

제8기 ○○중학교 학교운영위원(예시)

20○○. 03. 현재

구분	성 명	성별	주 소	연 락 처		비고
				전화번호	핸드폰	
학부모 위원	권○○	남	○○시 ○○구 ○○동 ○○아파트	○○○-○○○		3-8 권○○ 학부모
	김○○	여	○○시 ○○구 ○○동 ○○○-○	○○○-○○○		3-6 이○○ 학부모
	⋮					
	⋮					
	⋮					
	⋮					
교원 위원	이○○	남	○○도 ○○시 ○○구 ○○동	○○○-○○○		학교장
	박○○	남	○○도 ○○시 ○○동 ○○아파트	○○○-○○○		생활지도부장
	한○○	남	○○도 ○○시 ○○동 ○○아파트	○○○-○○○		교육정보부
	⋮					
	⋮					
지역 위원	유○○	남	○○시 ○○구 ○○길 ○○○-○	○○○-○○○		○○문화원 사무국장
	천○○	남	○○시 ○○구 ○○동 ○○○-○	○○○-○○○		○○청소년 수련관장

5. 스포츠를 즐기는 동호인들과의 관계

한 주를 시작하는 월요일. 오랜만에 상쾌한 아침 공기를 맞으며 학교에 일찍 도착해 교문으로 들어가는 순간, 운동장 여기저기를 굴러다니고 있는 쓰레기를 목격했다. 분리수거 되지 않은 채 한 쪽 구석에 모아져 있는 쓰레기들과 그 주변을 나뒹구는 담배꽁초들. 쓰레기들을 유심히 살펴보니 지난 주말 우리학교 운동장을 사용한 축구동호회에서 나온 것으로 확인되었다. 아이들이 등교하면서 볼까 염려되어 교무실을 급히 열고 쓰레기봉투를 가지고 나와 깔끔히 치웠다. 그리고 행정실에 확인하여 해당 동호회 회장님에게 바로 전화를 드렸다.

"회장님, 인문중학교 체육교육부장 우승만입니다. 전화통화 가능하세요?"

"아 네, 부장님 안녕하세요?"

"다름이 아니라 동호회 활동 후 운동장 정리가 잘 되지 않아서 연락드렸습니다."

"제가 일이 있어서 이번 주에 동호회에 나가지 못했는데 이런 일이 벌어졌나 봅니다. 앞으로 이런 일이 생기지 않도록 운동 후 정리정돈에 더 많은 신경을 쓰도록 하겠습니다. 정말 죄송합니다."

간혹 동호회원들의 체육관 및 운동장 사용 건으로 민원이 발생하여 학교 담당자 및 해당 동호회원간 서로 얼굴을 붉히는 경우가 간혹 발생한다. 하지만 대부분의 동호회원 분들은 정열적이고 스포츠를 사랑하시는 분들이라 학교행사에 매우 적극적으로 도와주시며 뒷정리도 깔끔하게 해주신다. 운동장 및 체육관을 사용하는 조건으로 학교 대관신청서를 작성한 후 보통 1년간 장기계약을 하여 사용하게 되는데 가끔 주변의 정리정돈에 소홀하여 수업 및 학교 환경에 좋지 않은 영향을 주는 경우도 발생한다. 이럴 경우에 불쑥 화를 내면서 회장님 및 총무님과 통화하기 보다는 마음을 가라앉히고 해당 사안에 대한 협조를 구하는 식의 통화를 하면 대부분 해결이 된다. 말 한마디가 천 냥 빚을 갚는다고 하지 않았는가? '아' 다르고 '어' 다르니 좋은 표현을 통해 개선을 요구하면 된다. 그래도 시정조치가 되지 않으면 확실한 '근거자료'를 제시하고 제재

를 가하면 된다.

배드민턴, 배구, 축구, 야구, 농구 동호회 등 다양한 종목의 동호회가 학교 체육관 및 운동장을 일정금액의 대여료를 지불하고 사용하고 있다. 기본적으로 시간 당 대여료가 지정되어 있으며 행정실에서 계약을 한 후 학교계좌로 입금된 대관료는 학교의 시설투자나 학교발전을 위해 사용된다. 학교 행사가 있어 해당 요일에 장소를 사용하지 못하게 될 경우엔 동호회 회장님께 사전 통보하여 학교사정을 동호회원들에게 전달할 수 있다. 보통 경력이 오래되신 동호회원분들이 많은 편이라 학교 시설을 더욱 깔끔하게 청소하고 정리해주시는 경우가 많다. 우리학교 체육시설을 사용하는 불편한 관계의 단체로 여기기 보다는 학교를 함께 가꾸어 나가는 동반자라는 생각을 가지는 것이 중요하다.

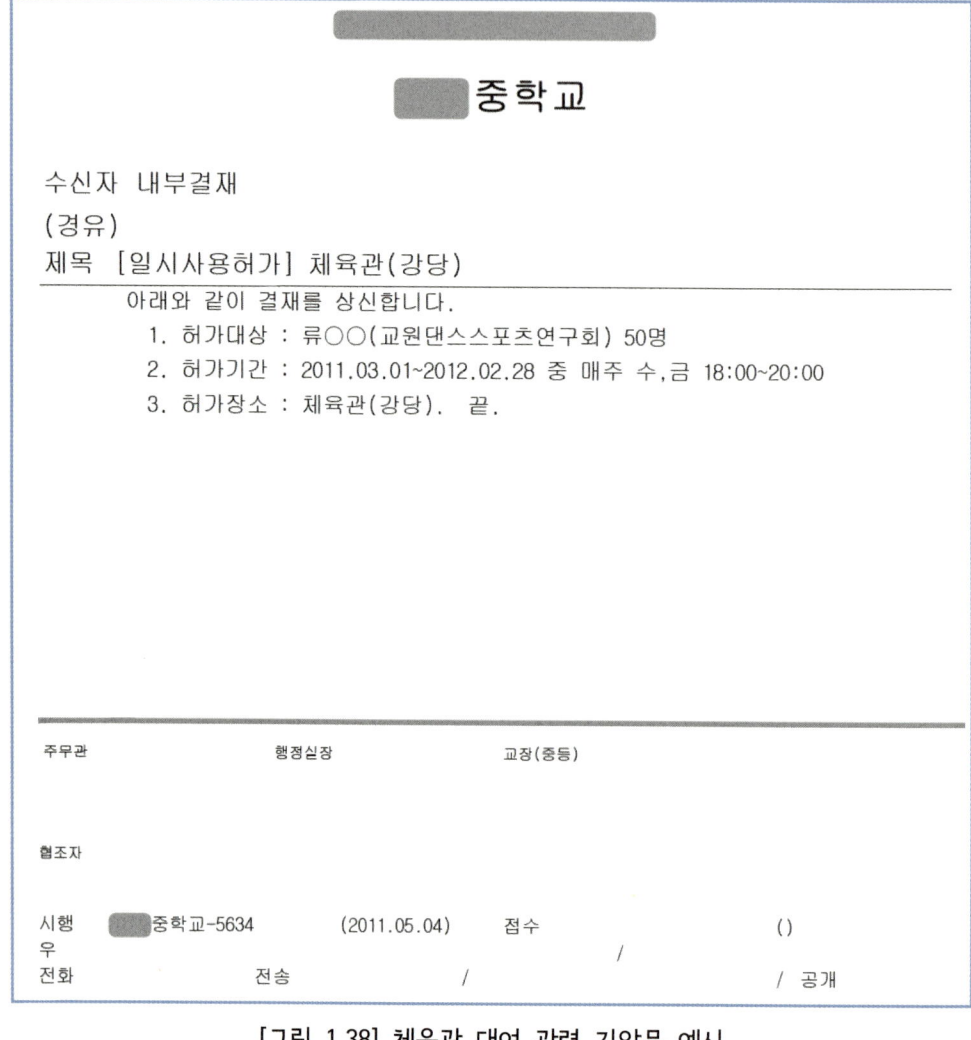

[그림 1.38] 체육관 대여 관련 기안문 예시

6. 전체 교직원을 단합시키는 스포츠의 힘, 교직원 체육대회.

　학생들을 하나로 묶는 체육대회와 학교별 자체계획으로 인한 걷기대회, 육상대회 그리고 구기대회(혹은 교내 스포츠클럽대회)가 각 학교에서 개최될 때 아이들을 하나로 묶어주는 스포츠의 힘에 놀라게 된다. 반복되는 학원생활로 인해 여럿이 모여 운동을 할 수 없는 아이들에겐 전교생이 함께 참여할 수 있는 즐거운 체육대회 및 구기대회의 장은 더할 나위 없이 학생들의 멋진 잔치임에 틀림이 없다. 함께 땀 흘리며 준비하고, 신나게 달리며, 울고 웃는 과정들이 아이들에겐 잊지 못할 추억으로 마음 깊숙이 자리 잡게 된다.

　학생들뿐만 아니라 교직원들에게도 이와 같이 의미 있는 스포츠 행사들이 준비되어 있다. 매년 교직원들을 대상으로 교육청에서 주관하는 배구, 축구, 탁구, 배드민턴, 테니스 등의 대회가 있다. 대부분의 종목들이 학교 단체전으로 진행되기 때문에 전체 교직원들이 하나 되어 열심히 준비해야 한다. 예선전을 포함하여 본선에 진출하게 되면 교직원뿐만 아니라 학생과 학부형들까지 학교를 대표하여 참가한 교직원을 응원하기 위해 응원전을 준비할 정도로 교직원 대회는 교사들에게 뿐만아니라 학교 구성원 전체에게 많은 인기를 누린다. 북치고, 장구치고, 목소리 높여 응원하는 학생, 학부모 그리고 전체 교직원들은 이러한 대회를 통해 학교라는 이름으로 하나됨을 경험하게 된다.

> 교직원 체육대회의 인기는 단순히 종목의 순위를 가리는 것을 넘어서 교직원들의 건강을 유지하고 증진하고자 하는 교육복지차원의 깊은 뜻이 숨어 있다. 이를 통해 교직원간들의 친밀도가 높아지고 학교에 대한 사기와 자긍심이 높아짐으로써 학교 전체의 분위기가 업그레이드 된다. 교직원의 분위기가 좋아지면 아이들을 향한 평소 말씀씀이나 행동이 유연해지는 나비효과가 이루어진다고 하니 스포츠의 힘은 대단한 것 같다. 테이블에 앉아 딱딱한 분위기 속에서 이야기를 나누어야만 했던 소소한 장면들이 땀을 흘리며 하이파이브 하는 코트나 시원한 음료수를 마시며 이루어지니 얼마나 자연스럽고 좋은 분위기가 연출되겠는가? 교직원대회 준비를 위해 학교자체 예산을 별도로 편성해 대회참가 유니폼이나 식비 및 간식비 등을 적극적으로 지원해주시는 교장 및 교감선생님께 힘찬 박수를 보낸다. 교직원간 공통분모 스포츠! 이 짜릿한 경험을 맛 본 사람들만이 스포츠의 힘을 이해할 수 있다.

소통하고 배려하는 창의적인 민주 시민 육성

서울특별시동부교육지원청

수신자 수신자 참조
(경유)
제목 제21회 서울특별시교육감배 교직원체육대회 개최 안내

   1. 서울특별시 학생체육관 교육지원과-249(2011.04.18)의 관련입니다.
   2. 제21회 서울특별시교육감배 교직원체육대회를 다음과 같이 개최 하오니,
   3. 귀 교의 교직원에게 적극 홍보하여 대회가 성황리에 이루어질 수 있도록 협조하여 주시기 바랍니다.
      가. 대 회 명 : 제21회 서울특별시교육감배 교직원체육대회
      나. 대회기간 : 2011년 5월 중순 ~ 7월 초순
      다. 대회종목 : 배구, 탁구, 배드민턴
      라. 대회장소 : 학생체육관 외 종목별 경기장
      마. 주   최 : 서울특별시교육청
      바. 주   관 : 서울특별시학생체육관, 서울초중등배구연구회, 서울초중등탁구연구회, 서울초등배드민턴연구회, 서울중등체육연구회
      사. 세부내용 : 붙임 대회요강 참조

붙임 1. 제21회 교육감배 교직원체육대회 개최 요강(배구) 1부
     2. 제21회 교육감배 교직원체육대회 개최 요강(탁구) 1부
     3. 제21회 교육감배 교직원체육대회 개최 요강(초등 배드민턴) 1부
     4. 제21회 교육감배 교직원체육대회 개최 요강(중등 배드민턴) 1부
     5. 제21회 교육감배 교직원체육대회 참가신청서 1부. 끝.

서울특별시동부교육지원청교육장

수신자 동부공초(1-39), 동부사초(1-4), 동부공중(1-20), 동부사중(1-9), 신현고등학교장, 중화고등학교장, 태릉고등학교장, 경희여자고등학교장, 동국대학교사범대학부속고등학교장, 송곡고등학교장, 송곡여자고등학교장, 해성여자고등학교장, 혜원여자고등학교장, 휘경여자고등학교장

장학사   중등교육지원과장
협조자 장학사
시행   중등교육지원과-7777   (2011.04.19.)   접수 용마중학교-4836   (2011.04.19.)
우 130-853   서울특별시 동대문구 전농로 245   /   www.sendb.go.kr
전화 02-2210-1281   전송 02-2217-7332   / woohj8110@sen.go.kr   / 공개

"「맑은 서울교육」 우리의 얼굴입니다"

[그림 1.39] 교육감배 교직원 체육대회 안내 공문 예시

7. 모든 학생들이 체력왕이 되는 그 날을 위해, PAPS

PAPS(Physical Activity Promotion System; 학생체력증진시스템)를 1학기 중에 서둘러 마친 뒤 우수한 1,2,3등급의 학생들보다 하위 4,5등급의 학생들을 별도로 관리 할 수 있는 프로그램을 학교별로 고안하여 운영하라는 교육과학기술부의 지침이 내려왔다. 과거의 체력검사와는 달리 PAPS는 단시간에 학생들의 측정이 불가하며 약 2주간의 수업시간이 할애되어야 측정이 끝나게 된다. 이러한 이유로 운영을 맡고 있는 체육선생님들 전체가 부담스러워하는 것이 사실이지만 이렇게 운영되는 시스템을 통하여 건강에 대한 관심이 다시 살아난다면 이 정도의 고생쯤 별 것 아니라 생각할 수 있다.

단순한 측정 기구부터 정밀평가를 요구하는 고가의 장비도 필요하기 때문에 넉넉한 학교예산을 보유하고 있는 학교라면 상관없지만 그렇지 못한 학교에서는 장비 구입만으로도 오랜 시간이 걸리기도 한다. 왕복오래달리기(페이서), 악력, 윗몸앞으로굽히기, 체지방측정, 심폐지구력정밀평가 등 학교에서 의무적으로 시행해야 하는 필수평가 종목도 선택하여 시행할 수 있으며, 해당 학교를 졸업하기 전에 반드시 1회 이상 측정되어야 하는 선택평가를 위해 고가의 장비가 필요하다. 한편으로는 부담스럽기도 하지만 예산만 확보된다면 못할 것도 없다. 예산을 지원해주지 않고 당장 시행하라는 식의 교육청 방침에 대다수의 체육교사가 불만이긴 하지만 말이다.

[그림 1.40] 건강체력평가(PAPS) 입력 화면 예시

2011년
PAPS운영 계획

○ ○ 중 학 교

1. 목적
건강 체력과 비만에 관한 필수평가와 함께 첨단장비를 활용한 심폐지구력 정밀평가, 심리 영역의 자기신체평가, 그리고 자세평가 등의 선택평가를 바탕으로 건강체력 중심의 종합 체력 평가와 맞춤형 운동처방을 제공함으로 학생들이 자기 건강관리를 할 수 있도록 한다.

2. 목표
학생건강체력평가 후 맞춤형 신체활동 처방을 제공하고 신체활동 프로그램을 운영함으로써 학생들의 건강체력 증진에 기여하고 이를 바탕으로 체육수업을 설계하고 체육수업 운영을 하여 학생의 건강체력을 증진시킨다.

3. 운영방침
학생 건강 체력을 평가한 후 맞춤형 신체 활동을 처방하여 자기 건강관리 활동을 전개할 수 있도록 체육수업을 운영한다.

4. 세부추진계획
1) 연 초에 1회 학생 건강 체력을 검사하고 평가한 후 1달 이내에 학부모에게 결과를 공개하도록 한다.
2) 맞춤형 신체 활동처방을 하고 On-Line 시스템을 통해서 학생 스스로 자신의 건강관리가 가능하도록 한다.
3) 학생건강체력평가는 필수평가로 건강체력(심폐지구력, 근력·근지구력, 유연성, 체지방)과 운동체력(순발력)의 5개 요인으로 평가하며 비만평가, 심폐지구력정밀 평가, 자기신체평가, 자세평가등의 선택평가를 실시한다.

(이하 생략)

[그림 1.41] PAPS 측정 계획서 예시

한편 수련회(활동)나 수학여행은 주로 해당 학년 부장이 업무를 담당하는 경우가 많다. 장소섭외, 사전답사, 소요예산편성, 세부계획수립 등의 행사 추진계획을 결재 받은 후, 이것을 기준으로 1년 중 가장 큰 행사를 치르게 된다. 학생들의 2박 3일 장시간의 생활을 책임지는 것이기 때문에 모든 관리자 및 교직원 전체가 긴장을 하고 시작부터 마무리까지 꼼꼼하게 준비 및 운영을 하게 된다. 학급담임뿐만 아니라 비담임 교사나 부장교사들이 함께 참석하여 진행을 돕고 학생지도에 힘을 보태주기도 한다.

> 수련활동 및 수학여행에는 해당학년 담임교사뿐만 아니라 학교에서 학생지도의 요직을 맡고 있는 교사 및 비담임 교사가 동행하여 학생들의 생활지도에 힘을 실어주게 된다. 만약의 사태를 대비해야 함은 때론 큰 사안이 발생하기 때문에 안전관리에 많은 공을 들여야 한다. 아이들은 쉬면서 나름대로 의미 있는 시간을 보내기 위해 노력하는 반면, 그 이면에는 잠을 청하지도 못하고 2박 3일을 뜬 눈으로 지세 우며 학생들의 안전을 지키기 위해 치열하게 목청 높여 학생들을 지도하는 교사가 있음을 잊지 말아 주었으면 한다.

[그림 1.42] 수련회 안내 가정통신문 및 수련교육 실시 확인서 예시

1부 사례로 보는 체육교직실무

8. 수업으로 인정받는 교사되기, 교원평가

몇년 전 까지만 해도 교원평가 실시에 대한 논쟁이 전국적으로 끊이지 않았다. 실시 방법과 평가를 어떻게 반영할 것인가에 대한 사후조치에 대한 문제였지만 지금은 언제 그런 일이 있었냐는 듯 차분하게 진행 중이다. 평가결과를 어떻게 활용하느냐에 대한 문제를 「평가자체」에 의미를 두어 교원 스스로를 돌아보는 척도로 활용하기도 한다. 학생들에 의한 평가의 문제점, 한 두 시간 정도의 시간을 본 후 수업을 평가하게 되는 학부모 평가의 문제점, 동료 간의 평가의 한계가 차츰 해결되어 의미 있는 교원평가제도로 완성되길 바란다.

> 안녕하세요? 연구부장입니다. 2주 후 교원평가 대비를 위한 「동료장학」이 실시됩니다. 모든 선생님들께서는 공개수업계획서를 작성하여 제출하여 주시고 연초 제출하신 수업공개 일정에 맞춰 수업참관 후 참관록을 연구부에 제출해주시기 바랍니다.

[표 1.36] 동료장학을 위한 수업공개 및 녹화 일정표(예시)

이름	교과	수업공개		수업녹화		비고
		1학기	2학기	1학기	2학기	
김OO	국어		11/24-3교시	6/11		독서캠프
박OO	국어		11/29-4교시	4/12-4교시		연구수업
이OO	도덕		11/9-2교시	5/25-3교시		
박OO	지리	5/12-3교시			9/8-4교시	연구수업
신OO	국사		11/16-6교시	5/28-3교시		
오OO	수학		10/27-6교시	4/7-6교시		연구수업
이OO	수학	5/14-5교시			10/27-2교시	
박OO	화학		9/9-1교시	6/9-2교시		
김OO	체육	6/4-3교시			9/7-5교시	
이OO	음악	4/6-7교시			10/13-3교시	

동료를 평가한다는 것이 그리 쉬운 것은 아니다. 누군가를 평가하려면 평가를 할 수 있는 안목이 있어야 하기 때문이다. 단순하게 학생들에게 인기가 많다고 좋은 평가를 내릴 수 있는 것도 아니고 수업을 잘하는 교사라고 좋은 평가점수를 얻게 되는 것도 아니다. 평가를 통해 교사가 발전하는 것에 이의를 제기할 사람은 없다. 스스로 수업을 반성하고 변화를 가지려 노력하는 것만이 교직에서 인정받고 학생들에게 존경받는 첩경이 아닐까 싶다.

[표 1.37] 교원능력개발평가 역역 및 요소(예시)

평가영역	평가요소	평가지표	동료교원 평가	학생 만족도조사	학부모 만족도조사
학습지도	수업준비	학습자특성및교과내용분석			
		교수학습전략수립			
		소계(평균)			
	수업실행	수업의 도입			
		교사의태도			
		교사-학생 상호작용			
		학습자료의 활용			
		수업의 진행			
		학습정리			
		소계(평균)			
	평가 및 활용	평가내용및방법			
		소계(평균)			
	합계(평균)				
생활지도	개인 생활지도	개인문제 파악 및 창의.인성지도			
		가정연계지도			
		진로 진학 및 특기. 적성 교육			
		소계(평균)			
	사회 생활지도	기본생활습관지도			
		학교생활적응 지도			
		민주시민성지도			
		소계(평균)			
	합계(평균)				
혁신역량	책임 인권교육	학습부진학생 책임지도			
		학생인권 이해			
		소계(평균)			
	합계(평균)				
		총계(평균)			

[표 1.38] 동료장학 참관록

수업일시	년 월 일 요일 교시	대상학급		학년 반
수업교사		참관교사		(인)
학습주제				
수업형태	강의식 / 토의식 / 실험실습식 / 협동식 / 기타			

요소	순	관찰내용	빈도	평가(점수)	소계	특기사항
사전 준비	1	수업목표가 수업 수준에 맞으며 성취행동, 조건, 도달 기준(수락 기준)의 3요소의 진술 원칙에 맞게 제시되었다.		5 4 3 2 1	( ) / 25	
	2	학습내용은 목표달성에 맞게 구성되었다.		5 4 3 2 1		
	3	수업을 위한 물리적인 환경(컴퓨터, 프로젝터, 방송시설, 강의실 등)이 잘 준비되었다.		5 4 3 2 1		
	4	교육내용의 특성에 맞는 교재와 학습도구가 충분하였다.		5 4 3 2 1		
	5	수업내용에 대한 교사의 충분한 이해와 연구가 이루어졌다.		5 4 3 2 1		
교수 행위	1	학습동기를 적절히 유발하여 학습의욕을 촉진하였다.		5 4 3 2 1	( ) / 35	
	2	교수 활동 단계가 유기적으로 진행되었다.		5 4 3 2 1		
	3	학생수준에 따른 개별학습을 촉진하였다.		5 4 3 2 1		
	4	발문의 유형은 다양하며 학습자의 사고를 자극하였다.		5 4 3 2 1		
	5	수업에 계획된 학습과정이 착실하게 진행되었다.		5 4 3 2 1		
	6	학습의 난이도와 중요성에 따른 시간배분이 적절하였다.		5 4 3 2 1		
	7	수업 중 우수학생과 부진학생에 대한 고려가 이루어졌다.		5 4 3 2 1		
학생 활동	1	학습 준비 및 학습 결과의 정리가 충실하게 이루어졌다.		5 4 3 2 1	( ) / 30	
	2	뚜렷한 목표의식으로 학습에 자주적으로 참여하고 있다.		5 4 3 2 1		
	3	학습자 상호간에 의견 교환이나 협력이 이루어지고 있다.		5 4 3 2 1		
	4	사고력과 문제해결력, 창의력신장을 위한 학습이 진행되고 있다.		5 4 3 2 1		
	5	학습활동이 탐구적으로 전개되고 있다.		5 4 3 2 1		
	6	학생중심의 자기주도적 학습이 구현되고 있다.		5 4 3 2 1		
평가 및 정리	1	학습과정이나 결과에 대한 평가계획이 적절하였다.		5 4 3 2 1	( ) / 25	
	2	판서 및 학습정리가 바람직하게 되었다.		5 4 3 2 1		
	3	학습목표 도달 여부를 총괄평가를 통하여 확인하였다.		5 4 3 2 1		
	4	자기주도적인 평가가 이루어졌다.		5 4 3 2 1		
	5	차시예고 및 과제 제시가 적절하였다.		5 4 3 2 1		
총계		( )점 / 115점				
총평						

※ 기재방법 : 1. 각 영역에서 관찰되어지는 빈도수는  와 같은 형태로 표시한다.

9. 아니 벌써?, 하계방학 준비하기

벌써 7월을 향해 달리고 있는 시계는 멈출 기세가 없다. 이제 슬슬 교무부에서는 하계방학 준비모드로 전환할 태세다. 이제 곧 불혹. 세월이 정말 쏜 살 같다.

학년별 수련활동을 다녀온 후 얼마 지나지 않아 기말고사 기간에 돌입했다. 교생실습을 무사히 잘 마치신 두 명의 예비 선생님들에게 얼마 전 안부전화가 걸려왔다. 아이들 생각이 나서 잠깐 전화를 주셨다며 우리학교에서 교생실습을 하게 된 후 교직에 대한 생각이 바뀌었다며 좋은 선생님과 좋은 아이들을 만날 수 있어서 정말 소중한 추억이 되었다고 많은 칭찬을 주셨다. 임용고사 준비로 당분간 바쁘겠지만 종종 전화를 주시겠다는 예비 선생님의 좋은 마음을 받고 나를 잠시 돌아보게 되었다. 중간고사 기간과 기말고사 기간을 제외하면 학생들에게 할당된 학기 중의 시간이 그다지 길지만은 않다는 것을 느낄 수 있다. 하계방학기간에 학생들에게 제시 될 교과별 과제를 정리하여 제출해 달라는 메시지가 도착했다.

"이번 체육교과 협의회는 하계방학 기간에 학생들에게 어떠한 체육 과제를 부여할지에 대한 것을 결정하려고 합니다."

"체육교과에서도 과제를 지정해주어야 하나요? 제가 있었던 학교에서는 체육교과 방학과제를 내준 적이 한 번도 없었는데요?"

"제 생각은 다릅니다. 방학을 이용해 학생들은 다양한 스포츠를 직·간접적으로 경험하게 되며 스포츠 환경에 여러 방면으로 노출되게 됩니다. 이러한 장점을 최대한 활용하여 학기 중에 실시할 수 없었던 「스포츠 영화보기」, 「감동적인 스포츠 만화읽기」, 「스포츠 경기관람하기」 등의 체험과제, 또는 독후감이나 자신의 생각을 시나 글로 표현 하도록 하는 스포츠 간접체험 과제를 내주어 2학기 평가에 반영하였으면 합니다. 단순히 과제를 하는 수준을 넘어 이러한 과제를 통해 아이들의 스포츠를 바라보고 이해하는 안목이 넓어지는 좋은 계기가 되었으면 합니다."

"네, 우승만 부장님의 말씀이 맞습니다. 학기 중의 수업시간에는 학생들에게 스포츠와 관련된 많은 자료들을 보여 주기에는 한계가 있습니다. 방학기간을 잘 활용하여 학생들의 체육적 마인드를 넓힐 수 있도록 다양한 과제를 부여하여 스포츠의 다양한 세상을 체험을 하게 하면 좋을 것 같습니다."

"방학과제를 평가에 반영도 하고, 우수한 작품들은 시상과 함께 전시회를 열어 다른 학생들에게도 보여주는 것도 참 좋을 것 같습니다."

"역시 협의회를 하면 멋진 아이디어들이 나와서 좋습니다. 여러분들의 의견을 모아서 담당부서에 제출하도록 하겠습니다. 저에게 메신저를 통해 학년별로 2개 정도의 체육교과 방학과제물 제목을 보내주시면 취합하여 전달하겠습니다. 멋진 작품들이 나올 수 있도록 수업시간을 통해 학생들 독려 부탁드립니다."

방학 중에도 진행되는 스포츠클럽 활동과 방과후 동아리 활동에 대한 계획도 수립해야한다. 방학이 다가오면 아이들과는 달리 학원시간을 짜느라 학부형들이 무척 바빠진다. 아이들에게 방학기간이 그다지 행복해 보이지만은 않는다. 썩어도 준치라고 그래도 방학은 방학이다.

<2012년 ○○중 체육 여름방학 과제물> UCC 제작하기

다음 2가지 중 1개 선택하여 제작

1. 건강활동 관련 UCC 제작

1) UCC 형태 : 스토리(줄거리)가 있는 동영상, 광고형태, 단편영화 혹은 드라마 형태 등
2) 역할분담 철저하게! (각 역할별 인원수는 패별로 알아서~)

기획자	연출,감독	촬영	영상편집	장소섭외	배우	기타
스토리 각본 쓰기	배우 연기 감독	영상 촬영 (화질도 고려)	영상 편집 / 자막넣기	스토리에 가장 적합한 장소정하기	각 역할에 맞는 배우들	음료수 및 먹거리 제공 담당자

3) 포함해야 할 <u>내용 예시</u>
  - 건강한 생활이란 무엇?
  - 건강한 생활을 하기 위해 일상생활에서 할 수 있는 것 (개인과, 친구와, 가족과)
  - 건강한 사람이란 어떤 사람?
  - 건강한 생활을 위한 실천방법(운동, 올바른 습관, 규칙적인 생활습관) 등을 광고형태로~!
  - 운동을 하면 건강해지는 장점~ 등

2. 2012 런던 올림픽 감동의 순간들

1) 영상 <u>주제 예시</u>
  - 역경을 딛고 일어난 선수들의 이야기
  - 선수들의 경기 예절과 매너, 배려, 우정, 스포츠맨십이 돋보이는 멋진 선수들
  - 비록 메달은 못땄지만 출전 그 자체만으로도 큰 박수를 받는 선수들
  - 우리나라 선수들의 훈련 뒷 이야기와 감동의 순간

※ 여러 선수들의 스토리를 합해도 상관없음. 단.. <u>주제의 일관성 유지!</u>

2) 런던 올림픽의 각종 사진과 신문기사 스크랩 중요!

  => *틈틈이 중계보고 뉴스살펴보기*

3) 역할분담 철저하게!

기획자	연출, 감독	자료수집 (4명)	영상편집	기타
주제 정하기 관련 기사 & 뉴스. 제시	스토리/각본 만들기	신문기사 및 각종 사진과 동영상 수집	영상 편집 / 자막 넣기	음료수 및 먹거리 제공 담당자

[그림 1.43] 체육수업 여름방학 과제물 안내 예시

#. 우승만 부장님, 결승선을 바라보다

1. 교육의 수준은 교사의 수준을 넘지 못한다.

방학기간에는 다양한 연수가 진행된다. 점수로 반영되지 않는 자율연수, 시험을 통해 점수화되는 직무연수, 그리고 자격취득과 관련된 자격연수로 구분된다. 교육청에서도 방학 기간에는 연수비를 일정부분 지원하여 교사의 재교육을 장려하기 위한 노력을 기울인다. 수업과 직접적으로 관련되어 있는 연수도 있지만 계발활동이나 방과후 동아리활동 등에 간접적으로 활용될 수 있는 다양한 부분이 연수로 개설되어 많은 교사들의 클릭을 애타게 기다리게 된다. 교사들이 방학기간동안 무작정 오랜 기간 쉬는 것으로 외부세계에 비춰질지는 몰라도, 다양한 재교육을 통해 교육의 수준과 직결되는 교사의 수준을 향상시키기 위한 부단한 노력이 이루어지고 있다는 것을 알아주었으면 한다. 교사의 수준이 높아져 학생들에게 질 높은 교육이 이루어질 수 있도록 더욱 다양하고 많은 지원이 이루어졌으면 좋겠다.

한 학기를 마무리하게 되면 그동안 진행되었던 모든 수업자료를 정리해야 하며 다가올 2학기 수업을 차근차근 준비해야 한다. 수업방법을 어떻게 개선해야 할 것인지와 더불어 아이들의 흥미와 관심을 끌어내기 위한 교사만의 묘책을 찾아내야만 한다. 정리와 준비가 순차적으로 바르게 되어야 새롭게 시작되는 힘 또한 생기게 되는 것 같다.

> 한 달여의 하계방학 기간을 단순히 쉬는 시간으로 소모하기 보다는 교육적인 자기계발의 시간으로 소중하게 활용한다면 2학기의 수업진행에 많은 보탬이 될 수 있다. 예를 들어, 줄넘기 수업이 2학기에 계획되어 있다면「음악줄넘기 자율연수」를 신청해 볼 수도 있고, 배구수업이 진행된다면「배구 심판자격취득 및 기능지도 직무연수」신청을 통해 심판법이나 배구의 기초기능을 보다 자세히 연마함과 동시에 수업에 적용될 수 있는 팁을 배워 개학 후 수업을 통해 아이들에게 적용해 볼 수 있다. 이보다 더 좋은 수업자료 개발이 또 어디에 있겠는가? 뭐든지 생각하기 나름이며 바라보기 나름이다.

2. 또 다른 시작, 2학기

무더운 여름방학을 뒤로 하고 2학기가 시작되었다. 개학과 동시에 수업이 시작되었지만 단순히 인사를 전하는 시간으로 소비하지 않고 2학기 수업에 대한 소개 및 평가방법 안내와 첫 수업 관련 영상시청으로 멋지게 시작되었다. 미리 준비하고 계획하니 오히려 내가 수업이 기다려짐을 느낀다. 아이들의 반응은 물론 뜨겁다. 수업준비로 다시 태어나는 우승만부장님이다.

2학기 첫 교과협의회를 통해 첫 종목에 대한 이야기, 수업 중 운동장 및 체육관 활용에 대한 논의, 체육시설 안전점검 및 학년별 수업에 필요한 기자재의 구입, 학교 체육시설의 확충을 위한 학교 추경예산 편성 등 체육수업에 대한 전반적인 내용에 대해 심도 있는 토론이 이어졌다. 1학기에 대한 반성도 물론 포함이다. 2학기 첫 학교운영위원회 심의에 부족한 체육시설 확충을 위한 추경예산을 편성하여 상정해 볼 생각이다. 체육시설이 여러 가지 체육수업을 할 수 있는 밑거름이 된다는 사실을 강조해야겠다. 다가올 체육대회는 「모든 학생들이 참여할 수 있는 체육대회」, 「소외되는 학생들이 없는 전체가 하나 되는 체육대회」, 「남학생/여학생 모두가 함께하는 체육대회」라는 커다란 세 가지 모토를 정하고 세부사항은 조금 더 시간을 갖고 각자 고민해 보도록 하였다.

"선생님, 체육대회 몇 월에 해요?"

"이번 체육대회는 어떤 종목들이 있어요?"

"여학생들도 많이 참여할 수 있도록 종목 신경써주세요."

"반티 입어도 되죠?"

새로운 학기가 시작되자마자 벌써부터 체육교사인 우리들보다 체육대회에 관심을 가지고 걱정해주는 아이들이 생겨났다. 이 녀석들을 위해 체육대회를 더욱 알차게 준비해야겠다는 생각이 든다.

체육대회를 한다고 해서 수업에 지장을 주는 정도의 프로그램을 편성하는 시대는 지나간 듯 하다. 많은 학교에서 학급 전체 학생이 참여하는 종목을 채택하여 체육대회를 준비하기 때문에 과거 일부 학생들만의 학급별 대항전을 연상시키는 식의 체육대회는 많이 줄어들고 있다. 남녀 학급 학생 전체가 참여하기 위한 아이디어는 무궁무진하다. 예를 들면 8자 마라톤(단체줄넘기)을 2분간 학급 전체가 참여하는 방법으로 진행한다면 연습을 위해 학급 전체가 움직이게 될 것이고 이를 통해 학급 전체가 함께 체육에 참여하는 긍정적 효과도 덤으로 얻을 수 있게 된다. 구기종목의 경우, 3쿼터로 나누어 남학생만으로 1쿼터를, 2쿼터는 여학생만으로만, 3쿼터는 남녀 혼성으로 참여하게 하여 점수 누적제 구기경기를 운영하면 된다. 체육교사들의 참신한 아이디어가 모여 창의적인 체육대회를 준비하게 되면, 학생들은 경기 참여를 통해 소속감과 책임감을 배우고, 변형된 경기 규칙을 준수하면서 스포츠맨십도 배우며, 남녀 학생들이 모두 하나가 되는 즐거움을 만끽할 수 있다.

[그림 1.44] 체육대회 모습

20○○ 추계 체육대회 계획안

일 시	20○○년 ○○월 ○○일 (○요일) 08:30~13:00			
장 소	본교 운동장			
대 상	전교생 및 전교직원			

순	시 간	행 사 내 용		비 고
		운 동 장 (줄다리기 및 단체운동)	지도교사	
1	08:30~09:00	집 결 (지정된 장소에서 학급별로 담임이 임장 지도)	학급담임	• 환자관리: 양○○
2	09:00~09:20	개회식 (선서)		• 본부석 관리 : 최○○ • 내빈관리 : 권○○, 박○○
3	09:20~10:00	1학년 줄다리기 예선 2학년 줄다리기 예선	체육교사	• 줄다리기 계시 : 양○○ 1학년심판 : 엄○○ 2학년심판 : 윤○○ • 줄다리기 보조 : 담임
4	10:00~10:30	3학년 줄다리기 예선 1학년 놋다리밟기 예선	체육교사	• 1학년 단체 심판 : 김○○ • 3학년 줄다리기 심판 : 이○○
5	10:30~11:00	2학년 단체릴레이 예선 3학년 단체줄넘기 예선	체육교사	• 2학년 단체 심판 : 박○○ • 3학년 단체 심판 : 류○○
6	11:00~11:20	학년별 줄다리기 준결승 1학년:①__반__반 ②__반__반 2학년:①__반__반 ②__반__반 3학년:①__반__반 ②__반__반	체육교사	• 줄다리기 계시 : 양○○ 3학년 심판 : 최○표 2학년 심판 : 박○○ 1학년 심판 : 오○○
7	11:20~12:00	학년별 줄다리기·단체운동 3·4위전 학년별 줄다리기·단체운동 결승	체육교사	• 줄다리기 계시/심판 : 류○○ • 단체운동 학년별 심판 : 1학년 : 정○○ 2학년 : 김○○ 3학년 : 박○○
9	12:00~12:20	계주	류○○	• 체육교사
10	12:20~12:45	교사 대 학생(학급임원) 계주	류○○	
11	12:45~13:00	폐회식 및 뒷정리	전 교직원	• 시상 : 유○○

● 임시담임배정표

학년/반	성 명	학년/반	성 명	학년/반	성 명
1 - 1	이○○ (류○○ 代)	2 - 4	원○○ (정○○ 代)	3 - 5	류○○ (김○○ 代)

[그림 1.45] 체육대회 계획안 예시

3. 너희들만 체육대회 하냐? 우리도 한다!

체육대회를 2학기에 개최하는 학교가 있는 반면 1학기에 실시하는 학교도 많다. 학교 상황에 따라 시기가 결정되지만 요즘엔 보통 1학기에 주로 실시하는 것 같다. 다소 춥게 느껴지는 가을날씨보다는 따뜻한 5월이라는 영향도 있지만 입시철에 개최하여 자칫 분위기가 들떠 학교 분위기가 어수선해짐을 방지하기 위함이다.

며칠 전 체육대회를 성황리에 잘 끝냈다. 날씨가 춥지 않을까 걱정을 했지만 화창한 가을 날씨와 아이들의 열정이 하나 되어 전 체육교사가 정말 환상적인 체육대회를 만들어 냈다. 햇빛에 그을린 구리 빛 얼굴로, 방과 후 운동장에서 여러 구기 종목의 예선을 진행하면서 체육대회 당일까지 모든 체육선생님들이 2주간의 대장정을 깔끔하게 마무리 했다. 체육대회를 마치고 전체 체육선생님들이 함께 모여 고기를 흡입하며 서로의 칭찬을 줄기차게 늘어놓는 시간은 언제나 즐겁다.

학생들의 체육대회를 마치고 교직원 체육대회를 간단하게 마련하여 실시하자는 의견이 들어왔다. 이런 기획은 식은 죽 먹기다. 교직원 화합을 위해 각 부서들을 여러 모둠으로 묶어 진행하기로 했다. 모둠별 장애물 달리기, 플라잉디스크 던지기, 제기차기, 농구 자유투 등 신체에 무리가지 않는 수준의 종목들을 선정하여 야유회 수준으로 준비하여 운영하였다. 아이들 체육대회를 준비하며 피곤에 지쳤던 교직원들이 오래간만에 방긋 웃으며 동심으로 돌아갔다.

> 단위 학교 자체적으로 준비하는 교직원체육대회는 예상보다 많은 선생님들이 적극적으로 참여한다. 약간의 상품으로 경쟁체제를 구축하면 선생님들은 아주 적극적인 야수로 순간순간 변신하게 된다. 무리한 종목의 선정은 절대 금물이다. 한 선생님의 부상으로 인한 파장이 심각한 수준으로 돌아오기 마련이다. 간단한 친목도모를 위한 체육활동으로 생각하고 계획하면 된다. 운동을 한 후 간단한 뒷풀이 음식을 함께하며 그동안 나누지 못했던 여러 가지 이야기꽃도 활짝 피우게 된다. 교장선생님과 교감선생님에 대한 건의사항도 이런 자리에서는 쉽게 나오게 된다. 좋은 분위기에서 웃으며 건의사항을 말씀드리면 아주 긍정적으로 고려해주시고 살펴주시는 경향이 있으시다. 가끔 분위기 파악하지 못하시고 교장, 교감 선생님께 눈치 없이 들이대는 선생님도 계시니 자리를 잘 파악하고 앉아야 한다.

[그림 1.46] 교직원 체육대회 모습

[표 1.39] 교직원 체육대회 계획안 예시

○○○○년도 ○○중학교 교직원 체육대회

1. 일시 : ○○○○년 ○월 ○○일(○요일) 15:00 ~ 17:00
2. 장소 : 4층 강당
3. 대회진행 및 조직
   가. 대 회 장 : 교 장
   나. 부대회장 : 교 감
   다. 총진행 및 심판 : ○○○
4. 경기방법 : 미니 올림픽(단체줄넘기, 보디가드피구, 이어달리기)을 실시하여 최종합계 점수가 높은 팀이 우승하는 것으로 하다
5. 세부계획
   가. 팀 구성

구분 \ 종목	남	여	응원단장
사랑팀(○○명)	○○○, ○○○, ……	○○○, ○○○, ……	○○○
하나팀(○○명)	○○○, ○○○, ……	○○○, ○○○, ……	○○○

   나. 단체줄넘기
      ◆ (줄 돌리는 사람 포함) 총 10명이 참여한다. 단, 성별에 따른 인원수는 줄넘기 실시 순간 양 팀의 상황에 맞도록 결정 한다.
      ◆ 제한시간(1분) 내에 줄을 넘는 총 회수를 합산한다.(단, 줄을 넘다 도중에 걸리는 경우, 회수에서 제외)
   다. 보디가드 피구
      ◆ 게임은 각 팀 남교사 8명, 여교사 17명으로 진행한다.
      ◆ 각 팀별 대표교사를 1명씩 선출하여 선수선발은 자체적으로 해결할 수 있도록 한다.
      ◆ 2승을 먼저 선취한 팀이 이기는 것으로 한다.
   라. 이어달리기
      ◆ 두 팀은 각각의 인원수와 남녀 성별을 맞추어 주자를 정열한다.
      ◆ 아래의 그림과 같은 코스를 따라 이어달리기를 실시한다.

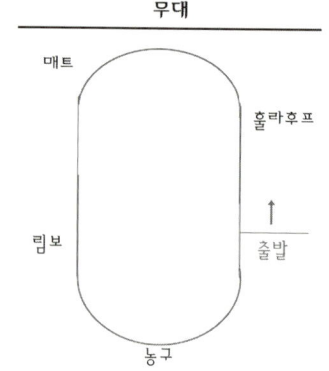

※ 코스별 활동내용

1. 출발 (바통터치)
2. 훌라후프 : 허리에서 10회 돌리기
3. 매트 : 통과하기
4. 림보 : 자세는 꼭 갖추어서 통과!
5. 농구
   - 남 : 골밑슛
   - 여 : 백보드 맞추기

4. 우리 체육활동 자랑하는 날, 학교평가 및 담임장학

평가받는다는 것에 마음의 부담을 느끼지 않을 사람들이 과연 있을까? 거짓을 설명하거나 표현할 필요도 없다. 사실만을 보기 좋게 잘 포장하고 준비하면 그만이다. 3-4년마다 찾아오는 학교평가. '학교평가'가 아닌 '우리학교의 자랑'을 준비한다고 생각한다면 업무로 인한 스트레스를 받지 않고 즐겁게 대비할 수 있을 것이다. 교실수업개선을 위해 어떠한 노력을 기울이고 있는지? 교과 전문성 신장을 위해 어떠한 지원을 유지하고 있는지? 보건교육에 어떠한 노력을 기울이고 있는지? 학생체력증진을 위해 어떠한 프로그램을 운영하고 있는지? 학교급식의 안전관리를 위해 규정을 완벽하게 준수하고 있는지? 학교체육을 위해 어떠한 특색사업을 운영하는지? 학교스포츠클럽 대회를 위해 많은 교사들의 관심이 원활하게 이루어지고 있는지? 방과후학교 프로그램을 교육 수요자의 요구에 맞춰 다양하고 알차게 준비하여 운영하고 있는지? 교실운영은 어떻게 합리적으로 하고 있는지? 학생들의 생활지도는 효과적으로 진행되고 있는지? 학부모님들은 학교의 교육과정 운영에 얼마만큼의 만족도를 보이고 있는지? 등 확인하고 점검해야 할 리스트로 가득하다.

학교평가를 위해 학교 전체의 부장교사들과 부원들이 합심하여 움직여야 한다. 협조체제를 제대로 구축하지 못하면 어느 개인의 업무가 돼버려 무척 큰 일이 되지만, 조금씩 배려하고 협조한다면 함께 못 오를 산도 아님을 간과해서는 안 된다. 지금 나에게 주어진 일도 잘 처리하고 계획하지 못하는데 지난 몇 년간의 업무정리와 함께 과거자료를 들춰내는 것이 그다지 즐거운 일만은 아닐 것이다. 그래도 목차를 하나하나 확인하며 지워가는 재미가 있으니 다행이다.

> 학교의 자율에 따라 큰 틀은 유지하되 다양한 방식으로 준비하여 학교평가를 받고 있다. 3-4명 정도의 평가관의 이목을 끌 수 있도록 학교에서 운영 중인 자랑하고 싶은 프로그램은 앞에 커다랗게 보이도록 할 것이고, 그렇지 못한 것은 약간 감추기 위해 노력할 것이다. 거의 모든 학교에서 동일한 틀에 따라 운영하는 학사일정일지라도 어떠한 창의적인 방법으로 학교를 효율적으로 운영하느냐를 중점적으로 점검하게 된다. 학교평가는 보통 연구부에서 맡아 운영하게 되는데 학교평가가 예정되어 있는 해에는 교직원 모두가 이 부서에 지원하는 것을 기피하곤 한다. 그래도 묵묵히 지원하여 업무를 추진하는 연구부 선생님들께 큰 박수 짝짝짝!!!

○○중학교

◇ 건강과 즐거움을 동시에! ○○중 스포츠클럽 활동 ◇

□ 목적

학생들의 자율체육 활성화를 통한 건강체력 증진 및 운동기능 계발하고, 각종 대회에 참가하여 활기찬 학교분위기 형성 도모함과 동시에 1인 1운동을 생활화하여 평생체육의 기반을 조성

□ 학교스포츠클럽 현황 및 활동

구성 현황	• 농구반(A,B), 배드민턴 반, 풋살반, 연식야구반, 댄스동아리, 마라톤반, 스케이트 반(A,B), 볼링반 등 총 10개 반 운영 • 20○○년 현재 남학생 250명, 여학생 80명으로 총 320명이 스포츠클럽활동에 참여 • 방과후(방학중)수업, 계발활동 수업, 동아리 활동 등으로 운영
활동 내용	• 교내 춘계 구기대회 및 추계 체육대회, ○○제(축제) 참여 • 교육청 주최의 각종 체육대회 및 학교스포츠클럽대회 참가 • ○○유스챔피언대회 참가 등

□ 학교스포츠클럽 대회 및 각종대회 참가 입상 결과

년도	입상내역
20○○	• 교육감기육상대회 3위(1명) • ○○유스챔피언대회 댄스부문 금상
20○○	• 제○회 건강교실 사제동맹 줄넘기 발표회 ○○시 1위 • 교육감기육상대회 남중 세단뛰기 1위 • ○○유스챔피언대회 댄스부문 금상	• ○○교육청 교육감기육상대회 입상 - 1위(6명), 2위(3명), 3위 4명 • ○○교육청 스포츠클럽대회 여중티볼 3위 • ○○학생동아리한마당(댄스부문) 본선진출
20○○	• ○○유스챔피언대회 댄스부문 대상 • ○○교육청 교육감배육상대회 입상 1위(1명) 2위(1명), 3위(2명)	• ○○교육청 학교간경기대회 배드민턴 2위 • ○○동부교육청 학교간경기대회 농구 3위

□ 기대효과

가. 평생 건강의 기반이 되는 청소년기 기초체력 확보
나. 팀 스포츠 경기 참가를 통한 바람직한 사회성 함양
다. 성인기 삶의 질을 높일 수 있는 평생체육으로서의 기반 마련

[그림 1.47] 학교평가(체육교육부 활동 안내문) 예시

5. 결승선, 테이프를 눈앞에 두고!

　벌써 달력의 마지막 부분만이 덩그러니 남아있다. 1년 간 학교 일이 아닌 사람들과 함께 교육과정을 진행했다. 아쉬운 부분도 있고 참 잘했다고 스스로 평가하고 자축하게 된다. 이제 곧 겨울방학이라는 결승선을 통과하게 되지만 결승선은 또 다른 출발선을 의미하는 듯하다. 벌써 내년을 걱정하고 계획하는 나의 모습을 발견하게 되기 때문이다.

　내년엔 두 분의 선생님께서 학교를 옮기신다. 개인적인 사정으로 인해 이사를 가시는 분도 계시고, 학교근무년도 만기로 인해 더 이상 우리학교에서 근무를 하실 수 없는 선생님이 계시다. 너무도 열심히 우리학교와 부서를 위해 노력해주신 분들이라 떠나 보내드리기가 무척이나 아쉽다. 내년도 부서원 조직을 어떻게 해야 할지, 업무분장을 어떻게 조정해야 할지가 벌써부터 걱정이다. 좋은 분들과 함께 할 수 있기만을 간절히 바랄뿐이다.

　한편 우 부장은 체육과의 가장 큰 행사인 체육대회의 날짜를 내년도 달력을 보며 조정하고 있다. 체육대회 다음 날은 무조건 토요일이 되도록, 중간고사 일정과 겹치지 않도록, 다른 교과와의 학사일정을 고려하여 5월 중순으로 최종 결정하였다. 1년 전의 일정을 미리 계획한다는 것이 살짝 부담스럽긴 하지만 지금 결정된 것이 연간계획으로 수립되어 모든 일정표에 포함되니 반드시 진지한 협의회를 거쳐 결정해야 할 중요한 사항이다.

"부장님, 체육교육과 부서 교육활동 평가서 제출 부탁드립니다."

"뭐, 1년간 한 일도 없는데요?"

"아니 왜 그러세요? 학교의 거의 모든 업무의 주축이 되셨잖아요?"

"모든 것이 부원들이 열심히 뛰어준 덕분이죠!"

"저도 체육교육부에 근무하시는 분들이 열정적이어서 참 보기 좋았습니다."

"네, 감사드려요~ 빨리 작성해서 제출하겠습니다."

새로운 한 해를 계획한다는 것은 말 그대로 '멀리 내다보는' 현명한 눈을 가지고 있어야 한다. 학사일정을 고려함과 동시에 월별휴무와 학교의 분위기가 어떻게 돌아갈지에 대한 예리한 판단력을 지니고 있어야 한다. 한 번 결정된 사항이 아주 여러 곳에 포함되어 다른 업무에도 지대한 영향을 미치기 때문이다. 하나의 부서를 조직한다는 것과 한 해의 학교일정을 미리 계획한다는 것은 그리 쉽지만은 않은 일이다. 전반적인 흐름을 파악하고 그 흐름을 깨지 않는 수준을 유지하며 학교의 업무에 대해 정확히 숙지하고 있어야지만 해당 업무를 추진하고 기획할 수 있다.

[표 1.40] 해당연도 교육 활동 평가 및 차후년도 반영 계획 예시

◇ 부서별 2013학년도 교육 활동 평가 및 2014학년도 반영 계획 ◇

부서	추진 업무	평가			2013학년도 평가	2014학년도 반영 계획 (개선 사항 중심으로)
		우수	보통	개선		
체육교육부	학교 스포츠클럽 운영 (창의적재량활동 수업)	○				
	교내 체육대회 실시		○			
	학교 스포츠클럽리그 대회 참가 및 동아리활동 활성화	○				
	학교급식 메뉴 관리 및 급식질서 지도	○				
	⋮					
	⋮					
	▶ 2013 업무추진 우수사례					
	▶ 2014 역점 추진업무					
	▶ 2014 부서별 특색사업					
	▶ 2014 조정이 필요한 업무					
	▶ 기타 및 건의 사항					

6. 다시 새로운 학기를 준비하기 위해

동계방학은 또 다른 판을 짜는 소중한 시기이다. 1년을 돌아보고 또 다른 1년을 준비하는 알토란같은 기간이다. 기말고사 마무리 작업인 담당선생님들과 학생생활기록부를 차근차근 교차 점검하는 담임선생님들의 모습이 분주하다. 또 다시 인사이동이 이루어질 것이고 새로운 선생님들이 다시 우리학교의 식구가 될 것이다.

한편, 동계스키캠프 신청서를 제출한 학생이 40명 정도 된다. 관광버스 한 대로 간단히 강원도에 다녀올 계획이다. 벌써부터 아이들은 눈 덮인 들판을 내달리는 듯 환한 표정을 보인다. 스키캠프로 이번 시즌의 행사는 모두 종료될 것 같다. 안전사고에 유념하여 무사히 잘 다녀올 수 있도록 계획에 신중을 기해야겠다.

교육청에 PAPS 측정자료 보고도 원활히 잘 마쳤고, 방학기간에 나의 계발을 위해 신청한 연수준비도 모두 끝냈다. 설렁탕 한 그릇 하면서 1년간 여러 가지 도움 준 모든 부원들에게 감사의 마음을 전해야겠다.

> 하나의 일이 끝나면 늘 사람만이 남는다. 일을 준비하는 과정 속에서도 사람이 보이고, 일을 처리하는 순간순간의 언행을 통해 우리들은 누군가를 판단하게 된다. 매사에 긍정적인 자세를 보이며 학교에 꼭 필요한 사람이 되자. 그리고 자주 웃자. 즐겁고 유쾌한 사람이 되자. 꼭 다시 만나고 싶은 교육동반자가 되어야 하는 이유를 굳이 설명할 필요가 있을까?

[표 1.41] 동계스키캠프 실시 안내 가정통신문 예시

○○중학교 동계스키캠프 실시 안내문

본교에서는 학생들의 건전한 여가활동을 통해 심신을 단련하고 자연과 더불어 호연지기를 키우기 위해 20○○학년도 ○○동계스키캠프를 실시할 예정입니다. 아래 내용들을 참고하여 많은 학생들이 동계스키캠프에 참여할 수 있도록 학부모님들의 적극적인 협조 부탁드립니다.

1. 일   시 : 20○○년 1월 17일(월) ~ 1월 20일(수) 2박 3일
2. 장   소 : ○○○○○
3. 대   상 : 본교재학생 중 희망자
4. 예상인원 : 80~90명(선착순 마감)
5. 경   비 : 000,000원(예정)

내 역	1인당 소요경비
숙박비(콘도 2박), 식비(6식), 보험, 스키강습	000,000원
교 통 비	00,000원
합계	000,000원

* 스노우 보드 강습시 2만원 정도의 추가 비용 소요

--- 절 취 선 ---

참 가 희 망 서

20○○학년도 ○○동계스키캠프에 참가를 희망합니다.

학년	반	번호	이름	본인 휴대폰	부모님 휴대폰

2 부

체육교직실무의 실제

4장
체육과 개정 교육과정

1 2007 개정 체육과 교육과정

가. 체육과 교육과정 개정 배경

1) 체육과에 대한 외적 변화 요구
  가) 학생 체력 저하 및 건강문제 증가
  나) 주 5일제 수업 도입에 따른 여가 교육 필요성 증대 → 체육교육의 역할 강화 필요

2) 체육교육계 내적 변화 요구
  가) 체육 교과 위상 개선 필요
    ○ 학교교육의 목적 달성을 위해 공헌한 체육교과의 역할 재조명
    ○ 체육 수업 내용이 학교교육 철학이나 방향에 잘 부합하는지 재고
  나) 변화하는 국내외 체육교육의 모습을 국가 교육과정에 적극적으로 수용
    ○ 스포츠 기술의 습득에서 활동적인 생활 기술의 발달로 전환의 체육교육 모습 반영
    ○ 활동적인 삶을 계획하고 실천하는 능력을 함양하는데 목적
    ○ 학교체육의 방향은 학생들이 신체 활동의 본질을 이해하고 그 활동을 체험함으로써 자신의 삶을 활동적으로 영위하는데 초점을 두도록 함.

다) 체육과 교육과정 철학의 전환 요구
- ○ 과거 교육과정 철학 전환의 부재 및 운동기능 습득 지향의 체육과 교육과정 고수
- ○ 체육 교육의 주된 내용은 스포츠의 각 기능의 정확한 습득
  → 체육교육의 다양한 교육적 측면을 포기하는 결과

나. 7차 체육교육 과정 문제점

1) 성격 : 교육과정 개정 철학의 혼재

2) 목표 : 목표 영역의 분절적 접근

3) 내용 : 내용 선정과 조직 논리의 관행

4) 방법 : 교사 중심의 교수학습

5) 평가 : 평가의 타율성과 획일성

다. 2007 개정 체육과 교육과정 기본 방향

1) 체육과 교육과정 철학의 전환
 가) 스포츠 기능 중심(sport skill) → 활동적인 삶을 위한 생활 기술(life skill)
 나) 운동기능 중심 → 신체활동 가치 중심

2) 체육 교과의 본질 회복 : 인문성과 예술성 강화
 → 체육(신체활동)의 과학성과 예술성을 균형 있게 추구

3) 체육과 교육과정 내용 재개념화 : 신체활동의 개념 확장
 ⇒ 신체활동 지식(physical activity knowledge)을 중심으로 국가수준의 체육과 교육과정 내용이 선정, 조직되어야 함.

4) 단위학교와 체육교사의 교육과정 운영 자율권 강화

5) 교육과정 항목 간 연계성 강화
 가) 체육과 교육의 기본 방향, 성격, 목표, 내용, 방법, 평가의 연계성 확보
 나) 각 항목의 의미와 방향성을 명료화

라. 2007 개정 체육과 교육과정 주요 내용

1) 성격 : 신체활동 가치관 정립

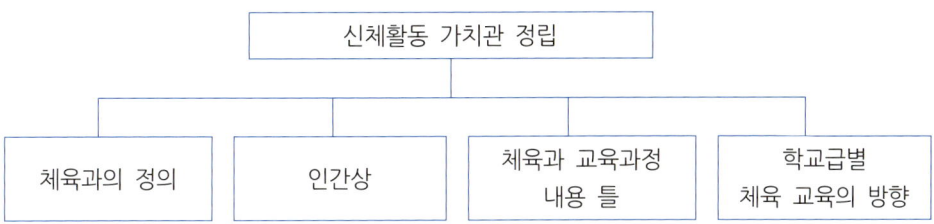

가) 체육과의 정의 : 체육의 개념과 체육 교과의 역할 확대
나) 인간상 : 신체활동을 종합적으로 체험함으로써 그 가치를 내면화하여 실행하는 사람
다) 내용 틀 : 건강, 도전, 경쟁, 표현, 여가라는 '신체 활동 가치'를 중심으로 편성
라) 학교급별 방향 : 초등학교(신체활동 가치의 기초 교육), 중등학교(신체활동 가치의 심화 교육) 으로 구분하여 지도.

2) 목표

체육과는 신체 활동 가치의 내면화와 실천을 통한 전인 교육을 목표로 한다. 즉, 신체활동을 통하여 활기차고 건강한 삶에 필요한 지식과 실천 능력, 자신의 미래를 계발하는데 필요한 도전 능력과 창의적 사고력, 공동체 생활에 필요한 선의의 경쟁력과 협력하는 태도를 함양한다.

3) 내용(체계)

[표 2.1] 2007 개정 체육과 교육과정 중등학교 내용체계

범례 : ◎ 대영역, ◆ 중영역, ○ 소영역, • 내용 요소

영역	중등학교			
	7학년	8학년	9학년	10학년
◎ 건강 활동	◆ 체력 관리 ○ 건강과 체력 관리 • 건강과 체력 요소의 관계 • 체력 증진 원리와 관리 방법 • 실천 의지력	◆ 체력 관리 ○ 체력 진단과 평가 • 체력 측정과 운동 처방 • 체력 관리 프로그램 설계 • 노력과 극기	◆ 건강 관리 ○ 자기 건강 관리 • 자기 건강 관리의 중요성 • 건강과 신체 관리 • 건강과 스트레스 관리 • 자아 존중	◆ 건강 관리 ○ 지역 사회 건강 관리 • 지역 사회의 역할과 활동 • 지역 사회의 건강 관리 방법 • 청소년의 건강한 성 문화 • 타인 존중과 상호 신뢰
	◆ 보건과 안전 ○ 건강 생활과 환경 안전 • 약물과 기호품 • 환경 오염 예방 • 자기 절제와 공동체 의식	◆ 보건과 안전 ○ 건강 생활과 생활 안전 • 성 역할과 성 폭력 • 사고 예방과 구급 처치 • 상황 판단력		
◎ 도전 활동	◆ 기록 도전 ○ 속도·거리 도전 • 역사와 과학적 원리 • 경기 방법과 기능 • 인내심 • 과거와 현대의 스포츠 경기 감상	◆ 표적/투기 도전 ○ 표적/투기 도전 • 역사와 과학적 원리 • 경기 방법과 기능 • 용기와 예절 • 우리나라와 외국의 스포츠 경기 감상	◆ 동작 도전 ○ 동작 도전 • 역사와 과학적 원리 • 경기 방법과 기능 • 자기통제 • 과거와 현대의 스포츠 경기 감상	◆ 도전과 경쟁 ○ 도전과 경쟁 스포츠 경기 • 경기의 특성과 유형 • 경기 방법과 운영 • 스포츠 정신 • 경기 분석과 감상
◎ 경쟁 활동	◆ 영역형 경쟁 ○ 영역형 경쟁 • 역사와 과학적 원리 • 경기 방법, 기능, 전략 • 리더십과 팔로우십 • 전통 스포츠와 뉴스포츠의 경기 감상	◆ 필드형 경쟁 ○ 필드형 경쟁 • 역사와 과학적 원리 • 경기 방법, 기능, 전략 • 사회적 책임감 • 전통 스포츠와 뉴스포츠의 경기 감상	◆ 네트형 경쟁 ○ 네트형 경쟁 • 역사와 과학적 원리 • 경기 방법, 기능, 전략 • 경기 예절 • 전통 스포츠와 뉴스포츠의 경기 감상	
◎ 표현 활동	◆ 창작 표현 ○ 심미 표현과 창작 • 특성과 유형 • 표현 방법, 창작, 감상 • 심미적 태도	◆ 창작 표현 ○ 현대 표현과 창작 • 역사와 유형 • 표현 방법, 창작, 감상 • 대인 관계	◆ 창작 표현 ○ 전통 표현과 창작 • 역사와 유형 • 표현 방법, 창작, 감상 • 전통 의식과 예절	◆ 창작 표현 ○ 움직임 예술과 창작 • 움직임 예술과 창작의 관계 • 표현 방법, 창작, 감상 • 창의적 태도
◎ 여가 활동	◆ 여가 문화 ○ 청소년 여가 문화 • 청소년기 여가 문화의 특성 • 청소년 여가 활동 체험 • 자기 이해	◆ 여가 문화 ○ 전통 여가 문화 • 우리나라의 전통 여가 유형 • 전통 여가 활동 체험 • 전통 문화 의식	◆ 여가 문화 ○ 지구촌의 여가 문화 • 다른 나라의 여가 유형 • 다른 나라의 여가 활동 체험 • 다문화 이해	◆ 여가 문화 ○ 여가 스포츠 문화 • 여가 스포츠 유형과 특성 • 여가 스포츠 체험과 감상 • 자기 계발

[표 2.2] 2007 개정 체육과 교육과정 고등학교 2,3학년 선택과목 내용체계

과목	내용 영역	내용 요소	신체 활동의 선택
운동과 건강 생활	건강과 자기 관리	• 건강한 신체와 정신의 개념 • 건강과 생활 습관의 관계 • 건강한 대인 관계의 중요성 • 건강과 생활환경의 관리	걷기(또는 오래 걷기), 계단 오르내리기, 건강 달리기, 자전거 타기, 줄넘기, 수영 등
	운동과 비만 관리	• 건강과 비만의 관계 • 비만의 원인과 문제점 • 비만 측정과 비만 해소 운동 방법 • 비만 관리 계획 및 운동 실천	
	운동과 체력 관리	• 건강과 체력의 관계 • 체력 저하의 원인과 문제점 • 체력 측정과 체력 증진 운동 방법 • 체력 증진 계획 수립과 운동 실천	근력 및 근지구력 운동, 심폐지구력 운동, 유연성 운동, 민첩성 운동, 순발력 운동 등
	운동과 체형 관리	• 건강과 체형의 관계 • 체형 이상의 원인과 문제점 • 체형 진단과 체형 관리 운동 방법 • 체형 관리 계획 및 운동 실천	에어로빅스, 스트레칭 체조, 요가, 발레 등
	운동과 스트레스 관리	• 건강과 스트레스의 관계 • 과도한 스트레스의 원인과 문제 • 스트레스 측정과 스트레스 해소 운동 방법 • 스트레스 관리 계획 및 운동 실천	단전호흡, 테니스, 배드민턴, 탁구, 볼링, 골프 등
스포츠 문화	스포츠 정신문화	• 스포츠의 역사와 전통 의례 • 스포츠의 개인적 윤리와 사회적 윤리	· 개인 스포츠 중 택 1 이상 · 단체 스포츠 중 택 1 이상
	스포츠 경기 문화	• 스포츠 경기 참여자의 역할과 임무 • 스포츠 경기 기능과 전략 • 스포츠 경기 용어와 규칙 • 스포츠 경기의 진행 절차와 운영 방법	
	스포츠 축제 문화	• 스포츠 행사의 유형과 기능 • 스포츠 축제의 특성과 역할 • 스포츠 축제와 미디어 및 산업의 기능과 관계	
	스포츠 예술 문화	• 스포츠 활동의 동적 및 정적 운동미 • 스포츠 활동 자원의 심미성	
스포츠 과학	스포츠 과학의 역사	• 스포츠 과학의 기원과 발전 과정 • 스포츠 과학의 역할과 성과 • 스포츠 과학과 체육의 미래	· 개인 스포츠 중 택 1 이상 · 단체 스포츠 중 택 1 이상 · 체력 운동
	스포츠 과학의 분야	• 스포츠 활동의 생리적 현상과 원리 • 스포츠 활동의 역학적 현상과 원리 • 스포츠 활동의 심리적 현상과 원리 • 스포츠 활동의 사회적 현상과 원리	
	스포츠 과학의 적용	• 스포츠 과학과 운동 기능 향상 • 스포츠 과학과 경기력 향상 • 스포츠 과학과 체력 및 정신력 증진	
	스포츠 과학과 진로	• 스포츠 과학의 분야와 체육 관련 진로 • 스포츠 과학의 분야와 직업 세계	

2부 체육교직실무의 실제

4) 교수·학습 방법 : 개별성, 통합성 강조

5) 평가 : 내용과 방법의 다양화

2 2009 개정교육과정(미래형 교육과정)과 체육교과 운영

가. 미래형 교육과정의 개정 방향

1) 국가 사회적 요구사항의 반영

2) 현행 교육과정 진단

3) 교육과정에 대한 사고의 전환

나. 미래형 교육과정의 주요 특징

1) 공통 교육과정과 선택 교육과정의 재설정

2) 교과별 수업시수 20% 증감 허용

3) 학년군, 교과군 도입을 통한 집중이수로 학기당 이수 교과목 수 축소

4) 창의적체험활동 도입

5) 학생 진로 희망을 감안한 맞춤형 교육과정 운영

6) 기타 사회적 요구 사항 반영

[표 2.3] 2007 개정 교육과정과 2009 개정 교육과정의 주요 차이점

구 분	2007 개정교육과정	2009 개정 교육과정

초·중·고 공통사항	• 용어 - 국민공통기본교육과정
	       - 선택중심 교육과정
	• 교과명 : 외국어(영어)
	• 특별활동, 재량활동
		• 용어 - 공통 교육과정
		       - 선택 교육과정
		• 교과명 : 영어
		• 창의적 체험활동

초·중·고 공통사항		• 학년군, 교과군 개념 • 교육과정 자율권 확대 • 교과 교실제 운영 활성화 유도 • 학습부진아, 다문화 가정 자녀 등에 대한 특별한 배려와 지원 • 학교 교육과정 편성·운영 지원을 위한 국가 및 시·도 교육청 지원 사항 신설
중학교	• 선택과목 - 한자, 정보, 환경, 생활 외국어, 보건 등	• 선택과목 - 한문, 정보, 환경, 생활 외국어, 보건 등 • 학기당 이수과목 수를 8개 이하로 편성
고등학교	• 고 1교과 필수 • 총 이수단위 : 210단위 • 외국어 계열 고등학교 전문교과 이수단위의 50%를 전공외국어로 하고 전공 포함 3개의 외국어 교육	• 고교 모든 교과 선택 • 총 이수단위 : 204단위 • 학기당 이수과목 수를 8개 이하로 편성 • 다른 학교에서의 이수를 인정 • 대학과목 선이수제의 과목을 개설할 수 있고, 국제적으로 공인받은 교육과정 과목 선택 인정 • 과학, 영어, 예술 등 영역별 중점학교 운영 가능 학교자율과정의 50% 이상을 관련 교과목으로 편성 • 외국어 계열 고등학교 전문교과 이수 단위의 60%를 전공외국어로 하고, 전공 외국어 포함 2개의 외국어 교육
범교과 학습요소	• 민주시민교육, 경제교육 등 35개 요소	• 녹색교육, 한자교육, 한국문화사 교육 추가

3. 창의적 체험활동 및 독서교육지원시스템

가. 창의적체험활동이란?

교육과학기술부 장관이 초·중등교육법 제 23조 제 2항에 의거하여 교육과정 문서로 결정·고시한 국가 수준의 교육과정 기준에서는 창의적 체험활동의 성격을 다음과 같이 규정하고 있다(교육과학기술부, 2009a).

> 창의적 체험활동은 교과 이외의 활동으로서 교과와 상호보완적 관계에 있으며, 앎을 적극적으로 실천하고 나눔과 배려를 할 줄 아는 창의성과 인성을 겸비한 미래지향적 인재 양성을 목적으로 한다. 창의적 체험활동은 기본적으로 자율성에 바탕을 둔 집단 활동의 성격을 지니고 있으며, 집단에 소속된 개인의 개성과 창의성도 아울러 고양하려는 교육적 노력을 포함한다.
>
> 창의적 체험활동 교육과정은 자율활동, 동아리활동, 봉사활동, 진로활동의 4개 영역으로 구성된다. 각 영역별 구체적인 활동 내용은 학생, 학급, 학년, 학교 및 지역사회의 특성에 맞게 학교에서 선택하여 융통성이 있게 운영할 수 있다. 여기에 제시되는 영역과 활동 내용은 권고적인 성격을 띠고 있으며, 학교에서는 이보다 더 창의적이고 풍성한 교육과정을 선택과 집중하여 운영할 수 있다.
>
> 초등학교의 창의적 체험활동에서는 학생의 기초생활습관의 형성, 공동체 의식의 함양, 개성과 소질의 발현에 중점을 둔다. 중학교의 창의적 체험활동에서는 남과 더불어 살아가는 태도의 확립, 자신의 진로에 대한 탐구, 자아의 발견과 확립에 중점을 둔다. 고등학교의 창의적 체험활동에서는 학습자의 다양한 욕구를 건전한 방향으로 유도하고, 원만한 인간관계를 형서하며 진로를 선택하여 자아실현에 힘쓰도록 하는데 중점을 둔다.
>
> 창의적 체험활동에서는 학생의 자주적인 실천 활동을 중시하여 학생과 교사가 공동으로 협의하거나 학생들의 힘으로 활동 계획을 수립하고 역할을 분담하여 실천하게 한다. 지역과 학교의 독특한 문화 풍토를 고려하여 특색 있고, 인적 물적 자원과 시간을 폭넓게 활용하여 융통성 있게 운영하는 것이 중요하다.

나. 창의적 체험활동 내용

[표 2.4] 창의적 체험활동의 내용 체계

영 역	성 격	활 동
자율활동	학교는 학생 중심의 자율적 활동을 추진하고, 학생은 다양한 교육 활동에 능동적으로 참여한다.	◦ 적응 활동 ◦ 자치 활동 ◦ 행사 활동 ◦ 창의적 특색 활동 등
동아리활동	학생은 자발적으로 집단 활동에 참여하여 협동하는 태도를 기르고 각자의 취미와 특기를 신장한다.	◦ 학술 활동 ◦ 문화 예술 활동 ◦ 스포츠 활동 ◦ 실습 노작 활동 ◦ 청소년 단체 활동 등
봉사활동	학생은 이웃과 지역사회를 위한 나눔과 배려의 활동을 실천하고, 자연환경을 보존한다.	◦ 교내 봉사활동 ◦ 지역사회 봉사활동 ◦ 자연환경 보호활동 ◦ 캠페인 활동 등
진로활동	학생은 자신의 흥미, 특기, 적성에 적합한 자기 계발 활동을 통하여 진로를 탐색하고 설계한다.	◦ 자기 이해 활동 ◦ 진로 정보 탐색 활동 ◦ 진로 계획 활동 ◦ 진로 체험 활동 등

다. 창의적 체험활동 종합지원시스템(에듀팟)

1) 창의적체험활동 종합지원시스템이란?

창의적 체험활동 종합지원시스템은 학생이 교과외 활동인 창의적 체험활동 상황을 온라인상에서 자율적으로 누가 기록·관리할 수 있는 시스템이다. 이와 같은'창의적 체험활동 종합지원시스템'은 학생이 언제 어디서든지 로그인하여 학교내·외에서 교과 이외의 활동을 스스로 기록 관리하여 의미 있고 소중한 학교생활 포트폴리오를 만들어 나가는 사이버 공간이다.

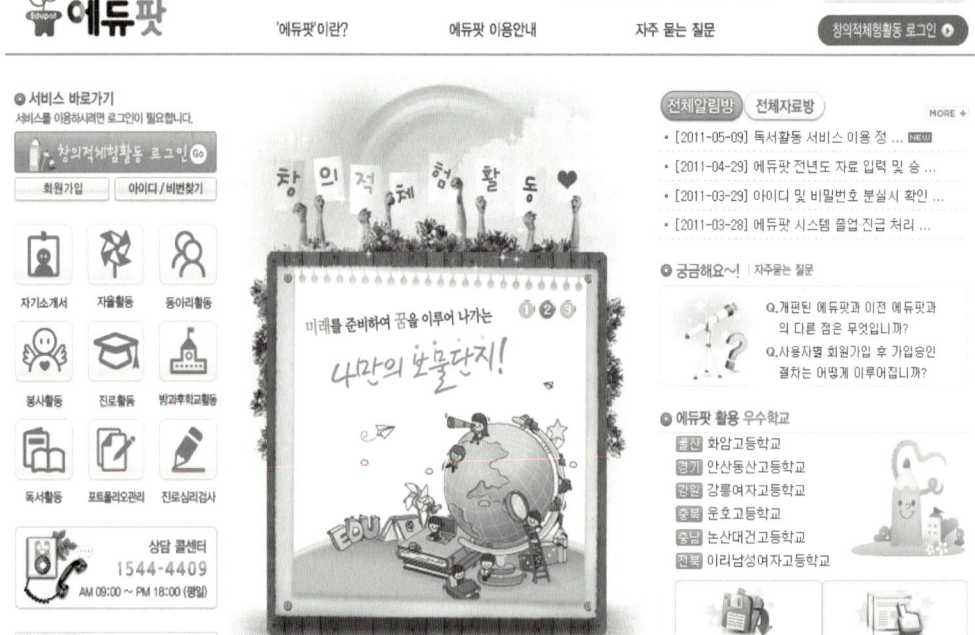

[그림 2.1] 창의적체험활동 종합지원시스템 메인화면(에듀팟)

2) 운영 원리

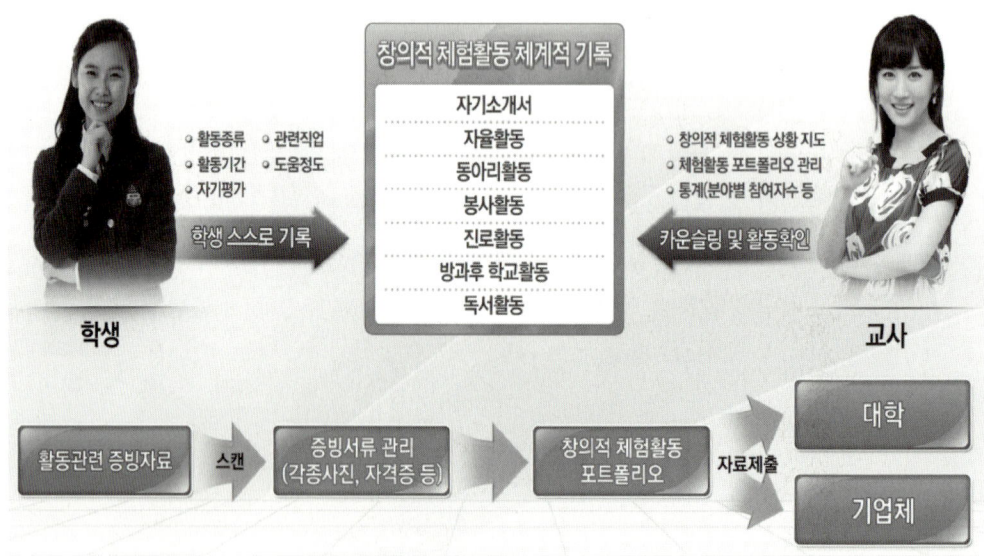

3) 기재 내용

영 역	기록내용
자기 소개서	인적사항, 성장과정, 가족환경, 역경극복사례, 지원동기, 향후 학업 및 진로계획 (진학용, 취업용)
자율활동	적응활동, 자치활동, 행사활동, 창의적특색활동(체험활동, 범교과학습 등)
동아리활동	학술활동, 문화예술활동, 스포츠활동, 실습노작활동, 청소년단체활동 등
봉사활동	교내봉사활동, 지역사회봉사활동, 자연환경보호활동, 캠페인 활동 등
진로활동	진로상담, 진로탐색 및 체험활동, 자격증 및 인증(고등학생 대상)
방과후학교활동	지속적으로 참가한 특기적성 중심의 방과후학교 활동 내용
진로심리검사	커리어넷과 워크넷의 진로, 적성, 심리검사 활용
부가서비스	학교정보, 진로활동, 진학정보, 학과정보 등

라. 독서교육지원시스템 : 컴퓨터 기반 독서활동 온라인지원 프로그램

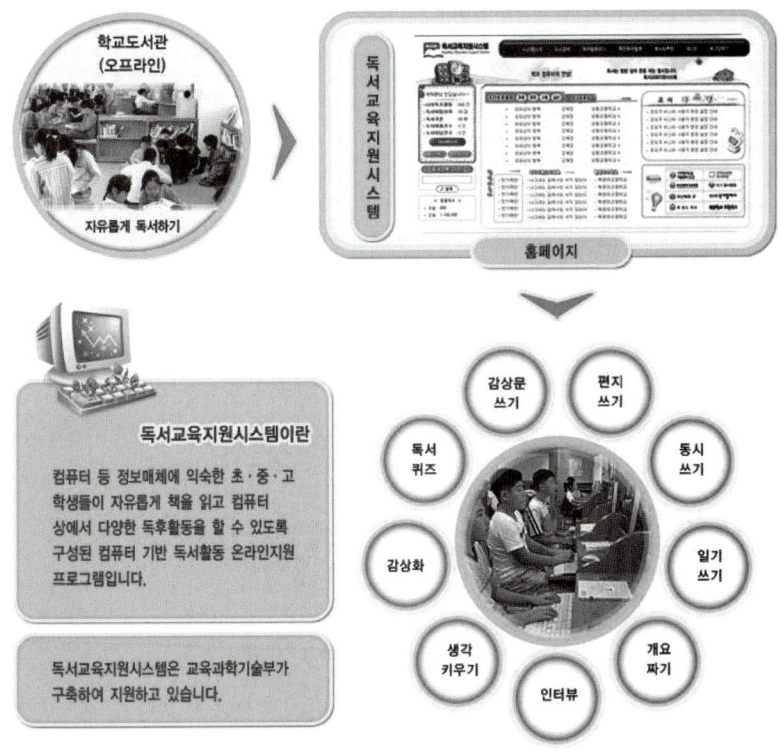

<참고자료> 자기주도적 진로 포트폴리오 작성을 위한 준비

1. 자기주도적 진로 포트폴리오 작성의 필요성

　진로 포트폴리오는 개인의 능력 및 경력을 증명하거나, 교육이나 훈련을 받은 준비 정도를 증명하기 위해 진로와 관련된 자료를 체계적으로 수집·정리한 것을 의미합니다. 이러한 진로 포트폴리오는 반성적·자기주도적 진로 개발 과정의 기록과 학부모의 자녀 진로선택에 필요한 활용 자료로도 필요합니다. 또 대학 입시에 있어서 학생부의 보완 자료가 될 수 있고 특히 입학사정관제를 대비한 자료로서도 매우 유용하게 활용될 수 있습니다. 또한 현대인은 다양하고 세분화된 직업의 세계 속에서 자신에게 최적의 직업을 찾기 위한 노력을 필요로 합니다. 이러한 노력의 구체적인 시작은 진학을 앞에 둔 고등학생 시절에 그 필요성이 더욱 부각됩니다. 직업에 대한 교육이나 경험을 통한 준비 정도 뿐 아니라 능력 및 경력을 증명힐 수 있는 자료를 체계적으로 수집, 정리하는 진로 포트폴리오를 구성함으로써 진로와 진학을 연결시킬 수 있기에 용이합니다. 또한 대학 입시에 가장 신뢰성이 있는 학생부를 보완하고 심층적으로 설명할 수 있는 자료로 매우 유용하게 활용할 수 있습니다.

2. 자기주도적 진로 포트폴리오의 내용 구성

　진로 포트폴리오는 개인의 능력 및 경력을 증명하거나, 교육이나 훈련을 받은 준비 정도를 증명하기 위해 진로와 관계된 자료를 체계적으로 수집, 정리한 것이므로 이 안에는 개인의 모든 것이 포함된다고 할 수 있습니다. 단지 진로 포트폴리오가 진로와 연관될 때에는 생애 설계를 바탕으로 해서 자아 성취를 위한 노력이 담겨 있어야 합니다.

항목	구성 내용(예)
생애설계	진로심리검사자료, 진로계획서, 자기소개서, 학업계획서, 진로에세이, 일기
성적자료	성적표(정기고사, 모의고사 성적표), 성적분석자료 등
대회참가	참가신청서, 대회사진, 참가작품, 수상목록, 상장, 대회준비자료 등
특별활동	봉사활동, 체험활동, 자치활동, 계발활동, 종교활동, 단체활동, 공연·행사활동, 적응활동 등
독서이력	독서목록, 독서이력기록장, 독후감, 도서내용요약, 독서계획서 등
직업체험	직업체험보고서, 인턴십, 아르바이트 경력기록장 등
대학탐방	대학탐방보고서, 학과탐방보고서, 대학프로그램, 캠프 등 참가자료 등
자격증, 인증	자격증 목록, 자격증, 인증목록, 인증서 등
교과세부사항	방과후학습 수강목록, 공모전 참가목록, 교과관련 현장학습 목록 등
취미, 특기	취미활동, 특기활동, 체육활동(경기관람목록), 여가활동(여행목록), 문화·예술(영화감상목록) 등
추천서	추천서, 예비추천서, 자기추천서 등
학습결과	학습활동자료(책, 공책, 과제물, 보고서, 활동지), 작품 등
사진, 동영상	기록사진, 작품사진, 기록동영상 등
네트워크	인간관계, 조직관계 등
자료수집	학습자료, 진학자료, 진로자료 등

4 학교스포츠클럽 활동(체육시수 4,4,4)

가. 추진배경

○ '학교스포츠클럽 활동'을 통하여 체력을 증진하고 학업 스트레스 등에서 벗어나 **'바른 인성'**을 **함양**할 수 있도록 체육활동 확대

   * 학교폭력근절 종합대책('12.2.6)의 일환으로 '학교스포츠클럽활동' 개설 관련 중학교 체육수업시수 확대 추진('12.2.14)

○ 중학교 재학 중 **학생 개인별**로 평생 동안 즐길 수 있는 **한 가지 이상 운동**을 **습득**해서 심신이 건강한 시민 육성

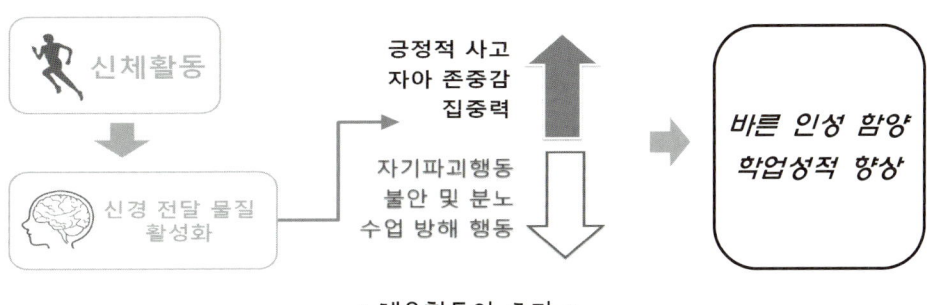

< 체육활동의 효과 >

   * 출처 : 심리학적 관점에서의 신체활동 효과(Flook et al., 2005)

나. 활성화 방안

❑ 기본방향

○ 창의적 체험활동의 '학교스포츠클럽 활동'은 학생이 **희망하는 종목을 조사**하여, **학급수·시설여건·강사채용여건** 등을 종합적으로 고려하여 **개설 종목 결정**
   - 학생들이 원하는 경우 **학기별로 종목 변경 허용**

○ 방과후 스포츠클럽 활동·토요스포츠데이와 연계한 강사 및 시설 활용 등을 통해 **학생의 스포츠클럽 활동 활성화**

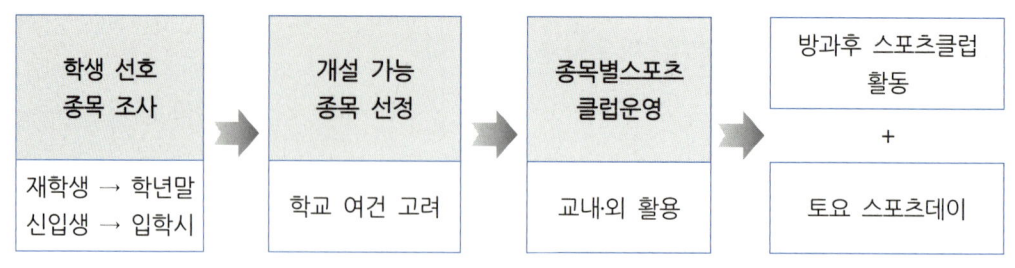

< 업무 흐름도 >

❑ 세부지원방안

1 시간표 작성(안) 제시
   ○ 학교 규모별 **시간표 편성 예시 안내**, 중학교 '학교스포츠클럽 활동' **정착 지원단 컨설팅**을 통한 시간표 편성 지원

< 학교스포츠클럽 시간표 반영 우수 사례(서울 신방학중) >

- **(공감대 형성)** 학교장 주관 **교직원회의를 7차례** 실시하여 교직원의 공감대 및 합의 도출
- **(학생수요조사)** 학생 희망 조사 후 학교여건에 맞는 **10종목 선정**
  * 4~6개 학급을 8~10종목으로 운영
- **(강사선정)** 선정된 학교스포츠클럽 종목 중 창체담당 **교사가 지도 가능한 종목 우선 선정** (4~5종목) → **스포츠강사를 채용**하여 잔여 종목(5종목) 지도
- **(체육교사협조)** 체육담당 교사들이 스포츠클럽활동 담당 창체교사 **종목별 지도 연수** 및 스포츠클럽 활동 시 순회 지도

< 유형별 시간표 예시 >

① 중규모 학교 동일학년 동일시간대 편성Ⅰ (00중, 27학급, 936명)

교시	월	화	수	목	금	토
...						
7	학교스포츠클럽 (2학년)	학교스포츠클럽 (1학년)		학교스포츠클럽 (3학년)	학교스포츠클럽 (3학년)	토요 스포츠 데이
		방과후 스포츠 활동		방과후 스포츠 활동		

※ 한 학년이 특정시간에 '학교스포츠클럽 활동'을 동시에 운영

② 소규모 학교 동일학년 동일 시간대 편성 Ⅱ (OO중, 12학급, 349명)

교시	월	화	수	목	금	토
3						토요 스포츠 데이
4	1학년 전체					
5	3학년 전체					
6						
7	2학년 전체	방과후 스포츠 활동		방과후 스포츠 활동		

※ 인근학교와 협조하여 스포츠강사 채용에 용이

③ 중규모, 대규모 학교 동일학년 중 일부 학급씩 동일 시간대 편성
  (OO중, 29학급, 951명)

교시	월	화	수	목	금	토
…						토요 스포츠 데이
4						
5	학교스포츠클럽 (3학년 1~6)	학교스포츠클럽 (1학년 1~4)	학교스포츠클럽 (2학년 1~4)	학교스포츠클럽 (3학년 7~11)		
6	학교스포츠클럽 (3학년 1~6)	학교스포츠클럽 (1학년 5~9)	학교스포츠클럽 (2학년 5~9)	학교스포츠클럽 (3학년 7~11)		
		방과후 스포츠 활동		방과후 스포츠 활동		

※ 학년별 매시간 8~10종목 운영(일반교사 4~5명, 스포츠강사 5명)

④ 학년별 2시간 블록타임 스포츠클럽 활동 (OO중, 22학급, 601명)

교시	월	화	수	목	금	토
4						토요 스포츠 데이
5						
6			학교스포츠클럽 1,2학년 전체		학교스포츠클럽 3학년 전체	
7		방과후 스포츠 활동		방과후 스포츠 활동		

※ 1, 2학년 격주로 2시간씩, 3학년은 매주 2시간씩 운영

⑤ 소규모 학교 무학년제 스포츠클럽 활동 (OO중, 6학급, 192명)

교시	월	화	수	목	금	토
4						토요 스포츠 데이
5						
6					학교스포츠클럽 1,2,3학년 전체	
7		방과후 스포츠 활동		방과후 스포츠 활동		

※ 1, 2학년 격주, 3학년은 매주 블록타임 운영(창체 활용 사례), 내·외부 시설 활용

☞ 참고 : 위반 사례 (F중, 28학급, 873명)

교시	월	화	수	목	금	토
1		학교스포츠클럽 (1학년 2반)			학교스포츠클럽 (3학년 3반)	토요 스포츠 데이
…	학교스포츠클럽 (1학년 1반)			학교스포츠클럽 (1학년 3반)		
5		학교스포츠클럽 (2학년 2반)	학교스포츠클럽 (2학년 3반)		학교스포츠클럽 (1학년 4반)	
6	학교스포츠클럽 (2학년 1반)		학교스포츠클럽 (3학년 1반)	학교스포츠클럽 (2학년 4반)		
	방과후 스포츠 활동	방과후 스포츠 활동	학교스포츠클럽 (3학년 2반)	방과후 스포츠 활동	방과후 스포츠 활동	

※ 학생의 선택을 고려하지 않고 학급별로 학교스포츠클럽 운영
※ 한 학기 동안 모든 학급 대상으로 동일 종목을 실시하거나 몇 개 종목을 기간을 정해서 실시

2 강사 지원

○ (강사요원) 대학(4년제, 2년제) 체육교육학과 및 체육·무용계열 졸업자 13,786명 ('11년 통계, KEDI), 지역별 생활체육지도자, 대학 재학생, 열정과 관심이 있는 일반교과 교사 중 종목별 지도 가능 교사 등 활용

'12년 강사채용	'13년 강사채용	인력충원 자원
■ 2,138교 4,427명 채용 ■ 주당 담당 시수 - 스포츠강사 50.8% - 일반교사 38.3% - 체육교사 10.9%	■ 3,163교 약 6,600여명 예상	■ 체육대학졸업자: 13,786명 ■ 대학재학생(4학년): 8,582명 ■ 생체지도자: 2,120명 ■ 기타: 체육소위선발: 380명 ※ 총 24,878명 활용 가능

예산	477억 특교: 143억, 교특: 334억	예산	729억 총액인건비: 494억 교특: 235억

③ 시설이용

○ **(학교 유휴 공간 활용)** 학교의 유휴교실 및 체육활동 이용 가능 공간(옥상, 테라스, 대피처, 창고 등) 등을 **활용**하여 학교스포츠클럽 활동 실시

※ 단, 교육활동 장소 선정 시 학생의 안전을 최우선으로 고려

- 학교자체 예산활용, 시도교육청의 시설 개선 지원, 지역현안사업 특교 신청 시 교과부에서 우선 반영

※ 스포츠클럽활동 내실화를 우선 지표로 활용하여 지역현안사업 특교 선정

< 유휴교실, 공간 활용 사례 >

- (서울 신방학중) 유휴교실을 학교스포츠클럽 사격종목 활동 공간으로 활용
- (울산 온산중) 창고를 학교스포츠클럽 댄스반 공간으로 활용(벽면 거울 부착)

○ **(인근체육시설 연계)** 인근의 체육시설·공원 등 **활용**을 위한 **업무협약**을 통해 학생 이용 확대

< 인근체육시설 연계 사례 >

- (울산 현대중) 인근의 **한마음회관**(수영, 배드민턴, 티볼, 뉴스포츠) 및 **현대예술관**(볼링, 배드민턴, 탁구)과 업무협약을 맺고 해당 시설의 **스포츠강사와 시설, 공간**을 활용하여 스포츠클럽 운영
- (경남 남해중) 남해군생활체육협회의 도움으로 무상으로 남해군 체육시설 활용 남해군 탁구장, 남해군 복싱장, 남해군 실내 체육관 무용실(댄스스포츠), 남해문화체육센터 풋살장, 남해대학 운동장 및 사설단체 시설(남해 검도관, 남해 유도관)을 활용하여 학교스포츠클럽 운영
- (강원 남춘천중) 춘천시 체육관리 공단 시설(송암동, 공지천, 국민체육센터)을 이용하여 스포츠클럽 전체 56개반 중 21개반 활용하였고(축구장, 풋살장, 인라인장, 국궁장, 테니스장, 빙상장, 수영장, 헬스장), 14개반은 사설스포츠 센터를 이용하여 운영

⇒ 지역 체육시설 이용시 **시설사용료** 및 지역 체육시설 활용이 어려운 학교의 경우 **체육교구 구입비** 및 **시설 확충비**로 사용 가능

2부 체육교직실무의 실제

○ (체육시설 현대화) 학교체육시설을 현대적으로 조성하여 학생 체육활동을 활성화하고 지역주민의 생활체육활동 여건 개선
- **중장기적 계획으로 학교체육시설 지속적 확충**(운동장 현대화, 다목적 체육관, 건강체력교실, 실내체육시설, 탈의실 등)
- '13~'17년까지(5년간) **교과부(교육청)-문화부** 공동으로 **체육시설 현대화 추진**(운동장, 인조잔디운동장 재조성, 체육관)

※ 〈추진근거〉 학교체육교육 활성화를 위한 문화체육관광부와 업무 협약('12.3.9)

4 방과후 및 토요스포츠데이 스포츠클럽 활동 활성화

○ (방과후 스포츠클럽) 중학교 '학교스포츠클럽 활동'과 방과후 스포츠클럽의 스포츠강사 및 시설을 **연계 활용**하여 스포츠클럽 활성화 유도

※ (예시) '학교스포츠클럽 활동'과 방과후 스포츠클럽을 연계한 시간표 편성, 방과후 스포츠클럽 강사가 '학교스포츠클럽 활동', 스포츠데이 강사로 활용 등

교시	월	화	수	목	금	토
5	학교스포츠클럽					토요 스포츠 데이
6	학교스포츠클럽	학교스포츠클럽		학교스포츠클럽		
	방과후 스포츠 활동	방과후 스포츠 활동	방과후 스포츠 활동	방과후 스포츠 활동	방과후 스포츠 활동	

○ (토요스포츠데이 연계) 중학교 '학교스포츠클럽 활동' 종목별 교내 대회, 인근 학교와의 스포츠클럽리그와 토요스포츠데이 연계
○ (우수 스포츠클럽 지원) 중학교 '학교스포츠클럽 활동' 클럽 중 **방과후에 연계 활동하는** 우수한 스포츠클럽을 선정하여 클럽 운영비 지원

5 자유학기제

자유학기제는 공교육 정상화를 이끌어 갈 **박근혜 정부의 핵심 국정과제**로, 학생들이 시험 부담에서 벗어나 행복한 학교생활 속에서 스스로 **꿈과 끼를 찾고** 창의성, 인성, 자기주도 학습능력 등 미래사회가 요구하는 역량을 배양하는 것을 목적으로 한다.

―― 자유학기제의 개념 ――
중학교 교육과정 중 한 학기 동안 학생들이 중간·기말고사 등 시험부담에서 벗어나 꿈과 끼를 찾을 수 있도록 수업 운영을 토론, 실습 등 학생 참여형으로 개선하고 진로탐색 활동 등 다양한 체험 활동이 가능하도록 교육과정을 유연하게 운영하는 제도

「자유학기제 시범 운영계획」은 2013년 9월과 내년 3월부터 운영하는 연구학교에 적용된다. 2013 9월부터 운영되는 연구학교(42개교)는 1학년 2학기, 내년 3월부터 운영되는 연구학교(40여 개교)는 2학년 1학기를 주 대상으로 운영하되, 학교의 희망에 따라 다른 학년에서도 운영할 수 있다.

※ ('13년 하반기 연구학교 예산 지원) 학교규모에 따라 **학교당 3,000~4,000만원** 지원 → 연구학교 교육과정 편성·운영, 학생의 진로체험 경비 등에 활용

향후, 교육부는 연구학교 및 희망학교의 운영 성과 등을 바탕으로 '15년 6월에 「자유학기제 실시계획」을 확정·발표하고, '15년 하반기에 학교별 준비를 거쳐 '16년 3월 전국 모든 중학교에서 자유학기제를 전면 실시할 계획이다.
「자유학기제 실시계획」에는 **대상 학기, 다른 학교급과의 연계 방안** 등 자유학기제 전면 실시에 필요한 구체적인 내용이 포함된다. 아울러, **전면 실시 전까지 내실** 있는 체험교육을 위해 체험기관, 전문강사 등 **필요한 인프라 구축을 완료**하고, 자유학기제가 현장에 안정적인 교육제도로 자리매김 할 수 있도록 할 계획이다.

연구학교 운영 ('13. 9월~'15년 말)	희망학교 운영 ('14년 초~'15년 말)	제도확정 및 전면실시 ('16년~)
· 자유학기제 연구학교 운영 · ('13) 1학년 2학기 등 42교 ('14) 2학년 1학기 등 40교	· 희망학교 신청을 받아 지정·운영	· ('15. 6월) 자유학기제 실시계획 확정·발표 · ('15. 7~'16. 2월) 학교별 준비 · ('16. 3월) 전면 실시

< 자유학기제 도입 일정 >

  2013년 현 「**자유학기제 시범 운영계획**」은 학교에서 학교별 여건과 특성에 맞게 자유학기의 교육과정을 구성·운영할 수 있도록 마련된 **가이드라인의 성격**을 가지고 있으며,

○ 학교별 교육과정 구성에 활용하기 위한 ① '**교육과정 편성·운영 방안**'과 학교에 대한 정부 및 시·도교육청의 ② '**체험 인프라 구축 및 지원방안**' 등 크게 두 부분으로 마련되었다. 그 **구체적인 내용은** 다음과 같다.

① 교육과정 편성·운영 방안

《 자유학기제 '교육과정 편성·운영 방안' 개요 》

학생의 흥미와 수요에 기반한 참여·활동형 프로그램 확대·강화

진로탐색 활동	동아리 활동
· **(학습)** 학교수업에 **진로교육 내용** 반영, 진로와 연관된 **통합교과 운영** 등 · **(상담·검사)** 진로상담교사 우선 배치, 무료 진로검사, **진로상담 어플**(4종) 활용 등 · **(체험)** 2회 이상 전일제 체험, 학생이 계획하고 학교가 출석을 인정하는 **자기주도 체험**, 진로캠프, 사회인사의 특강 등 · **(관리)** 학생부에 진로희망 이유·비전 등도 기술, 학생의 상담·체험 결과를 누적하여 **진로 포트폴리오 구성** 등	· 학생 희망에 따른 동아리 개설 및 동아리간 연계 활동 강화 · 청소년 단체(스카우트·RCY 등) 참여 권장 및 교육청의 지원 확대
	예술·체육 활동
	· 문체부의 문화·예술·체육 **전문강사를 활용하여** 예체능 교육 내실화 · 예체능과 국·영·수·사·과 교과간 **융합 프로그램** 운영 활성화
	선택 프로그램 활동
	· **주기적인 수요조사** 결과에 따라 지속적인 교육프로그램 개발·제공 * 드라마와 문화, 미디어와 통신 등 장·단기 프로그램 개발·보급

＋

학교 교육방법의 혁신

교수·학습 방법	교육과정 편성·운영	평가방법
· 참여와 활동 유도: 토론, 실험, 실습, 현장체험, 프로젝트 학습 등 · **과목간 융합·연계 수업** · **협동교수-협력학습 강화**	· 다양한 활동이 가능하도록 **교육과정 운영 자율성 확대** · 교과의 내용은 **핵심 성취 기준** 중심으로 구성	· **중간·기말고사 실시하지 않음**: 꿈과 끼와 관련된 활동 상황을 학생부에 기록 · **학교별 학생 성취 결과 확인 방안 마련**: 결과는 고입 미반영

1 학생의 체계적인 진로탐색 기회 확대

□ 학생이 자기 적성과 소질에 맞는 진로를 탐색하여 스스로 미래를 설계할 수 있도록 '**학교 진로교육 성취기준 및 성취지표***'를 **국·영·수·사·과 등 기본교과의 교육내용에 반영**하여 체계적인 진로학습이 실시된다.
   ※ 「학교 진로교육 목표와 성취기준」 개발 연구 완료('12.4월): 학생 발달단계에 따른 진로역량 개발을 위해 81개 성취기준, 160개 성취지표 개발

  ○ 또한, 연구학교에 **진로진학상담교사 우선 배치, 진로심리검사 무료 제공, 진로상담 모바일 앱(App) 활용** 등을 통해 **학생별 특성에 맞는 진로 탐색을 지원**하고,
  ○ 자유학기 동안 **2회 이상의 '전일제 진로체험'**, 학생이 국내 기관에서의 진로체험 계획을 세우고 학교장은 이를 출석으로 인정하는 **'자기주도 진로체험'**, **진로캠프** 등을 실시하여 학생들이 학습하고 상담받은 **자신의 소질과 적성을 직접 확인하는 기회를 확대**한다.
   ※ 자기주도 진로체험 기간은 학교의 장이 결정

□ 아울러, **학교생활기록부의 '진로희망사항'란** 등을 학생이 원하는 직업뿐 아니라 **희망 직업의 비전, 희망 이유 등도 기술할 수 있도록 개선**하여 자유학기를 비롯한 초·중·고등학교에 걸친 학생의 진로탐색 활동이 체계적으로 기록·누적·관리되어 일련의 **'진로 포트폴리오'**가 될 수 있도록 할 예정이다.

2 학생의 관심과 흥미를 불러오는 체험·참여형 프로그램 강화

□ 학생들이 학교생활에 흥미를 가지고 적극적으로 참여할 수 있도록 학생 **희망에 따른 다양한 체험·참여형 프로그램 운영이 강화**된다.
  ○ 학생들이 원하는 **동아리 개설**과 다양한 **청소년단체의 참여 및 활동**이 적극 권장되고 이를 위해 **시·도교육청을 중심으로 학교에 대한 지원이 강화**된다.
  ○ 또한, **공공·민간기관에서 지원한 전문강사의 활용**, 예술 과목과 국·영·수·사·과 과목의 **융합수업, 스포츠 리그대회 활성화** 등을 통해 **다양하고 내실있는 예체능 교육을 확대**한다.
   ※ 문화예술교육진흥원 예술강사 지원 현황('13) : 연극·만화·디자인 등 8개 분야 4,485명

○ 더불어, 이미 실시 중에 있는 **학교폭력예방교육, 인성교육, 안전교육, 보건교육** 등을 **직업체험과 연계**함으로써 학생들의 적극적인 관심을 유도하고 학습효과를 높인다.

※ (예) 역할극을 통한 '학교폭력예방교육'(체험 프로그램) → 경찰서 직업 체험
소방장비를 활용한 '안전교육'(체험 프로그램) → 소방서 직업 체험

□ **학생들의 관심 분야, 선호 프로그램, 만족도** 등을 주기적으로 조사하여 학생이 원하는 **선택형 교육프로그램***을 발굴·개발·보급함으로써 학생들의 선택권을 강화한다.

※ 선택 프로그램의 예 : 창조적인 글쓰기, 한국의 예술 발견하기, 미디어와 통신, 학교잡지 출판하기, 드라마와 문화, 녹색학교 만들기 등

○ 다양한 **학생 수요 맞춤형 교육프로그램**은 기존 프로그램의 수집·개선, 교육전문가의 개발, 시·도교육청 및 학교에서의 공모 등 **다양한 경로를 통하여 마련**될 예정이다.

3 학생의 참여와 활동을 중심으로 하는 교수·학습방법의 다양화

□ 자유학기 동안에는 국어, 영어, 수학, 사회, 과학 등에서 **학생이 능동적으로 참여·활동할 수 있는 수업방법**을 적극 활용하게 된다.

○ 국어, 영어, 수학은 암기식 수업을 최소화하고 **토론, 의사소통, 문제해결** 등 학생 주도의 수업을 활성화하며, 사회, 과학 등의 경우 **실험, 실습, 체험학습, 프로젝트 수행** 등 탐구와 사고 중심의 수업이 강화된다.

※ (예) 국어 : 교사와 언론진흥재단의 전문 미디어 강사의 코티칭을 통한 신문활용교육(NIE) 수업
사회 : JA KOREA*를 통해 시장경제, 기업경영 등에 관한 체험교육을 실시하여 학생 스스로 삶을 개척할 수 있는 역량 제고
(*JA KOREA : 학교를 방문해 경제교육을 하는 자원봉사자 모임)

□ 또한, 다수의 교원이 한 수업에서 함께 가르치는 **협동교수(Co-Teaching)**, 학생간 역할분담 및 협력 등을 통해 학습하는 **협력학습(Co-Learning)**, 수업시간을 두 세 개씩 묶어서 운영하는 **블록(BLOCK)타임제** 등을 활용하여 **학생들의 흥미를 유발**하고 학습 효과를 높일 수 있도록 할 예정이다.

④ 학생의 자율성을 존중하는 유연한 교육과정 편성·운영

□ 연구학교들은 자유학기 동안 기존의 **중간·기말고사 기간 및 학교재량휴업일**을 활용하여 전일제 진로체험 등 **다양한 형태의 체험·참여형 프로그램을 운영**할 수 있다.
  ○ 또한, **현재 교과별 수업시수의 20% 범위 내에서 수업시간을 늘이거나 줄여서 교육과정을 탄력적으로 운영**할 수 있는데, **학교의 요청이 있는 경우 이보다 더 많은 자율성을 부여할 계획**이다.
  ○ 아울러, 교육부는 **교사들이 교육내용을 핵심 성취기준 중심으로 재구성하여 보다 융통성 있게 수업할 수 있도록 지원**할 계획이다.
    ※ 현재 핵심 성취기준 선별을 위한 정책연구가 진행 중(연구학교에 우선 적용 예정)

⑤ 자유학기제 취지에 맞는 평가방법 마련

□ 자유학기에는 기존에 실시하던 **중간·기말고사는 실시하지 않는다.**
  ○ 대신, 학교별로 수업진도에 따른 **학생들의 학습 진전 상황을 확인**하고 이를 학생지도에 활용할 수 있도록 **형성평가, 자기 성찰 평가 등 적절한 방안을 마련하여 시행**한다.
    ※ 자기성찰평가: 학생 스스로 학습계획 수립 및 점검하는 평가(교사는 피드백 제공)
    ※ 형성평가 : 교사가 수업과정 중 학생들의 학습 달성 정도를 점검하는 평가

  ○ 이를 위해, 교육부는 자유학기제 지원센터(KEDI: 한국교육개발원)를 통해 **다양한 평가방안을 개발하여 보급**할 예정이다.

□ 또한, 학생들의 **학습 성취 수준 확인 결과**는 학생들의 꿈과 끼 살리기와 관련된 **활동 상황을 중심으로 학교생활기록부의 과목별 '세부능력 및 특기사항'란** 등에 **서술식으로 기재**하되, 구체적인 기재방식은 연구학교별로 특성에 맞는 방식을 마련하여 운영한다.
  ○ 아울러, 자유학기제 연구학교 학생들이 상급학교 진학 시에 불이익 받지 않도록 시·도교육감들과 협의하여 자유학기 동안의 **학습 성취 수준 확인 결과는 고교입시에 반영되지 않도록** 할 예정이다.

5장
체육수업의 운영

1 체육수업의 준비

가. 학교의 이해

1) 학교풍토의 이해

학교는 학교마다 고유의 특성이 존재한다. 해당학교 전체적인 분위기나 풍토는 일시적인 현상에 그치는 것이 아니라 관리자, 교사, 학부모들이 오랜 시간에 걸쳐 조성되는 것이다. 학교 고유의 풍토는 학교교육계획서를 참고하거나 현시점에서 근무하고 있는 교사나 재학 중인 학생들이나 학부모들과의 대화를 통해서 짐작, 확인할 수 있다. 하지만 전체적인 학교풍토는 늘 고정되어 있기보다는 현재진행형으로 변화하고 있다고 보아야 할 것이다.

[그림 2.2] ○○중학교 학교교육계획서

2) 지역적인 특성

학교의 지리학적 위치나 주변 환경의 영향에 따라 학교의 특성이 결정되는 경우가 있다. 도심지와 외지와의 차이점, 경제적인 여유가 있는 환경과 빈곤층이 거주하고 있는 환경, 아파트 단지와 단독주택 단지, 학구열과 교육열이 강한 지역과 교육열과 학습의욕이 떨어지는 지역 등 지역 간의 차이는 학교 특성을 결정짓는 요인으로 작용되기 쉽다. 주변의 시설물들을 확인하거나 동료교사에게 문의한다면 지역적인 특성은 바로 확인할 수 있다. 이러한 지역적인 특성을 고려하여 수업의 수준이나 내용을 결정해야 한다.

3) 관리자의 체육 관심도

관리자(교장, 교감)에 따라 체육에 대한 관심도가 천차만별이다. 운동과 체육수업에 관심이 높은 관리자도 있는 반면 운동이나 체육수업보다는 다른 측면(학력증진, 주지교과 중심 등)에 주된 관심을 보이는 관리자도 존재한다. 이는 체육시설에 대한 투자 및 유치에 소극적이게 될 수 있으며, 체육수업 운영을 위한 다양한 지원(체육물품 구입, 연구비 지원, 학교 특색 사업 추진 등)이 이루어지지 못하는 경우도 있게 된다. 관리자의 체육 관심도를 파악하는 일은 체육수업 운영의 방향을 가늠할 수 있는 되는 일이 된다. 이러한 관심도를 확인하기 위한 가장 손쉬운 방식은 단위학교 교육계획서에 기재되어 있는 각 학교별 특색사업을 확인해 보는 것이다.

본교특색사업

1. 수준별 수업 활성화를 통한 학력신장

» - 아침 자율학습 철저(08:30~08:50)
» - 영어(1,2학년), 수학(2,3학년) 수준별 수업
» - 교수-학습자료 개발로 교실수업 개선

2. 1일 1선을 통한 바른 인성 함양

» - 바른인성 기르기 실천사항 생활화
» - 모범 방원인 발굴 및 시상
» - 학교 게시판과 홈페이지에 선행사실 탑재

3. 수요영상논술

» - 매주 수요일 아침자율학습시간 영상논술 지도
» - 인성지도 및 논술실력 향상

4. Wee Class 운영의 내실화

» - 학교부적응 학생의 학교생활 적응력 향상
» - 학교부적응 학생의 공동체의식 함양
» - 체험중심의 인성교육을 통한 자신의 이해

5. 홈페이지 활성화를 통한 학생 실력향상 증진

» - 교과 및 교수학습자료 탑재 우수교사 시상
» - 학급홈페이지 관리 우수학급 선정 시상
» - 교수학습지원센터와 연계한 다양한 학습모형 및 자료 제공
» - 투명한 평가, 교과별 평가계획 지속적 홍보

[그림 2.3] ○○중학교 특색사업의 예

4) 학부모, 학생, 교사의 체육에 대한 이미지

[그림 2.4] ○○중학교 한마음 체육활동

학부모, 학생, 교사들의 체육에 대한 생각과 인식은 학교마다 조금씩 차이를 보인다. 과거에 체육수업을 어떻게 경험하였는지에 따라 체육에 대한 인식이 다를 수밖에 없으며, 긍정적인 인식일 수도 부정적인 인식일 수도 있다. 체육수업이 보다 다양하고 내실 있게 운영되려면 체육에 대한 긍정적인 인식들이 바탕에 있어야 도움이 된다. 학부모, 학생들은 말할 필요도 없으며, 체육수업의 바른 운영을 위한 타교사들의 협조를 얻기 위해서는 체육에 대한 바른 인식이 있어야만 하며, 그렇지 못한 상황이라면 여러 활동(체육수업 동영상 학교 홈페이지 탑재, 수업에 대한 홍보물 제작, 많은 대화 등)들을 통하여 이미지 변신을 위한 노력을 기울여야 한다.

5) 학교 시설물 파악

체육수업을 운영하기 전이나 운영 도중 학교 시설물을 이용하게 되거나 운동장이나 체육관이 아닌 다른 장소나 공간이 필요할 경우가 생기게 된다. 이를 위해서 학교 시설물들이 어떤 것들이 있는지, 교실 이외의 교무실이나 특수목적실이 어떤 곳들(컴퓨터실, 가사실, 도서관, 시청각실 등)이 있는지를 파악할 필요가 있다. 이는 교실배치도를 참고하여 학교 전체를 구석구석 탐방하게 되면 확인할 수 있다.

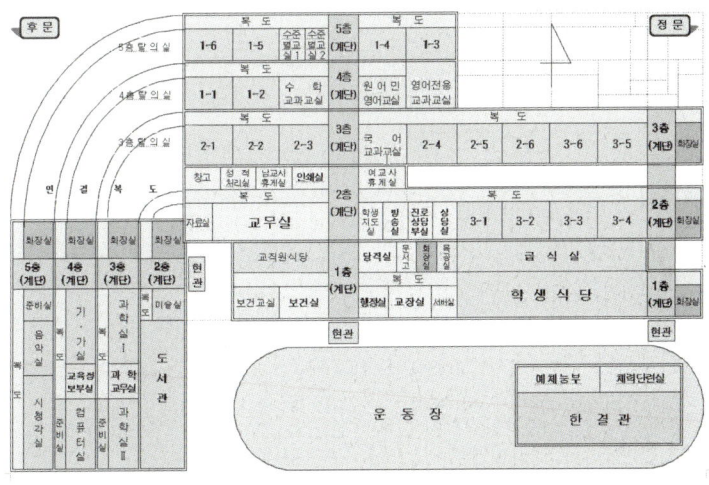

[그림 2.5] ○○중학교 교실배치도

6) 학교 기자재 파악

　체육수업은 타교과에 비해 학교 기자재가 많이 활용된다. 이에 학교에 구비되어 있는 기자재들이 무엇들이 있는지를 신속히 파악하고 활용할 필요가 있다. 학교 기자재들(일반 기자재)은 차세대나이스에서 확인(시설-시설관리)할 수 있으며, 체육관련 기자재들은 체육창고에서 직접 확인하거나 차세대나이스에서 확인(체육-체육시설관리)할 수 있다.

[표 2.5] 차세대 나이스 학교 시설물 등록상황(교육통계자료)

체육 시설 현황					
인쇄기관 : ○○중학교						
학교명	본/분교장	구분	체육시설	보유수
○○중학교	본교	실외체육시설	소형운동장	1
○○중학교	본교	실외체육시설	농구장	1
○○중학교	본교	실외체육시설	멀리뛰기	1
○○중학교	본교	실외체육시설	철봉 및 평행봉	1
구분별 계				4
○○중학교	본교	실내체육시설	강당	1
○○중학교	본교	실내체육시설	배드민턴장	3
○○중학교	본교	실내체육시설	배구장	1
구분별 계				5
학교별 계				9
총 계				9

7) 학교 주변 체육시설 파악

　체육수업은 반드시 학교 안에서만 이루어지지 않는다. 학교 주변의 공원, 산, 체육관, 수영장 등을 활용하여 수업을 운영할 기회가 생길 수도 있다. 이는 학교 주변의 체육시설을 파악할 필요성을 야기시킨다. 학교 주변의 체육시설이나 공간들은 동료교사에게 문의하거나 포털사이트의 지도 위성사진을 통하여 확인할 수 있다.

[그림 2.6] 학교주변 위성사진

8) 운동부의 존재 유무

학교에 운동부 존재 유무는 체육수업에 영향을 미친다. 일반적으로 운동부의 연습은 수업시간에 이루어지는 경우도 있기에 운동부의 연습시간 시 운동장이나 체육관 사용에 제약을 받게 된다. 운동부가 있는 학교에서의 체육수업 운영은 공간의 확보와 체육기자재의 활용에 문제가 생길 수 있기에 운동부 감독 교사(동료 체육교사)와의 협의가 반드시 필요하다. 학교 운동부는 동료 체육교사에게 문의하거나 학교 업무분장표를 확인하면 알 수 있다.

[표 2.6] 업무분장표 예시 (운동부 포함)

부서	계	담당 업무
문화 체육부 (5명)	부장	업무 총괄, 안전 교육, 수련활동 전체총괄
	기획	기획 업무, 체육 대회, 민방위 교육, 급식 지도 교사 배정, 기자재 관리, 청소 및 비품 관리
	스포츠클럽	학교스포츠클럽 계획 운영, 스포츠 강사 관리
	운동부	운동부 지도, 대회 출전, 운동부 기자재 관리
	보건	학생 및 교직원 건강 관리, 환경위생관리자, 건강기록부 관리, 성희롱 예방 및 성교육 (성교육담당교사)

9) 체육관련 특기적성(방과후활동) 존재 유무

학교에서는 체육관련 방과후활동(농구반, 축구반, 야구반 등)이 운영되고 있는 실정이다. 이러한 방과후활동은 체육수업 계획 시 생각할꺼리를 제공한다. 체육수업과 연계한 방과후활동이 가능하며, 방과후활동에 참여하는 학생들을 수업의 시범학생으로 활용할 수도 있기 때문에 방과후활동 존재 유무를 확인하는 것이 필요하다.

[표 2.7] ○○중학교 방과후학교 프로그램 안내문

방과후학교 1기 개설 확징 프로그램 안내

학부모님들의 적극적인 성원에 힘입어 다음과 같이 1기 방과후학교를 개강하게 되었습니다. 신청한 자녀들이 성실하게 참여할 수 있도록 많은 관심과 격려 부탁드립니다.

	강좌명	요일	수업시수	운영기간	시간	강사명	장소
1	독서논술반	금	20	3/14~7/21	15:30~17:00		
2	알기쉬운 한자반	토	30	3/14~7/21	13:00~15:10		
3	원어민영어	화,목	25	3/14~7/21	07:45~08:30		
4	축구반	월,목	50	3/17~7/21	15:30~16:50		
5	농구반A, B	월,화,목,금 택2일	50	3/14~7/21	15:30~16:50		
6	실내악반	화	30	4/2~7/16	15:30~16:50		
7	방송댄스	토	36	4/2~7/16	09:00~11:15		

10) 운동장, 체육관 대여 유무

학교 주변 주민들에게 운동장과 체육관을 대여하는 일은 체육교사가 직접 담당하지는 않지만 체육교사로서 확인할 필요는 있다. 학교행사나 체육수업의 연장선에서 공간을 활용하려면 대여한 단체에 통보를 해야하기 때문이다. 누구에게, 언제 대여를 하고 있는지는 행정실에 문의하면 확인할 수 있다.

나. 개인적 노력

1) 체육교육의 패러다임의 이해

체육과 교육과정은 늘 변화하여 제시된다. 체육교육의 패러다임이 늘 고정되어 있지 않음과 다르지 않다. 체육교육이 추구하는 궁극적인 목적은 동일할지 모르나 그 방향성과 내용들은 언제나 새롭게 제시된다. 이러한 체육교육의 패러다임을 파악하는 일은 체육교사가 해야 할 일들 중에 하나가 된다. 체육수업의 혁신과 변화는 언제나 배움과 연구와 시도에서부터 시작되기에 새로운 패러다임에 촉각을 곤두세울 필요가 있는 것이다. 최근 발간된 서적을 탐색하고, 논문들도 확인하며, 교육 잡지 등을 주목하며, 체육관련 연수에 참여하는 노력들을 기울여야 한다.

2) 인터넷 정보 검색 및 활용

정보화의 시대에서 인터넷을 활용한 정보 검색은 필수적이다. 컴퓨터를 넘어서 스마트폰 사용이 대세가 되고 있는 요즘 시대에서는 인터넷을 활용한 정보 검색은 체육수업의 양과

[그림 2.7] 인터넷 검색 엔진

질을 높일 수 있는 방법 들 중 하나이다. 체육수업에 활용한 수많은 정보들을 검색하고 활용하는 일은 체육교사가 노력해야 할 일들 중에 하나이다.

3) 교양서적 읽기

체육교사로서의 다양한 업무들과 수업 준비, 실행, 정리의 일과 속에서 여유있는 독서활동은 좀처럼 쉬운 일이 아니다. 하지만 마음이 평화와 새로운 생각을 가지게 만드는 많은 방법들 중 독서는 으뜸이 된다. 독서는 체육수업의 수많은 아이디어들을 샘솟게 만들며, 올바른 마음가짐을 다지기 위한 방법들 중 하나가 될 것이다.

[표 2.8] 교양서적 구입 목록의 예

도서명	지은이
오규원 시전집 1	오규원
오규원 시전집 2	오규원
돈키호테	미겔 데 세르반테스
이것이 인간인가	프리모 레비
검은 고독 흰 고독	라인홀트 메스너
무량수전 배흘림기둥에 기대서서	최순우
사진과 함께 읽는 삼국유사	일연
철학을 만나면 즐겁다	한국철학사상연구회
배려의 기술	지동직
포용력	유희태
직언과 포용의 인간학	박종연

4) 다양한 문화 활동

여러 가지 문화 활동의 체험을 통해 체육적 감흥과 인문적 소양을 넓힐 수 있다. 연극, 영화, 뮤지컬, 콘서트, 스포츠 경기관람, 박물관, 여행 등의 문화생활을 영위하는 일은 체육수업 활동내용으로의 활용이나 풍성한 마음가짐을 가지게 만든다.

[그림 2.8] 다양한 문화 활동

5) 수업관련 연구 모임(소모임, 단체)

체육수업 준비를 위한 개인적인 노력도 중요하다. 하지만 혼자 모든 것을 준비하거나 연구한다는 것은 난관에 부딪히기 쉬우며, 한계가 금새 드러나게 된다. 주변을 둘러보며 수업관련 연구회 활동을 하는 교사를 찾는 일은 그리 어렵지 않다. 또한 인터넷 검색을 이용하면 각양각색의 연구회의 홈페이지를 확인할 수 있게 된다. 우선 연구회 홈페이지나 카페, 동호회를 둘러보고 자신에게 맞는 연구회를 찾아 가입하거나 관심을 가지고 연구회 활동에 주목하면 좋은 정보들을 얻을 수 있게 된다. 반드시 연구회에 소속되어야 한다는 것보다는 자신과 뜻과 마음이 맞는 동료교사들과의 소모임 결성도 수업준비에 큰 도움이 된다. (http://research.edunet4u.net/index.do - 교육과학기술부 교과연구회 참고)

6) 운동의 습관화

체육교사에게는 운동의 시범, 설명의 역할이 주어진다. 본인이 선호하고 잘하는 운동종목 뿐만이 아닌, 취약하거나 시범을 보이기가 어려운 종목까지도 학생들 앞에서 시범과 피드백을 주어야 하는 역할이 존재하는 것이다. 이는 평소 운동의 생활화를 통해 꾸준한 운동습득을 해야 하는 필요성을 야기시킨다. 또한 몸매관리 및

[그림 2.9] 운동의 습관화

체력관리를 통하여 이상적인 체육교사의 외향적인 모습을 유지시켜야 한다. 체육교사에게 운동의 생활화와 습관화는 반드시 챙겨 먹어야 하는 비타민제와 같은 것이다.

7) 타 수업 참관

자신의 수업을 점검하고 개선하기 위한 노력들은 많이 존재하지만 무엇보다도 다른 교사들의 수업을 지속적으로 참관해 보는 일이 중요하다. 백문이 불여일견이라는 말은 내가 직접 보는 것보다 더 좋은 배움은 없다는 것이다. 자신의 수업을 보는 일도 소홀히 하면 안되겠지만, 다른 교사들의 수업방법과 내용들을 관심을 가지고 참관하는 일도 좋은 수업준비를 위한 필수적인 코스가 될 것이다. 학교 내에서는 동료장학을 내실 있게 운영하고, 학교 외에서는 수업연구 일정들을 꼼꼼히 확인하고 출장으로 직접 참관하는 일을 꾸준히 해야 한다.

> # ○○중학교
>
> 수신자 수신자 참조
> (경유)
> 제목 20○○학년도 동부 제 2지구 자율장학회 체육과 수업공개 실시
>
>   20○○학년도 제 2지구 자율장학회 사업의 일환으로 체육과 공개수업을 다음과 같이 실시하고자 합니다.
>   1. 일시 : 20○○. 5. 17(화) 5교시 (13:15 ~ 14:00)
>   2. 수업 교사 : 윤○○
>   3. 단원명 : 농구
>   4. 대상 및 장소 : 2학년 3반 . 운동장
>   5. 참석 대상 : 동부교육청 관내 학교 체육교사 중 희망자
>   6. 세부 일정
>
> | 일정 | 시간 | 장소 |
> |---|---|---|
> | 등록 | 13:00 ~ 13:10 | 1층 현관 |
> | 공개수업 참관 | 13:15 ~ 14:00 | 운동장 |
> | 평가회 | 14:10 ~ 14:40 | 1층 멀티미디어실 |
>
>   7. 기타 : 참석을 희망하시는 분은 붙임 양식을 작성하셔서 5월 12일(목)까지 전자우편이나 모사전송(Fax:0000-0000)으로 보내주시기 바랍니다.
>
> 붙임 1. 참석교사 명단
>   2. ○○중학교 찾아오시는 길. 끝.

[그림 2.10] 자율장학회 공개수업 안내 공문 예시

8) 수업관련 연수

수업의 기술은 한 번에 얻어지는 것이 아니다. 자신만의 수업기술들은 조금씩 배우고 익혀 축적해 나가는 것이다. 체육수업에 관련된 연수를 챙겨 듣는 것도 필요하며, 체육수업 준비에 도움이 될 수 있는 연수(컴퓨터 연수, 동영상 제작 연수, 홈페이지 구축 연수 등)를 듣는 일은 수업 기술의 향상을 위해 꼭 필요한 일이다. 각종 연수는 현재 업무관리시스템에 공람이 되고 있으며, 연구부서의 연수 담당 선생님께 문의하면 알 수 있다. 또한 다양한 연수기관 홈페이지를 자주 방문하여 자신에게 적합한 연수들을 선별하여 들으면 된다.

다. 실제 체육수업의 준비

1) 체육과 풍토

모든 교사가 같은 생각으로 추구하는 방향이 일치하기는 어렵다. 특히 개성이 강한 체육교사들 간의 분위기는 학교마다 큰 차이점을 보인다. 체육수업에 모든 관심을 기울이는 분위기도 있는 반면, 운동부에 매진하는 분위기도 존재하며, 다른 측면들에 관심을 보이는 분위기도 있다. 동료교사가 어떤 성향을 가진 교사이며, 어떤 부분들을 강조하고 추구하는지를 수업준비의 단계에서 확인할 필요가 있다. 왜냐하면 한 학년을 2명이상의 체육교사가 수업을 운영하는 현 학교체육의 현실속에서는 체육교사간의 협의와 공조가 내실 있는 체육수업 운영에 가장 중요하게 작용하기 때문이다. 또한 기존의 체육수업 방식이 어떠했는지도 확인하여 자신의 선호하는 수업방식과의 차이점도 파악할 필요가 있다. 이러한 내용들은 학교교육과정 계획서에서 확인이 가능하며, 동료교사와의 대화를 통해 알아볼 수 있다.

2) 체육시설물 및 기자재

어느 교과보다 기자재 사용이 빈번한 체육수업은 체육수업을 운영하기 전 학교 내 체육시설물이나 기자재들을 확인, 점검해야 한다. 각 체육창고에 어떤 기자재들이 정리되어 있으며, 수업에 필요한 시설물들이 기자재들이 구비되어 있는지를 확인해야 한다. 수업을 운영하는 도중에도 필요한 기자재들이 생겨날 수도 있지만 그것보다는 수업운영에 필요한 기자재들은 수업 전에 모두 구비한 후 수업을 운영할 수 있도록 해야 한다. 그것은 수업결손을 막기 위한 조치일 수 있다.

[표 2.9] 체육기자재 목록 및 내용 요약

순	항 목	목적과 내용
1	캠코더	학생들의 수업활동을 관찰하고, 교사의 지도활동을 효과적이고 원활하게 하기 위해서는 캠코더가 필요하다. 또한 학생들의 수업활동 모습을 영상에 담아 피드백을 제공하고 동작분석과 동시에 다양한 영상제작을 위해서는 캠코더가 절대적이다. 캠코더는 저장매체에 따라 miniDVD캠코더, DVD캠코더, HD캠코더 등으로 나뉘고 HD캠코더가 우리 수업에 유용하게 쓰일 수 있다.
2	디지털카메라	수업시간에 틈틈이 학생들의 수업활동사진을 수집하여 여러 용도로 활용할 수 있다. (학습 피드백, 동작분석, 동기유발, 사진 컨테스트 등) 또한 수업공유와 여러 강의와 연수 시 활용될 수도 있을 것이다. 500만 화소 이상이고 다루기 간편한 디키이면 충분하다.
3	TV	보기터 활동이나 수업·과제활동들을 직접 살펴보며 수업참여가 가능하다. 다양한 매체(디빅스, DVD플레이어, 비디오 플레이어, 캠코더, 디지털카메라, 노트북, 컴퓨터, 스마트폰 등)를 활동한 수업이 가능하다.
4	DVD,비디오 플레이어(콤보)	다양한 수업자료, 영화 등을 활용하여 보기터 활동을 할 수 있으며, 영상자료들을 제작하여 수업활동에 활용할 수 있다. 콤보는 DVD와 비디오를 혼합하여 사용할 수 있는 멀티미디어 장비다.
5	디빅스	다양한 컴퓨터 파일을 저장하고 저장된 파일을 컴퓨터, TV, 모니터에 연결하여 영상을 보여줄 수 있는 신세대 저장장치. 방대한 영상자료들을 수업주제와 종목에 맞게 정리할 수 있으며, 무게가 가벼워 수업활용도면에서 유용한 기자재이다.
6	외장형 하드	수업동영상, 수업사진, 다양한 수업자료들을 종목이나 주제별로 정리하여 소장할 필요가 있다. 방대한 자료들을 보관하기 위해서는 외장형 하드 하나 정도는 필요하다. 하지만 디빅스처럼 영상자료들을 TV, 모니터에 바로 연결하여 재생할 수는 없다. 디빅스에 비해 가격은 저렴하다.
7	스마트폰	요즘은 스마트폰이 없는 학생이 거의 없는 만큼 스마트폰을 활용한 수업이 가능하다. 사진이나 동영상을 찍어 바로 확인할 수도 있으며, 메일로 전송하거나, 카페에 업로드를 할 수도 있다. 또한 수업시간에 바로 TV나 모니터로 출력을 할 수 있어 다양한 수업활동에 활용할 수 있다. 다만 학생들의 무분별한 사용관리가 필요하다.

3) 체육교과 협의회

한 학년을 두 명 이상의 체육교사가 수업을 운영하고, 굵직한 체육과 행사들을 함께 진행해 나가려면 체육교과 협의회가 활성화되어 있어야 한다. 일반적으로 정해진 교과 협의회 시간이 존재하지만 수시로 체육교과 협의회를 열어 자유로운 대화와 협의의 시간을 가져야 한다. 얼마나 많은 대화와 협의를 가지느냐에 따라, 얼마나 긍정적인 분위기의 체육교과 협의회를 가지느냐에 따라 학교 체육수업의 질이 달라진다. 또한 학교 체육행사들의 내실화를 기할 수 있게 된다. 운동장과 체육관의 사용, 종목 배분, 기자재 활용, 체육행사의 기획이나 역할 분담 등이 주요 협의사항이 된다.

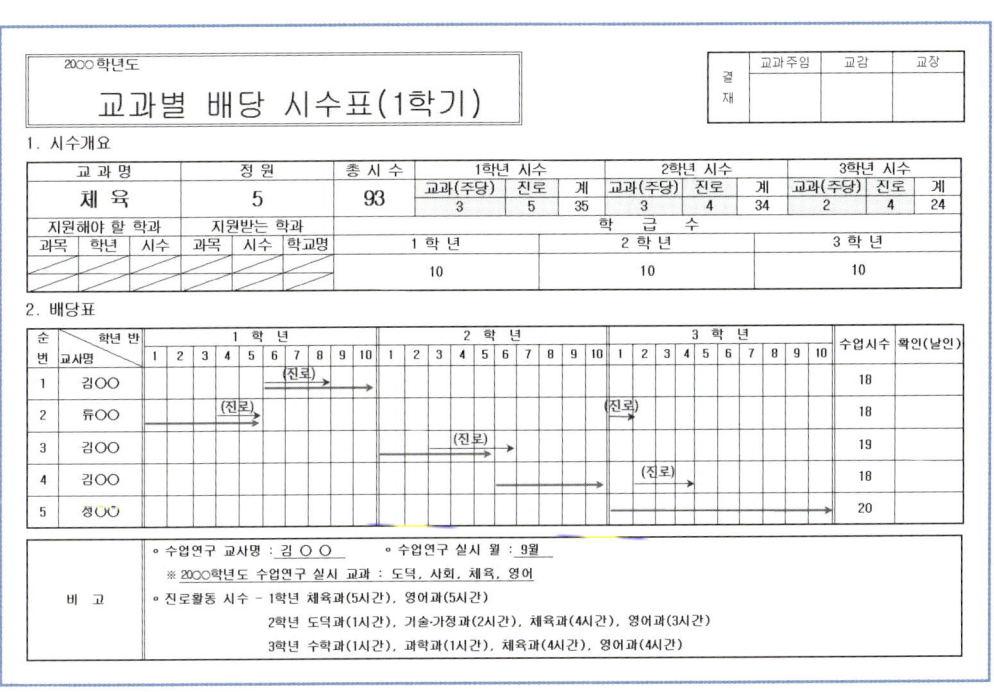

[그림 2.11] 교과별 배당 시수표 예시

[표 2.10] 체육과 교과협의록(3월) 예시

날짜 및 시간	20○○년 3월 ○○일 ○요일 15:30 ~ 16:30
장 소	체육부실
참가자	류○○, 양○○, 김○○, 김○○, 정○○, 양○○
주 제	1. 학년별 수행평가 연간 지도계획 논의 2. PAPS 측정 방법 및 입력 방법 논의 3. 연간 체육과 행사 계획 4. 교직원 체육대회(3/19, 금) 실시 방법 논의 5. 체육교과 독서지도 활성화 방안 논의
내 용	1. 학년별 수행평가 연간 지도계획 	학년	교과	학기	평가내용	수행평가반영비율
---	---	---	---	---
1학년	체육	1	핸드볼(패스, 슛), 육상(멀리뛰기)	학기별 70%
		2	체조, 줄넘기, 축구	
2학년	체육	1	농구(슛,드리블), 체조(매트운동),	학기별 70%
		2	티볼, 배드민턴, 줄넘기	
3학년	체육	1	배구(패스, 서브),육상(장애물달리기)	학기별 70%
		2	추크볼, 줄넘기	| 2. PAPS 측정방법 및 입력방법 논의 1) PAPS 측정 종목 | 근력 및 근 지구력	순발력	유연성	심폐지구력	신체구성
---	---	---	---	---

악력	50m달리기	윗몸앞으로굽히기	오래달리기	BMI	
					
					  2) 측정시기 : 3월 둘째주 ~ 셋째주
					  3) 측정결과 입력 : 해당학급 체육교과 수업담당 교사가 교무업무시스템을 이용하여 측정 결과를 직접 입력함.
					3. 연간 체육과 행사 계획
					
						월	내용

3	본교 교직원 체육대회 (3/19, 금)
4	교육청 교직원 배구대회 및 배드민턴 대회
5	교내 구기대회
6	교육청 육상대회
10	교내 체육대회

11	서울시장기배 육상대회 및 교육청 학교대항 스포츠클럽대회 |
	
	4. 교직원체육대회 실시 방법 논의
	  1) 일 시 : 2013년 3월 19일 15:30~17:00
	  2) 장 소 : 본교 강당
	  3) 참가자 : 본교 교직원
	  4) 진행방법 : 미니 올림픽(단체줄넘기, 보디가드피구, 킨볼 이어달리기, 제기차기)을 실시하여 최종합계 점수가 높은 팀이 우승하는 것으로 한다.
	5. 체육교과 독서지도 활성화 방안 논의
	  1) 학생생활기록부 '독서활동상황'란 신설에 따른 체육교과에서의 독서지도 도입의 필요성 인식
	  2) 독서활동은 2007개정교육과정의 '감상 및 비평'과도 밀접한 관련이 있음을 인식하여 체육수업에서도 독서활동이 필요함을 논의.
	  3) 체육교과와 관련된 다양한 도서 목록 작성 및 체육 실기종목과 연관된 도서를 활용한 수업 연구가 요구됨.

4) 교육과정 계획서

학기 초 모든 교과는 한해의 수업을 어떻게 운영, 평가할 것인지에 대한 계획서를 작성, 제출하게 된다. 체육과에서도 체육교과 협의회를 통하여 해당년도의 학기별 종목과 평가항목들을 작성, 제출한다. 현재 체육과 교육과정 계획서는 제7차 개정체육과교육과정 중심으로 작성되고 있으며, 5가지 신체활동 가치 중심으로 작성되고 있다.

[그림 2.12]
교육과정 운영계획서

5) 교과진도표

현재 학교현장에서는 구체적인 수업지도안을 제작하며 수업을 운영하고 있지 않다. 각 교과별로 1년 동안 교과서의 어떤 부분을 가르칠 것인지를 적어 내는 교과진도표가 전부이다. 일반교과에서는 교과서 페이지를 적는데 어려움이 없지만 체육과에서는 해당학년 교과서의 내용으로 수업을 운영하지 않는 경우가 있어 교과진도표 작성에 어려움이 있는 경우도 존재한다.

[표 2.11] 체육과 학습진도표 (중간생략)

2학년 1반 ~ 6반				20○○학년도 교과학습진도표 (체육과)		주간시간	18 시간
출판사	두산동아					단위수	3
저 자	강신복 외						
주	기간	주요행사	수업시수	학습단원	페이지	반	지도교사(인)
	월 주						
1	3.2~3.5	입학,시업식(2) 자율진로(5)	2	건강활동(운동보따리)	10~45	1	최○○
2	3.7~3.12	1,2진단평가(8) 토요휴업(12)	3	건강활동(운동보따리)	10~45	2	최○○
3	3.14~3.19	자율동아리(19)	3	건강활동(운동보따리)	10~45	3	최○○
4	3.21~3.26	학부모총회(22) 토요휴업(26)	3	건강활동(운동보따리)	10~45	4	최○○
5	3.28~4.2	동아리(2)	3	건강활동(운동보따리)	10~45	5	최○○
6	4.4~4.9	토요휴업일(10)	3	건강활동(운동보따리)	106~127	6	최○○
7	4.11~4.16	과학체험(16)	3	경쟁활동(농구)	106~127	<참고사항> 1. 본계획표는 학년초 수립한 연간학습지도 계획을 참조, 협의하여 작성함 2. 동학년, 동교과별로 1부작성 3. 본 계획표 예정 시수는 ( )학년 ( )반을 기준으로 작성	
8	4.17~4.23	토요휴업일(23)	3	경쟁활동(농구)	106~127		
9	4.25~4.30	진로봉사(30)	3	경쟁활동(농구)	106~127		
10	5.2~5.7	중간고사(2-4) 어린이날(5) 개교기념일(6) 재량휴업일(7)	0				

6) 교수-학습 지도안

수업운영을 위해서는 종목별 교수-학습 지도안이 필요하다. 하지만 현재 학교현장에서는 교과진도표만으로 수업을 진행하고 있는 실정이기에 자신만의 교수-학습 지도안을 구비해 놓을 필요가 있다. 체육과 수업의 특성상 교과서에 제시된 종목들로만 수업을 운영하지 않기에 세부적인 수업지도안을 종목별로 제작, 구비해 놓아야 한다. 수업지도안이 없는 상태에서의 체육수업은 간혹 주먹구구식의 수업이 될 우려가 있으며, 방향성을 잃을 때도 있기에 세부 수업지도안을 제작해 놓는 것은 체육수업 준비의 기본이 된다.

[표 2.12] 인라인 롤러 수업지도안 (도입, 정리 생략)

학습 단계	학습 요소	교수 - 학습 활동	시간	지도상 유의점 및 기타
전개	인라인 하키	남학생, 여학생을 두팀으로 나눈 후 동성끼리 인라인 하키를 실시 한다.		인라인 하키의 올바른 스틱 사용에 대한 교육을 시키도록 한다.
	여학생 경기	여학생이 먼저 팀별로 조끼를 입은 후 인라인 하키 스틱을 들고 중앙선에 정렬한다. 상호간에 인사를 한 후 인라인 하키 경기를 7분간 진행하도록 한다. 남학생들은 여학생 인라인하키 경기 시 관람하도록 한다.		교사는 경기진행과 심판을 보면서 공명정대하고 엄격하게 진행
	남학생 경기	여학생 인라인 하키 경기가 마무리되면 남학생들은 여학생들에게 조끼를 받아 입은 후 인라인 하키 스틱을 들고 가운데 정렬한다. 상호간의 인사 후 7분간의 인라인 하키 경기를 진행한다. 여학생들은 여학생 인라인 하키 경기 시 관람하도록 한다.		바른 관람의식, 문화에 대한 설명 필요

7) 수행평가 기준안

체육수업을 운영하기 전 학생들의 수행평가 기준안을 작성해야 한다. 점수가 수업의 전부일 수는 없지만 교수-학습 내용을 형평성 있고 일관성 있게 평가하는 일은 세부적인 기준안을 작성하는 일에서부터 시작된다. 물론 체육과 교육과정 계획서 작성 시 세부적인 수행평가 기준안을 제작해 놓았지만 수업 운영 시 수정하는

경우가 생기기도 하기에 수업 전 해당 종목의 수행평가 기준안 확인하는 일은 중요하다. 학생들이 가장 민감한 부분은 수업내용보다는 평가의 부분이기에 명확한 평가기준안의 제시와 확인이 필요하다.

[표 2.13] 인라인 롤러 수행평가 기준안

내용	방법	기준			총배점
실기	1. 인라인 롤러 등급별 기능평가 가. 초급단계는 중급단계로 나. 중급단계는 고급단계로 다. 고급단계는 4가지 슬라럼	초급	1. 인라인 롤러를 전혀 경험하지 못한 학생이 자연스러운 주행이 가능하고, 방향전환이 가능할 때 10점 만점을 부여.	10점	20점
			2. 자연스러운 주행이 가능하나, 방향전환이 자유롭지 못할 때 2점 감점.	8점	
			3. 자연스러운 주행도 이루어지지 않고, 방향전환도 자유롭지 못할 때 4점 감점	6점	
		중급	1. 자연스러운 주행도 가능하고, 코너웍이 자유롭게 이루어지며, 슬라럼 기본 동작 1가지 이상 구사가 가능할 때 만점	10점	
			2. 코너웍은 자유롭게 이루어지나, 슬라럼 한가지 동작 구사가 어려울 때 2점 감점	8점	
			3. 코너웍도 부자연스럽고, 슬라럼 기본동작 구사가 어려울 때 4점 감점	6점	
		고급	1. 슬라럼 동작 4가지를 구사할 때 만점	10점	
			2. 슬라럼 동작 3가지를 구사할 때 8점	8점	
			3. 슬라럼 동작 2가지를 구사할 때 6점	6점	
	2. 인라인 하키	2. 인라인 하키 - 동성끼리 패를 구성하여 인라인 하키를 실시하여 승패를 기록 - 승률이 높은 패는 10점(남, 여 각각) - 승률이 낮은 패는 7점		10점	
개인 과제	1. 초급·중급·고급 단계 각 단계별 개인과제 2. 공통 개인과제 시화그리기	1. 1번 과제 5점 - 창의적이고 적절한 과제 5점 - 과제로 적합하지 않으면 1점씩 감점 - 미제출시 0점 2. 2번 과제 5점 - 창의적이고 적절한 과제 5점 - 과제로 적합하지 않으면 1점씩 감점 - 미제출시 0점		10점	10점
희망 과제	1. 여가활동 경험하기 2. 개성 있고 창의적인 슬라럼 개발	가산점을 희망하는 학생들을 위한 과제 - 창의적이고 열정적으로 과제를 수행한 패원에게 각 과제별로 3점씩 부여 - 실기, 과제 점수에 가산점 부여		3점	3점

8) 수업 자료 수집, 편집, 개발

체육수업에 활용할 자료들은 많은 곳에서 얻을 수 있다. 교수학습 지원센터나 에듀넷 홈페이지나 체육교과연구회 홈페이지에 가입하여 둘러보면 적지 않은 수업자료를 얻을 수 있다. 하지만 자신의 체육수업에 딱 맞는 수업자료가 없다면 수업자료들을 수집, 편집, 개발하여야 한다. 종목별 수업자료들을 조금씩 개발, 수집해 나간다면 차츰 차츰 자신만의 수업자료들이 풍부해 질 것이며, 그만큼 수업이 알차지게 된다. 다양한 영상자료, 활동지들을 꾸준히 준비해 나가는 것은 수업의 질을 높이는 교사의 역할 중에 하나인 것이다.

9) 수업 기자재 준비

체육수업을 운영함에 있어 필요한 기자재들은 수업을 시작하기 전 구비해 놓아야 한다. 어떤 체육기자재들을 이용하여 수업을 진행할 것인지를 확인한 후 학교에 있는 기자재들은 한 곳에 정리해 놓아야 한다. 또한 학교에 있지 않은 기자재들은 체육과 선생님들과 협의하여 구입하도록 한다. 학교예산은 한정되어 있으므로 필요한 기자재들을 모두 구입할 수 없는 경우가 생길 수 있기에 예산확인과 동시에 어느정도 학교예산을 사용할 수 있는지도 체육과 협의회를 통하여 확인해야 한다.

[표 2.14] 수업 기자재 목록 (일부)

순번	항목	목적과 내용
1	엠프	음악을 활용하는 수업도 가능하고, 늘 음악과 함께 수업을 운영하기 위해서는 엠프가 필요하다. 일반적으로 마이크가 되는 수업용 엠프는 고가이기에 음악연주 시 사용하는 엠프를 활용하면 비용을 절감함과 동시에 활용도를 높일 수 있다.
2	MP3 플레이어	음악적 활용을 위하여 MP3플레이어를 구입하는 것이 좋다. 일상적으로 사용되는 MP3플레이어는 흔한 기가재기에 구입하는데 어려움은 없다. 요즘 가장 흔하게 사용되는 핸드폰을 연결하여도 음악을 활용할 수 있다. 이때 연결책만 잘 챙기면 활용하는데 큰 문제는 없게 된다.
3	터기	터의 위치를 알리는 터기는 다양한 방법으로 게시할 수 있다. 간편하게 터의 위치만을 표시하는 방법부터 우드락에 예쁘게 터를 표시하여 이젤에 게시하는 방법까지 교사가 제작하는 노하우에 따라 달라진다.
4	이젤	터기를 게시하거나 학생들 작품들을 전시할 때 이용되는 이젤은 여러 쓸모가 있다. 학교에 비치되어 있는 이젤을 사용하거나 알루미늄 이젤을 구입하여 사용하면 좋다.
5	천막	보기터에서 부터 읽기터, 얘기터 등의 터별활동들이 수업 안에서 이루어질 때 다른 활동들과 격리됨과 동시에 각 터별활동의 원활한 진행을 위해서는 천막이 있으면 편리하다. 규격은 한패(7명~9명)가 들어갈 크기면 알맞다. 이정도면 혼자서도 칠 수 있다.
6	의자	모둠별로 수업이 이루질때 각 터를 돌면서 다양한 활동들을 수업시간에 하게 되는데 각 터별로 간편하게 앉을 수 있는 의자를 비치해 놓는 것이 좋다. 이동이 편리하고 무게가 가벼운 플라스틱의자가 제격

순번	항목	목적과 내용
7	이동식 칠판	이동식 칠판의 유용성은 아무리 강조하여도 지나침이 없다. 다만 지지대 덕분에 무게가 무겁고 이동이 불편하다는 점만 빼면 한 개쯤은 필수적으로 소지하고 수업을 해야 한다.
8	이동 구르마	수업 운영 시 필요한 수많은 장비들을 옮기려면 힘과 시간만으로 해결될 일이 아니다. 무거운 짐을 옮길 수 있는 이동식 구르마가 있으면 TV, 천막 등을 손쉽게 운반하여 설치하고 철거하기가 용이하다.

10) 온라인 구축

체육수업뿐만이 아니라 모든 교과수업은 학교수업에서 종결되지 않는다. 다양한 과제도 수행을 해야 하며, 예습과 복습의 시간도 필요하다. 이때 온라인(카페, 블로그, 홈페이지)를 활용하면 도움이 된다. 해당 수업의 자료들을 온라인에 공개하고 학생들이 수시로 확인, 활용할 수 있도록 하며, 과제제출방도 만들어 놓을 수도 있다. 이러한 온라인 구축은 해당 학교 홈페이지를 활용할 수도 있으며, 포탈사이트에 카페 개설하여 운영할 수도 있다.

[그림 2.13] 체육수업운영 카페의 예

2 체육수업의 실행

가. 체육수업규칙

모든 수업에서와 마찬가지로 체육수업에서도 학생들이 수업참여를 위해 지켜야 할 규칙들이 존재한다. 예를 들어 체육복을 입고 와야 하며, 실외화를 갈아 신고 와야 하며, 수업 시에는 어떠한 생각과 행동들을 해야하는지에 대한 규칙들을 만들어 학생들에게 공지하여 지키게 할 필요가 있다. 이는 일관성 유지를 위해 효과적이다. 수업 규칙의 제대로 된 이행과 관리는 수업의 질을 높임과 동시에 수업운영의 원활함을 동시에 가져다준다.

함께해요!

1. 시간약속은 기본!
   - 최소한 수업 종이 올리기 전에는 수업장소에 모이자고요.
2. 체육복과 운동화는 필수!
   - 체육시간을 즐겁게 보내기 위한 한 가지 방법이지요.
3. 일기와 과제제출일은 꼭 지킨다.
4. '패원들의 역할'에 대해서 잘 알아두자!
   - 수업시간에 자신이 해야 할 일들이 무엇인지 항상 생각합시다.
5. 좋은 의미의 언어들만 사용한다!
6. 칭찬합시다!
   - 칭찬은 우리의 마음을 움직이지요. 우리 서로 칭찬합시다.
7. 정성된 마음으로~!
   - 수업에 적극적인 마음가짐으로 임해보세요. 그러면 새로운 체육의 세계가 펼쳐집니다.
8. 진심으로 사랑합시다!
   - 수업과 체육을, 나와 우리를, 모든 것들을 사랑합시다. 사랑하면 세상이 아름다워진답니다.
9. 이렇게 인사해요 - 하나로 인사는 반드시 미소가 기본입니다.
   1) 수업을 시작할 때는 "하나로~ 인사"라는 구령에 "즐겁게 하겠습니다."
   2) 수업을 마칠 때에는 "하나로~ 인사"라는 구령에 "즐거웠습니다."

[그림 2.14] ○○중학교 체육수업규칙

나. 교사, 학생간의 예의

체육수업이 시작되면 교사와 학생간의 인사가 필요하다. 군대식의 '차렷', '경례', '안녕하십니까'보다는 친근하고 자연스러운 인사법을 정해 수업시작과 동시에 함께 할 수 있는 방법을 제시하는 것이 좋다. 자연스러운 인사법을 통하여 교사와 학생간의 최소한의 예의를 지키도록 하며, 수업시간 내 신뢰를 구축하는데 다양한 예의법을 정해 실행하는 것이 도움이 된다.

다. 학생 정렬 방식

체육수업시작 전이나 수업 도중 학생들을 정렬시키는 방법들도 고민해야 한다. 번호순, 키순, 남녀순, 모둠별 순 등의 정렬방식을 정하고 학생들에게 인식시켜 줄 필요가 있다. 가로로 서게 할 것인지, 세로로 서게 할 것인지, 자유스럽게 타원으로 정렬시킬 것인지의 정렬 방식을 정해 수업을 시작하고 운영해야만 실제학습시간이 늘어나게 된다. 단원별로 정렬 방식을 따로 정해도 무방하지만 학생들의 혼란을 방지하기 위해 일관된 정렬방식으로 학생들을 정렬시키게 되면 매끄러운 수업 진행을 하는데 무리가 없게 된다.

[그림 2.15] 학생 정렬 후 수업시작 모습

라. 준비운동

수업시작 전 준비운동은 필수적이다. 준비운동의 요소와 원칙이 존재하지만 종목에 따라 다른 준비운동을 준비하여 수업 전 실시하게 할 수도 있다. 또한 준비운동은 학생들의 부상을 예방하고, 최상의 기능을 발휘하기 위한 조치이므로 소홀함이 없어야 한다. 학급별 준비운동은 학급전원이 하는 방법, 모둠별로 실시하는 방법, 개인별로 실시하는 방법 등이 있으며, 종목별 준비운동을 따로 제작하여 실시하게 할 수도 있다.

마. 교사의 설명 위치

교사는 수업을 시작, 진행, 종료 시 학생들에게 설명 및 시범을 보이는 역할을 수행하게 된다. 이때 어느 위치에서 학생들에게 설명하고 시범을 보일지를 결정해야 한다. 햇빛은 어느 방향을 하고 있는지, 모든 학생들이 잘 들을 수 있는 위치가 어디인지를 수시로 고민해야 한다. 또한 학생들을 어떻게 정렬시켜 설명을 할 것인지도 고민해야

[그림 2.16] 교사의 설명위치

하며, 학급단위의 설명인지, 모둠별 단위의 설명인지, 개인 단위의 설명인지에 따라 교사의 설명 위치를 생각하고 결정해야 한다. 결국 수업 결손 학생이 없도록 하는 교사의 설명 위치를 결정하는 일은 교사가 상황에 따라 고민하고 행동해야 하는 것이다.

바. 모둠의 편성 및 운영

해당 수업의 특성에 따라 모둠을 편성하고 운영할 수 있다. 개인 종목은 모둠을 조직하기 쉽지 않지만 단체 종목은 모둠을 편성하여 수업을 운영할 수 있다. 또한 모둠별 개인 역할을 주어 개인별로 수업시간 내외에 해야 하는 일을 주게 되면 모든 학생들이 수업에 적극적으로 참여할 수 있는 기회를 제공하게 된다. 남녀 혼성 학급이 대부분인 현 학급 체계에서는 동성으로 모둠을 편성할 것인지, 이성으로 모

둠을 편성할 것인지를 결정하여 조직하도록 한다. 모둠별로 특성화된 과제나 역할을 부여하는 일도 수업참여 정도를 높이는데 효과적이다.

[그림 2.17] 모둠별 기능연습 및 과제수행

[표 2.15] 농구 수업역할분담표 일부

역할	( )반 ( )패	역할 분담(본인이 해야할일은 이런거예요.)
이끔이		패를 이끄는 중요한 역할을 수행합니다. 패원들이 최선을 다할 수 있도록 칭찬과 격려를 아끼지 말아보세요...
	담당 과제	역할분담표 작성하여 선생님께 제출합니다. 인터뷰 과제 및 발표 주된 담당
시범이 1		패원들에게 멋진 기능을 선보이고, 패원들에게 요령을 친절히 알려주는 역할을 수행합니다.
	담당 과제	농구 경기방법 및 규칙 조사하여 A4지 한 장에 정리하여 카페에 올리고 패록에 정리하기 주된 담당
시범이 2		패원들에게 멋진 기능을 선보이고, 패원들에게 요령을 친절히 알려주는 역할을 수행합니다.
	담당 과제	농구 경기장을 만들거나 그리기의 주된 담당
활력이		음악을 틀거나, 파이팅을 외치거나, 유머를 날리는 등의 패 활력을 위해 고민하고 노력하는 역할을 수행합니다.
	담당 과제	패원들과 상의하여 농구와 어울리는 음악 3곡을 선정하고, 그 이유와 의미를 작성하여 카페에 올리고 패록에 정리하는 주된 담당

2부 체육교직실무의 실제

사. 해당 차시 수업 소개

체육수업을 시작함과 동시에 그 시간에 무엇을 할 것인지, 어떤 활동들을 하게 되는지를 안내해야 한다. 뚜렷한 계획이 없는 체육수업은 자칫 학생들을 무방비로 방치할 경우를 만들어 내게 된다. 또한 학생들에게 해당 차시에 진행될 활동꺼리들을 구체적으로 알려주게 되면 당황함 없이 수업에 참여하게 되며, 적극적인 활동을 기대할 수도 있게 된다.

아. 단원 및 해당 차시 목표 제시

모든 수업은 해야 하는 이유와 달성 정도가 계획되어 있다. 이는 단원별, 차시별 목표로 구체적으로 표현된다. 이러한 목표는 학생들에게 지속적이고 구체적으로 제시되어야 한다. 수업 전, 중, 후 해당차시의 목표를 수시로 제시하고 확인시켜 주는 일은 중요한 일이며, 학생들이 단원의 전체적인 목표도 잊지 않도록 자주 안내하고 확인시켜

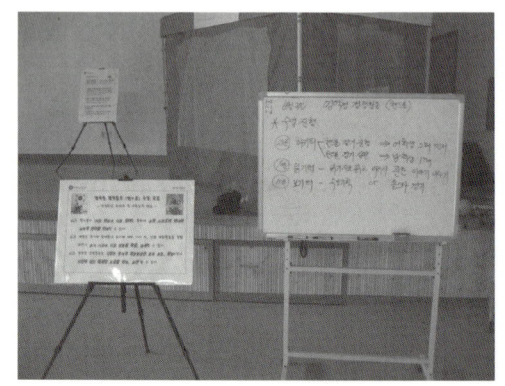

[그림 2.18] 수업설명, 목표제시

줘야 한다. 수업의 정확한 목표를 인지하지 못하고 있다면 그만큼 목표 달성의 어려움은 높아질 수 있게 된다. 알면서 이루지 못하는 것도, 몰라서 이루지 못하는 것은 엄연한 차이가 존재하게 되는 것이다.

자. 수업의 운영(교사활동, 학생활동)

매시간 구체적인 수업운영은 크게 교사가 해야 할 일들과 학생들이 경험하고 체험하는 일로 나뉘어진다. 구체적인 수업지도안을 매시간 작성하기는 어렵지만 그 시간에 해야 할 주요한 교사, 학생활동을 간단히 메모하는 일은 수업에 누락되는 활동들을 없게 만드는 방법 중에 하나가 된다. 종목별 수업지도안은 틈틈이 만들어 놓는 일은 수업의 내실화를 기하고 보다 좋은 수업을 운영하는데 좋은 밑거름이 된다. 또한 명확한 활동내용들이 적어 있는 자료들이 있다면 수업의 노하우가 계속되어 축적되어 가는 일이기에 수업의 운영내용들을 일정한 양식에 의거하여 정리

해 놓는 일은 반드시 필요한 일이다. 교사활동과 학생활동은 직·간접 교수활동 및 직·간접 체험활동을 포함하는 종합적인 모습이라 볼 수 있다.

차. 직접교수활동

직접교수활동은 밖으로 드러나는 교사의 수업행동으로서 지시설명형(그날 배울 기술의 시범과 설명이 주어지고 학습활동에 대한 학생의 연습이 뒤따른다), 탐구발견형(교사와 학생, 학생과 학생 간에 문답으로 학습과제를 연습하고 해결해나간다), 동료협동형(학생들이 서로 힘을 합쳐 도와주고 도움 받으며 학습과제를 연습해나간다), 시합대회형(변형되거나 완성된 형태의 시합을 통해 전술을 발휘하거나, 운동경기가 진행되는 방식으로 실제 게임을 즐기도록 한다), 자유경기형(학생들로 하여금 자유롭게 게임을 하도록 한다), 자기학습형(자신이 스스로 자기가 배울 내용을 정하고 그에 따라 수업방식을 선택한다) 등이 있다. 어떤 교사활동을 선택할지는 종목의 특성, 수업을 운영하는 교사의 성향, 학생들의 수준 등을 고려하여 수업 운영 전 교사가 결정해야 한다. 직접교수활동은 교사에 의해 선택된 수업방식에서의 활동과 동시에 교사의 직접적인 시범, 설명, 피드백을 망라한 활동이라 볼 수 있다.

카. 간접교수활동

간접교수활동은 교사의 직접적 의식이나 의도로 행해지는 교수행동뿐만이 아니라, 교사의 평상시 습관이나 인간됨으로 인해서 무의식적으로 행해지는 자연스러운 행위까지를 말한다. 교사의 말투, 어조, 미소, 열정, 사랑, 사람됨 등이 있다. 일반적으로 교사가 의도하지 않았지만 학생들이 간접적으로 영향을 받는 활동이라 할 수 있다. 이러한 간

[그림 2.19] 간접교수활동

접교수활동은 교사 스스로 계속된 고민과 노력을 기울여야 한다. 이를테면 용모에 대해서도 꾸준히 관리를 해야 하며, 학생들에게 어떠한 상황에서 어떠한 언행으로 대처를 해야 하는지도 고민해야 하며, 학생의 눈높이에 맞는 유머를 준비하는 일도 소홀히 하지 않아야 하며, 진정으로 학생과 수업을 사랑하는 마음을 가지도록 함과

동시에 표현하려 노력해야 하는 등의 간접교수활동은 교사마다 다르지만 반드시 신경을 쓰면서 수업을 운영해야 한다.

타. 과제제시 및 차시 예고

수업 도중이나 수업의 마무리에는 해당 수업과 필요한 과제들을 제시해야 한다. 수업 중에 해결할 수 있는 과제도 제시해야 하며, 수업 후에 수행해야 하는 과제들도 제시하도록 한다. 과제들은 개인별, 모둠별 과제를 선택하여 제시할 수도 있으며, 제출 방법과 형태들도 명확하게 안내해 주어야 한다. 또한 다음시간에 활동할 내용들도 미리 공지해 줌으로써 학생들이 다음시간에 무엇을 해야 하는지를 인지한 상태에서 수업에 임할 수 있도록 해야 한다.

하. 사진촬영 및 동영상 촬영

전반적인 수업활동들은 한번 지나가면 다시 되돌릴 수 없으며, 같은 수업을 매번 같은 방식으로 운영할 수 없다. 그리고 같은 수업이라 하더라도 수업은 늘 변화를 주어야 하며, 이전보다 나은 수업을 운영하기 위해서라도 수시로 사진촬영과 동영상 촬영을 해 두어야 한다. 이러한 촬영 자료들은 다음 수업자료로 사용할 수 있으며, 자신의 수업자료들의 정리와 수업개선 자료로도 활용 가능하다. 촬영의 방법은 교사가 직접 하는 방법, 학생들을 활용하는 방법, 동료교사를 활용하는 방법 등이 있다.

[그림 2.20] 동영상 촬영

3. 체육수업의 정리

가. 수업 기자재 정리

수업에 활용한 기자재들은 수업 후 정리를 해야 한다. 운동장이나 체육관에 수업 기자재들은 분실이나 파손의 위험이 있기에 수업 후 정리를 해야 한다. 체육수업 기자재는 교사가 직접 정리할 수도 있으며, 학생들과 함께 수업 후 정리할 수도 있다. 또한 각반 체육도우미를 선정하여 체육기자재를 설치, 정리하도록 하여도 무방하다.

나. 수업활동 자료 정리

자신이 수업한 내용들을 일목요연하고 알아보기 쉽게 정리하는 일은 다음의 수업에 큰 도움이 된다. 수업에 활용한 자료나 학생들의 활동지들을 종목별로 분류하여 정리하는 일은 수업개선에 있어서나, 같은 수업을 다시 운영하게 될 때 활용도가 높다. 종목별 자료 정리가 되어 있지 않은 자료들은 재활용하는 경우가 적고, 쓸모없는 자료로 방치되기가 쉽다.

다. 학생 과제 정리

학생들에게 주어진 과제들은 수합하여 평가에 반영하게 되는데 평가를 마친 과제들은 따로 정리해 둘 필요가 있다. 다른 학생들에게 샘플로 제시하는데 활용할 수도 있으며, 다음 수업 시 활용할 수도 있게 된다. 잘된 학생과제들은 전시하여 학생들에게 홍보할 수도 있으며, 발전된 과제를 개발할 때도 활용할 수 있다.

라. 사진, 동영상 정리

수업중 촬영한 사진과 동영상들은 종목별로 정리하여 다음 수업 시 활용할 수 있다. 사진과 영상을 종목별로 수합한 후 전체적인 수업의 내용을 중심으로 영상제작을 하여 제시할 수도 있게 된다. 자신의 수업개선에도 활용할 수 있으며, 학생들에게 샘플로 제시 할 수도 있다.

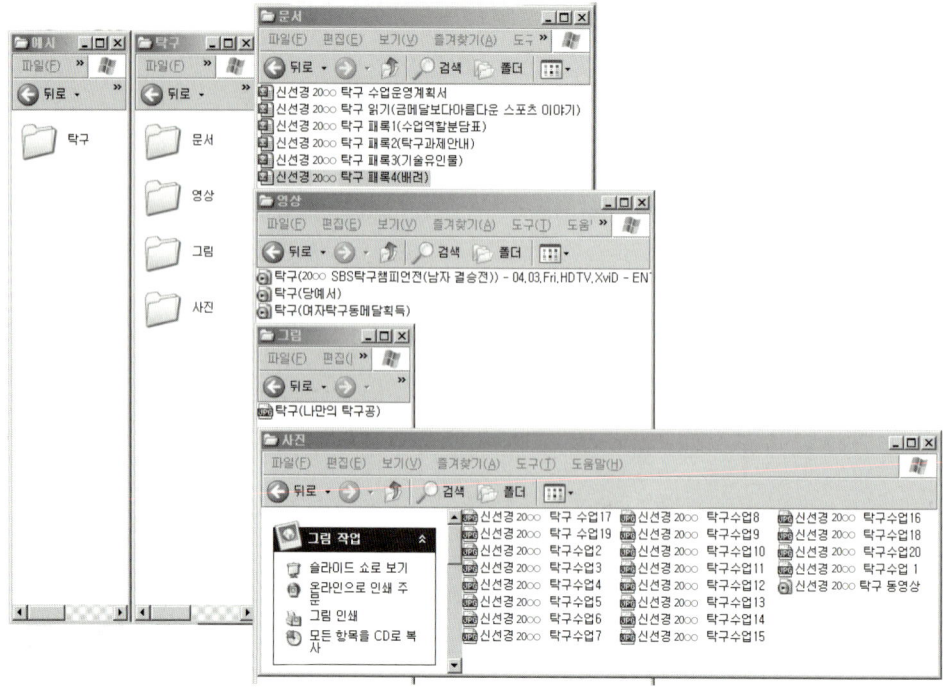

[그림 2.21] 수업자료(문서, 사진, 동영상) 정리 방법

마. 수업 반성 일지

자신의 수업을 되돌아보는 방법은 여러 가지가 있다. 이중 자신이 계획하고 운영하였던 수업을 직접 돌아보는 것이다. 계획대로 수업이 진행되었는지, 잘되었다면 어떤 점들이 잘 되었으며, 미흡한 점이 있었다면 어떤 점들이 부족하였는지, 수업을 운영하면서의 깨달음, 후회, 교훈과 미련 등의 내용들을 정리해 보면서 수업을 되돌아보는 일이 필요하다. 수업 개선의 중심에는 늘 교사가 위치해 있기 때문이다. 자신의 수업을 직접 되돌아보는 일은 조금 더 나은 수업을 위한 준비 작업이다. 얼마나 진지하고 심각하게 수업을 반성하였는지는 다음 수업에게 빛을 내게 되는 것이다. 사진과 글로 반성일지를 꾸준히 수업을 정리해 나간다면 좋은 수업자료로 다시 활용될 수 있게 된다.

체육반성일지 - 마음의 여유와 조급함 버리기

난 성격이 급한 편이다. 평소에는 느긋한 부분이 적지 않지만 이상하게도 수업에 들어서기만 하면 급해진다. '오늘은 이것, 이것을 했구나' 라는 생각보다는 '오늘은 이것, 이것을 못했네'라고 생각한다. 수업 안에서도 급해진 마음을 다 잡을 수 없지만, 수업을 마치고도 나의 조급함은 해결되지 않고 오히려 더욱 가속도를 낸다. 마음의 여유보다는 늘 수업내용과 방법에 쫓기며 수업을 진행시키는 것이다. 더군다나 올해 내가 짊어진 짐 덕분에 그 조급함은 빛의 속도로 증가되었다. 눈에 보이지 않을 정도로 말이다. 점점 더 깊어져만 가는 조급함 덕분에 놓치는 것들이 참으로 많았다. 친절한 교사의 모습, 배려 깊은 수업진행, 학생들이 행하는 체험활동들의 내실화, 꼼꼼한 과제들의 확인, 온라인과 오프라인에서의 지속적인 대화 등등... 내가 놓친 많은 것들은 결국 조급함에 이끌려 마음의 여유를 찾지 못한 아둔함에서 기인된다.

4월 초에는 우리 학교 교생선생님이 10분이나 오셨다. 불행인지 다행인지는 모르겠지만 가정과 선생님이 우리 반 교생선생님으로 오시게 되었다. 같은 교과였다면 보다 많은 것들을 교감하고 함께 많은 것들을 할 수 있었을 텐데... 교생선생님의 마음가짐을 생각해 본다. 10년전 나의 교생 때의 마음가짐도 생각해 본다. 그때의 나의 마음과 몸은 어떠했을까? 지금처럼의 조급함만을 가지고 있었을까? 오히려 지금보다는 참으로 여유로운 시간을 보냈으리라... 요즘 교생선생님을 보고 있노라면 내 스스로를 자꾸만 돌이켜 보게 된다. 교생선생님처럼 처음부터 다시 시작하고픈 마음에서인가? 아니면 지금 나의 모습이 너무 부족해서 임을 느껴서인가? 그것도 아니라면 초심으로 다시 돌아가고픈 열망때문인가? 교생선생님의 신선한 열정을 떠올려보니 다시금 기운이 샘솟는다. 다시 시작하고 싶다고... 다시금 마음의 여유를 머금고 좀 더 잘 하고 싶다고...

오늘은 내가 사랑하는 하수회 회원에게 전화가 걸려왔다. 한번도 대면하지 못한 3기 회원에게... 내가 먼저 손을 내밀었어야 하는 3기회원에게 직접 전화를 받으니 더욱더 지난 시간에 대한 부족함을 느낀다. 내가 하고 싶은 일들, 내가 해야 하는 일들도 중요하지만 나를 필요로 하는 이들, 내가 해줘야 하는 일들이 있음을 간과하고 있었던 시간들은 아니었는지...

또 마음이 조급해 진다. 여유로움보다는 다시 내 마음이 '서둘러', '서둘러'라고 외친다. 조급한 마음을 안고 서두르자. 다만 성급하지는 말자. 나에게 지금 필요한 것은 여유로움이지만 내 자신만을 위한 여유로움을 즐기지는 말아야한다. 3월부터 쓰려한 교사일지를 2주가 넘도록 작성한 이유는 어쩌면 나의 조급함을 핑계로 스스로의 여유를 즐기고 있었는지도 모른다. 교생선생님과 하수회 3기 회원들, 그리고 우리 사랑스런 방원인들 덕분에 난 다시 기운을 얻는다. 아니 얻고자 한다. 조금만 더 기운을 내라고... 아직도 해야 할 일들이 지천이며, 내가 필요한 이들도 점점 늘어나고 있다고... 그것을 너무나 감사해야 한다고...

올해는 나의 내면이 더욱 더 건실해질 것 같은 느낌이다. 여러모로...

바. 수업운영의 수정 및 보완

수업은 계획대로만 흘러가지 않는다. 여러 복합적인 상황은 수업을 계획대로 움직이지 않게 만든다. 이런 과정 속에서 수업계획서의 수정은 불가피하다. 또한 수정, 보완된 수업계획서는 그때 그때 재정리 해놓는 것이 좋다. 그렇지 않더라도 수업의 마무리가 되는 시점에서는 전체적인 수업계획서를 수정해 놓음과 동시에 수정되고, 보완된 상황을 기재해 놓으면 보다 완성도가 높은 수업계획서가 만들어진다. 부족했던 부분이나 실수들을 반복하지 않게 만드는 일은 수정, 보완된 형태의 수업계획서나 메모들을 지속적으로 해나가는데 있다.

사. 동료교사와의 수업 의견 교환

아무리 교사 개인의 수업반성과 노력을 기울인다 하더라도 외부에서 보는 것과는 차이를 보인다. 자신이 보지 못하는 빈틈이 다른 교사에게는 쉽게 발견될 수도 있기 때문이다. 이에 동료교사와의 수업에 대한 의견교환들을 가급적 많이 하는 편이 좋다. 주어진 상황이 복잡하고 어렵겠지만 수업의견 교환은 아무리 강조해도 지나침이 없을 정도다. 동료장학과 교과협의회의 내실화의 측면은 동료교사와의 수업에 대한 의견교환의 폭과 깊이를 넓고 깊게 하는 것과 다름이 아니다.

아. 온라인에서의 학생 대화

체육수업시간 이후 학생간의 질문이나 대화를 통하여 학생들의 수업참여도를 높일 수 있다. 그것은 온라인상에 대화 창고를 구축하는 것이다. 홈페이지를 개설하거나 카페를 만들거나 학교 홈페이지를 활용하여 체육수업의 연장을 가져다 줄 수 있다. 과제 제출방을 활용하거나, 학생의 질문을 받는데 활용하거나, 수업자료들을 공유할 수 있는 방법으로 활용하는 등 학교수업이후 온라인에서의 학생과의 교류는 여러 가지 이득을 가져다준다.

11월 10일	선생님 조언이 필요해요...	○○중 안○○

음 지금까지 열심히 잘 따라와 주고 있는 우리 윤주,은혜,숙희,재환,대근,호민,동현..
근데.. 내가 너무 욕심을 부리는 걸까??
내가 올라가지도 못할 나무를 올라가려고 넘 무리하고 있는 걸까??
난.. 좀만 서로 합심하고 집중해서 하면 될것 같은데..
패원들은 많이 어려워하고 힘들어한다..
내가 너무 헛된 꿈을 꾸고 있었던건가?? 아닌데... 난.. 할 수 있다고 보는데..
친구들은 전혀 그런 것 같지가 않다..
그래서.. 오늘 애들 의견에 따라 줄넘기동작과 내용은 조금 바꿨다..
아직도 내가 내 주장만 고집했던 걸까?? 무조건 할 수 있다고.. 이상주의자의 모습을
나타냈나??
난 그런 뜻이 아니였는데.. 정말 아니였는데...
그냥 난... 할 수 있다고 믿고.. 그러케 하려고 노력한 것 뿐..
하지만 지금은.. 친구들의 시선과 기준으로 맞췄다..
지금 카페에 이 글을 올리면서 생각하게 된다..
내가 우리 4반 하나패의 마음가짐으로 올려 놓은 글..
우리가 먼저 자기 스스로와 다짐을 한 후 쓴 글..
근데 난?? 그냥 말로만 그랬던거야?? 패원들한테 모범이 되지 못했던거자나...
후.. 하지만 지금이라도 깨달고 뉘우치게 되어서 다행이다..
나의 모습으로 인해 패원들과 의견충돌과 다툼이 일어나지 않아서...
선생님... 제가 너무 많은걸 바랬나요?? 제가 현실에 안맞게 바라는것만 많은건가요??
선생님 보시기엔 어떠세요?? 후.. 부족함이 넘 많아서 손으론 다 셀 수 없을 만큼..
새로 패구성한지는 얼마 안됐지만 날 믿어주고 따라와 주는 윤주, 은혜, 숙희, 재환, 대근, 호민, 동현이 있기 때문에 때론 힘들고 지치고 모든걸 다 내려 놓고 싶지만 이들이 있으므로써 다시 힘을 낼 수 있고 다시 희망을 갖게 된다...
ㅋ 정말 나에게는 없어서는 안 될 에너지 충전소~
정말.. 사랑해... ㅋ 창규선생님도 많이 사랑하는거 아시죠??

11월 10일	선생님 조언이 필요해요... - 댓글	

누군가의 앞에 선다는 것은 참으로 어려운 일이지. 사람들은 저마다 너무나 달라서 오로지 한곳을 향해 걸어가기는 더욱더 어려운 일이다. 하지만 지금 신혜가 노력하고 있는 모습, 지금 신혜가 자신보다는 패원들을 생각하는 그 마음을 다른 패원들은 알고 있을거야. 느끼고 있을거야. 다만 지금 힘들고, 쉽게 했으면 좋겠다는 생각이 더 강한 것이겠지. 또한 이제까지 한번도 그렇게 해본적이 없어 당황하고 있는거야. 잘하고 있다. 신혜를 포함한 패원들 모두는 최선을 다하고 있는 거야. 근사한 작품이 나오는 것보다 더 나은 작품은 서로를 이해하고, 서로를 사랑하는 마음을 배우는거야. 하나로수업은 그런 거다. 서로 다른 사람을 하나로! 할 수 있게 만드는...

자. 개인 수업 자료집 제작

체육수업에 활용된 모든 자료들과 학생과제들을 수집하여 교사 개인 자료집을 만들어 놓으면 여러모로 쓸모가 있다. 교사 개인으로서는 그동안 운영해 온 수업들을 돌아볼 수 있는 기회가 되며, 자료를 정리하면서 새로운 수업의 구상도 가능하다. 학생들에게는 샘플을 제시할 수 있는 소중한 자료로 활용할 수 있으며, 동료교사에게도 안내자료로 활용할 수 있다. 교사 개인 자료집은 종목별, 과제별, 수업내용별 정리가 가능하며 자신에게 편한 정리방법을 찾아 정리해 놓으면 된다. 또한 매학기, 매년 자료들을 정리하여 제본해 놓으며 오랜 시간 보관도 가능하며, 소중한 수업자료로 간직할 수 있게 된다.

[그림 2.22] 체육수업 자료집

6장
체육교육 업무

1 교과 협의회

가. 개요

- 교과별 교육 목표를 효율적으로 달성하기 위하여 교수·학습 방법의 개선을 연구하고 협의함을 목적으로 한다.
- 교과협의회는 교육과정 운영상 명시되어있는 교과로 실시한다. 단, 몇 가지 과목에 한해서는 두 교과가 협의회를 함께 실시할 수 있다.
  예) 국어-한문, 음악-미술 등
- 교과협의회는 월 1회 실시함을 원칙으로 하며 필요에 따라 임시협의회를 개최한다.
  예) 수업연구회 실시 후, 교과서 선정, 수행평가 기준안 변경을 요하는 경우 등
- 교과협의회 협의록을 작성하여 내부결재를 받는다.
  (연구부에 제출하여 일괄 기안하거나 혹은 체육교과 주임이 직접 기안함.)
- 교단선진화에 따른 멀티미디어 및 각종 시청각자료를 이용한 교수-학습 자료의 개발에 주력한다.
- 전 학년 논술·서술형 평가에 따른 시행방법과 다양한 평가방법의 개발 및 적용에 힘쓰도록 한다.
- 우수한 사례가 있을 시에는 자율연수 시간을 활용하여 발표하도록 한다.
- 월별 교과협의회 협의 내용(과목별 공통사항)

월	협의내용	월	협의내용
2	• 연간 운영계획 평가협의 • 2013학년도 교과진도 계획수립 • 교재교구 정비·구입 및 활용 협의 • 개발된 교수학습 및 평가자료 평가	7,8	• 1학기 평가 및 방학과제 협의 • 기말고사 결과 분석 및 반성 • 성적편차 원인 분석 및 대책 • 방학 중 교과연구 및 연수 참여 계획
3	• 교과별 연간 운영 계획 수립 • 교구 학습자료 신청 • 교과 지도계획 및 교과 진도계획 • 다양한 평가방법 개발 및 적용을 위한 협의 • 학년별 수행평가·실기평가 기준 및 방안 • 기초학력 부진학생 지도방안(국,영,수)	9	• 2학기 진도계획 • 중간고사 범위 및 출제방안
4	• 중간고사 진도 및 출제방법 및 계획 (범위, 공동출제, 채점기준) • 수업방법 개선 및 학습자료 개발 • 평가방법 개선 • 기타협의	10	• 중간고사 결과 분석 및 반성 • 성적편차 원인분석 및 대책 • 학력증진 방안
5	• 중간고사 결과 분석 및 반성 • 성적편차 원인분석 및 대책 • 자기장학 방안 협의	11	• 3학년말고사 범위 및 출제방안 • 진도조정 • 수업방법 개선
6	• 1학기말 고사 출제계획 • 교과진도 조정 • 다양한 수업방법 및 자료개발	12	• 1, 2학년 기말고사범위 및 출제방안 • 3학년 기말고사 경과 분석 • 방학 중 교과연구 및 연수 참여계획 • 방학과제 협의 • 연간 교육활동의 종합적 분석 및 반성 • 신학년도 계획 수립 및 학습자료 준비

나. 체육교과 협의회

☐ 목적 : 학교에서의 체육 교육과정운영에 관한 전반적인 일에 관하여 모든 체육교사의 의견을 수렴 하고 절충하여 결정하는 데 목적이 있다.
☐ 시기 : 2월~연중
☐ 주요안건 : 체육과 지도계획 및 평가계획, 체육관련 행사, 스포츠클럽운영, 학교간경기대회 참가, 학교체육시설 보수 유지, 민방위 훈련, 소방 훈련 등

다. 학년협의회

- ☐ 목적 : 체육교과 협의회에서 결정된 일 중 특정 학년의 지도계획, 평가계획을 수립·수정하고 각종 체육행사에 해당 학년에 관한 안건을 수립 하는 등 연간 탄력적인 지도를 하는 데 목적이 있다.
- ☐ 시기 : 2월~연중
- ☐ 주요안건 : 체육교과 협의회의 안건 중 특정학년에 해당 하는 내용

[표 2.16] 연간 체육과(체육부) 협의내용 예시

월	협의내용	월	협의내용
2	• 학년별 교과 담당 교사 배정 • 체육교과 관련 업무 분장 • 1학기 수업공개 및 동료 장학 계획 수립	7,8	• 방학 중 각종 대회 참가 및 결과 논의 • 연간 교육과정에 의한 2학기 수업종목 점검
3	• 학년별 수행평가 연간 지도계획 논의 • 지필평가 출제 시 주의사항 논의 • PAPS 측정 방법 및 입력 방법 논의 • 연간 체육과 행사 계획 • 교직원 체육대회실시 방법 논의 • 체육교과 독서지도 활성화 방안 논의	9	• PAPS 측정 장비 구입 관련 논의 • 2010학년도 추계체육대회 계획안 논의
4	• 수행평가 종목 및 기준 검토 • 4월 체육교과 수업공개 실시 및 5월 수업공개 안내 • 교생실습대상자 지도계획 수립 • 춘계 학생 구기대회 계획수립 • 2013학년도 동부교육청 학교간경기대회 겸 스포츠클럽대회 참가 논의 • 제 20회 서울특별시교육감배 교직원체육대회 참가 논의	10	• 제 27회 서울특별시교육감기 육상대회 참가 및 결과 • 2010년도 학교스포츠 클럽대회 참가 및 결과 • 3학년 기말고사 출제 범위 및 내용 • 2010년도 추계 체육대회 실시 결과 및 개선사항 • 교복투 지원 사업(안경지원) 진행사항
5	• 춘계 학생 구기대회 세부 계획 수립 • 2013학년도 동부교육청 3지구 학교간 경기대회 겸 스포츠클럽대회 경기결과 • 제 13회 교육장배육상대회 참가 학생 선정 • 5월 체육교과 수업공개 실시 • 교직원 배구대회/배드민턴대회 참가 • 각 학년별 수업진행사항 확인	11	• 각종대회 참가 및 결과 • 1,2학년 기말고사 출제 범위 및 내용 • 수행평가 기준 확인 및 점검 • 겨울방학 특기적성 시간 및 날짜 점검
6	• 1학기 기말고사 출제범위 및 공동출제 협의, 진도 확인 및 점검 • 수행평가 정리 및 점검 • 교직원 배드민턴대회 참가 현황 및 결과 • 방학중학교 개설강좌 및 수업시간 협의	12	• 기말고사 결과에 대한 평가 및 분석 • 신학년도 계획 수립 및 학습자료 준비 • 학년별 방학과제 안내 • 2009 개정 교육과정 적용을 위한 다음 연도 체육과 교육과정 초안 확인

[표 2.17] 체육과 협의록 예시 1

체육과 협의록 (4월)

결재	계	부장	교감	교장

일시	○○○○학년도 4월 7일 16시~17시	장소	체육부실
참석자			

주요 안건	공정하고 효율적인 수행평가 협의, 동료장학 협의, 교과자료 신청
협의 내용	1. 공정하고 효율적인 수행평가를 위한 협의(중간고사 미실시) 　가. 출제범위 　　1) 1학년 : 줄넘기 모둠뛰기(15%), 매트운동 앞구르기(15%), 도움닫기 멀리뛰기(15%), 축구드리블(15%), 수업참여도(10%) 　　2) 2학년 : 줄넘기 엇걸어뛰기(15%), 매트운동 다리벌려구르기(15%), 농구드리블(15%), 배드민턴서브(15%), 수업참여도(10%) 　　3) 3학년 : 허들(20%), 배구 경기기능(20%), 농구레이업슛(15%), 수업참여도(10%) 　나. 성적 격차 해소 방안 　　1) 해당 학년 교사 공동 평가 기준을 원칙으로 한다. 　　2) 질적 및 양적 평가를 적절히 혼합하여 평가한다. 　　3) 혼성학급임을 감안하여 성별 차이를 맞는 평가기준을 채택한다. 　　4) 평가의 환경을 동등한 수준으로 조성하여 평가한다. 　　5) 부상자에게 적절한 과제를 부여하여 공정한 평가를 지향한다. 2. 교과자료 안내 및 활용방안 　가. 독서지도방안(도서구입신청 목록확인) 　나. 독서교육과 시청각교육을 통해 수업 중 실제학습시간 확보 3. 교구 및 학습자료 구입계획협의 　가. 공, 스피커, 티볼 용구 구입, 풋살 골대 구입 및 농구골대설치 　나. 소프트웨어 캄타시아 5.0 구입희망 4. 4월 동료장학계획 　가. 유○○(4.16 2-2, 3교시 문화관) - 참관교사 : 최○○ 　나. 최○○(4.17 1-2, 6교시 운동장) - 참관교사 : 이○○
기타 사항	- 교내육상대회를 운영결과 협의 - 수업 중 안전관리 철저

[표 2.18] 체육과 협의록 예시 2

\multicolumn{2}{c}{}	체육과 협의록 (체육교과 수행평가 항목 및 배점 변경 건)
날짜 및 시간	20○○년 9월 16일 수요일 13:00 ~ 13:20
장 소	체육부실
참가자	박○○ 류○○ 양○○ 김○○ 정○○
주 제	20○○년 체육교과 3학년 2학기 수행평가 항목 및 배점 변경
내 용	1. 기존에 작성하였던 20○○년 체육교과 수행평가 계획 중 3학년 2학기 수행평가 항목과 배점을 변경하고자 함 2. 사유 및 정정 과정 　가. 기존 계획하였던 체육교과 3학년 2학기 평가항목은 '음악줄넘기'와 '대나무춤'이었는데, 두 종목 모두 평가항목이 교사의 주관적인 척도로만 이뤄지는 경향이 있으며, 　나. 또한 본교에서 처음 실시하고자 했던 종목으로서 본교 학생들에게 실시했을 경우 평가 난이도에 대한 정확한 데이터가 없는 실정이었기 때문에 　다. 주관적인 판단으로 평가되는 '대나무춤' 보다는 객관성이 있는 기록으로 평가하는 항목이 한 종목 필요하다고 판단됨. 　라. 실제 한 학급을 대상으로 대나무춤 예비평가를 실시해본 결과 평가의 평가 난이도가 애매하며, 객관성과 신뢰성이 떨어지는 경향이 나타났기 때문에, 3학년 전체 학생들에게 대나무춤 영역을 적용하여 평가할 경우 신뢰성과 객관성이 떨어질 것으로 예상되어, 　마. 따라서 기존에 실시하고자 했던 '대나무춤' 평가 영역을 '단체줄넘기' 영역으로 변경하여 평가하고자 하며, 아울러 '단체줄넘기'가 새롭게 평가에 포함됨에 따라 다른 평가항목이었던 '음악줄넘기'의 평가 배점도 함께 정정하게 되었음 　바. 이러한 평가영역의 변경사항과 관련하여 1차적으로 체육교과 교사들과 협의를 실시하였고, 이에 체육교과 교사들이 찬성하였음. 3. 기존 평가 계획에 의해 작성되었던 평가계획표와 새로 수정된 평가계획표를 첨부함.
기타 건의사항	

2 각종 대회 운영 및 참가

가. 교내대회

1) 교내육상경기대회

교내육상경기대회의 취지는 모든 운동의 기초가 되는 육상경기의 활성화를 위하여 단위학교에서 대회를 개최하여 육상경기를 통한 체력 향상과 육상경기의 저변확대를 하고자함이 목적이다. 교내육상경기대회를 통하여 지역교육청, 시도교육청 육상경기대회 출전의 기초자료로 사용하고자 하는 목표도 있다.

[표 2.19] 교내 육상경기대회 운영 예시

1. 목적
    육상경기를 통하여 학생들의 기초 체력을 향상시키고 육상에 소질이 있는 학생을 발굴하여 개인의 특기를 계발하며 육상 인구의 저변 확대 및 기술 발달에 기여하고 육상문화를 체험할 수 있는 장을 마련한다.

2. 방 침
    ○ 육상대회를 통하여 협동심, 애교심, 질서의식을 고양시키며 전인교육의 일환으로 실시한다.
    ○ 학년별 성별 학급 대항전으로 실시한다.
    ○ 학년별 우수학생은 학교 대표로 선발하여 각종대회에 참가한다.
    ○ 계주는 학급대항이며, 개인시상을 하지 않는 것을 원칙으로 한다.

(중략)

4. 대회일정 예시

순서	시간	종목	담당자	
1	1교시	경기장 준비	체육과 교사 전원	
2	2교시	50m 달리기	소집 및 출발	김○○
			결승계시	이○○, 박○○
		60m 허들 (3학년)	소집 및 출발	최○○
			결승 및 계시	정○○
3	3교시	멀리뛰기	이○○, 정○○, 최○○	
		투포환		
4	4교시	400mR	소집 및 출발	김○○, 최○○
			결승 및 계시	이○○, 박○○, 정○○

5. 유의사항
    ○ 대회 당일 08:00 현재 우천 시 연기함
    ○ 수업의 일환으로 행사하는 관계로 대회일정표에 따라 선수들이 잘 참가할 수 있도록 선생님들의 지도 요망
    ○ 안전사고에 각별히 유의하여 실시함
    ○ 경기를 마친 학생은 교실로 입실하며, 대회에 참가하지 않는 학생은 교실에서 수업에 임함

(이하생략)

2) 교내구기대회 목적과 운영개요

교내구기대회의 취지는 학급대항으로 경기를 통해 급우간의 우정을 더 높이고 경기출전, 응원, 경기지원, 경기진행 등의 활동으로 통해 체육문화를 이해하고 체육을 보다 사랑하는 데 그 목적이 있다.

[표 2.20] 교내 구기대회 운영 예시

1. 목적
   학급대항으로 경기를 통해 급우간의 우정을 더 높이고 경기출전, 응원, 경기지원, 경기진행 등의 활동으로 통해 체육문화를 이해하고 체육을 보다 사랑하는 데 그 목적이 있다.
2. 방 침
   ○ 구기대회를 통하여 협동심, 애교심, 질서의식을 고양시키며 체육문화의 이해를 통한 전인교육을 실천한다.
   ○ 학년별 성별 학급 대항전으로 실시한다.
   ○ 1학년은 풋살, 2학년은 농구, 3학년은 배구를 실시한다.
   ○ 1인이 한 쿼터만 참여하도록 한다.
3. 세부사항
   ○ 대회명 : ○○○○학교 교내구기대회
   ○ 일시 : 2010. 6. 17(금)
   ○ 장소 : 교내 운동장 및 체육관
   ○ 종목 : 1학년 풋살, 2학년 농구, 3학년 배구
   ○ 참가제한 : 1인 1쿼터
4. 시상
   ○ 각 학년 남녀별 1,2,3위 학생에게 상장과 상품수여
   ○ 상품 내역

학년	시상방법	상장 및 상품	총액
1학년(풋살)	1위	문화상품권 10만원	22만원
	2위	문화상품권 5만원	
	3위(2개 학급)	공책 1000원 × 70권 = 7만원	
2학년(농구)	1위	문화상품권 10만원	22만원
	2위	문화상품권 5만원	
	3위(2개 학급)	공책 1000원 × 70권 = 7만원	
3학년(배구)	1위	문화상품권 10만원	22만원
	2위	문화상품권 5만원	
	3위(2개 학급)	공책 1000원 × 70권 = 7만원	
총계			66만원

5. 유의사항
   ○ 대회 당일 08:00 현재 우천 시 연기함
   ○ 수업의 일환으로 행사하는 관계로 대회일정표에 따라 선수들이 잘 참가할 수 있도록 선생님들의 지도 요망
   ○ 안전사고에 각별히 유의하여 실시함
   ○ 경기를 마친 학생은 교실로 입실하며, 대회에 참가하지 않는 학생은 교실에서 수업에 임함

풋살규칙

풋살...경기는 어떻게 하나요?

가. 경기인원 : 남2팀.여2팀. 남 ,각팀7명. 여7명 계28명
나. 경기순서 : 여자A → 남자A → 여자B → 남자B
다. 경기시간: 4쿼터. 1쿼터당 8분씩
라. 승부결정 : 4게임 합산으로 많은 골을 넣은 팀 / 4게임 합산이 동점일 경우 승부차기로 결정
마. 승부차기: - 6m거리에서 한발을 딛고 볼을 찬다.
             - 승부차기 인원 남3명. 여2명 계 5명
바. 골키퍼는 항상 골에어리어 안에서 볼을 놓고 찬다. 사이드 아웃일 경우 인사이드킥으로 경기를 시작한다.
사. 상기 규칙 이외에는 대한축구협회 규칙에 준한다.

경기 & 응원은 이렇게...

가. 수업시작 종이 울리기전에 스탠드로 집합한다.
나. 경기시작 전 학급의 조끼 색깔을 확인하고 경기 5분전에 조끼를 입고 있는다.
다. 경기 시작되면 심판의 지시에 따라 상대방에 대한 예의표시와 선전을 약속하는 인사를 나누고 실시한다.
라. 반드시 체육복을 입고 참가하여야 하며 체육복을 입지 않은 학생은 경기에 참여 할 수 없다.
마. 상대방에게 욕을 하거나 심한 몸싸움을 한 경우 심판에 재량에 따라 바로 퇴장시킬 수 있다.
바. 응원은 지정된 스탠드에서 하고 경기장 근처로 나와 응원하지 않으며 상대 학급을 비방하는 구호나 동작을 취하지 않는다.
사. 응원 중 섭취하여 빈 음료용기는 반드시 재활용하여 버린다.
아. 학급이 하나 될 수 있는 장임을 명심하고 열심히 경기하고 응원한다.

[그림 2.23] 교내 구기대회 운영 안내문 예시

[표 2.21] 구기대회 명단 제출 양식

구기대회 명단			
팀이름				학년 반
남A	여A	남B	여B
팀장	팀장	팀장	팀장

3) 교내 체육대회

교내체육대회는 학급대항 및 학년대항 경기를 통해 급우의 우정을 확인하는 것 뿐 아니라 체육수업의 내용을 공연문화로 연출하고 함께 즐기므로 애교심과 긍지를 갖고 다양한 체육문화를 경험하는 데 그 목적 있다.

[표 2.22] 교내 체육대회 운영 예시

1. 일   시 : 20○○년 10월 ○○일 08:30~15:00
2. 장   소 : 본교 운동장 및 체육관
3. 대   상 : 전교생, 교직원 및 학부모
4. 실시방법 : 전교생 및 교직원을 4개 군으로 편성, 군별 대항전 및 학급별 대항전 혼용
5. 실시종목

종목＼학년	1학년	2학년	3학년	비고
입장식	각 학급이 군별 순서에 의해 입장			
준비운동	새천년건강체조			
단체경기	장애물달리기	기마전(남) 우리는 하나(여)	4인2각 달리기	군별 대항전
민속경기 (남학생)	줄다리기			
민속경기 (여학생)	단체줄넘기			
구 기	풋살(2학년2명, 3학년4명)			군대표 선발
무 용	민속무용	창작체조	에어로빅	학급별 대항전
특별경기	미스○○, 학부모 교사 경기, 사제지간 경기(농구, 릴레이), 힙합			
응 원	군별, 학급주도			군별 시상

6. 시   상 : 종목별 점수에 의하여 군별 총점을 합산하여 1,2,3위를 선정한 후 학급단위로 상장 수여
7. 경기 진행방법
   ○ 전교생을 추첨을 통해 4개 군으로 편성하여 군별 대항전으로 한다.
   ○ 각 군은 대표학생을 중심으로 선수선발 및 응원 준비를 하고 군의 명칭과 로고를 정한다.
   ○ 입장식 - 군별로 입장하며 학생전체 4열 종대로 입장한다. 입장시 대회기·군기·반기·반 피켓·선수 순으로 한다.
   ○ 준비운동 - 입장식 끝나고 그 자리에서 전체 새천년건강체조를 한다.
   ○ 구기 - 경기 규칙에 따라 군대표를 선발하여 군대항 경기를 한다.
     풋살 : 전학년 남학생 경기로 군대표를 선발하여 실시한다(3학년4명, 2학년2명).
   ○ 무용 - 군별 예선을 거쳐 군대항전으로 실시한다.
     1) 1학년 : 민속무용 - 필리핀 민속춤 (티니클링)
     2) 2학년 : 창작체조 - 스포츠 장면을 주제로 음악에 맞추어 체조를 한다.
     3) 3학년 : 에어로빅 - 흥겨운 음악에 맞추어 댄스 에어로빅 운동을 한다.
   ○ 단체경기
     1) 장애물달리기 : 1학년 경기로서 장애물을 설치하고 경주를 한다.
     2) 기마전 : 2학년 남학생 경기로서 2군씩 연합하여 3전 2선승 방식으로 한다.
     3) 우리는 하나 : 2학년 여학생이 참가하는 경기로 선생님, 학부모님과 함께 배구네트를 사이에 두고 큰 고무공을 넘기는 경기이다.
     4) 4인 2각 달리기 : 3학년 경기로 남학생 3명 여학생 1명이 한 조가 되어 군 대항 경기로서 4인이 합심하여 경주하는 경기이다.

(이하 생략)

2부 체육교직실무의 실제

나. 교외대회

1) 학교 스포츠클럽대회

※ 분량상 예시는 서울특별시 교육청의 내용으로만 정리한 것임.

가) 목적

방과 후 자율체육활동과 체육동아리 활동의 활성화를 통하여 건강하고, 즐거운 학교생활을 도모하고, 1인 1운동의 생활화 및 학교체육의 활성화를 기하고자 함.

나) 방침

- 학교간경기대회 겸 학교스포츠클럽경기대회의 교내대회는 모든 재학생의 참여를 원칙으로 한다.
- 학교는 「서울학생 7560+ 운동」, 스포츠 아카데미, 토요 스포츠데이, 창의적 체험활동, 방과후학교, 6·3·3 징검다리 특별 프로그램 등과 연계한 학교스포츠클럽 활성화 방안을 수립·운영한다.
- 경기종목은 지정종목(리그방식), 지역교육청 자율종목(토너먼트 방식)으로 구분하여 실시한다.
- 여학생 등 스포츠, 활동 소외학생들의 참여기회 확대를 위해 다양한 대회를 실시한다.
- 대한체육회에 등록된 선수를 제외한 일반학생을 대상으로 한다.

다) 세부계획

- 대회명 : 2013년 서울시교육감배 학교스포츠클럽대회(리그 및 토너먼트)
- 개최시기

학교급별	교내대회	지역교육청대회	본선대회	*전국대회	비 고
초	학교별로 자율 운영	4월 ~ 10월	10월	11월	* 참가 신청팀 수에 따라 리그와 토너먼트방식을 병행운영 * 교내대회, 지역교육청대회는 자율종목을 지정·운영할 수 있음
중					
고					

라) 운영 방법
- ○ 지정종목(13종목), 자율종목(8종목 이상)으로 구분하여 운영함
- ○ 지정종목은 리그방식으로 지역교육청별 리그를 거쳐 본선대회(결선토너먼트)를 실시함
- ○ 자율종목은 지역교육청대회까지만 실시하되 참가팀 수에 따라 리그 또는 토너먼트 방식으로 진행한다.
- ○ 고등학교의 경우, 지역교육청 소속교와 본청 소속교 구분 없이 소속 행정구역 관할 지역교육청에서 주관하는 대회에 참가하는 것을 원칙으로 한다.
- ○ 지역교육청에서는 자율종목과 운영방식을 자율적으로 선정·운영할 수 있음
- ○ 자율종목은 학교체육 활성화를 위하여 체육교육과정 및 학생 참여도를 고려하여 선정
- ○ 리그종목 참가 희망 학교(팀)은 참가신청서를 작성하여 본청 체육건강과로 제출한다.
- ○ **심사를 통해 리그 참가팀으로 선정된 경우, 예산의 범위 내에서 팀 활동비(간식비, 교통비 등)를 우선적으로 지원하고 추후 예산확보 여부에 따라 지도수당, 용품지원비 순으로 지원한다.**
- ○ 참가팀 수가 적은 지정종목은 자율종목으로 전환하여 토너먼트로 운영할 수 있으며, 종목별 참가신청을 받은 후 최종 선정
  - ☞ 학교급별 신청팀 수가 7개 학교 미만인 경우는 자율종목으로 전환할 수 있음
  - ☞ 여학생 스포츠 활동 활성화를 위해 필요한 종목의 경우도 심의를 거쳐 결정
  - ☞ 지역교육청 단위로 리그 진행이 어려울 경우 서울시전체 혹은 인근교육청과 연합하여 진행할 수 있음
  - ☞ 지역교육청 리그는 어려우나 교육청 예산 지원없이 리그 운영 가능 종목은 종목별로 진행
- ○ 지역교육청별 종목별 1~2위 팀은 본청에서 주관하는 결선 토너먼트대회 참가 자격을 부여한다.
- ○ 리그 결선 토너먼트 종목별 우승 학교(팀)는 전국대회 참가 자격을 부여한다.
- ○ 전국대회는 리그 개최 종목에 한해 출전하되 기타 종목이 출전하고자 할 경우, 대회운영지원위원회의 심의를 거쳐 결정한다.

☞ 출전팀 선발전 개최, 지원예산 확보 여부, 종목별협회 추천, 출전학교 경비 부담 등 고려
- 지지체 및 체육유관기관과의 협업을 통한 다양한 가족참여형 스포츠 축제를 실시한다.
- 기존의 대회 개최 시 가족과 함께하는 해피 스포츠클럽대회를 병행하여 실시할 수 있다.

마) 대회 종목

* 학교스포츠클럽 경기대회의 종목은 지정종목과 자율종목으로 한다.

지정종목 (13)	축구, 야구(연식), 농구, 배드민턴, 소프트볼(여), 탁구, 티볼, 플로어볼, *킨볼, 넷볼(여), 핸드볼, *아이스하키, *치어리딩,
자율종목 (8)	피구, 플라잉디스크, 줄넘기, 족구, 배구, 창작댄스, 풋살, 테니스(프리 테니스 포함) *기타 종목(자율적으로 선정)
비 고	○ 지정종목은 리그 방식으로 지역교육청이 주관하고 결선토너먼트는 본청에서 주관함 ○ 자율종목은 지역교육청별로 종목 선정 및 대회 방식을 자율적으로 결정함 ○ 지정종목도 참가팀 수가 적은 경우나 종목 특성에 따라 토너먼트로 운영될 수 있음

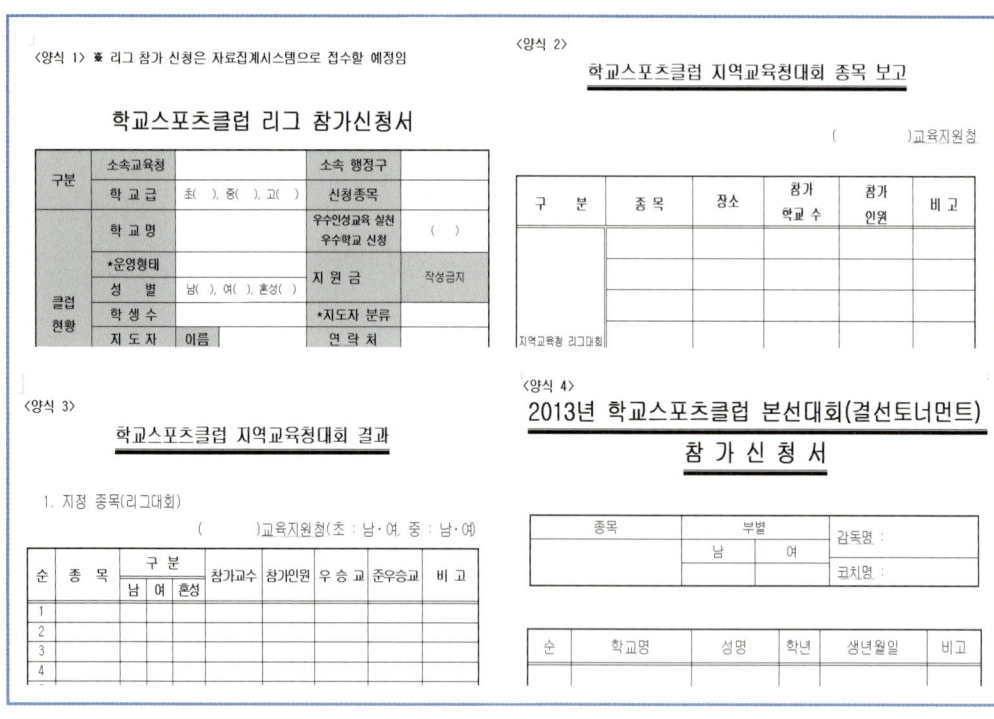

[그림 2.24] 학교스포츠클럽대회 관련 각종 제출 양식

3. 스포츠클럽 활동

※ "학교스포츠클럽" : 스포츠활동에 취미를 가진 동일학교의 학생(대한체육회 등록선수 제외)으로 구성되어 자율적으로 운영되는 스포츠클럽(체육동아리)
- 학교스포츠클럽 등록 대상 : 초2~고3

가. 목적

○ 자율체육활동 활성화를 통한 활기찬 학교분위기 형성
○ 스포츠 친화적 학교 문화 및 소통지향적 스포츠 환경 조성
○ 전인적 성장을 위한 선진형 학교스포츠클럽 운영시스템 구축

나. 현황

○ 학교스포츠클럽 등록 현황

구분	2010	2011	2012	2013	비고
전국	37.6%	47.3%	84.2%		
서울	37.1%	29.3%	55.1%	목표: 60%	

다. 추진 계획

1) 『서울 학생 7560+ 운동』과 연계 추진
   - 아침, 점심, 방과후 시간 등 자투리 시간을 활용한 학교스포츠클럽 활동 활성화
   - 조직적이고 지속적인 『서울 학생 7560+ 운동』 참가학생 학교스포츠클럽 등록

2) 참여도 제고를 위한 리그 개최종목 확대 및 가족 단위 참여기회 확대
   가) 핸드볼, 아이스하키, 치어리딩 종목 확대 및 해피 스포츠클럽대회 개최
      (1) 리그 운영 종목 : p242 참조
      (2) 리그 운영 방침
         - 리그 참가팀으로 선정된 경우, 팀 활동비를 예산의 범위 내에서 지원하고 추후 예산확보 여부에 따라 지도수당, 용품지원비 순으로 지원
         - 지역교육청별 리그 → 결승 토너먼트 → 전국대회 출전

- 리그 결승 토너먼트 종목별 우승교는 전국대회 참가 자격 부여
- 지정종목(리그 개최종목)의 선정은 대회운영지원위원회에서 기준을 정하여 심의·결정
- 지정종목(리그 개최종목) 외 자율종목은 지역교육청대회까지만 실시하되, 참가팀 수에 따라 리그 또는 토너먼트 방식으로 진행
- 전국대회는 리그 개최 종목에 한해 출전하되 기타 종목이 출전하고자 할 경우, 대회운영지원위원회의 심의를 거쳐 결정
    - ☞ 출전팀 선발전 개최, 지원 예산 확보 여부, 종목별협회 추천, 출전학교 경비 부담 등 고려
- 기존의 리그 운영 시 가족과 함께하는 해피 스포츠클럽대회를 실시할 수 있도록 함

<학교스포츠클럽대회 개요도>

대회 종류	교내 대회	지역교육청 리그	본선대회 (결선토너먼트)	전국대회
일 정	연중(상시)	9월까지	10월	11~12월
종 목	지정, 자율	지정, 자율	지정	20개 *예정
출전팀	학급/클럽	클럽(학교 대표)	지역교육청대회 (종목별 1~2위팀)	시·도대회 1~2위팀
대회방식	리그+토너먼트	리그+토너먼트	토너먼트	토너먼트
주 최	학교장	교육장	교육감	교과부/ 문체부장관

나) 스포츠 아카데미 운영을 통한 아카데미 운영을 통한 선진형 스포츠 교육 기반 조성

(1) 찾아가는 스포츠교실 운영 확대
- 축구, 야구, 핸드볼, 티볼, 플로어볼, 치어리딩, 골프 등, 뉴스포츠 소개 및 체험
- 스포츠 스타와 함께 하는 스포츠교실, 학생·교원대상 스포츠 강습 및 심판연수

(2) 토요 스포츠의 날 운영 활성화
- 다양한 스포츠교실 운영, 가족과 함께 하는 해피스포츠클럽대회 실시 권장
- 토요 스포츠 백일장, 미술대회, 학교스포츠클럽대회 개최 권장
- 토요 스포츠경기 무료 관람, 스포츠 체험·봉사 프로그램 운영
- 토요 스포츠강사 지원을 통한 스포츠교실 운영(외발자전거, 플로어볼, 치어리딩 등)
  ※ 초·중·고·특수학교 1316개교 지원 계획(초등학교의 경우 서울시에서 토요어린이 건강클럽을 통한 추가 지원-외발자전거, 플로어볼, 치어리딩 등)

(3) 하계·동계 방학을 이용한 스포츠교실 운영 확대
- 학교운동부 주관 스포츠 강습 확대 및 우수선수 발굴
- 연간 운영계획 사전 공지 및 상시 운영 권장

(4) 학생·교원 대상 심판 아카데미 개설(연중 2회)
- 주말, 방학기간을 이용, 교원직무연수와 연계(이론 및 실기 30시간) 운영
- 스포츠클럽 지도교사 전문성 제고 및 심판 요원 확보
- 학생 봉사활동과 연계한 스포츠 봉사활동 기회 확대

(5) 유관기관 협력 확대
- 지역 체육시설 및 스포츠클럽 지도자 데이터베이스 구축 및 활용
- 대학교와 연계한 대학생 교육봉사제 운영
- 주한 외국인 유학생 봉사 '영어와 함께하는 크리켓 교실' 운영
  ※ 국제 피스 스포츠연맹 후원
- 체육기관 및 시설 체험프로그램 운영(한국체대, 체육과학연구원, 태릉선수촌 등)

(6) 스포츠교육 소외학생 대상 스포츠 체험 프로그램 운영
- 드림걸스데이(Dream Girl's Day) 축제 개최, 여학생 대상 스포츠클럽대회 종목 확대 등
- 융합형 스포츠 교육프로그램 개발·지원 ※ 학생 스포츠 기자단, 응원단 운영

3) 학교스포츠클럽 등록률 제고

　가) 학교스포츠클럽지도교사 대상 연수 실시(지역교육청별)

　　※ 학교스포츠클럽 등록·운영 매뉴얼 안내 및 지도 매뉴얼 활용 방법

　나) 학교스포츠클럽 NEIS 등록, 학교생활기록부 반영 등 체계적 관리

　　※ 초·중등교육법 제25조 및 학교생활기록 작성 및 관리지침(훈령 제205호) 제4조

　　(1) 등록 대상 : 초2~고3　* 초2~3학년은 스포츠 강습 위주로 운영

　　(2) 등록 개요

> ☞ NEIS(교육행정정보시스템) 내 체육시스템에 학교스포츠클럽 등록
> ☞ 대한체육회 가맹경기단체에 선수등록이 되지 않은 일반학생으로, 체육관련 동아리, 방과후학교 등 참가학생 등록(단, 동일 학교의 학생으로 제한하며, 1학생이 2개 종목까지 등록 가능)
> ☞ 종목별 전국학교스포츠클럽대회 개최 종목(20개 종목)의 경우 대회 참가자에 한하여 대회 주관 기관(경기단체 등)에도 등록

<학교스포츠클럽 나이스(NEIS) 등록·관리 업무의 흐름>

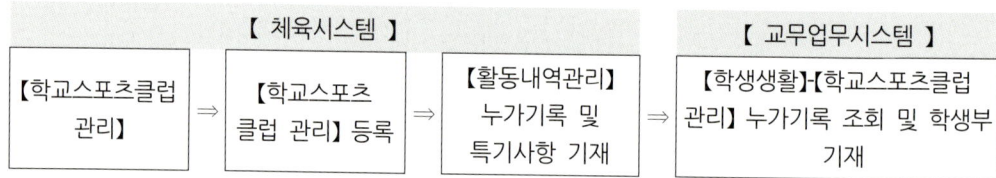

　다) 창의적체험활동 종합관리시스템(www.edupot.go.kr)에 입력 지도 및 관리

　　※ 입학전형자료 활용 대비 학교별 특색 있는 스포츠활동, 학생별 포트포리오 만들기

라. 추진절차(안)

1) 2013년 학교스포츠클럽 운영 계획 수립 및 안내

　가) 『서울학생 7560+ 운동』, 스포츠 아카데미 사업과 연계

　나) 가족과 함께하는 해피스포츠클럽대회 운영과 연계

　다) 문·예·체교육 활성화, 6·3·3 징검다리 특별프로그램과 연계한 「서울 스포츠 인성주간」 운영

2) 추진 일정

순	일 정	추 진 내 용	비 고
1	2013. 2.	2013년 학교스포츠클럽 운영 계획 수립 및 안내	
2	2013. 3.	2013년 학교스포츠클럽 리그 참가팀 공모 및 선정	
3	2012. 3.~4.	2013년 학교스포츠클럽 리그 참가팀 지도교사 연수	
4	2013. 연중	스포츠 아카데미 운영, 가족과 함께하는 해피스포츠클럽대회 실시	
5	2013. 4.~9.	학교스포츠클럽 지역교육청 리그 실시	
6	2013. 10.	본선대회(결선토너먼트)	
7	2013. 10.	서울 스포츠의 날 개최 *예정	
8	2013. 11~12.	제7회 전국학교스포츠클럽대회 출전	
9	2013. 12.	서울 스포츠 인성주간 운영(스포츠 아카데미 운영)	
10	2013. 12.	2013년 학교스포츠클럽 활성화 사업 추진 평가	

마. 학교스포츠클럽 운영 권장 사항

1) 방과 후, 주말을 이용한 학교스포츠클럽대회, 가족 스포츠의 날 운영
2) 정과체육과 연계한 방과후 스포츠클럽 운영, 교내·대교경기의 상시 개최
3) 경기 외에 스포츠 미술, 백일장, 영상제작 등 융합형 스포츠 활동 프로그램 운영
4) 스포츠 아카데미, 창의적 체험활동, 서울학생 7560+ 운동 사업과 연계 운영 권장
5) 스포츠 활동 소외학생 참여 기회 확대, 부적응 학생 생활지도 및 진로지도와 연계

바. 기대 효과

1) 스포츠 친화적 학교문화 조성을 통한 선진형 스포츠 교육시스템 기반 조성
2) 승리·결과 중심에서 과정·팀 활동 중심의 스포츠 패러다임 전환
3) 스포츠 활동 활성화를 통한 건강하고 활기찬 학교문화 조성
4) 스포츠 활동 기회 확대를 통한 체력·정서·인지능력 향상

사. 관련법령

1) 학교체육진흥법 【법률 제11222호(2012.1.26)】
2) 2013년도 학교체육 주요업무계획 안내[교육과학기술부 체육예술교육과
   -1094(2013.02.15)]

※ 도움자료 : 학교스포츠클럽 운영 길라잡이, 학생 건강체력 증진 실천 사례집 참조(2012.3월)

4 방과후학교 수업 운영

가. 목적

- 학부모·지역 주민들에게 평생 교육의 장을 제공한다.
- 방과후학교의 활성화를 통해 학교 교육기능을 보완한다.
- 분야별 영재 발굴 및 수월성 교육 추구로 국가 경쟁력을 강화한다.
- 저소득층 지원 확대로 교육격차 해소를 통한 교육복지를 실현한다.
- 방과후 과외활동의 교내 흡수를 통한 학부모의 사교육비를 경감한다.

나. 운영방침

- 『방과후학교』는 수강생 중심 운영으로 한다.
- 우수 강사를 섭외하여 질 높은 수업을 꾀한다.
- 프로그램별 운영 방법은 강사와 학교시스템 중심 운영으로 한다.
- 강좌는 학생·학부모의 희망을 반영하고 학교사정을 감안하여 정한다.
- 저소득층 자녀(기초생활수급자 자녀, 한부모 보호대상 자녀, 학교장이 인정하는 학생)의 방과후학교 교육활동은 무료 수강 기회를 부여한다.
- 주기적인 모니터링·평가 및 환류(Feed Back) 체제를 확립한다.
- 본교 학생은 물론 인근학교 학생 및 학부모·지역 주민에게도 확대 운영한다.
- 학교운영위원회 심의를 받아 학교장이 운영한다.
- 수익자 부담을 원칙으로 한다.

다. 세부 추진 내용

1) 운영 시기(예시)

	제1기	제2기	제3기	제4기	제5기	제6기
운영 기간	3.7 ~ 5.7	5.9 ~ 7.14	7.18 ~ 8.20 여름방학	8.22 ~ 10.22	10.24 ~ 12.29	2012.1.2 ~ 2.4 겨울방학
수강 신청	3.2(수) ~ 3.5(토)	5.2(월) ~ 5.7(토)	7.11(월) ~ 7.16(토)	8.20(토) ~ 8.24(수)	10.17(토) ~ 10.21(금)	12.26(월) ~ 12.30(금)

※ 기별로 개강과 폐강이 가능함.

2부 체육교직실무의 실제

2) 운영 방법

가) 수업 방법

- 기당 수업시간은 반의 특성에 따라 조절한다. (20~80시간)
- 수업시간 : 방과 후, 토요휴업일, 방학 중
  - ▶ 평일 : 15:10~16:40(수요일 16:00~17:30) - 2시간 기준
  - ▶ 토요휴업일 : 09:00~12:10(90분 수업, 10분 휴식, 90분 수업)
  - ▶ 방학 중 : 강좌에 따라 시간 조정 가능
- 1시간 수업시간 : 45분
- 교과 특성을 고려하여 수업시간을 조정할 수 있으며, 일반적으로 1일 2시간을 기준으로, 한 기에 20시간 이상 운영하는 것을 원칙으로 한다.(단, 토요휴업일은 4시간까지 인정한다.)
- 수강인원은 10~20명 내외로 한다.(단, 지도교사와 학생이 원할 경우 10명 미만도 허용한다.)
- 저소득층 자녀 학생 무료수강은 정원의 10%내에서 추가 수강할 수 있다.

나) 수강료 및 강사료

- 해당 프로그램을 운영하는데 소요되는 강사비는 수익자 부담을 원칙으로 하고 기타 최소 필요경비는 수익자 부담의 10%이내에서 지출할 수 있다.
- 강사비는 시간당 40,000원을(수업시간 20시간, 수강인원 20명 기준 800,000원) 기준으로 한다.
- 강사비가 적정 수준에서 부족할 경우 부족분의 일정 부분을 보전금으로 지원할 수 있다.
- 학생들의 수강료는 20시간 기준 44,000원~60,000원으로 한다.(수용비 10%이내 포함)
- 강사채용은 자격증을 우선으로 하되 전문적인 지식과 경력, 구비서류, 채용조건 복무내용 등을 참고하여 채용한다.
- 저소득층 자녀(기초생활수급자자녀, 한부모 보호대상 자녀, 학교장이 인정하는 학생)의 방과후학교 교육활동은 무료 수강 기회를 부여한다.
- 교과관련 뿐만 아니라 특기·적성을 위한 다양한 프로그램을 운영한다.
- 강좌당 연간 계획에 의해서 일관되게 추진하며, 참여 학생에게는 차기 수강 신청 시 우선권을 준다.

○ 수익자 부담금은 운영 기별 단위로 징수한다.

다) 평가 - 운영내용 예산집행의 효율성 등 평가
  ○ 정기평가 : 매 학기별 1회(연2회)
  ○ 수시평가 : 필요에 따라 평가

3) 지역사회와 연계 운영 계획
  ○ 지역사회 유능한 교사를 초빙하여 방과후활동을 질적 제고에 힘쓴다.
  ○ 주변에 있는 동급 학교 연계(학생 및 교사 연계 운영)하여 운영한다.
  ○ 초등학교 및 고등학교 등 급간 학교 연계 운영한다.
    ▶ 초등학교 대상으로 예비 중1반과 수학 과학 영재반 운영한다.
    ▶ 초등학교에서 교사 요청 시 적극 협조한다.
    ▶ 주변고교에서 중3대상으로 예비고1반 운영에 적극 홍보 및 협조한다.
  ○ 청소년수련관등 지역사회 유관기관을 활용하여 방과후활동과 연계운영한다.

5 PAPS (Physical Activity Promotion System)

가. PAPS의 개요

1) PAPS 개념

PAPS(PAPS : physical activity promotion system)란 브랜드 명으로 **학생건강체력평가시제도**이다. 초·중·고등학교 학생 체력장 제도를 전면적으로 개정한 새롭고 선진화된 체력 평가 시스템으로, 학생들의 건강 체력과 비만, 그리고 선택적으로 심폐지구력 정밀평가와 심리검사인 자기신체평가, 자세평가와 같이 학생들의 신체활동과 관계된 종합적인 평가가 이루어지고 평가 결과를 토대로 신체활동처방이 주어지는 종합 평가 시스템을 말한다.

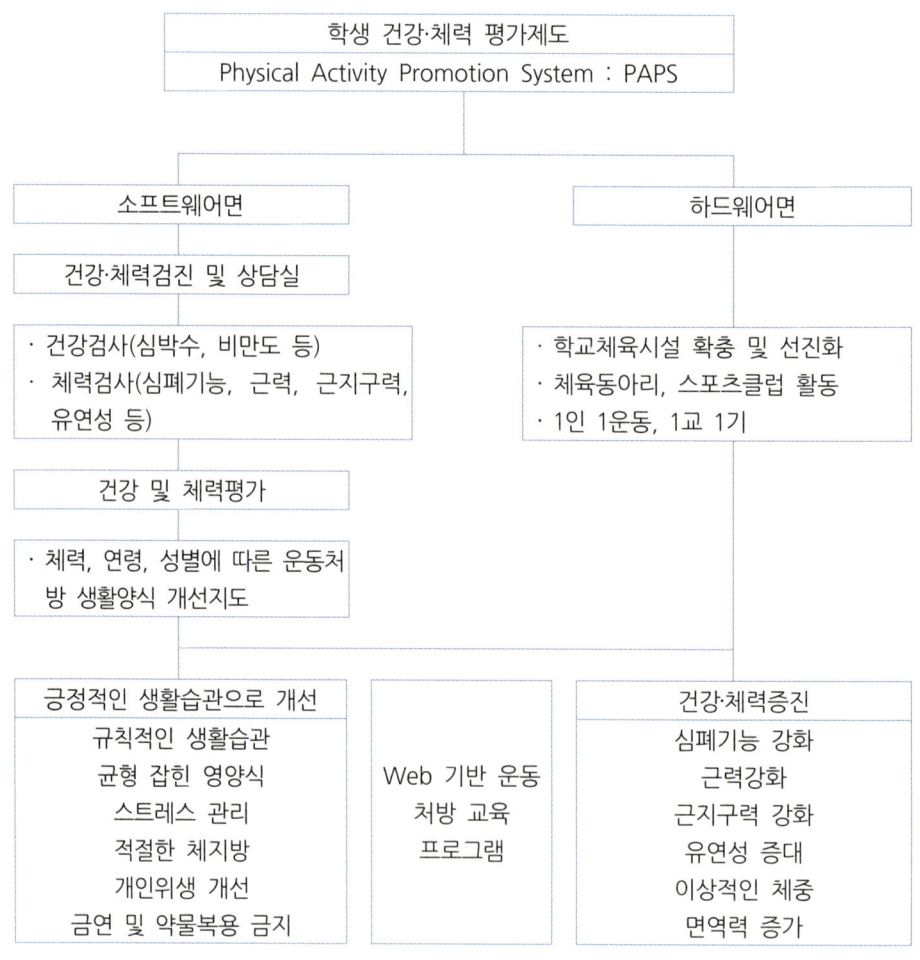

[그림 2.25] 학생 체력 평가 제도의 체계도

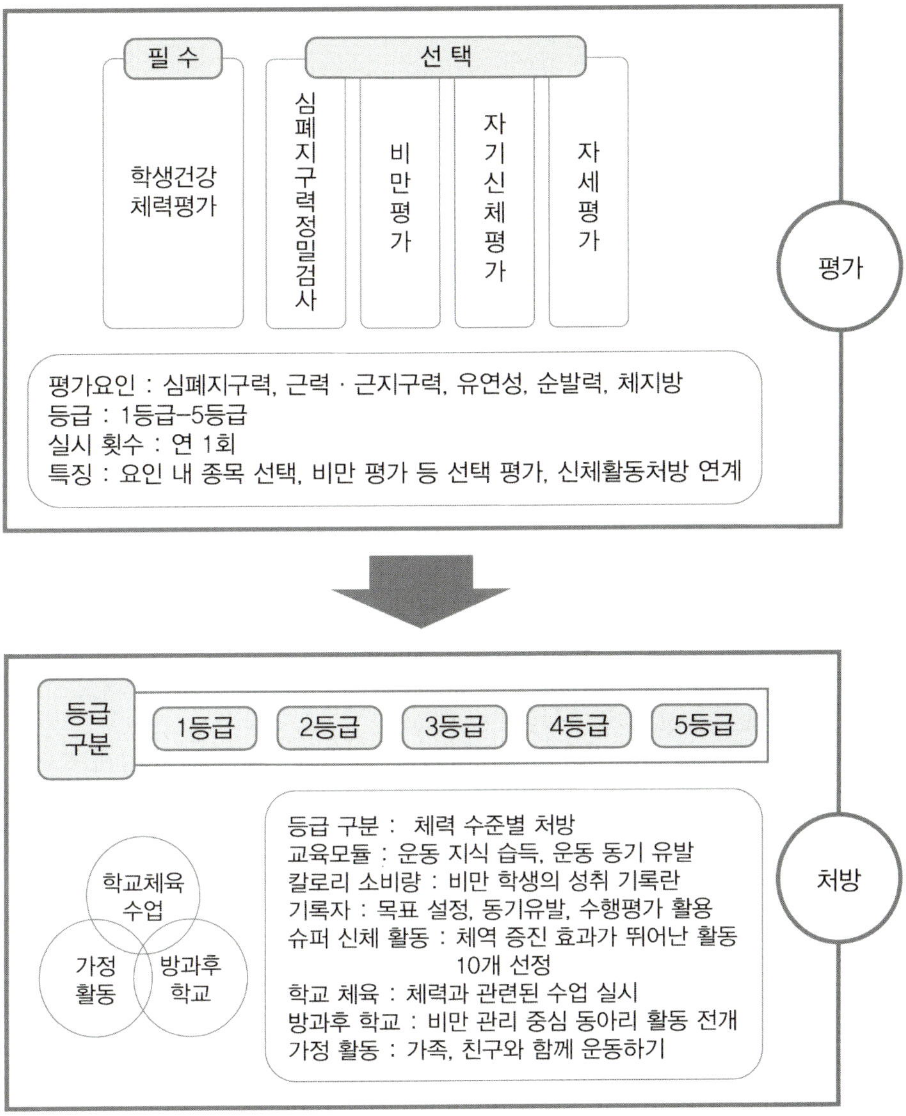

[그림 2.26] PAPS 측정 후 평가와 처방 원리

2) 종목 및 대상

PAPS를 위한 평가 종목은 다음과 같이 학생건강체력평가(필수), 선택 평가로 구분된다.

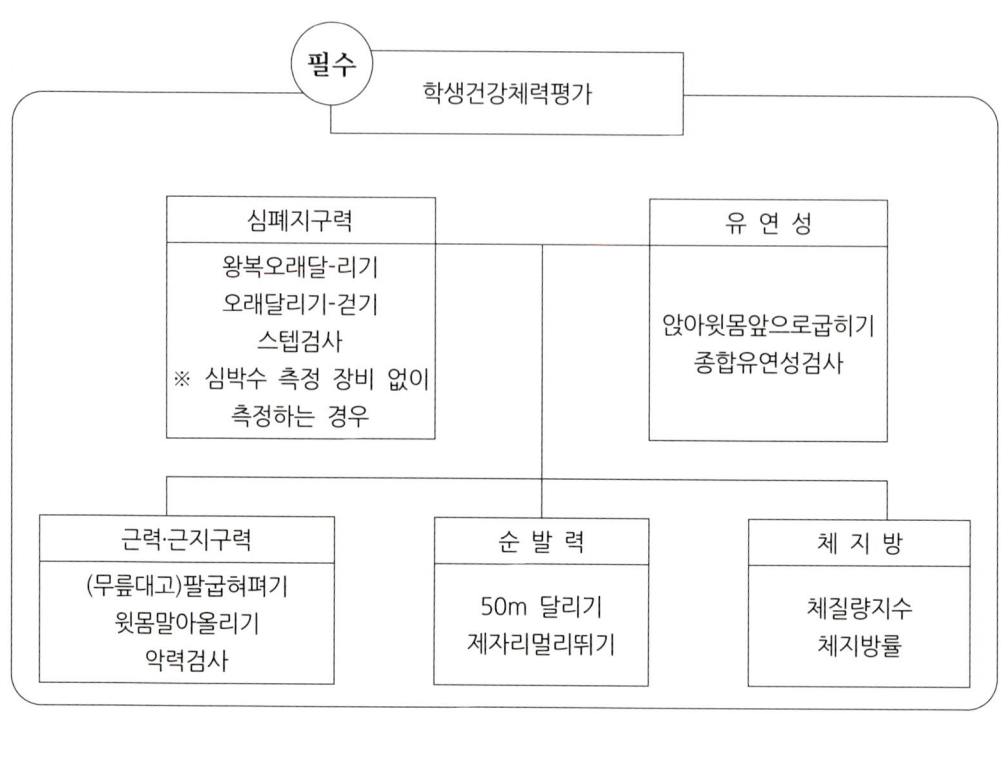

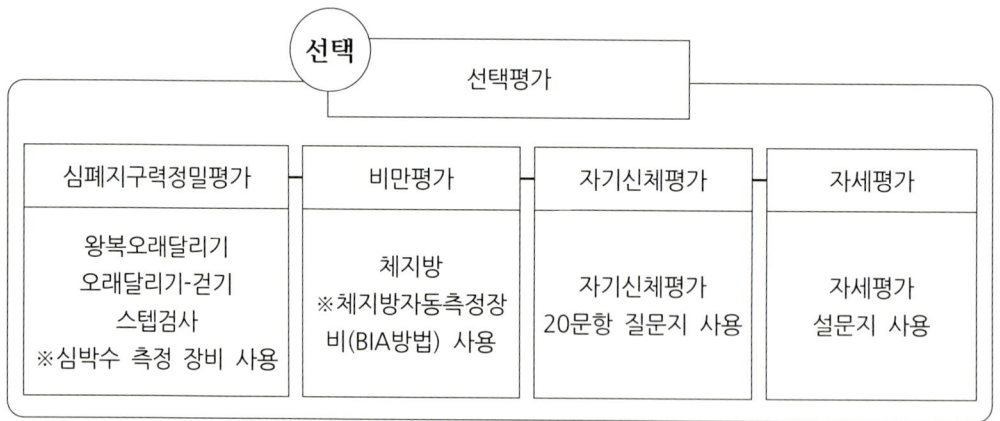

나. 추진 배경

1) 추진 목적

'웹 기반 학생 건강·체력 평가시스템(PAPS: physical activity promotion system)'을 구축하고 현행 체력검사 제도 개선		학생, 학부모의 활용성을 제고하여 신체활동 참여 동기를 유발, 학생의 건강, 체력증진 도모
NEIS의 체육, 보건, 급식시스템을 연계하여 구축, 향후 유아부터 노인에 이르는 **생애주기별 건강체력평가시스템**으로 확대 추진		국가차원의 학생 건강·체력의 관리 및 증진을 통한 국민 복지증진 및 **국가 경쟁력 제고**

2) 「학생신체능력검사」를 건강체력 중심의 「학생건강체력평가제(PAPS)」로 개선

※ 운동기능 중심의 평가에서 "건강체력 중심의 종합체력 평가 및 운동처방"으로 전환하여 실질적인 신체활동 증진

3) 「학교건강검사 규칙」중 학생건강체력평가 관련 조항 개정

구 분	개정 전	개정 후
명 칭	학생신체능력검사	학생건강체력평가제
특 징	운동기능체력 위주 : 순발력, 스피드, 민첩성 등 ※ 운동선수 조기선발·발굴에 초점	건강관련체력 위주 : 심폐지구력, 근력·근지구력, 유연성, 비만 등 ※ 학생개인의 건강체력 측정에 초점
대 상	초5~고3	초5~고3(초4 선택)
검사(평가) 종목수	6개 종목(고정형)	12개 종목(선택형)
등 급 (점수)	1~5급 (종목별 5점, 초; 25점, 중·고; 30점 만점)	1~5등급 (종목별 20점, 전체 100점 만점)
관리·처방	교무업무시스템 신체활동 처방 없음	교무업무시스템, On-Line PAPS 신체활동 처방 제공

다. 주요내용

1) 「학교건강검사 규칙」에 따른 학생건강체력평가 실시
   - ○ 대상 : 초5~고3학년(초4학년 선택)
   - ○ 실시시기 : 연 1회(학년초에 실시 원칙)

2) 교무업무시스템 내 PAPS 활용 확대
   - ○ 학생건강체력평가 → PAPS 입력 → 신체활동 처방 → 학생 개인별 신체활동 전개
   - ○ **PAPS**(교원용, 학생용, 학부모용)을 통한 건강체력평가 결과 조회 및 건강체력일기 작성, 상담서비스(on-off Line) 등 지원
     - * 상담전화 : KERIS(교육행정지원팀 ☎02-2118-1485)
     - * PAPS(교육연구정보원 PAPS ☎3999-720),
   - ○ PAPS 전담강사 등을 활용한 교사·학생·학부모 연수 활성화

3) 학생건강체력평가 측정 장비 확충
   - ○ 효과적인 학생건강체력평가를 위해 학교별로 학교자체예산(운영비)으로 구비하여 사용
   - ○ 대학, 국민체력센터 등 지역사회의 인프라(측정장비, 인력) 활용으로 경비절감 및 교사의 업무경감 효과 기대
     - ※ 교육청과 지역의 대학교간 업무협력(MOU)을 체결하여 운영 가능
   - ○ 필수평가 및 선택평가 부분적으로 위탁 가능
   - ○ 소요예산(학교운영비에서 충당)
   - ○ 기초 측정장비는 학교예산에서 구비하고, 고가 장비의 경우 전문회사 측정장비를 차용하거나 인력 지원을 받음

4) 학생건강체력평가제 우수학생 및 우수교 인증
   - ○ **건강체력 증진 우수학생 및 운영 우수교 인증**을 통해 학생들의 체육활동 참여 동기유발 및 일선 학교의 실행력 제고(문화체육관광부)
     - ※ 지원시기, 지원규모 등은 세부추진계획은 추후 안내
   - ○ 학교스포츠클럽과 연계한 학교별 건강체력교실 운영 적극 장려

라. 측정 종목 및 검사 방법

[표 2.23] 학년별 PAPS 측정 종목 및 검사방법

평가 요인 및 종목		구 분	검사 대상 초 4학년	5학년	6학년	중	고	측정소요 예상 시간 (1회 기준)	검사방법
필수 평가	심폐 지구력	왕복오래달리기	○	○	○	○	○	약 10분	초등학생 15m 중·고등학생 20m
		오래달리기-걷기	/	○	○	○	○	약 10분	초등학생(5~6학년) 1000m 중·고 여학생 1200m 중·고 남학생 1600m
		스텝검사	/	○	○	○	○	약 12분 (측정 6분, 장비점검 6분)	초등학생 높이 20.3cm 중학생 높이 45.7cm 고등(여)높이 45.7cm 고등(남)높이 50.8cm
	유연성	앉아윗몸 앞으로 굽히기	/	○	○	○	○	약 30초	초등학생 5~6학년만 실시 중·고등학생 전체 실시
		종합 유연성	어깨	○	○	○	○	○	약 2분	초·중·고 전체 학생 좌/우 실시
			몸통	○	○	○	○	○		
			옆구리	○	○	○	○	○		
			하체	○	○	○	○	○		
	근력· 근지구력	(무릎대고) 팔굽혀펴기	/	/	/	○	○	·	중·고등 남학생 : 팔굽혀펴기 중·고등 여학생 : 무릎대고 팔굽혀펴기
		윗몸말아올리기	○	○	○	○	○	약 10분	초·중·고 전체 학생 실시
		악력검사	○	○	○	○	○	약 1분	초·중·고 전체 학생 좌/우 실시
	순발력	50m 달리기	○	○	○	○	○	약 30초	초·중·고 전체 학생 실시
		제자리멀리뛰기	○	○	○	○	○	약 30초	초·중·고 전체 학생 실시
	체지방	체지방률	○	○	○	○	○	약 2분	체지방자동측정장비 (BIA방법)
		체질량지수	○	○	○	○	○		BMI = 체중(kg)/신장(m)2
선택 평가	심폐 지구력 정밀평가	왕복 오래달리기	○	○	○	○	○	약 10분	심박수 측정 장비 사용
		오래달리기-걷기	/	○	○	○	○	약 10분	
		스텝검사	/	○	○	○	○	약 12분	
	비만평가		○	○	○	○	○	약 2분	체지방자동측정장비 (BIA방법)
	자기신체평가(검사지)		○	○	○	○	○	약 20분	자기신체평가 20문항, 웹에서 실시권장
	자세평가 (설문지, 시진평가)		○	○	○	○	○	약 2분	자세평가 설문지 사용

마. 측정 결과 및 점수 산출

※ PAPS 측정 결과 입력 및 결과 조회와 관련된 사항은 3부 Ⅰ-3-다 참고

- 항목별 등급 및 점수의 산출은 교육정보시스템(NEIS)의 자동산출기능에 따라 자동 처리되며, 등급별로 등분되는 점수는 교육정보시스템(NEIS)의 항목별 세부점수 기준을 참고한다.
- 신체의 능력점수는 항목별 20점 만점인 5개 요인의 점수를 합하여 100점 만점으로 산출한다.
- 항목별 점수는 별표 4의 등급별 범위를 위의 표와 같이 최소범위 값에서 최대범위 값까지 각 등급별로 등분하여 산출한다(다만, 종합유연성은 20점 만점으로 등급 간 4점 간격으로 산출되어 1등급: 20점, 2등급: 16점, 3등급: 12점, 4등급: 8점, 5등급: 4점으로 한다). 체질량지수는 정상이 20점이며 마름과 비만으로 갈수록 점수가 내려가도록 산출한다). 이 경우 최소범위 값 이하는 0점으로 최대범위 값 이상은 20점으로 정해지고 이에 따라서 5등급은 3등분으로, 1등급부터 4등급까지는 4등분으로 정한다.
(예: 초등학교 5학년 남자 왕복오래달리기 5등급의 범위인 22~28은 위 표에서 보는 바와 같이 최소범위 값인 22이하는 0점이고 23~28까지를 3등분하여 1점: 23~24, 2점: 25~26, 3점: 27~28로 하며, 4등급의 범위인 29~49는 4등분하여 4점: 29~33, 5점: 34~39, 6점: 40~44, 7점: 45~49로 함. 1등급의 범위인 100~107은 최대범위 값인 107이상은 20점이고 100~106을 4등분하여 16점: 100~101, 17점: 102~103, 18점: 104, 19점:105~106으로 산정함. 등급별 등분 시에 소수점자리는 반올림으로 계산함)

[표 2.24] 신체의 능력등급 판정표

구분 \ 등급	1 등급	2 등급	3 등급	4 등급	5 등급
신체의 능력점수	80~100	60~79	40~59	20~39	0~19

6　운동부 운영 (선진형 학교운동부 시스템 구축)

❑ 체육특기자 관련 법령

초·중등교육법시행령 ('98. 2. 24. 대통령령 제15664호)	제69조(체육특기자 등의 입학 방법), 제73조(중학교의 전학 - 체육특기자 포함), 제87조(체육특기자 등에 대한 배정), 제89조(고등학교의 전학 등 - 체육특기자 포함)
고등교육법시행령 ('98. 2. 24. 대통령령 제15665호)	제31조(학생의 선발), 제34조(입학전형의 구분), 기타 : 제32조. 제33조. 제35조부터 42조 까지
선수등록규정(2005. 2. 2. 대한체육회)	종전의「선수자격심의위원회」규정과「선수선발및등록지침」을 통합, 체육특기자 전입학 및 유급·재수 등의 경우에 당해 시·도교육감의 동의(승인) → **학교장의 동의**(승인)

운동부 운영 절차

| 운동부 창단 | ◦ 선수 확보, 코치 운영 및 관리, 체육특기학교 지정·운영, **창단(계획서) 협의** 등 |

| 운동부 운영 | ◦ 운동부 후원회, 선수보호위원회, **체육특기자관리위원회** 운영 등 |

| 선수 관리 | ◦ **우수선수발굴**, 전·입학, 학생선수 학습권 및 인권보호 등 |

| 진 학 | ◦ 상급학교 입학 체육특기자 진학 및 **취업 지도** 등 |

가. 학교운동부 운영의 새로운 패러다임

학교체육을 기반으로 한 엘리트 스포츠는 "모두를 위한 스포츠(Sport for All)"의 철학적 기조 변화에 따라 소질이나 능력이 엿보이는 학생들이 전문적 영역에서 탈락 없이 안전하게 스포츠에 참여할 수 있도록 학생선수의 인권과 학습권이 보호, 증진되고 지원될 수 있도록 하는 인권 친화적이고 교육적인 선진형 학교운동부 문화를 조성

나. 학교운동부의 교육적 육성

학교운동부 활동은 학교 정규 교육과정 외 교육활동의 일환으로써 보다 높은 수준의 기량 및 기록 도전을 통하여 스포츠의 즐거움이나 기쁨을 체험하고, 학생선수의 건전한 심신 발달과 바람직한 인간성을 육성하며, 학교간 체육활동(대교경기)을 통하여 학교의 명예를 높이고 재학생의 애교심뿐만 아니라 동문들로 하여금 모교의 자부심을 갖게 하는 공동체 교육활동

다. 우수 신인선수 발굴·육성

○ 재학생 및 인근학교의 소질 있는 선수 발굴은 체격, 체력, 운동 종목별 전문기능 등 학교 자체 기준을 마련하여 반드시 선발위원회의 심의를 거쳐 선발(코치 임의선발 지양)

○ 특기자 특별 관리로 중도 탈락 예방 : 무분별한 선수 선발 및 육성 능력을 고려하지 않은 체육특기자 배정으로 벤치 선수 및 중도 탈락생 발생이 증가하고 있으므로 정기적인 고충상담 및 진로·진학 지도 상담

라. 체육특기학교 지정 신청 및 운동부 창단 승인 절차

○ 학교운동부 육성교는 매년 3월, 6월, 9월중에 「체육특기학교 지정 신청」을 하여 교육감(교육장)의 승인을 받아야 하며 기 지정여부와 관계없이 매년 지정 신청을 받아야 함

○ 초등학교는 지역교육청 초등교육지원과, 중·고등(일반고)학교는 지역교육청 중등교육지원과로 지정 신청 후 승인, 특성화고, 특목고, 자율고는 본청으로 지정 신청 후 승인

○ 학기 중에 운동부를 창단할 경우, 해당 부서와 운동부 창단(계획서)협의 및 승인
  - 운동부 창단으로 체육특기학교로 지정 받을 사유가 발생하였을 경우, 지정 신청 시기(3월, 6월, 9월중)와 상관없이 신청을 할 수 있음.

마. 체육특기학교의 기능

○ 체육특기자의 전문 육성
○ 체육특기자 전·입학 전형 : 체육특기자의 전·입학 시 해당종목 특기학교에 배정함(특목고, 자사고, 특성화고는 학교장 선발. 단, 운동부 운영 부적정교는 체육특기자 배정 및 전입학 제한 조치를 받음)

바. 코치 운영 및 관리

○ 전임코치 : 〈전임코치 관리규정〉 참고
○ 일반코치(학교자체코치) 임용
  가) 학교의 자체규약에 따라 임용 목적에 부합되는 코치 임용
  나) 학교소속이 아닌 후원회 자체 임용 금지 : 반드시 학교장이 임용
  다) 자격요건, 임용서류, 복무규정 등은 「서울시교육청 전임코치 운영관리 규정」 참조
  라) 전임교에서 근무 불성실, 탈선행위 및 물의를 야기한 경력이 있는 자는 임용 배제(금품·향응수수, 회계처리 부정 적발 시 해임하고 서울시교육청 관내 모든 학교에서 5년 이내 재임용 금지)
  마) 보수는 학부모의 부담이 과중하지 않는 범위 내에서 후원회의 규약에 따라 결정
  바) 4대 보험 가입 등 학교자체 코치에 대한 근무여건 개선
  사) 임용계약서를 작성하고 계약서에는 다음 내용을 포함
    ○ 계약기간 : 1년 단위로 계약   ○ 보수   ○ 근무내용
    ○ 근무시간   ○ 퇴직금   ○ 해임요건 등

사. 공부하는 운동부 운영

➜ 관련근거

- 「학교체육진흥법」(2012.1.26.제정), 「동법 시행령 및 시행규칙」(2013.2.5.제정)

1) 학생선수 학습권 보장제 도입
   (1) 학생선수 학력저하 및 학습권 침해에 대한 사회적 우려와 심화에 대해 학생선수 학습권 보장제 도입을 통한 공부하는 학생선수상 정립
   (2) 적용대상, 성적기준, 도입 시기
     ○ **적용대상** : 초4~고3(9개 학년)
     ○ **적용시험** : 학교시험(1·2학기말고사, 중간＋기말＋수행평가)
     ○ **적용교과** : **초·중학교는 국어, 수학, 사회, 과학, 영어, 고등학교는 기초영역(국어·수학·영어) 중 국어·영어 교과, 탐구 영역(사회·과학) 중 사회 교과로 결정하되**, 영어·사회 교과의 경우 **학교장이 학교체육소위원회 심의를 거쳐 수학, 과학 교과로 대체 가능**(개인별 학습흥미와 수학능력을 고려해서 교과 선택 가능)

〈과목 설정의 근거〉

· '13년도 대입 체육특기자 수시모집을 실시하는 139개 대학 중 **74.8%가 고교 내신 성적 반영** /
  ＊ **국어·영어(93.3%)>사회(79.8%)>수학(64.4%)>과학(48.1%)** 순
· '13년도 체육 관련학과 대입 정시 모집 시 기초영역 중 **언어**(국어)·**외국어**(영어)를 **필수** 반영하고, **탐구영역**(사회, 과학) 및 **전문교과를 선택**적으로 반영

     ※ 특성화 고등학교의 경우 국어, 영어, 사회 교과로 결정하되, 영어교과는 수학교과로 사회교과는 과학 또는 전문교과로 대체 가능
     ※ 초·중·고 모두 교육과정 개편으로 해당교과가 개설되지 않을 경우 학교장이 학교체육소위원회 심의를 거쳐 타교과로 대체
     ○ **최저학력기준** : 학교시험(1·2학기말합산 성적)에서 전교생 5개(3개)교과의 교과별 성적이 기준 성적 이상

구 분	학교급별 최저학력 기준		
	초	중	고
적용기준(매 학기말)	100분의 50	100분의 40	100분의 30

     - 단, 1·2학기말고사에서 최저학력 기준 성적에 미달한 경우, 차기 중간고사에서 최저학력기준 성적에 도달하거나 **학업성취도평가**에서 "**기초**" 이상이면 도달 인정

- 중간고사와 학업성취도평가 점수는 도달 인정 자료로만 활용하고 <u>기준성적의 제한 기준이 아님</u>
- (예시) 해당 학년 수학 평균성적이 70점일 경우 100분의 30 적용 시(21점), 100분의 40 적용 시(28점), 100분의 50 적용 시(35점), 100분의 100 적용 시(70점)
  - ※ 해당 학년 교과별(초·중 5교과, 고 3교과) 평균 성적이 각각 최저학력기준(초 100분의 50, 중 100분의 40, 고 100분의 30에 도달해야 함(**단, 적용교과 전체 평균 성적이 아니 교과별 평균 성적**)
- 수시 단원평가를 실시하는 일부 **초등학교의 경우**, 과목별 하위영역의 평어를 수치화(매우 잘함-4점, 잘함-3점, 보통-2점, 미흡-1점)한 후, 교과별 하위영역 학급 평균 점수를 적용하여 최적학력기준 도달 여부 인정(세부 계획 추후 안내)

○ 적용범위 : '13년도 초4~중2까지 시행('13.3.1~)
  - 중3~고3 : '14년 이후 단계적 시행('17년 고3 적용)
  - 현재 중3 이상 학생선수는 적용 안 됨

적용연도 학교급	'10	'11	'12	'13	'14	'15	'16	'17
초	시범	초4~6						
중	시범		중1	중2	중3			
고	시범					고1	고2	고3

(3) 최저학력 기준 성적에 미달한 학생선수 출전 제한·해제 방안

<최저학력 기준미달 학생선수에 대한 경기대회 출전 제한 및 해제 방안>

· 경기대회 출전 제한의 범위 및 예외
  - (대회 참가 제한) 국가, 지방자치단체 및 체육단체 등에서 개최하는 경기대회 출전 제한
  - (참가 제한 예외) 국제경기대회(올림픽, 월드컵, 아시안게임, 유니버시아드 대회 및 대한체육회 경기단체의 세계적으로 권위 있는 국제대회에 한함)는 참가 가능
    * 대한체육회 가맹 경기단체에 **선수등록은 가능**
· 기초학력보장프로그램 운영 및 이수학생 출전 제한 해제
  - (운영시기) 학기말 성적 공개 시점부터 방학종료 전까지
  - (운영방법) 학교 여건에 따라 특별보충 수업, 온라인 학습, 과제물 부여 및 평가, 대학생 멘토링 등 활용
  - (출전 제한 해제) 기초학력보장 프로그램 수료 학생선수의 경우 교육감(장)이 출결, 학습정도 등을 확인하여 각종 경기대회 참가 허용 가능

※ 학교의 장은 최저학력 기준에 미달되는 학생들을 위해 별도의 기초학력보장 프로그램 운영과 필요한 경우 경기대회 출전을 제한 할 수 있음

(4) 최저학력 기준 성적 미달 학생선수의 기초학력증진 프로그램 운영 (참여 의무화)

○ 교육청(서울시교육청 사이버 가정학습 교수학습지원센터, http://www.kkulmat.com), 학교(학력증진프로그램, 방과후 교실, 개별학습) 등에서 제공되는 기초학력증진 프로그램에 적극 참여

  * 학생선수 개인별 학습 파일(학습내용을 확인할 수 있는 포토폴리오)

○ 단위학교 기초학력증진 프로그램(최소 60시간 이상) 수료한 학생선수의 경우, 교육감(장)이 출결, 학습정도 등을 확인하여 전국규모대회 참가 허용 가능

  * **(단위학교)** 대회 출전 시 학교장이 학생선수 성적 확인 후 대회출전 승인
    - 기준성적 미달 학생의 기초학력증진 프로그램 운영·관리 및 명단 보고
    - 개인별 학습 파일(포토폴리오) 관리 및 확인
  * **(지역교육청)** 기준성적 미달 학생 관리(출결, 학습 정도 등) 및 지원
    - 기초학력증진프로그램 이수자(60시간)에 대한 증빙 자료 확인(개인 학습 파일 등)

(5) **학교운동부 지도교사, 지도자 등 성과 평가에 반영**

○ **(지도교사)** 학교운동부 지도교사에 대한 근무평정 및 성과상여금 지급 시 우대, 승진 가산점 등 반영

○ **(지도자)** 학습권 보장제 관련 규정 준수 등은 서울시교육청 학교운동부지도자 관리규정과 학교운동부지도자 평가 항목에 명시하고 있으며, 이행 여부를 평가하여 인센티브 및 제재 방안 강구

2) **전국단위 경기대회 참가 제한**

(1) **종목별 대회일수 차이를 고려**하여 참가일수 3~4회/년 제한

  ■ 축구의 경우 초중고 축구리그 외 전국단위 경기대회 참여는 2회/년 이내로 제한('12년 1월부터 적용 / 방학 중 대회도 참여 횟수에 포함됨)

대회일수 제한	1~2일	3~5일	6일 이상	
53개 종목	(12종목) 육상, 체조, 수영, 씨름, 승마, 검도, 궁도, 산악, 수중, 철인3종, 택견, 공수도	(31종목) 정구, 탁구, 역도, 복싱, 빙상, 유도, 사이클, 배구, 레슬링, 스키, 사격, 태권도, 배드민턴, 인라인롤러, 요트, 양궁, 카누, 골프, 근대5종, 수상스키, 보디빌딩, 세팍타크로, 우수, 소프트볼, 스쿼시, 당구, 조정, 컬링, 바이애슬론, 트라이애슬론, 볼슬레이스켈레톤	(10종목) 테니스, 핸드볼, 농구, 럭비, 야구, 하키, 펜싱, 볼링, 아이스하키	(1종목) 축구
참가횟수 제한	연간 4회 이하 (체고 5회 이하)	연간 3회 이하 (체고 4회 이하)		연간 2회 이하 (체고 3회 이하)

- 단, 다음의 전국단위 경기대회는 참가 제한을 받지 않음

- 국제경기대회(올림픽, 월드컵, 아시안게임, 유니버시아드 대회 및 대한체육회 가맹경기단체의 세계적으로 권위 있는 국제대회에 한함)
- 전국소년체육대회, 전국체육대회
- 국가대표 선발대회(대회명과 경기 개최요강에 '국가대표 선발대회'임을 명시하고, 경기단체장이 일정한 참가자격을 부여한 대회)
- 방학 중에 참가하는 대회
  - **해당학교의 방학기간과 전국단위 경기대회 참가기간이 2/3이상 중복**되는 경우 해당학교의 전국단위 경기대회 참가횟수에 **미포함**

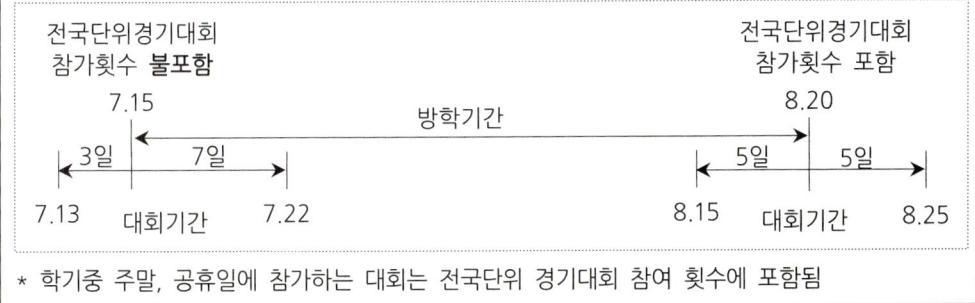

* 학기중 주말, 공휴일에 참가하는 대회는 전국단위 경기대회 참여 횟수에 포함됨

- 대회참가 신청서에 전국대회 참가횟수 명시하고 학교장, 경기단체에서 확인 (규정을 위반하여 입상한 경우 무효처리, 시·도교육청 장학지도 시 이행 여부 감독 철저)

* 초등학교 리틀야구, 방송통신 중·고등학교에 소속된 학생선수도 최저학력기준 적용 및 전국단위 경기대회 참가제한 규정을 동일하게 적용하여 형평성 논란 등 민원 발생 차단

(2) 학교 축구/야구 주말리그 운영
- ○ **추진배경**
  - 공부하는 학생선수 육성을 위해 평일 토너먼트를 **주말 리그로 운영**
- ■ 시행 시기 : 초·중·고 축구리그('09~), 고교야구('11~)
- ○ **추진성과**
  - **(축구)** '12년부터 클럽팀 참가를 허용하여 참여 팀 수가 '08년 대비 210팀 (초·중·고 축구부 36팀 감소, 클럽팀 246팀 증가) **증가**
  - **(야구)** 고교야구선수 학습권 보장, 대중적 관심 제고로 야구 저변 확대
    * '13년도 리그 운영계획은 추후 안내 예정('13. 3월중)

(3) 정규수업 이수 의무화 및 학력증진 방안 강구
- ○ **정규수업 이수 의무화**
  - 학교 내 시설이 없어 정규수업 후 운동이 불가한 종목(빙상, 조정, 골프 등)의 경우, **현장체험학습 계획** 등으로 학교장 결재 후 운영
  - 고등학교(2, 3학년)의 경우 **예·체능계열 등 별도 반을 편성·운영** 가능
- ■ 학생선수의 수준을 고려한 교육과정 편성 및 선택 확대
- ○ 대회출전 및 훈련으로 인한 수업결손 시 보충학습 기회 제공
  - 학기중 대회출전으로 수업결손이 예상되는 경우, 대회출전계획 내부결재 시 보충 학습계획 반드시 반영 학교장 결재 후 실시
    * 예) 담임·교과담당교사가 수업결손 정도에 따라 과제범위와 내용을 제시하고 보충학습 결과를 확인하여 증빙자료(보강, 사이버 가정학습, 과제물 제출, 쪽지시험, 구술면접, 과목별 학습 프린트, 친구노트 등)보관 등

(4) **단위 학교별 학생선수 학업성적 관리 대책** 수립·시행
- ○ '기초학력증진반', '동행프로젝트' 등을 활용한 학생선수 학습지원 프로그램 마련 및 성적 저하 학생선수 학습권 증진 등 수업결손에 대한 수업보충 방안 마련
- ○ 학교별 학생선수 **학습도우미, 대학생 멘토링제** 등 운영
  - 학생선수의 수업결손에 대한 학생 학습도우미(동료, 또래)에 대한 봉사활동 시간 인정(봉사활동 확인 : 운동부 지도교사)
  - 학교차원에서 대학생 멘토링제 등 순회 학습도우미 운영 【참고-1】

3) 학기중 상시 합숙훈련 근절 노력
   (1) 학교의 장은 학생선수의 학습권 보장 및 신체적·정서적 발달을 위하여 학기 중의 상시 합숙훈련이 근절될 수 있도록 노력
      - (취지) "학교장이 학교운동부의 상시 합숙훈련을 근절하도록 노력"한다는 의미는 종전 지침을 완화하는 것이 아닌 **학교장에게 학기중 상시합숙 훈련의 근절을 위한 책무성 부과**를 의미

      <참고> 「학교체육진흥법」 제11조(학교운동부 운영 등) ①, ②, ④(생략)
      ③ 학교의 장은 학생선수의 학습권 보장 및 신체적·정서적 발달을 위하여 학기 중의 상시 합숙훈련이 근절될 수 있도록 노력하여야 한다.

   (2) 학생선수의 보편적 인권이 존중되는 건전한 학교 운동부 기숙사 문화 조성
   (3) 원거리에서 통학하는 학생선수를 위하여 기숙사 운영은 가능하며, 학습여건, 안전대책 등을 잘 갖추어 운영
   (4) 책임과 자격 있는 지도 관리자 임명과 임장지도 및 안전관리 철저
      - 여학생 전용 학생선수 기숙사의 경우 학교운영위원회 심의를 거쳐 기숙사 전담직원으로 여성 채용
   (5) 기숙사 운영교는 학생선수 인권 및 (성)폭력 예방 교육 실시 의무화

◎ 학기 중 상시 합숙 및 원거리 학생 기숙사 운영 규정

구 분	학기 중 상시합숙	원거리 학생 기숙사	비 고
내용	초·중·고 근절노력	초·중·고 가능	단, 「학교체육진흥법 시행규칙」제7조 1항과 2항에 따라 원거리 학생선수 대상 기숙사를 운영하고자 할 경우, 해당교육청으로부터 기숙사 승인을 받은 경우에 한함.

☞ 【서울시교육청 학생선수 기숙사 설치·운영 계획 참고】

4) 전지훈련
   (1) 세밀한 계획과 효율성 분석 후 실시
   (2) 학부모의 경제적 부담을 경감하기 위해 해외 전지훈련은 지양하고, 국내 장기 전지훈련도 가급적 자제하며 학교 및 인근체육시설을 이용하여 훈련
      - 중학교 축구부 겨울철 스토브 리그
        · 서울시 중학교 축구부 12개교가 지역 시설을 이용하여 합동 훈련 및 리그전 운영

- 천호중외 11개교 참가 2013.1.23~1.31(효창운동장)
- 서울시 전체 중학교 20개팀 이상이 참가하는 권역별 리그 확대를 위해 서울시축구협회와 협의

(3) 학생선수 안전 및 학부모의 경제적 부담을 고려하지 않은 과도한 훈련 지양
(4) 책임 있는 지도 관리자 임명 및 식중독, 교통상해, 운동상해, (성)폭력 예방 등 선수 인권 및 안전관리 철저
(5) 전지훈련 계획은 학교교육계획에 반영하여 학교운영위원회 심의·의결 후 시행
(6) 학부모 동의서를 첨부한 훈련계획서를 학교장 결재 후 실시
(7) 종목 특성 상 해외 전지훈련을 실시 할 경우에는 학부모동의서와 훈련계획서를 해당 교육청에 반드시 제출하고 협의 후 실시(민원발생 시 특별장학)
(8) 입학(진학)예정자는 원칙적으로 진학 예정교 소속 학생이 아니므로, 입학 전 전지훈련에서 제외

※ 해외 전지훈련 계획 시 필수 검토 사항

구 분	내 용	비 고
예산집행 절차의 투명성 확보	· 총소요경비 2천만원 초과~5천만 이하일 경우 G2B를 이용하여 2개 업체 이상 전자견적을 받아 개찰 후 전자계약 체결 · 전자견적 시 우량 및 허가업체가 입찰에 응할 수 있도록 입찰 공고(제한조건 명시)	· 계약업체와 부적절한 리베이트 관리 철저 · 여행자 및 상해보험 면밀히 검토
훈련경비 산출	학생선수 1인당 소요경비 산출의 적정성	
집행내역공개	집행내역에 대해 서울시교육청홈페이지 및 학부모 대상 공개	
학생선수 (성)폭력 예방 교육 및 안전 교육	출국전 및 훈련기간 중 학생생활·안전 및 성(폭력)교육에 대한 계획	출국 전 사전교육
위급상황 대처방안	학생 신변 안전 및 응급(부상)체계 발생 시 대처	
문화이해 교육	방문국에 대한 문화 이해 교육	
임장지도	학생선수의 안전을 위해 감독·코치임장지도	
정산	사업 종료 후 10일 이내	

5) 1교 1운동부 육성
 (1) 방과후 체육활동 및 여가선용을 통한 1인 1운동으로 연계 실시
 (2) 클럽활동 및 동아리활동에 의한 학교 대항전으로 자생적 팀 형성
 (3) 공부하며 운동하는 학생상 정립을 바탕으로 한 1교 1운동부의 활성화

6) 새로운 지도방법 고안
 (1) 선수 개개인의 특성을 바탕으로 한 인격적인 지도
 (2) 성장 발달 단계별 이해를 통한 새로운 지도 방법 도입

7) 인성·진로지도 강화 및 생활지도 철저
 (1) 경직된 생활환경으로 인한 부정적 성격 형성 방지
 (2) 다양한 프로그램으로 욕구불만 해소 및 비행 예방
 (3) 진로상담으로 운동부 활동의 보람과 긍지 고취
 (4) 사제동행으로 현장지도 철저 및 진로지도 교육시간 설정

8) 개별 신상카드 및 훈련 성과 점검표 비치
 (1) 신상 기록카드 제작 활용 및 훈련 상황 발전 추이도 비치 활용
   (개인의 특성, 취미, 가족관계, 성격, 훈련적응 및 발전 추이도 등)
 (2) 수준별 개인 지도 및 상담 자료로 활용
 (3) 개인별 특성을 살린 과학적인 지도 자료로 활용

9) 지도계획 수립
 (1) 연간, 월간, 주간 지도계획 수립
 (2) 전지훈련, 합숙훈련 및 시합전 훈련계획은 별도 수립
 (3) 개인별 훈련지도 계획 수립

10) 체육특기생의 진학 및 전·출입 제도 개선
 ○ 체육특기자 자격기준 완화
   - 시·도별 중입·고입 체육특기자 선발·배정 시 경기실적 반영 비율 축소
 ○ 「선수등록규정」(대한체육회) 사전 고지
   - 선수등록 시 학부모, 학생선수에 대해 전·출입에 필요한 학교장동의서 등 선수등록기준 사전 고지로 민원 최소화
 ○ 체육특기자 전·출입 시 학교장의 교육적 판단에 따른 학교장동의서 발급
   - 개인의 행복추구권 존중 및 학생선수의 진로에 대한 교육적 측면 고려

7 청소년단체 활동

가. 활동목적

청소년단체 활동은 학교 교육과정의 인성교육 및 청소년단체의 이념구현을 위한 단체 활동으로써, 각 급 학교에서 청소년단체 조직 및 활동을 강화하여 학생들에게 문제해결력을 기초로 한 심신단련과 호연지기를 기르며, 협동·봉사하는 정신과 생활 기능 체득 등을 통하여 공동체의식을 함양함으로써 자주적이고 진취적인 청소년 육성을 목적으로 한다.

나. 교육과정과의 연계

○ 청소년단체를 학교 교육과정 운영의 일환인 특별활동의 전인교육 실현을 위한 계발활동으로 조직 권장
○ 청소년단체 활동은 수업의 결손이 없는 범위 내에서 실시, 단, 학교교육계획에 의한 활동은 예외
○ 청소년단체 활동으로 실시하는 봉사활동, 체험활동 등은 학생의 개인별 활동사항을 누가 기록하여 봉사활동 총 시간으로 기재하고, 교외체험학습상황을 학교생활기록부에 반영
○ 국가 및 지방자치단체는 청소년활동과 학교교육·평생교육을 연계하여 교육적 효과를 높일 수 있도록 하는 시책을 수립·시행(청소년기본법 제48조)

다. 청소년단체 조직 및 운영

○ 학교장의 승인을 받아 청소년단체 대(단)원 모집 계획을 수립하여 학생을 모집하되, 학생의 개인적 희망(학부모 동의 필요)에 따라 가입한 학생으로 조직하며, 단체 간 경쟁적 인원 확보로 물의가 발생하지 않도록 한다.
○ 청소년단체 지도교원은 가입 학생 수를 고려하여 확보하고, 청소년단체 지도교원임을 학교 교무분장에 명시하며, 청소년단체 활동 및 지도 상황을 누가 기록하여 관리하도록 한다.
○ 연간 활동계획은 청소년단체의 특성(청소년단체의 설립목적과 정신에 부합)과 여러 가지 상황을 충분히 고려하여 지도교원이 학교장과 충분한 협의 과정을 거쳐

수립하고 결재를 받아 운영한다.
- 청소년단체 활동을 위해 필요할 경우 학부모회를 조직하여 운영할 수 있다.
  ※ 학부모회가 조직되어 있지 않을 경우, 청소년단체 '학부모 전체 회의'를 통하여 학부모회의 기능을 대신할 수 있다.
- 학부모회(학부모 전체 회의)를 통하여 연간 활동계획을 안내하고 연간 활동비를 협의하여 청소년단체 활동비를 책정한다.
  ※ 연간 활동계획에 포함되지 않은 특별행사를 실시할 경우에도 본 조항을 적용)
- 청소년단체 활동비는 관련회계규정에 따라 학교장 책임 하에 징수 및 집행하고, 그 집행 결과를 공개한다.
- 청소년단체 활동비 징수 내역을 가정통신문 등을 통하여 청소년단체 학부모에게 알리고, 행정실에서 징수 및 회계 처리한다.
- 청소년단체에 가입 할 학생을 모집한 후, 등록요건[등록서류(가입신청서, 등록 원서 등), 가입비(입단비), 보험료 등을 갖추어 각 청소년단체(연맹)와 협의하여 절차를 거쳐 당해 학년도 7월 이전까지 등록(보험에도 가입)하도록 한다.
- 연맹주관 행사 참여를 권장하며, 연맹(본부) 및 지구연합회(지역협의회)에서 주관하는 행사는 다음 사항을 준수해야 한다.
  - 연맹(본부)의 승인을 받아 추진하는 행사일 것.
  - 참가비 송금 등 계좌는 연맹(본부)명의 계좌에 한함.
  - 학생 배부 가정통신문은 연맹(본부)장명으로 발송함.
  - 학교단위 청소년단체활동은 학교자체 계획에 의거하여 추진.
  - 교육활동의 안전사고 예방을 위한 사전답사 및 현장 임장지도 계획 등 야외교육활동 시 안전계획을 철저히 수립하여 실시.
  - 각종 안전사고 예방대책 강구(건강 이상자 파악, 현장 안전요원 배치, 담당교사 현장 임장 지도, 환자 발생 시 신속한 이송 및 치료 대책 마련해야 함), 특히 여름철 물놀이 안전교육 대책 철저 실시
  - 단체활동 시 안전사고 예방교육과 성폭력·성희롱 예방교육 계획 수립, 특히 학부모 민원(대원 폭력, 집단따돌림 등) 예방을 위한 생활지도 계획 수립 철저
  - 청소년단체 야외활동(야외행사, 스키캠프 등)은 별도의 보험 가입여부 확인 등 학교장이 적의 판단하여 치밀한 계획 수립 후 실시
    · 수련원·야영장 계약 시 : 『청소년활동진흥법』에 의한 보험 가입 여부 확인 후 계약

- 놀이시설 계약 시 : 『어린이놀이시설 안전관리법』에 의한 보험 가입 여부 확인 후 계약
- 숙박시설 이용 시 : 영업배상책임보험 가입여부 확인 후 계약 등

라. 청소년단체의 조직

1) 지도교원의 조직

가) 청소년단체의 조직 단위

청소년단체명	학교장의 직책	지도교원 명칭
스카우트 및 걸스카우트	육성단체 대표	대장, 부대장, 협조지도자
청소년연맹	책임지도자	부책임지도자(교감), 수석지도자, 전임지도자
청소년적십자(RCY)	명예단장	지도교원, 부지도자, 중간지도자
해양소년단	육성단장	선대장, 항해사
우주소년단	단장	대장, 부대장
세계도덕재무장(MRA/IC)	팀 지도자	MRA/IC 지도교사
청소년발명영재단	단장	지도장, 부지도장
그린훼밀리·그린스카우트연합	학교장	지도교사
파라미타청소년협회	분회장	지도교사

나) 지도교원

 단위학교 청소년단체의 실질적인 업무를 수행하는 지도교원으로 학교장이 임명한다. 단위학교 청소년단체의 상황에 따라 대표 지도교원, 프로그램(과정) 담당교사, 관리(행정) 담당교사 등으로 구분하여 업무를 분담 할 수 있다. 보직교사를 청소년단체 대표 지도교원으로 임명할 수도 있으며, 지도교원 중에서 선임하여 대표 지도교원으로 임명할 수도 있다.

다) 협조지도자

 단위학교의 교직원이나 청소년단체에 가입한 학생의 학부모 중에서 협조지도자로 임명하여 청소년단체 활동을 지원하는 역할을 부여할 수 있으며, 협조지도자에게도 청소년단체에서 주관하는 연수에 참여할 수 있는 기회를 줄 수 있도록 한다.

2) 대(단)원의 조직
- ○ 학생 및 학부모, 지도교원 및 학교·지역 사회 상황 등을 고려하여 학교장의 승인을 받아 모집한다.
- ○ 대(단)원 모집은 가정통신문, 안내장, 홍보용 유인물 등을 발송하여 학부모의 동의를 받아 가입신청서를 제출받음으로써 이루어진다.
- ○ 단체의 학생조직은 각 청소년단체의 구성 특성에 준하여 구성한다.

3) 연간 활동계획 수립
- ○ 청소년단체 지도교원 협의를 통하여 연간 활동계획을 수립한다.
- ○ 연간 활동계획은 여러 가지 상황[단위학교 교육과정, 연간행사 일정, 각 청소년 단체연맹(지구·중앙)의 행사 및 연간계획 등]을 충분히 고려한다.
- ○ 지도교원은 단체 소속 학생, 학부모의 의견을 충분히 수렴한 후 지도계획을 수립하여 학교장 결재를 받도록 한다.

마. 청소년단체 등록

- ○ 단체조직의 구성 요건을 모두 갖춘 후 필수적으로 각 청소년단체(연맹)에 등록하되, 당해 학년도 7월 이전까지 완료하도록 한다.(행정사항의 〈서식 1, 2〉 참조)
- ○ 단위학교의 지도교원(교직원 협조지도자 포함)과 청소년단체에 가입한 학생은 등록요건[등록서류(가입신청서, 등록원서 등), 가입비(입단비, 보험료 등)]을 갖추어 해당 청소년단체(연맹)로 부터 등록 승인을 받는다.
- ○ 청소년단체를 조직하고, 해당 청소년단체에 등록을 완료 한 후, 당해 학년도 7월말까지 교육청에 등록 현황을 보고하도록 한다.

[표 2.25] 단가맹신청서 예시

단 가 맹 신 청 서

작성일 : 2011 년 5 월 3 일

학교명	○○중학교						(공학/공립)			
주 소	우)131-830 서울특별시 중랑구 면목4동 378-2 용마중학교									
전 화	02-439-6220			F A X			02-439-3968			
교 장	박○○			교감	이○○		담당교사	김○○		
조직 예정	전체학생수			예정단원수			전체지도자수		예정전임지도자수	
	남	여	계	남	여	계	남	여	계	남	여	계
				12	14	26	2	1	3	0	1	1

학교현황

본교는 2000년 3월에 개교하여 비록 짧은 역사를 가지고 있지만 자랑스런 ○○인으로써 자긍심을 가지고 훌륭한 전통을 수립하기 위해 교육공동체가 한마음이 되어 부단히 노력하고 있습니다. 21세기 지식 정보화 시대를 맞이하여 본교는 학생들에게 열린 생각, 진취적 행동, 봉사하는 마음을 교육 목표로 정하고 '학력신장', '인성 및 생활지도', '자율성 및 공동체 활성화' 부문에 교육력을 집중하여 '실력과 인성으로 미래를 여는 ○○인'을 육성하고자 합니다.

'사랑과 신뢰를 바탕으로 하는 교육공동체'로서 본교는 교수·학습 개선을 위한 정보 및 교사·학생·학부모를 위한 나눔의 장을 제공하려 노력하며, 교육공동체 및 지역사회와 함께 하는 ○○중학교가 되고자 합니다.

위 본교는 한국청소년연맹 누리단으로 가맹을 신청하오니 승인하여 주시기 바랍니다.

2011 년 5 월 3 일

지역연맹경유	학교명 ○○중학교 (인) 교 장 박 ○ ○ (인) 한국청소년연맹 귀중

바. 청소년단체 운영 및 활동

1) 청소년단체 운영 및 활동 기본방향
   - 청소년단체의 특성에 맞는 새롭고 유익한 프로그램을 개발하여 활용한다.
   - 청소년단체 활동은 사제동행으로 실시하고, 안전사고 예방지도에 유의한다.
   - 청소년단체 활동의 활성화를 위해 청소년단체 지도교원의 연수 및 활동을 적극 지원한다.
   - 단복 및 장비 등을 물려받아 활동하는 등 근검절약을 생활화하며, 입단 시 기본이 되는 단복 이외의 필수품이 아닌 장비의 구입은 지양한다.
   - 청소년단체연맹(지사·지구·중앙) 행사 참가 여부는 학교장이 적의 판단하여 결정하되 희망자에 한하여 참가할 수 있다.
   - 학교단위 자체 행사시에는 안전사고의 위험성에 대한 대비책을 강구 후 실행한다.

[표 2.26] 청소년단체(누리단) 연간활동 계획 및 보고서 예시

< 누리단 > 연간 활동 계획

가. 지도 목표

'누리'는 천지 세계를 뜻하고, 한편으로는 인간세상을 의미합니다. 어린이와 젊은이의 중간에 해당하는 위치에서 이 땅의 자연스러운 청소년이 되기 위해 몸과 마음의 단련에 온갖 정성을 쏟고 있는 중학생으로 구성된 청소년단이 '누리단'입니다. '누리단'은 한국청소년연맹 활동을 통하여 우리의 전통문화를 계승 발전시키며, 진취적 기상을 함양하여 민족의 번영과 국제사회에 이바지하는 건전한 청소년으로 성장하는 다양한 활동을 하며, 이러한 활동들을 통하여 책임과 의무를 다하는 자율인으로서 자랑스러운 세계 속의 한국인이 되고자 노력하는 청소년으로 성장하는 것이 목표입니다.

나. 연간 운영 계획

회수	일자	시간	운영 계획	활 동 내 용	준비물 및 유의점
1	3.20	1	동아리활동반 편성	◆ 학급에서 계발활동반 편성 ◆ 계발활동 개인 배정카드 작성	필기도구
		1	동아리활동반 조직	◆ 계발활동반 조직 ◆ 인원파악 및 출석부 작성 ◆ 연간 활동 계획 수립 ◆ 장소 안내 및 준비물과 차시예고	필기도구
2	4.3	4	제1회 전일제 동아리활동 실시	◆ 장애체험 교육 및 봉사활동	필기도구
3	5.29	4	제2회 전일제 동아리활동 실시	◆ 수상훈련활동(윈드서핑)	여벌옷, 세면도구, 구급약
4	7.3	4	제3회 전일제 동아리활동 실시	◆ 풍선아트 공예체험	유성매직
5	9.18	4	제4회 전일제 동아리활동 실시	◆ 청소년 야외체험학습 활동	여벌옷, 구급약
6	10.16	4	제5회 전일제 동아리활동 실시	◆ 광릉 국립수목원 숲체험	
7	11.6	4	제6회 전일제 동아리활동 실시	◆ 제4회 건강교실 줄넘기대회 관람 및 교내 출전선수 응원	
8	11.20	4	제7회 전일제 동아리활동실시	◆ '내일을 향해 쏴라'(마술수업, 네일아트) 체험활동	필기도구
9	12.4	4	제8회 전일제 동아리활동 실시 및 평가	◆ 계발활동 반별 활동 및 평가	필기도구

[표 2.27] 청소년단체(누리단) 연간활동 계획 및 보고서 예시

		◀ 누리단 ▶ 활동사진	
순번	날짜(주제)	활동사진 1	활동사진 2
1	2010.04.03 (장애체험 교육 및 봉사활동)		
2	2010.05.29 (수상훈련 활동)		
3	2010.07.03 (풍선아트 공예체험)		
4	2010.09.18 (청소년 야외체험 활동)		
5	2010.10.16. (광릉수목원 숲체험)		

2) 청소년단체 해외 교류 활동
- 해외 교류 활동은 청소년단체의 이념 구현과 교육적인 필요가 있을 경우 실시하되, 청소년 유해환경 밀집지역이나 안전 취약 지역으로의 국제교류는 금지한다.
- 청소년단체 지도교원과 육성단체장(학교장)이 해외 활동 참여 시, 「서울특별시교육감소속공무원공무국외여행 규정(2009.10.22. 훈령 제156호)」 및 「공무국외여행규정[서울특별시교육청 예산법무담당관-12266(2009.10.22)]」을 준수하도록 한다.
- 학교장 책임 하에 제반(관련) 법규(지침)에 순하여 실시하며, 제반(관련) 법규(지침)에 따라 회계 관리에 철저를 기한다.
- 출국 전 안전교육, 예절교육, 성폭력예방교육, 공중도덕, 검소한 여행문화, 해당국가 안내 등 사전교육을 철저히 실시한다.

3) 대(단)원 교육 및 훈련
 가) 기본 계획
- 대상 및 인원 : 각 단체의 조직 계획 및 학교 현황을 고려하여 실시
- 시기 : 연간 활동계획에 의거 적절하게 실시한다.
- 장소 : 영역과 활동에 따라 교내·외가 선택될 수 있고, 학년별 또는 활동내용별에 따른 활동 장소가 확보 되어져야 한다.
- 소요시간 : 기본적으로 소요시간 40분~90분 정도로 계획되어 있으나, 내용에 따라 활동시간을 조정할 수 있다.
- 준비물 : 영역별 활동에 따른 개인 및 대(단) 준비물 사전 준비가 이루어져야 교육(훈련) 활동이 효과적으로 이루어질 수 있다.

 나) 교육(훈련) 전에 추진할 일
- 연간 활동계획에 의거 1개월 전에는 기본 안을 구성하고, 2주전에는 계획서를 작성하고 세부계획을 만들어 실시하도록 한다.
- 영역별, 활동별, 사전 준비물, 장소, 지도내용, 지도교원 배정 등을 검토·반영 하여야 한다.
- 교육(훈련) 계획에 안전사고에 대한 예방 및 대처방안을 반드시 반영하고, 대(단)원들에게 안전사고 예방교육을 시행하도록 한다.

4) 학교생활기록부 기록

청소년단체 활동으로 실시하는 봉사활동, 체험활동 등은 단(대)원의 개인별 활동 사항을 누가 기록하여 봉사활동 내용(일자 및 시간, 주관기관명 등) 및 교외체험학습상황을 학교생활기록부에 반영한다.[교육과학기술부 훈령 제187호(2010.7.29.)]

8. 특별활동상황

학년	특별활동상황		
	영역	시간	특기사항
1	자치활동	14	학급 청소 및 교실 미화를 위해 성실하게 활동하였고, 교내 체육대회 (2010.10.22)에 학급 대표로 출전하여 열심히 활동하였음.
	적응활동	10	
	행사활동	59	
	계발활동	34	(누리단1)건전한 청소년으로 성장하는 다양한 활동에 참여하여 자율성과 도전정신을 기르고, 책임과 의무를 다하는 자세를 학습함.

12. 행동특성 및 종합의견

학년	행동 특성 및 종합의견
1	성격이 밝고 항상 활력이 넘치며 자기 의사를 분명하게 표현할 줄 아는 학생임. 언어적 설득력이 뛰어나고 사람들과 어울리기를 좋아하는 외향적인 모습을 보임. 학업면에서 전반적으로 우수한 성적을 보임. 앞으로 학습에 대한 집중력을 높이고, 스스로 수업태도를 잘 관리해 나간다면 크게 성장할 것으로 기대됨. 누리단 동아리 단원으로서 건전한 청소년으로 성장하는 다양한 활동에 적극적인 자세로 참여(2010.03.01~2011.2.28)하면서 책임과 의무를 다하는 바람직한 청소년으로 성장하는 계기가 되었음.

[그림 2.27] 청소년단체(누리단)의 학교생활기록부 기록 예시

사. 청소년단체 활동 시 안전사고 예방 대책

○ 교육계획에 안전사고에 대한 예방 및 대처방안을 반드시 반영하고, 행사실시 전 대(단)원들에게 안전사고 예방교육 실시
○ 청소년단체 행사 참가 여부는 학부모 동의를 얻어 학교장이 결정
○ 안전 취약지역, 유해환경에서의 청소년단체활동은 금지함
○ 모든 행사는 사제동행으로 실시하고, 안전사고 예방지도에 유의
○ 특정프로그램 운영 시 안전사고의 위험성에 대한 대비책을 강구 후 실행
○ 수련원 등의 위탁교육 시 반드시 지도교원 임장지도 철저
○ 청소년단체 교외활동 시 반드시 보험 가입 후 실시를 권장
○ 소규모 위탁업체와의 계약은 지양하되, 안전사고 보상 대책을 충분히 고려하여 계약
○ 청소년단체 지구연합회(지역협의회) 주관 국제 교류활동 참가 지양
○ 수상훈련, 물놀이 교육 등을 실시할 경우에 지도교사는 교육기간 중에 반드시 교육현장에서 임장지도를 해야 수상안전요원의 배치 및 지도를 확인하여 물놀이 안전사고의 예방에 노력해야 함

8 기타 체육교육 업무

가. 재난대비훈련

지진, 화재, 적포탄 공격등 유사시 신속한 대피 경로 인식 및 확보를 통하여 학생들의 안전에 대한 의식을 고취하고, 위급상황 발생 시 신속한 대처능력 향상

1) 현장훈련 방법
   가) 훈련 상황의 예 - 2011. 5. 4(수) 11:00분 서울 송파구 규모 6.5 지진발생 후 중앙현관 화재발생

2) 대피방법
   ○ 대피순서 : 2층, 3층, 4층순
   ○ 층별 대피 순서 : 붙임1) 안전 대피 경로 참고
   ○ 대피장소 : 붙임2) 안전 대피 장소 참고
   ○ 대피안내 : 붙임3) 현장훈련시나리오 참고
   ○ 대피는 남녀 2열로 각 학급 회장, 부회장 선두 교과담임 마지막 인솔

3) 세부계획

시간	훈련내용	비고
08:45 - 08:50	• 지진, 화재 대피 훈련 안내	중앙방송
10:00 - 10:30	• 지진, 화재 대피 훈련 • 사전 동영상 교육	중앙방송
10:40 - 10:50	• 학급 별 대피 방법 및 경로교육	교과담임
11:00	• 지진경보발령	
11:00-11:20	• 지진, 화재대피훈련실시 • 현장교육종료	교과담임인솔

4) 업무분장 예시

내용	담당
대피훈련총지휘	교장
대피훈련 안전 지휘	교감
시나리오 중앙 방송	○○○
동쪽계단 대피전체통제	○○○
서쪽계단 대피전체통제	○○○
학생대피인솔	교과담임
대피장소 학생지도	전교사
화재경보기작동	행정실장

○○중학교 교실배치도 및 비상대피 순서

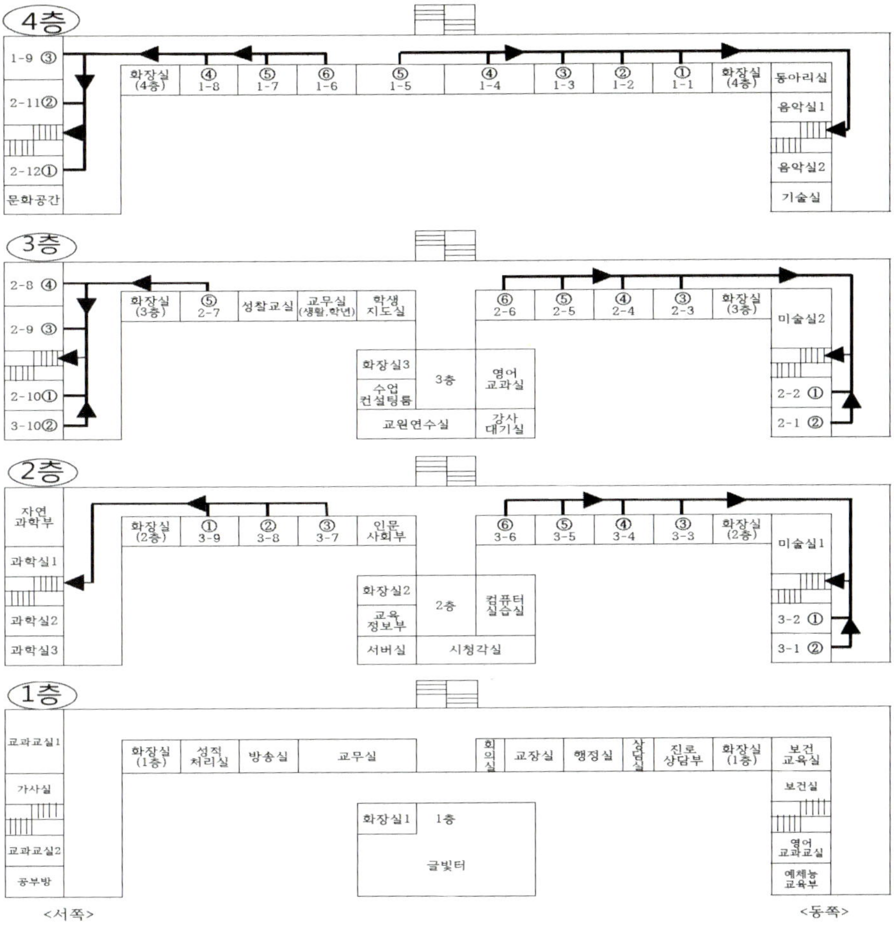

◈ 안전한국훈련 [운동장] 대피 장소 ◈

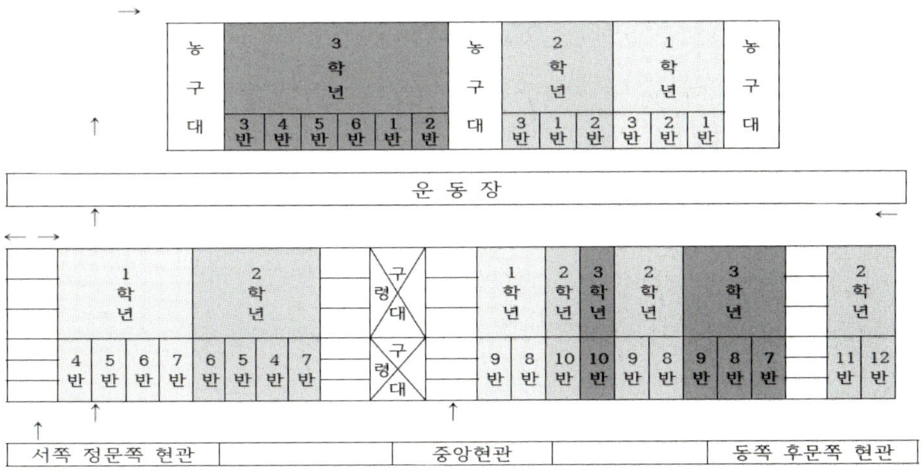

[그림 2.28] 교실배치도 및 비상대피도 예시

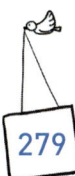

나. 학교안전공제

1) 학교안전사고의 정의

학교안전사고란 학교교육활동 중에 발생한 사고로써 학생·교직원 및 교육활동참여자의 생명 또는 신체에 피해를 주는 모든 사고를 말하며 "학교안전사고 예방 및 보상에 관한 법률" 제15조에 의거 학교안전사고를 예방하고 학생·교직원 등이 사고로부터 입은 피해를 신속·적정하게 보상하여 학생과 교직원이 안심하고 교육활동에 전념할 수 있는 학교안전망을 구축하기 위하여 공제사업을 시행하고 있다.

2) 청구절차

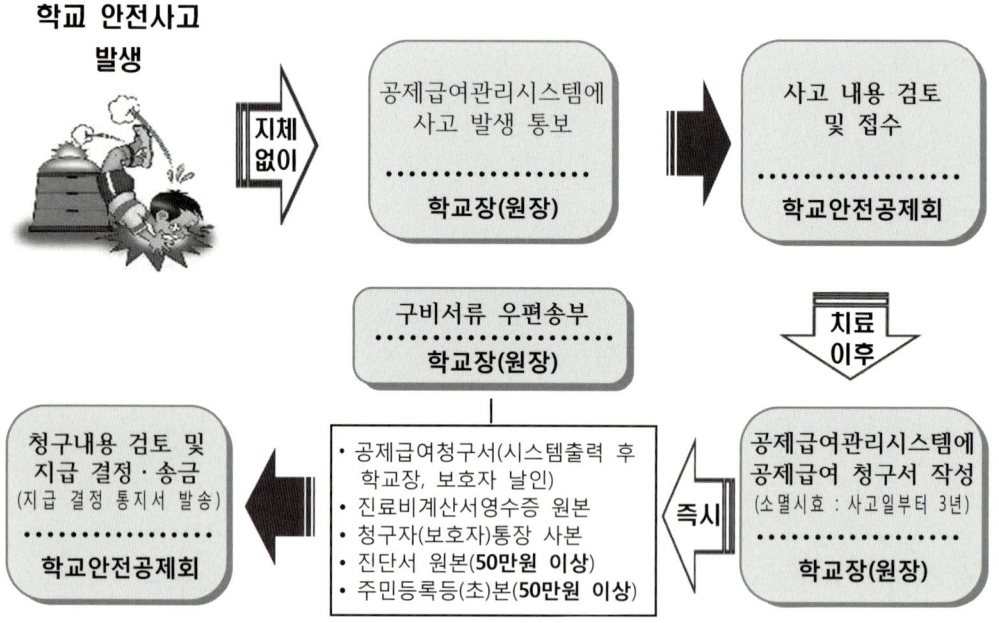

※ 구타·다툼·폭력 등 고의 또는 중대한 과실로 인하여 사고가 발생한 경우 등에는 보상에서 제외 될 수 있음

[그림 2.29] 학교 안전사고 발생 시 학교안전공제 청구 절차

3) 공제급여 지급

- 학교의 교육과정 또는 학교의 장이 정하는 교육계획 및 교육방침에 따라 학교의 안팎에서 학교장의 관리, 감독 하에 학교교육활동이 원인이 되어 발생한 학생사고
- 통상적인 경로 및 방법으로 등·하교 중에 발생한 학생사고
- 원인 미상의 식중독 및 이물질 섭취 등에 의한 급식사고

○ 학교안전사고가 원인이 되어 자해·자살한 경우 등의 사고

※ 자동차 사고, 각종 수련원 사고 등 관계 법령의 규정에 따라 그 보상 또는 배상을 받은 경우

4) 공제급여 지급범위

- ○ 요양급여 : 학교안전사고로 피공제자가 부상을 당하거나 질병에 걸린 경우
- ○ 장해급여 : 요양급여를 받은 피공제자가 요양을 종료한 후에도 장해가 있는 경우
- ○ 간병급여 : 요양급여를 받는 자가 치료 후에도 의학적으로 상시 또는 수시로 간병이 필요한 경우
- ○ 유족급여 : 학교안전사고로 인하여 사망한 경우
- ○ 장 의 비 : 사망한 경우 국가배상법 제3조 제1항 제2호에서 정한 평균임금의 100일분

5) 보상 처리

- ○ 학생(학부모)의 병원치료(의료보험수혜) 완료후 학생(학부모)이 부담한 치료비 영수증을 해당학교로 제출. 단, 상급병실료 차액, 영양제, 무통주사료 등은 공제급여를 지급하지 않음.
- ○ 신청금액이 50만원 이상인 경우에 반드시 진단서를 첨부하여야 하며, 진단서 발급 영수증을 첨부함.
- ○ 학교안전사고에 대한 피공제자 측의 과실(사고에 대한 주의의무 결여나 교사 지시·법률·교칙 위반 등)으로 인하여 발생한 사고 등)에 따른 사고에 대해서는 10~50% 범위 내에서 과실상계를 할 수 있음.

6) 학부모가 해야 할 일

- ○ 병원 발행 영수증원본
- ○ 신청금액이 50만원 이상시 진단서 첨부
- ○ 학부모 은행통장 사본
- ○ 가족관계증명서 또는 주민등록등본 1부
- ○ 위 서류를 해당학교에 제출하면 학부모 통장으로 공제급여 입금

7) 공제급여 결정

  법인 사무국에서는 관련서류가 도착하면 사실관계를 조사하여 이상 유무를 확인한 다음 공제급여를 지급한다. (법, 시행령, 시행규칙 및 공제급여 지급기준에 의거 산정함)

8) 보상심사위원회

  학부모가 공제급여 지급결정에 대하여 법 제57조 규정에 의거 불복한 경우에 보상심사위원회(변호사, 손해사정사, 학부모대표 등)에 회부하여 심의 후 결정하며, 그래도 불복할 경우에는 학교안전공제중앙회 보상재심사위원회에 회부 심의하게 된다.

다. 수련활동 및 수학여행

1) 목적

  서울특별시 각급 학교 학생들로 하여금 다양한 야영활동과 심신수련 및 창의적 체험 중심의 수학여행을 통하여 공동체 의식과 극기심을 함양하고, 자율성과 책임성, 자기주도적 학습능력을 신장하여 심신이 건강하고 실력을 갖춘 청소년, 존중하고 배려하는 민주시민을 육성한다.

2) 기본방향

  ○ 수련교육·수학여행 실시 계획을 학교 교육계획서에 명시하고, 『꿈을 키우는 희망교육』, 『포기 없는 책임교육』, 『미래를 여는 혁신교육』 및 『함께하는 참여교육』과 연계하여 추진한다.
  ○ 수학여행은 학교교육과정과 연계하여 소규모(학급단위)로 테마를 정하여 실시한다.
    - 단, 특별한 교육적 필요가 있을 경우에는 동아리별 또는 탐구주제에 따라 100명 이하의 소그룹으로 실시 가능
  ○ 수학여행의 장소, 프로그램 등은 학생과 담임교사가 협의하여 선정, 조직하며 학생 안전관리에 특히 유의하여 계획을 수립·시행한다.
  ○ 다양한 창의적 체험을 할 수 있는 수련교육을 강화하되, 수련교육은 허가·등록된수련시설에서 실시하고 야외(캠프) 활동 및 공동체의식 함양 프로그램 운영을 권장한다.

○ 수련교육 및 수학여행은 초등학교의 경우 4학년~6학년, 중·고등학교의 경우 재학 중 1회 이상 실시를 권장 한다.
○ 청소년 유해환경 밀집지역 및 안전취약 지역으로의 국·내외 수학여행은 금지한다.
○ 수련교육 및 수학여행 실시 전 과정을 학교 및 서울시교육청 홈페이지의 수련활동·수학여행 공개방에 공개한다.(학부모 동의율, 수련·수학여행 활성화위원회 회의록 요약본, 계약서 사본, 계약결과, 실시결과)
○ 학생 및 학교 간 위화감을 조성할 우려가 있는 수학여행(동일 학년의 국내·외 분리 수학여행, 과다경비 부담 수학여행 등)은 지양한다.
○ 『수련교육·수학여행활성화위원회』를 구성·운영하여 학부모의 의견을 반영한다.
○ 수학여행의 교육적 효과 제고 및 안전한 수학여행 실시를 위하여 수학여행 명예교사(지역자원인사, 학부모 등)를 위촉할 수 있다.
○ 지도교사(위촉 명예교사 포함)의 수학여행 답사, 운영 등에 소요되는 경비는 학교 예산에 편성하여 지출하며, 위촉 명예교사에게는 적정 수당을 지급할 수 있다.
○ 국내 수학여행을 통해 달성하기 어려운 특별한 교육적 목적이 있는 경우를 제외하고는 국외 수학여행을 가급적 자제한다.

3) 실무 개요

단계	운영실무		비고
	기본	기타	

1.
계획수립
및 심의
	가. 기본 계획 수립
	  - 학교교육계획서에 대상, 기간 등을 명시
	  - 학교교육계획서에 미반영시 별도 결재 후 실시
	나. 학부모 동의
	  - 학부모 동의율 학교 및 교육청 홈페이지 공개
	다. 답사
	  - 수련교육을 위한 답사
	  - 수학여행을 위한 답사
	라. 심의(자문)
	  - 수련교육·수학여행 활성화위원회 심의(자문)
	  - 학교운영위원회 심의(자문)
	  - 수련교육·수학여행 활성화위원회회의록 요약본 교육청 홈페이지 공개
		○ 매 학년 초 실시 계획 제출
		
		○ 동의율 공개
		
		○ 회의록 공개 〈요약본, 인적사항 삭제〉
			※ 답사실시 여부, 시기, 방법 등은 학교자체 결정

2.
계약
	가. 계약 업무 흐름도 준수
	나. 계약 방법 결정 기준 준수
	다. 계약 방법 및 절차 준수
	  - 수의계약
	  * 1인 견적에 의한 수의 계약
	  - 입찰계약
	  * 지정정보처리장치(G2B)를 이용한 전자계약
	  * 입찰계약
	라. 계약 서류 구비
	  - 수련교육 계약 시
	    • 숙박시설
	    • 운송업체
	  - 수학여행 계약 시
	    • 업체에 일괄(숙소, 운송) 위탁의 경우
	    • 숙박업체와 직접 계약의 경우
	  - 계약서 사본, 계약결과 교육청 홈페이지에 공개
	마. 경비 집행 및 정산
		○ 계약업무는 계약 담당부서(행정실)에서 진행함
		
		○ 계약서 사본 공개(학교자체양식, 인적사항 삭제)
		
		○ 계약결과 공개
			15일 이내
			
			15일 이내

3.
운영
	가. 사전준비 및 교육 실시
	  - 사전교육 실시
	  - 학교계획에 의한 사제동행
	  - 학교프로그램 운영
	  - 요 보호자 명단 파악 지도
	  - 성범죄 예방교육 실시
	  - 잔류학생 처리 지도 계획 수립 등
	나. 현장 안전지도 강화
	  - 학생 안전교육 실시
	  - 단체차량 이동시 교통사고 예방교육 실시
	  - 식중독 사고 발생 시 행동 요령 준수
		○ 학생안전사고 예방교육 실시, 확인서 내부결재	실시
			2일 전

4. 평가	가. 평가 및 결과 공개 - 실시 결과 학교 홈페이지 및 교육청 홈페이지의 공개	○ 실시 후 결과 공개	15일 이내

계약 결과(학교 홈페이지 탑재용)

2011학년도 수련활동 계약 결과(1, 2, 3학년)

순	소속청	설립별	급별	학교명	학년-반	참가학생수	계약건명	실시기간	위탁 업체			숙박업체 (수련시설)				운송업체				계약체결일자	비고
									업체명	대표자	계약금액(1인당,원)	계약방법	회사명	대표자	계약금액(1인당,원)	계약방법	회사명	대표자	계약금액(1인당,원)	계약방법		
1	○○	공립	중	○○중	3-1~10	000	수련	2011.05.11~13(3)	해당 없음				○○재단	○○○	00,000	1인 수기 견적	(주)○○○여행사	○○○	00,000	1인 수기 견적	차량 04.25 시설 05.03	
2	○○	공립	중	○○중	2-1~10	000	수련	2011.05.11~13(3)	해당 없음				○○유스호스텔	○○○	00,000	1인 수기 견적	(주)○○관광	○○○	00,000	1인 수기 견적	차량 04.25 시설 05.03	
3	○○	공립	중	○○중	1-1~10	000	수련	2011.05.11~13(3)	해당 없음				○○회사	○○○	00,000	1인 수기 견적	(주)○○○여행사	○○○	00,000	1인 수기 견적	차량 04.25 시설 05.04	

※ 1학년 수련시설 계약은 추정가 2천만원~5천만원으로 소액수의 입찰 공고(2회) 결과 단독응찰로 자동유찰 되어 1인 수기 견적으로 계약 체결
※ 수련시설 및 차량 임차는 조달청(전자계약) 활용

[그림 2.30] 수련활동 계약 결과 홈페이지 탑재용 예시

3 부

일반교직실무의 실제

학교현장에서 교사들이 실제로 일하는 내용과 방식으로 교재를 구성하다보니 교육부와 교육청, 그리고 현장학교에 배부된 각종 서식과 컴퓨터 소프트웨어 화면 등을 직접 활용할 수밖에 없었습니다. 특히, 제3부 일반교직실무와 관련된 내용들은 〈학교장학계획〉, 〈학교운영계획서〉, 〈교원복무규정〉 등에 소개된 일반자료들을 발췌해서 사용하였고, 구체적 사례를 소개할 경우에 한하여 개별적 예시를 들었습니다. 현장에서 배우는 그대로의 교직실무매뉴얼로 제작하려는 상황에서 학교교육 실무용으로 배부된 자료들을 활용할 수밖에 없었음을 밝혀드립니다. 참고한 서적들은 참고문헌란에 일괄적으로 명시해두었습니다.

7장
학교업무의 이해

1 학교조직과 사무분장

가. 학교조직과 업무분장의 이해

1) 교무
   - 학교경영을 위해 필요한 모든 사무나 일을 총칭
   - 교무의 최종 책임자 : 학교장
   - ☞ 교무 분장 : 학교장 혼자서 모든 사무를 담당할 수 없으므로 교감, 부장교사, 교사, 행정실직원 등에게 업무를 분담

2) 교무 분장 조직
   - 학교급별, 학교장 경영방침에 따라 달라질 수 있음
   - 학교의 교무 수행, 학교 교육과정 운영 지원
   - 교장 - 교감 - 부장교사 - 교사로 이어지는 조직 계통
   - 학교의 각종 사무를 능률적으로 수행하기 위한 직능 조직
   - 교육과정 운영의 효율성을 높이는 교원조직 모형을 구안하여 부를 두되, 종류 및 명칭과 그 업무분장은 학교장이 정함

3) 교무분장 조직의 예시

[표 3.1] 교내 교무분장표의 예시

부서명	담당	업 무 내 용
교무 기획부 (9명)	부장	부서업무 총괄, 인사자문위원회 및 학업성적관리위원회 주관, 학교교육과정위원회 운영 및 교육과정 관련업무, 학부모회 조직 및 운영, 교원복무 관련업무, 학교 제·규정 및 교무규정 관리, 교복특사업(학급활동Pr)
	기획	공문서 처리 및 관리, NEIS 인증서 관리, 교원 정·현원 보고 및 교무통계, 월중계획(방학중 계획) 수립 및 보고, 학업성적관리위원회 관련업무, 가산점(1,2,3학년) 관련 업무, 기초학력부진학생(특별보충학생)지도 계획수립 및 운영, 신입생 및 입학식(졸업식)관련업무, 시간강사 관리 및 수당지급, 학부모회 운영(평생교육) 관련 업무, 부서 홈페이지 관리 및 홍보
	학적	학적상황 보고, 전입학(편입학, 유예, 대안학교)관련 학적 업무, 장기결석생 관리
	고사1	연간 고사계획 수립 및 고사 운영, 학부모 시감 운영, 결시생(전입, 편입) 인정점수 산출
	성적처리 (고사2)	성적처리 및 분석, 수행평가 관리(1,2,3학년), 수준별 이동수업 분반 및 출석부 작성, 고입전형 자료 작성, 고사(1) 업무 지원
	교무업무	NEIS 업무 총괄, 학교정보 공시 관련 업무, 학교생활기록부 관련 업무, 학부모서비스 관련 업무, 반편성(재학생, 신입생) 업무, 수상대장 관리 및 과목우수상 관련 업무, 전체 출결통계
	수업	수업시간표 작성 및 시간표 관리, 결·보강 대책 수립 및 관리, 결·보강 통계 및 초과수당 지급, 수업변경 NEIS 입력, 수준별 이동수업 강사관리 및 수당지급, 타종 및 일과진행
	특수교육 1	특수학생 교육계획 수립 및 운영, 학습도움실(1) 관리, 특수학생 진학관련 업무
	특수교육 2	특수학생 교육계획 수립 및 운영, 학습도움실(2) 관리
	교무보조	주간업무, 교무일지 NEIS 입력, 가정통신문 관리, 교직원 비상연락망 작성 및 관리, 전입생 거주지 실사 업무, 1교무실 청소 및 관리 감독, 학급열쇠 관리, 각종 교원업무 지원
교육 연구부 (4명)	부장	부서업무 총괄, 교육계획서 작성, 각종 포상 관련업무 총괄, 교원평가 관련업무 총괄, 교육특색사업 및 중장기발전계획 수립 및 추진, 교복특사업(학부모, 교직원연수Pr)
	기획	공문서 처리 및 관리, 교육계획서 관련업무, 교원포상 관련업무, 각종 자료집 발간, 교원평가 관련업무, 학부모 공개수업, 부서 홈페이지 관리 및 홍보
	연수	각종 교내·외 연수 관련 업무(교직원 자율 및 직무연수, 학부모 연수 등), 교과서 관련 업무 및 각종 연구도서 관리
	자율장학	장학관련 업무(수업연구, 학습지도안), 교생실습 지도, 대외 공개수업 참관 관련업무, 각종 협의회(교과, 부별, 학년 등) 관련업무, 동호인 활동

부서명	담당	업무내용
생활지도부 (5명)	부장	부서업무 총괄, 학교폭력자치위원회 주관, 교복공동구매 관련업무 총괄, 배움터 지킴이 운영, 학교폭력 책임교사, 교복특사업(안전한 학교Pr)
	기획	공문서 처리 및 관리, 학교폭력자치위원회 관련업무, 학생징계 관련업무 및 생활지도부 제반 규정 관리, 학생회 조직 및 운영, 부서 홈페이지 관리 및 홍보
	교외지도	교외지도(교외캠페인) 관련업무, 등·하교 지도, 요선도 학생 관리, 학생지도를 위한 유관기관 협력업무, 교내지도(3)
	교내지도	선도부 조직 및 운영, 푸른교실 운영, 교복 물려주기, 학생증(명찰) 발급, 분실물 관리, 비상연락망(사진대장) 및 환경조사서 관련 업무, 교내지도(1)
	안전지도	학생생활카드 및 교통안전지도, 학생생활 안전지도, 금연교육, 교내지도(2)
	지킴이	교내 지킴이
	전문상담	성찰교실 관련 상담업무
상담복지부 (4명)	부장	부서업무 총괄, 교육복지투자 사업총괄, 학생복지 및 장학생추천 관련협의회 운영, 교복특사업(심리정서 및 정신건강Pr)
	기획	공문서 처리 및 관리, 예절실 운영(예절교육), 장학생(중식지원) 관련업무, 부적응학생 치료 지원, 부서 홈페이지 관리 및 홍보
	교육복지	교육복지특별사업 관련업무, 희망자리 공부방 운영
	상담	집단 및 개별상담(전입생, 부적응 관련), 각종 심성수련 관련 업무, 교우관계 조사 및 학생 실태 조사, 심리검사(1,2,3학년), 성희롱 예방(교직원)
	지전가	사례관리(학교생활 위기가정 가정방문 및 지원), 교육복지실(느티나무 쉼터) 운영, 교육복지특별사업 지원, 희망자리 공부방 지원
교육정보부 (4명)	부장	부서업무 총괄, 2학년 업무 및 수련활동 총괄, 교단선진화 구매 관련협의회 주관, 정보보안 및 개인정보 관련 업무, 사이버꿈나무 관련업무 총괄, 교복특사업(인터넷 중독예방 및 상담Pr)
	기획	공문서 처리 및 관리, 사이버꿈나무 관련업무, 저소득층 PC지원 및 사이버 담임, S/W 구매 및 관리, 정보통신윤리교육, 서버 및 네트워크 관리 업무, 2학년 출석부(근태계) 점검, 부서 홈페이지 관리 및 홍보,
	방송 (멀티미디어)	방송실 및 방송 관련업무, 시청각실 관리, 각종 교내방송(행사) 및 멀티 지원
	교단선진화 (홈페이지)	교단선진화 기자재 구입 및 관리, 학교 홈페이지 총괄, 학교(외부) 홍보자료 탑재, 멀티실 관리
진학지도부 (4명)	부장	3학년 업무 및 수련활동 총괄, 3학년 졸업포상 심의 관련 위원회 주관, 진로자료실(진로지도 관련) 운영, 앨범선정 관련협의회 주관, 동창회 관련업무, 교복특 사업(진로지도Pr)
	기획	공문서 처리 및 관리, 고입관련 업무 및 진학지도, 3학년 특별교육과정 계획수립 및 운영, 3학년 출석부(근태계) 점검, 부서 홈페이지 관리 및 홍보
	진로	각종 진로·진학 관련업무, 진로활동(창·체) 운영, 진로체험의 날 계획수립 및 운영, 각종 진학설명회 계획수립 및 운영
	봉사	교내 청소(조기청소) 계획수립 및 운영, 청소 용구 관리, 교내 봉사활동 계획수립 및 운영

부서명	담당	업무 내용
인문교육부 (5명)	부장	부서업무 총괄, 영어창의교육 계획수립 및 운영, 교복특사업(도서관 활성화 Pr)
	기획	공문서 처리 및 관리, 'B to B' 운동 관련업무, 각종 계기교육, 경제교육, 통일교육, 부서 홈페이지 관리 및 홍보
	영어창의교육	영어창의교육 운영, 영어창의교육 강사 관리
	독서(논술)교육	도서실 관련 공문서 처리, 독서(논술)교육 및 학생독서활동 계획수립 및 운영, 학교신문(소리샘) 발간, 기자반 운영, 독서 골든벨 계획수립 및 운영, 교내·외 문예활동 관련업무, 독서·논술·토론 관련업무
	인성·영어교육	교내 영어활성화(영어듣기평가)교육 관련업무, 영어창의교육 지원, 원어민 강사 관리, 인성교육, 양성평등교육, 저출산 고령화 교육, 다문화 이해교육 관련업무
	사서	도서실 관리 및 운영, 희망자리 공부방 지원, 독서 골든벨 행사 지원
방과후학교부 (4명)	부장	부서업무 총괄, 방과후학교 운영 총괄, 방과후 강사관리, 교복특사업(사제간 멘토링 Pr)
	기획 (방과후학교3)	공문서 처리 및 관리, 방과후학교 정산 업무, 방과후학교 3학년 운영, 부서 홈페이지 관리 및 홍보
	방과후학교2	방과후학교 2학년 운영, 학력신장 프로그램(용마디딤돌) 운영
	방과후학교1	방과후학교 1학년 운영, 대학생 보조교사제 운영, 새싹멘토링(대학생멘토링) 계획수립 및 운영
자연과학부 (5명)	부장	부서업무 총괄, 교구선정관리위원회 운영, 과학(환경, 영재)교육 계획수립 및 운영, 영재관찰추진위원회 운영, 교복특사업(탐구활동Pr)
	기획	공문서 처리 및 관리, 과학 외부행사(청소년 과학탐구대회, 수학과학경시대회, 학생 탐구발표대회 등) 운영, 과학실(1) 관리, 부서 홈페이지 관리 및 홍보
	영재교육	영재교육원 운영 및 영재반 운영, 영재선발, 과학실(2) 관리
	행사	교내 과학 및 환경 관련 행사 운영, 영재반 운영 및 영재산출물 총괄, 영재교육원 행사 및 캠프 운영, 과학·환경 게시물 관리, 영재실 관리
	실험실습	환경교육, 발명교육, 교구관리, 물품 구매, 실험실 안전지도 및 약품관리, 과학실(3) 관리
	발명반	발명반 관련 업무
	조교	과학실험 및 영재실험 보조, 과학실 관리 보조, 실험실(1,2,3) 청소 관리, 학부모 시감 관리
체육교육부 (4명)	부장	부서업무 총괄, 1학년 업무 및 수련활동 총괄, 전체조회 진행, 강당 관리, 학교급식위원회 운영, 학교급식 모니터링 운영, 교복특사업(건강관리Pr)
	기획	공문서 처리 및 관리, 체육대회 계획수립 및 운영, 체육기자재실 관리, 학교스포츠클럽 활동 운영, 1학년 출석부(근태계) 점검, 부서 홈페이지 관리 및 홍보
	행사 및 교육	축구부 운영, 민방위 훈련, 안전교육, 행사질서 지도, 정수기 관리
	보건	보건실 운영, 보건(성)교육, 학생건강기록부 관리, 환경위생관리, 건강관리자 관리, 학교안전공제 관련업무
	영양	학교급식위원회 주관, 급식 관련 업무

부서명	담당	업 무 내 용
체험 활동부 (4명)	부장	부서업무 총괄, 용마제 관련업무 총괄, 국제교류 관련업무, 교복특사업(체험활동 및 동아리 활성화Pr)
	기획	공문서 처리 및 관리, 창의적 체험활동(자율, 봉사, 동아리) 계획수립 및 운영, 용마제(발표회) 관련업무, 부서 홈페이지 관리 및 홍보
	동아리	동아리활동 계획수립 및 운영, 교내 게시물 관리, 교내·외 사생대회 관련업무, 용마제(전시회) 관련업무
	체험활동	체험학습(교환학습) 관련업무, 교내·외 체험활동(기아, 불우시설 방문) 계획수립 및 운영, 봉사체험의 날 계획 수립 및 운영

나. 단위학교 조직편제

1) 성격에 따른 분류

분류	특징
집행 조직	• 학교 운영에 필요한 의사 결정, 결정된 의사 집행, 실행 결과에 대하여 직접적 책임을 짐 • 학교장, 교감, 행정 책임자 및 각 부로 이루어지는 계선 조직
심의 조직	• 학교 운영에 관계하는 사람들의 의견 조정·통합 • 학교장의 결정을 위해 논의하는 합의제 조직(학교운영위원회)
자문 조직	• 학교장의 요청에 응하여 혹은 자발적으로 학교장의 의사 결정에 참고 될 의견을 제공 • 교직원회의, 부장회의, 인사자문위원회, 선도위원회, 학업성적관리위원회, 교과협의회 등
자생 조직	• 학교 운영을 지원하고 회원 상호간의 친목 도모 • 자율적 합의에 조직된 학부모회, 각종 어머니회 등(학교운영에 직접 관여할 수 없음)

2) 단위학교 조직 유형

가) 학교운영위원회

(1) 설치 의의 : 단위학교의 교육 자치를 활성화, 지역 실정 및 특성에 맞는 다양한 교육 창의적 실시

(2) 성격

○ 법정위원회 : 법률, 시행령 및 조례에 근거하여 설치·운영 된다

○ 심의·자문기구 : 법률과 시행령 및 조례에서 규정한 심의·자문·의결사항에 대하여 반드시 심의·자문·의결하도록 함

○ 독립된 위원회 : 학교장(집행기관)과 독립된 기구

(3) 권한과 의무

　○ 권한 : 학교운영 참여, 중요 사안 심의·자문, 보고 요구권

　○ 의무 : 회의 참여의 의무(성실성)

(4) 구성

학교 규모	학생수 200명 미만	학생수 200~1000명	학생수 1,000명 이상
위원 정수	5인~8인	9인~12인	13인~15인
위원총수(100%)	학부모 위원수 40~50%	교원 위원수 30~40%	지역 위원수 10~30%

(5) 운영위원의 자격 및 임기

　① 자격

　　○ 학부모위원 - 당해 학교에 자녀를 둔 학부모

　　○ 교원위원 - 당해 학교에 재직하고 있는 교원

　　○ 지역위원

　　　- 당해 학교가 소재하는 지역을 생활근거지로 하는 자로서 교육행정에 관한 업무를 수행하는 공무원

　　　- 당해 학교가 소재하는 지역을 사업 활동의 근거지로 하는 사업자

　② 임기

　　○ 위원의 임기 : 2년, 1차에 한하여 연임가능

　　○ 위원장 및 부위원장의 임기 : 1년, 연임가능

2) 학부모회

　○ 설치 의의 : 학교교육활동을 위한 지원활동, 상호친목도모

　○ 성격 : 학부모회 활동을 위한 자발적 임의기구

　○ 권한 및 업무 : 학부모회 활동에 관한 사항 의결 및 집행, 학교교육 모니터링

　○ 구성원 : 학부모

[표 3.2] 학부모회와 학교운영위원회 비교

	학부모회	학교운영위원회
설치근거	학부모회 규약(교육과학기술부)	초중등교육법 제 32조 1항
성격	학부모회 활동을 위한 자발적 임의기구	학교운영에 관한 심의, 자문
권한	학부모회 활동에 관한 사항 의결 및 집행	중요한 학교운영에 관한 사항 심의 및 자문
구성원	학부모	학부모 위원, 교원위원, 지역위원
목적	학교교육활동을 위한 자원활동, 상호친목도모	학교운영에 필요한 정책결정의 민주성, 투명성, 타당성 제고

* 자료 : 최상근 외. 학부모 지원 중장기 계획수립을 위한 기본방향설정 연구자료, 한국교육개발원, CRM2009-41, p.6

○ 활동 유형

구 분	활 동
학교교육 지원활동	○ 창의적 체험활동 지도(학생동아리·교내외 봉사활동 지도 등) ○ 방과후 독서·논술 지도, 학교도서관 사서도우미 ○ 교실수업 보조교사, 야간 자율학습 지도 활동 ○ 부모님과 함께하는 등산·병영체험 등 자기극복 프로그램 ○ 아버지와 함께하는 직업체험 등 진로지도 활동
우리아이 보호활동	○ 저소득·맞벌이 자녀에 대한 돌봄 봉사활동 ○ 장애인, 다문화 가정 학부모 및 학생 지원 봉사활동 ○ 방과후 자녀 돌봄, 학생상담 지원봉사 ○ 등하굣길 안전지도, 학교주변 안전점검 봉사활동
자녀교육 지도	○ 자기주도적 학습지도 방법, 진로지도 교육, 창의·인성교육 지도 ○ 인터넷 중독 예방법, 학교폭력·성폭력 예방 및 대처법, 자녀와의 대화법 교육
교육정책 이해	○ 입학사정관제 등 대입전형방법 ○ 고교다양화에 따른 고교 유형별 특징 ○ 학교자율화에 따른 학부모의 역할
학교교육 참여	○ 교원능력개발평가에 학부모 참여 ○ 자원봉사를 통한 학교교육 참여 ○ 국내외 학부모의 학교교육 참여 사례

3) 인사자문위원회

　　○ 설치 의의 : 단위 학교 인사 관련 사항에 대하여 학교장의 자문에 응하여 투명한 인사 실현

　　○ 업무
　　　- 교무 분장 및 부서별 업무 조정
　　　- 학급 담임의 배정

3 부 일반교직실무의 실제

- 포상(표창) 대상자의 추천
- 각종 연수 대상자의 추천
- 각종 인사원칙에 관한 사항 심의 및 추천
- 기타 학교장이 교내 인사에 관해 자문을 요구하는 사항 심의

○ 조직 : 통상 당연직(교감, 교무부장)을 포함하여 5-6명으로 구성(보직교사, 평교사 포함)

○ 선출 및 임기 : 단위학교 자율 운영. 통상 12월에 선출하여 1년 단위로 운영

4) 학교급식위원회

○ 설치 의의 : 학교 급식 관리·감독

○ 구성 : 학교운영위원과 학교 구성원 중(교직원, 학부모)에서 학교급식에 소양이 있거나 전문성을 가진자, 학교운영위원이 아닌 자는 학교운영위원회의 심의를 거쳐 학교운영위원장이 위촉을 하여 소위원회 위원으로 임명

○ 업무
- 학교운영위원회에서 주요사항을 심의함에 있어 실무전문위원회 역할
- 급식 자재 검수, 급식소 위생상태 감독

　※ 검수란 : 급식에 필요한 납품된 식재료의 품질, 선도, 위생, 수량, 규격 및 급식품 사양이 발주서와 동일한지를 검사하여 수량여부를 판단하는 과정

　※ 검수시 필요한 물품 : 디지털저울, 온도계, 1회용장갑(검수용 장갑)

○ 권한
- 학교운영위원회에 학교급식에 관한 사항에 대해 실무 검토 후 안건 제출 및 급식현장 점검 등 안전하고 질 좋은 급식을 위한 제반 활동
- 단, 학교운영위원이 아닌 소위원회 위원은 학교운영위원회의 본 의회에서의 표결권과 교육감, 교육위원 선거권을 행사할 수는 없음

2 학급경영

가. 담임지도

1) 학기초

  가) 학생 파악

 담임으로서 교사는 학급의 학생들이 누구이며 어떤 특징이 있는지 가장 먼저 파악한다. 담임을 맡게 되면 번호순으로 정렬된 학생의 명렬을 가장 먼저 받는다. 그 명렬에는 학생의 이름과 성적도 있기도 하다. 명렬을 훑어보며 '어떤 학생들일까' 상상해보는 것으로 첫 만남은 시작한다. 명렬은 중·고등학교에서는 가나다 순으로 되어있다. 학생들과의 첫 만남 시간에 한 사람 한 사람 천천히 이름을 불러가며 얼굴을 익히고 겉보기에 특이한 행동이나 상태를 가진 학생이 없는지 살펴보며, 학기 초에는 번호 순서대로 좌석배치를 하여 담임교사는 물론 교과교사도 학생 파악을 원활히 할 수 있도록 돕는다.

 3월 초, 1-2주간 학생들의 얼굴이 눈에 익고 자기소개서를 통해 학생의 특성을 파악할 수 있다. 지각을 하는 학생도 생기고 회장 선거에 관심을 갖는 학생도 있으며, 수업 태도가 훌륭하여 교과 선생님들에게 칭찬을 받는 경우도 있어 이런 저런 에피소드를 통해 학생의 특성을 파악하게 된다.

3-6 3/30(월)-4/10(금)까지 좌석배정입니다！^^
자리 바꾸지 않고 정숙한 3학년 6반이 되기를 바라면서...!

복도	4분단		3분단		2분단		1분단		운동장
			강병직	김정훈	권민아	이세영	김동희	김동신	
	이 슬	전초희	박태용	김범기	김화란	이현주	신재진	김세환	
	김보미	김민지	김상배	윤명호	김보름	조연지	변윤석	전용일	
	김소현	서소리	허원석	권정안	송은정	김정은	박주석	임태영	
	노아라	문영은	김혜민	김단비	홍슬기	박진경	배상훈	김영화	
					교 탁		총 38명		

※ 수업 시간 시작시 시간을 지키지 않는 학생은 출석부에 체크해주십시오!! 수업 시간을 지킬 수 있도록 당부하겠습니다. (담임 : 000 내선 232)

[그림 3.1] 좌석배치도 예시

3부 일반교직실무의 실제

[표 3.3] 학년 초 학생 자기소개서 양식 예시(고등학교)

"저를 소개합니다"   1 학년 2 반   번 이름 :

1. 제 인적 사항입니다.

생 일		현주소			
전화번호		e-mail	(홈페이지 등 포함)	휴대폰	
가장 친한 친구 이름		▷우리 반:		▷다른 반: (1학년 반)	
비상시 연락처		(부모님 직장, 친척집 등)		출신 중학교	

2. 부모님을 소개합니다. (부모님이 안 계시는 경우 '성함' 칸에 "안 계심" 또는 "돌아가심"으로 쓰세요)

	성함	연세	직업	직장명	휴대폰	동거 여부 (○,×)	나와의 친밀도 (해당란에 "○"표)				
아버지							최상	상	중	하	최하
어머니							최상	상	중	하	최하

※ 우리 집의 가정 분위기(부모님간의 사이, 나와의 사이 등) 또는 부모님에 대해 특히 쓰고 싶은 것은?

최상-아주 친함
상 - 친한 편
중 - 보통
하 - 별로 안 친함

※ 엄마, 아빠의 좋은 점과 싫은 점이 있다면?
▷ 엄마의 좋은 점과 싫은 점 :
▷ 아빠의 좋은 점과 싫은 점 :

3. 다른 가족도 소개해야죠.

이름	나이	관계	직업 (학교)	학력 (학년)	동거여부 (○,×)	나와의 친밀도					특기 사항(예: 나의 정신적 지주, 독자라 사랑 받음, 전교 1등, 지체 장애인, 너무 바빠서 얼굴도 잘 못봄… 등)
						최상	상	중	하	최하	
						최상	상	중	하	최하	
						최상	상	중	하	최하	
						최상	상	중	하	최하	

4. 지금 저희 집의 경제적 형편은 이렇습니다.

※ 혹시 학비감면이나 급식지원이 필요하지는 않은지? 작년에 지원을 받았는지? 누가 돈을 벌어오시고, 본인이 생각할 때에 집안의 경제적 형편은 어떤지 구체적으로 적어주세요. 솔직하게 적으세요. 가난은 조금 불편한 것일 뿐, 부끄러운 일도 불행한 일도 아닙니다.

5. 저의 일과에 대해서 잠깐! (해당 번호에 "○"표하고, ( )에 들어갈 말은 쓰세요)

아침밥은	① 먹고 와요	② 안 먹고 올 때가 더 많아요	③ 거의 또는 전혀 안 먹어요
집에서 학교까지 오는 데에는	① 걸어서 ② 버스를 타고 ③ (기타:)을/를 타고 ( )분 걸려요		
점심은	① 학교 급식을 먹어요 ② 도시락을 싸와요 ③ 돈을 가지고 와서 매점에서 빵이나 우유 등을 사먹어요 ④ 안 먹어요		
방과 후는	① 집에 있어요 ② ( ) 학원에 가서 ( )시쯤 집에 와요 ③ 기타 : ( )		
집에 있을 때에는 주로	( )에서 ( )을/를 해요. 하루에 보통 ( )시간 정도.		
잠은 보통	하루에 ( )시간 정도 잡니다. ( )시부터 ( )시까지.		

6. 저의 건강 상태를 알려드립니다.

※ 구체적으로 어디가 얼마만큼 좋지 않으며, 그래서 어떤 시간에 수업 받기가 곤란한지를 자세히 적어주세요

7. 저의 일주일은 이렇습니다. (3월~ 계획도 좋습니다.)

		월	화	수	목	금	토	일
일어나는 시간								
일어나서 하는 일								
다니는 학원	어디							
	시간	~	~	~	~	~	~	~
과외를 하나	과목							
	시간	~	~	~	~	~	~	~
따로 하는 공부 시간								
가장 좋은 요일								
가장 힘든 요일								
잠자는 시간								

8. 저는 이 사람이 좋아요. (연예인이든 가족이든 자신이 가장 좋아하는 사람, 좋아하는 정도, 좋아하는 이유)

9. 이 과목은 이래서 좋고, 이 과목은 이래서 싫어요. (좋아하는 과목과 이유, 싫어하는 과목과 이유)

▷ 좋아하는 과목:

▷ 싫어하는 과목 :

10. 저는 이런 것은 남보다 잘할 수 있어요!! ^O^ ◦ ◦ ◦ ◦ ◦ ◦ ◦ ◦ ◦ ◦ ◦ ◦ ◦ ◦ ◦ ◦ ◦ ◦

11. 저의 이런 점은 정말 고치고 싶어요! ㅠ.ㅠ ◦ ◦ ◦ ◦ ◦ ◦ ◦ ◦ ◦ ◦ ◦ ◦ ◦ ◦

1)

2)

3부 일반교직실무의 실제

나) 학급 운영 Ⅰ (필수)

1년간 학급을 운영하기 위한 몇 가지 조처는 필수적이다. 주번과 청소를 정하고, 지각하는 학생에게는 어떤 벌을 부여할 것인지 등은 개학식 다음 날부터 정해야 하는 운영방식이다.

지각은 물론 조퇴와 결석, 결과와 같은 출결 전반에 관한 사항에 대하여 정하여 그런 상황이 발생했을 때 어떻게 행동해야 하는지를 안내해야 한다. 이와 같은 전반의 내용을 '학급 규칙' 혹은 '학급 운영 계획'으로 안내하고 교실에서 그리고 학급 안에서 어떻게 생활해야 할이지 안내하는 것은 필수적이다. 학급 규칙은 학급회의를 통해 정할 수도 있고 담임교사가 생각하는 합리적인 방식으로 정해도 좋다. 학급 규칙을 정하면 담임은 물론 임원(회장, 부회장)에게도 역할을 부여하여 학급 규칙을 집행하는 역할을 각각 담당한다. 그 외에도 좌석배치, 장학금 신청 등도 학급 운영에 있어서 필수적인 일이다.

- **출결관리** : 지각, 조퇴, 결석, 결과 내용을 출석부 기록, 결석계 수합, 네이스(교무업무)입력하기
- **주번과 청소** : 주번, 청소 순서 정하기, 주번의 할 일, 청소당번의 할 일 알리기
- **급훈과 학급규칙 정하기** : 학급에서 지켜야 할 사항 정하고 게시하기
- **임원 선출** : 회장, 부회장 선출하기

[표 3.4] 조퇴·외출증

(출석부용)	(학생용)
(조퇴·외출) 증 학년 반 번 성 명 : 사유 : 시간 : 위와 같이 (조퇴·외출)을 허락함 20○○. . . 담 임 홍 길 동 (서명)	(조퇴·외출) 증 학년 반 번 성 명 : 사유 : 시간 : 위와 같이 (조퇴·외출)을 허락함 20○○. . . 담 임 홍 길 동 (서명)

[표 3.5] 결석신고서의 예

	결석신고서				
	제　학년　반　번 성 명 :	계	부장	교 감	
				전결	
본인은 다음과 같은 사유로 결석하였기에 결석 신고서를 제출합니다. ※ 결석 사유 : (* 질병인 경우에 정확한 병명을 기재할 것) ※ 결석 기간 :　　일간 (　월　일 ~ 　월　일) 　　　　　　　　　년　　월　　일 　　　　학생 성명 :　　　　　　　(인) 　　　　보호자 성명 :　　　　　　(인)					
담임 확인 및 의견	담임 :　홍 길 동　(인)				
첨부1 : 첨부2 :					
○○고등학교장 귀하					

3부 일반교직실무의 실제

[표 3.6] 급훈과 학급규칙 정하기

☐ 급훈과 학급 규칙을 정하기에 앞서 학급 생활에서 중요한 것이 무엇인지 생각해 봅시다.

1. 사랑하자
　우리는 긴 1년을 함께 지내야 할 운명입니다. 나와 여러분, 그리고 여러분들 서로에게 아주 특별한 만남이 되길 바랍니다. 그러자면 우리에게 필요한 건 사랑일 것입니다. '사랑하면 알게 되고, 알게 되면 보이나니 그 때 보이는 것은 전과 같지 않느니라'라는 말이 있습니다. 우리 서로를 뜨겁게 사랑합시다.

2. '나 뿐'인 친구가 되지 말자
　여러 사람이 모여서 생활하는 공동체에서는 '나'보다 '우리'가 더 중요할 때가 있습니다. 그럴 때 나를 양보하면 더 큰 우리가 설 수 있습니다. 한 사람이 열 걸음을 먼저 나가기보다 열 사람이 발맞춰 한 걸음을 내딛읍시다.

3. 중요한 일은 의논해서 결정하자
　우리는 지도와 통솔의 이름을 걸고 독재의 횡포를 부리는 모습을 자주 봅니다. 학교 역시 시간은 없고 인원은 많아 그런 예가 허다하지만 학급 운영으로 풀뿌리 민주주의를 실천해 갑시다.

4. 인간에 대한 예의를 갖추자
　예의는 거추장스럽고 불편할지 모르지만, 인간관계를 아름답게 만들고 지키는 사람의 품위를 높여 줍니다. 선생님들께는 물론 친구들 간에도 예의를 지킵시다.

5. 깨끗하게 치우자
　몸이 건강하고 청결해야 마음 역시 건강합니다. 하루 일과의 대부분을 보내는 학교의 교실이 더러우면 하루 일과가 산만합니다. 항상 물건을 정리 정돈하고 휴지 없는 깨끗한 교실을 만듭시다.

☐ 좋은 급훈과 나쁜 급훈의 예

좋은 급훈	나쁜 급훈
나에게는 엄격하게, 남에게는 너그럽게 생각은 깊게, 행동은 올바르게 하나는 모두를 위해, 모두는 하나를 위해 스스로 서고 더불어 살자	오늘은 고생, 내일은 영광 노력만이 살 길이다. 정숙한 학생, 조용한 교실 근면, 성실, 협동

아침과 오후시간
1. 학교에 오자마자(등교시간 08:30) 아침 독서를 합니다.
2. 오후에 마치는 시간에는 자기 주변의 휴지를 줍고 깨끗하게 치웁니다.

실내에서는
1. 주인 허락 없이 남의 물건을 만지거나 사용하지 맙시다.
2. 교실에서는 조용히 얘기하고 과격한 행동은 하지 않습니다.
3. 복도에서는 천천히 걷습니다.
4. 친구의 기분을 상하게 하는 말이나 행동은 하지 맙시다.

수업시간에는
1. 수업 시작종이 울리면 수업 준비를 하고 자리에 앉습니다.
2. 선생님 말씀에 귀를 기울입니다.
3. 다른 친구들이 발표할 때는 열심히 듣습니다.

그밖에
1. 자기에게 맡겨진 일은 최선을 다합니다.
2. 내 물건은 내가 책임집니다.
3. 선생님의 도움이 필요할 땐 교무실에 와서 조용히 얘기합니다.

[출처] 청담중학교 2011 학급담임업무매뉴얼

[표 3.7] 청소배치도

교실 청소 계획

· 교실 청소는 구역을 정해서 쉬는 시간과 점심 시간을 이용하여 사전 작업을 한다.
 (예시) 교실 벽 청소는 다음과 같이 구역을 나눈다.

(청소배치도 생략)

· 학급의 인원을 청소 구역에 맞게 적당히 나눠 대청소를 실시한다.
· 요일별로 청소가 가능한 날을 조사하여 실시한다.

요일	월	수	목	금
청소구역	교실	교실	복도	특별구역
번호				

[출처] 청담중학교 2011 학급담임업무매뉴얼

다) 학급 운영 Ⅱ (선택)

앞에서 언급된 주번, 청소, 지각, 임원선출 외에도 학기 초 학급 운영에 있어서 추가로 선택할 수 있는 것들이 있다. 모든 학급이 똑같이 주어지는 아침 자습 시간에 어떤 특정한 활동을 할 것인가, 임원과 더불어 학급 개인 당 1가지의 역할을 모두 부여하는 1인1역을 정할 것인가 등은 담임교사 재량껏 선택하여 시행할 수 있다. 이는 우리반 학생들의 복지차원의 문제일 수 있다.

3부 일반교직실무의 실제

나라의 복지를 정부가 적극 지원하는 것처럼 학급의 복지를 위하여 여러 가지 선택할 수 있는 학급 운영을 할 수 있는 것이다. 특히, 학기 초에는 학급문고를 만든다거나 환경미화 등을 하여 교실의 환경과 분위기를 조성하는 것 또한 학급 운영의 하나가 될 수 있다.

- 1인 1역 정하기 : 한 사람이 자신이 잘 할 수 있는 한 가지의 역할을 일 년간 담당한다. 학급회의 때 정할 수 있다.
- 환경미화 : 최근 환경미화는 자율적으로 실시함. 간소하고 필수적인 내용들을 게시한다.
  - 게시하는 내용 : 시간표, 알림판, 학사일정, 급식 식단표, 주번의 할 일, 청소 배치표, 생활평점제 기준표, 학급친구들 생일, 입시일정표 등
- 학급문고 : 청소년 권장도서 목록을 참고하여 1권은 구입 + 1권은 집에서 친구들과 함께 읽고 싶은 책으로 선정해서 가져올 수 있도록 한다. 책꽂이를 준비하는 것은 담임교사의 몫

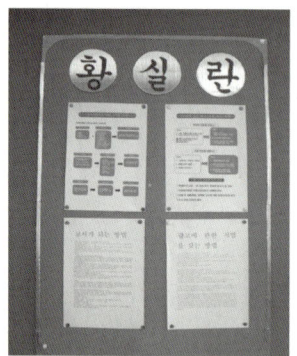
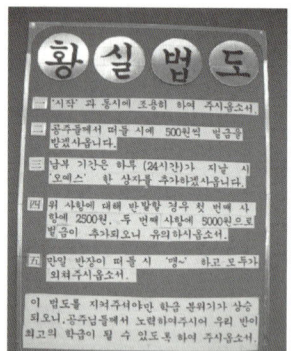

[그림 3.2] 학급 게시판 환경미화의 예시

[표 3.8] 학급임원 선출 공고문

〈정·부반장 선거 일정 공고〉

공   고

0학년 00반 학급 정·부회장 선거를 다음과 같이 실시합니다.
 1. 선거일 : 0000년 0월 00일(월) H·R시간
 2. 장   소 : 0학년 00반 교실
 3. 참가자 : 0학년 00반 학급원 전체

우리 모두 선거에 적극적으로 참여합시다.
공정한 선거, 민주주의의 기본입니다.

20○○년 ○월 ○일

선 거 관 리 위 원 회 (도장)

[표 3.9] 1인 1역할 분담

이 일은 내가 맡는다! - 1인 1역할 분담

00고 0학년 0반

분야	직책	하는 일	담당자
기획	회장	학급 대표 및 담임 부재 시 대행	
	부회장	학급의 매니저, 회장 보조	
	서기	칠판 글씨 및 각종 회의록 작성	
	총무	학급 내 각종 회계 담당	
	출석부 관리	출석부 싸인 관리 및 출결 체크	
	시간표, 전달사항	수업시간표 변경 안내 및 전달사항 기록·안내	
	유인물 배포	종례 전 가정통신문 확인, 유인물 배포	
학습	정보 도우미	수업시간 기자재 준비 및 활용 보조	
	국어 도우미	과목별 과제물, 준비물 게시, 수행평가, 시험범위 안내	
	영어 도우미	과목별 과제물, 준비물 게시, 수행평가, 시험범위 안내	
	수학 도우미	과목별 과제물, 준비물 게시, 수행평가, 시험범위 안내	
	과학, 기술가정 도우미	과목별 과제물, 준비물 게시, 수행평가, 시험범위 안내	
	도덕, 국사, 사회 도우미	과목별 과제물, 준비물 게시, 수행평가, 시험범위 안내	
	음악, 미술, 체육 도우미	과목별 과제물, 준비물 게시, 수행평가, 시험범위 안내	
환경	분리수거 담당 1	분리수거 및 쓰레기통 비우기(화, 금)	
	분리수거 담당 2	분리수거 및 쓰레기통 비우기(화, 금)	
	게시판 관리1(앞칠판)	앞칠판 쪽 게시물 관리	
	게시판 관리2(뒷칠판)	뒷칠판 쪽 게시물 관리	
	교탁 관리	교탁 서랍 속 공공 물품 관리	
	학급 지킴이 1	이동수업 시 문이 잠겼는지 확인, 교실 전깃불 관리	
	학급 지킴이 2	이동수업 시 문이 잠겼는지 확인, 교실 전깃불 관리	

3부 일반교직실무의 실제

(계속)

분야	직 책	하는 일	담당자
자율	자율부 1	학교, 학급 폭력 정화 선도, 실내정숙 유지	
	자율부 2	학교, 학급 폭력 정화 선도, 실내정숙 유지	
	지각생 관리	지각 학생 확인 및 관리	
문화·도서	학급문고 관리 1	독서시간 운영, 학급문고가 분실되지 않도록 관리	
	학급문고 관리 2	독서시간 운영, 학급문고가 분실되지 않도록 관리	
	신문기사 소개	친구들이 관심가지면 좋은 신문기사 소개하기	
	좋은 책 소개	친구들이 읽으면 좋은 책 소개하기	
	워드 작업 1	학급에 필요한 문서 작업	
	워드 작업 2	학급에 필요한 문서 작업	
행사	학급행사진행 1	자치시간 학급행사 및 게임 준비	
	학급행사진행 2	학급 간 경기 추진 등 대외적 학급행사 준비	
	사진촬영 및 편집 1	학급 행사 때 사진 촬영 및 편집	
	사진촬영 및 편집 2	학급 행사 때 사진 촬영 및 편집	

* 아무리 작은 일이라도 자기 역할을 자각할 수 있을 때 우리는 비로소 행복해진다. - 생텍쥐베리 -

라) 학비·급식비·장학금 신청

학기 초에 학생을 파악하면서 학비와 급식비를 지원받을 수 있도록 안내한다. 과거에는 지원신청서와 함께 의료보험증 사본, 의료보험료 납부영수증 등의 서류를 직접 챙겨서 와야 했으나, 최근에는 원클릭 신청 시스템으로 기초수급자에 해당하는 가정에서는 학생과 학부모가 직접 인터넷으로 학비, 급식비 지원 신청을 할 수 있게 되었다. 또한 학기 초에 각종 장학금 수여에 대한 공문과 안내가 있는데 이에는 기초수급자가 아닌 차상위계층이 해당되는 경우가 많으며 그 외에도 지원 자격을 확인하고 학급에 해당되는 학생이 있는지 살펴보고 장학금을 신청할 수 있다.

[표 3.10] 학비지원 가정통신문의 예

교 훈 : ○○○○, ○○○○, ○○○○	가정통신문
4대 교육비통합지원(원클릭서비스) 신청 안내	○○ 제 - 호

학부모님의 가정에 건강과 행운이 함께 하시기를 기원합니다.
 다름이 아니오라 학교의 저소득층 학생 교육비(학비, 급식비, 방과후학교 자유수강권, 정보화 지원)를 지원하기 위하여 통합신청을 받고자 합니다. 지원을 원하시는 가정에서는 지원대상 및 신청요건 기준 등에 해당하는 지를 확인하시고 <u>2011. 3.2일 부터 3.15일까지 온라인시스템에서 신청</u>하시거나 기간 내에 **팩스 및 행정실로 직접** 제출하여 주시기 바랍니다.

1. 교육비 지원 공통 사항 : "교육비 지원 원클릭 서비스"
   가. 지원 대상 - 학교 교육비 통합지원 신청서 참고
    - 대상자로부터 지원신청을 받은 후 **예산범위 내에서 선정**하므로 지원대상자로 선정 되지 않을 수도 있으며, **4월 초에 선정결과 통지 예정임**
   나. 신청방법
    - 온라인 시스템(http://oneclick.mest.go.kr)에서 신청
    * 온라인 신청 절차 : 회원가입 → 가구정보 등록 → 교육비 신청 → 신청결과 확인
      (학교 홈페이지에서도 해당 시스템 접속 가능, 세부 신청 방법은 별첨)
    - 학교 교육비 통합 지원신청서 작성하여 제출 : 팩스(439-3968),행정실
    ※ 개인정보제공 동의 관련 사항 : 세부내용은 "개인정보 제공 동의서" 참조

> 개인정보제공에 동의하시면 보험료 등을 일괄 조회하여 신속하게 대상자 선정 가능
> - 개인정보제공 동의하지 않으시는 경우 증빙서류 제출
> - 제출서류 : 건강보험료 납부고지서(2011.3월분), 주민등록등본, 가족관계증명서, 건강보험증 사본

   다. 지원자 선정 : 대상자 전체 신규 선정하므로 대상 가구는 모두 신청
2. 교육비 신청 기준 : 별첨(학비, 급식비, 방과후학교 자유수강권, 정보화 지원)
3. 선정 결과 통지 : 신청자 전체에게 선정 결과 통지(sms, 우편)
4. 교육비 지원 문의에 대한 학교 담당자 및 연락처

구 분	부서	담당자	연락처	비고
학비 지원	행정실	이○○	○○○-○○○○	
급식비 지원	체육교육부	박○○	○○○-○○○○	급식실
방과후학교자유수강권	방과후학교	허○○	○○○-○○○○	
정보화 지원	교육정보부	윤○○	○○○-○○○○	

학교 주소 : ○○시 ○○구 ○○동 ○○○-○ (우 ○○○-○○○)

붙임 1. 학교교육비 신청 절차 안내(http://oneclick.mest.go.kr)
   2. 2011학년도 저소득층 자녀 교육비 지원 기준

(이하생략)

마) 학부모 회의

   3월 중순 경 교무부 주최의 학부모 회의가 개최된다. 올해 학교 운영의 전반에 대한 안내와 더불어 그 학년도 진학 안내도 이루어진다. 학부모 회의에서는 학급 담임은 학급 운영 전반에 대한 내용을 학부모에게 설명하고 학생 진학 및 학습 지도에 대한 면담을 나눈다. 이 때 담임은 학급 운영에 대한 설명도 물론이지만, 학생의 학습에 대한 조언을 할 수 있도록 준비되어야 한다. 학생이 어떤 교과에 관심을 보이며 어떤 학습 태도가 필요할지, 어떻게 진로지도가 되어야 할지 이야기를 나눌 수 있으면 좋다.

[표 3.11] 학부모에게 보내는 편지

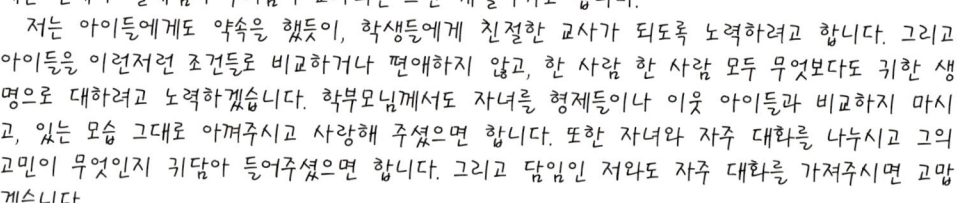

안녕하십니까?
오래 귀댁의 자녀를 새로이 맡게 된 담임교사 ○○○입니다.
긴 겨울이 지나고 봄이 오고 있습니다.
아직 완연한 봄이 아닐지라도, 봄은 새로운 아이들을 맞이하는 저희 교사들에게는 언제나 설레임과 두려움이 교차되는 그런 계절이기도 합니다.
저는 아이들에게도 약속을 했듯이, 학생들에게 친절한 교사가 되도록 노력하려고 합니다. 그리고 아이들을 이런저런 조건들로 비교하거나 편애하지 않고, 한 사람 한 사람 모두 무엇보다도 귀한 생명으로 대하려고 노력하겠습니다. 학부모님께서도 자녀를 형제들이나 이웃 아이들과 비교하지 마시고, 있는 모습 그대로 아껴주시고 사랑해 주셨으면 합니다. 또한 자녀와 자주 대화를 나누시고 그의 고민이 무엇인지 귀담아 들어주셨으면 합니다. 그리고 담임인 저와도 자주 대화를 가져주시면 고맙겠습니다.
방법은 전화를 사용하셔도 좋고, 간단하게 편지(또는 이메일)를 적어주셔도 좋고, 직접 학교에 찾아오시는 것도 무방하겠습니다. 그리고 학교에 오실 때는 아무 부담을 갖지 마시고 오셨으면 합니다.
아이들은 스스로 자라지만 그 자람이 바르고 풍성하기 위해서는 어른들의 적절한 간섭과 도움이 필요하다고 봅니다. 하지만 지나친 간섭보다는 기다려주는 여유와 자녀를 이해하려는 마음의 자세가 더 중요하게T+지요. 우리 어른들이 조금만 마음을 열어주어도 자녀들은 그로 인해 적지 않은 힘과 위로를 얻을 것입니다.
저는 아이들을 무조건 통제하거나 이유 없이 자유를 막는 일은 하지 않으려고 합니다. 그것이 담임으로서 편한 길이라고 해도 말입니다. 학창 시절은 무엇보다도 아이들이 자유의 소중함을 배우고 체득하는 기간이어야 한다고 생각하기 때문입니다.
다만, 자신의 자유가 소중한 만큼 남의 자유도 인정할 수 있는 시민 정신을 기를 수 있도록 지도할 생각입니다. 그런 의미에서 학교 규칙은 엄격하게 적용하여 아이들로 하여금 준법정신을 기르고 건강한 생활 태도를 갖도록 하려고 합니다. 가정에서도 등교시간 8시 30분, 머리를 비롯한 용의 상태, 올바른 복장인지 아침마다 관심을 갖고 보아주시기 바라며, 학교에서의 휴대폰 사용도 금하고 있으므로 휴대폰을 학교에 가져오는 일이 없도록 지도해주셨으면 합니다. 언제나 가정의 건강과 행복을 기원합니다.
            ○○○○년 3월 ○○일 청담중학교 ○학년 ○반 담임교사 ○○○ 드림
연락처 :   e-mail :

[출처] 청담중학교 2011 학급담임업무매뉴얼

[표 3.12] 학년초 학부모용 설문지 예시

우리 아이 이야기 - 학부모용 설문지

안녕하세요? ○학년 ○반 담임을 맡은 ○○○입니다. 예쁜 아이들이 가정에서와 같이 학교에서도 잘 지낼 수 있도록 열심히 지도하겠습니다. 3월 한 달은 아이가 학교생활에 적응할 수 있도록 생활지도에 중점을 두려고 합니다. 이 설문은 학교교육에 대한 학부모님들의 기대치와 바람, 그리고 자녀들의 가정환경과 생활·학습 습관 등을 파악하여 아이들을 좀 더 알차게 지도하기 위한 자료로 쓰고자 마련한 것입니다. 바쁘시더라도 학부모님께서 솔직하고 꼼꼼하게 써주시면 자녀 지도에 도움이 될 것입니다. 감사합니다.

▶학생 : ○학년 ○반   ○번 이름 (   )
▶작성 학부모님 : 어머님, 아버님

자녀관 / 교육관

1. 자녀가 어떤 직업을 갖기를 바랍니까?

2. 올 일년동안 자녀의 어떤 부분이 특히 발전했으면 좋겠습니까?
① 성적 향상   ② 건강 증진
③ 성격성숙   ④ 안정된 생활 습관
⑤ 기타 (   )

3. 자녀의 가정생활 태도 가운데 가장 불만스러운 점이 있다면 어떤 것입니까?

가정 환경

1. 부모님께서는 맞벌이를 하십니까?
① 예   ② 아니오

2. 지금 같이 사는 식구들은 모두 몇 명이며 누구입니까?
① (   )명   ② 누구 (   )

3. 자녀가 식구들 가운데 특히 따르는 사람은 누구이며, 왜 그를 따른다고 생각합니까?

4. 부모님은 집에서 자녀를 전반적으로 엄하게 대하는 편입니까?
① 무척 엄격하게 대한다.
② 비교적 엄격하게 대하는 편이다.
③ 비교적 자유롭게 해준다.
④ 아주 자유롭게 해준다.
⑤ 기타 (   )

5. 부모님께서 특히 엄하게 꾸짖는 때가 있다면 어떤 경우입니까?

6. 자녀에 대한 문제(용돈, 학원, 성적 관리 등)는 누가 주로 결정을 합니까?
① 주로 어머니가 하는 편이다.
② 주로 아버지가 하는 편이다.
③ 둘이 상의해서 하는 편이다.
④ 기타 (   )

7. 자녀와 큰 갈등을 빚었던 적이 있었습니까? 있었다면 그 내용을 간단히 적어주십시오.

학습지도

1. 현재의 자녀의 학습 성취도(성적과 노력)에 만족하십니까?

2. 집에서 '공부하라'는 소리를 자주 하십니까?
① 알아서 하기 때문에 전혀 하지 않는다.
② 조금 하는 편이다.
③ 많이 하는 편이다.
④ 기타 (   )

3. 자녀는 주로 어디에서 공부를 하는 편입니까?
① 자기 방   ② 도서관(강남도서관 등)
③ 독서실 ④ 친구 집
⑤ 기타 (   )

4. 집에서 공부를 따로 봐주는 사람은 누구입니까?
① 아버지 ② 어머니
③ 형제/자매   ④ 과외교사 혹은 학원
⑤ 기타 (   )

5. 자녀는 방과후학교 또는 과외를 하고 있습니까? 있다면 어떤 방과후학교/과외입니까?

(이하생략)

[출처] 청담중학교 2011 학급담임업무매뉴얼

[그림 3.3] 학부모 회의 모습

2) 학기중

가) 조회·종례

담임교사로서 학기 중 가장 자주 하면서 중요한 일이 있다면 조회와 종례일 것이다. 조회와 종례를 효과적으로 하는 것은 담임의 역할에 있어서 가장 중요하다. 조회와 종례의 주된 목적 2가지는 전달사항의 안내와 학교생활에 대한 훈화이다. 조회시간에는 일과 중에 필요한 전달사항을 안내하고 그 주나 그 날의 행사를 안내하여야 한다. 또한 학교생활 전반에서 주의해야 할 점 등에 대하여 훈화해야 한다. 예를 들어, 최근 도난사건이 다른 반에서 있었으니 귀중품을 잘 관리하고 주변은 문단속을 잘하라는 말이나, 서로를 위해서 쉬는 시간에도 학습 분위기를 조성할 수 있도록 노력하자는 말을 전할 수 있다. 학교의 행사의 진행이나 학생 개개인이 어떤 활동을 하는지 학생 입장에서 구체적으로 안내하는 것은 담임교사가 잘 해야 하는 가장 중요한 일이다.

<조회, 종례시 전달사항>
- 학교 각종 행사 : 과학의 달 행사, 체육행사, 독후감대회 등의 대회 참가를 전달함
- 가정통신문 전달 : 학비안내, 급식안내, 방과후 수업 안내 등의 가정통신을 전달함
- 급훈과 학급규칙 정하기 : 학급에서 지켜야 할 사항 정하고 게시하기

<조회, 종례시 훈화>
- 생활지도 : 두발, 용의복장, 실내화 착용, 교실내 소란, 교실 청결, 청소 관리
- 학습지도 : 수업 태도, 시험 준비, 방과 후 수업, 야간 자율학습 참가

체육교사로 일하기 - 체육교직실무 매뉴얼 -

2-3반	별처럼 빛나는 3반	10.10. 26(화)
종례신문 기자 : 담임샘(용준, 지원)	편집 : 담임샘	10-39

유미의 축젯 속 천천제~

많은 아쉬움을 남기고 체육대회와 천천제가 끝이 났습니다. 재미가 없었다는 분들도, 그래도 수업을 안 했으니 좋았다는 분들도 있었어요. 저는 천천제와 축제준비 덕분에 엄청나게도 독한 감기를 얻었습니다. 주말이 끝났는데도 치유될 기미가 없는. 여러분들이 그래도 조금이나마 스트레스를 풀고 단합해 볼 수 있는 기회가 아니었나 싶어요. 저는 학급 가장행렬 준비를 통해서 여러분들이 살아있다는 걸 매 순간 느끼며 지냈거든요. 사진은 잔뜩 찍어놓고 갔기 때문에 아직 블로그에 올리지 못하고 있는 저를 대신하여 깡다가 올려 준 사진을 잠시 도용합니다. 더 많은 사진들은 조만간 제가 올려두도록 할게요. 이제 놀 일은 다 끝났다는 사실이 우리의 마음을 슬프게 합니다~

봉사활동 안내

<녹색마을축제>
일시 : 10월 31일 (일)11시-17시
장소 : 화성행궁 광장
프로그램 : 녹색장터(벼룩시장), 환경/문화 체험마당, 친환경상품박람회, 환경예술가와 함께하는 설치미술
이벤트 : 자전거 천천히 달리기, 가타다라 환경퀴즈, 재활용패션쇼, 보드게임 등
특전: 벼룩시장 참가자에게 판매활동 시간만큼 봉사확인증 발급(최대6시간)

<인구주택 총 조사>
-인구주택 총 조사를 실시하고 있습니다. 인터넷상에서 참여를 하면 두 시간의 봉사활동 확인서를 발급해 준다고 하니, 많은 참여 부탁드립니다. 그런데 인구주택 총 조사와 봉사활동이 무슨 관계가 있는 건지는 잘 모르겠군요.^^;;

1인 1역, 교실 속 도서관에 활성화 주세요

그 동안 많이 바빴던 관계로 잊고 계시던 1인 1역할을 다시 확인하시고 활동을 다시 시작해 주세요. 학급 실록 일지도, 칭찬 일지도 그동안 너무 오랫동안 쉬셨답니다. 그리고 다른 역할 분들도요. 중간 점검을 하는 시기로 삼고, 열심히 해 보아요~!!

교실 속 도서관 참여가 많이 부진했지요? 여러분들의 멋진 가장행렬을 보았으니, 지금까지 부진했던 날들은 모두 잊도록 하겠습니다. 여전히 청소 2주 면제의 혜택이 기다리고 있으니 많은 참여 부탁드립니다. 은혜에게 새로운 포스트잇도 충전 해드렸어요. 이번에는 10월과 11월을 묶어서 한 분을 시상하도록 하겠습니다.

더불어서 새로운 책이 또 두 권 들어왔답니다. '세상의 절반, 여성이야기'라는 책과 '쥐를 잡자.' 라는 책입니다. '쥐를 잡자.'라는 책은 제가 책 추천 목록에도 적어드렸던 책입니다. 10대 낙태에 관련된. 부지런히 이용해 주시고 책 추천도 많이많이 부탁드려요~ 태승아, 용준아, 민수야, 말로만 말고 다음시간에는 정말 기대 할게요~!!!

[그림 3.4] 종례신문의 예시

나) 학급회의

정기적으로 특별활동의 자치활동으로서 H·R(Home Room)시간을 갖는 것이 대부분이다. 개정된 이 시간은 학급 회의를 위한 시간인데 회장이 진행을 하고 부회장이 진행 보조와 기록을 담당한다. 학급 회의는 학급에서 결정해야 하는 일들을 학생들의 의견을 듣고 결정하는 시간이다. 학급 회의에서는 학생들이 결정해도 될 만한 다음의 사항들을 의논할 수 있다.

> <학급회의 시 의논할 사항>
> - 학기초 : 1인 1역 정하기, 학급규칙 정하기, 학급회의 순서 정하기
> - 학기중 : 수련회, 수학여행, 체육대회 준비, 학급행사, 학습분위기 조성방안
> - 학기말 : 학급 쫑파티, 학급문집만들기

예를 들어, 학기 초에 1인 1역할을 정할 때, 학생 개개인의 의견과 자신이 그 역할을 잘 할 수 있는지 들어보고 가위바위보로 정한다던지 할 수 있을 것이다. 또 다른 예로, 이번 체육대회에서 '반티'를 하기로 하였는데 어떤 디자인 어떤 색상으로 할지 결정한다던지, 수련회 우리반 장기자랑은 누가 어떤 걸 하면 좋을지 결정한다던지 하는 가벼운 결정사항들을 의논할 수 있다. 더불어 지각생이 어떤 피해를 주는지 토론해보고 지각생에게 어떤 불이익을 줄지에 대하여 의논해 볼 수도 있다. 학급회의의 주목적은 학급에서의 생활을 좀 더 나은 방향으로 개선하기 위함이고 더불어 학급 공동체의 단결력을 향상시키기 위함이다.

다) 학생 상담

　조회·종례를 통해 안내하고 학생들을 관리해야 하는 역할이 가장 중요하지만, 그 못지않게 학생들에게 필요하고 학부모가 원하기도 하며 학생에게 도움이 되는 것은 학생 상담이다. 상담은 일상생활면, 학습면, 진학면, 진로탐색면, 가정환경면 등에서 접근할 수 있으며 인생관이나 이성관에 대해서도 학생들과 이야기를 나눌 수 있다. 시기에 따라서는 학기 초에는 학생 개인 신상에 대해 담임교사가 알아야 할 만한 내용들을 물으면서 일방적인 면담을 하게 된다. 학기 중에는 위에 나타나듯 학업에 열의가 있고 학습에 대하여, 가정환경으로 인해 심리적 방황을 하고 있는 학생에게는 가정환경에 대하여 상담한다.

　상담은 담임교사 : 학생과의 1대1 면담이 있을 수 있고, 담임교사 : 2-3명의 학생과도 가능하다. 친분이 있는 학생이면 좋다. 때에 따라서는 학생들끼리의 집단 상담도 가능하다.

<집단 상담의 예>
o 학기 초 모둠을 짠 후 방과 후에 한 모둠씩을 남습니다.
o 빙 둘러앉아 이 종이를 한 장씩 나누어 주고 돌려가며 서로의 첫인상을 씁니다.
o 그 다음 5분 데이트를 하는데 짝을 바꿔가며 서로에게 질문을 던지고 종이에 적어나갑니다. 짝을 지어주고, 너무 멀리가지 않도록 범위를 정해줍니다. 교실 구석구석에서 해도 좋습니다. 서로에게 말이 들리거나 방해되지 않도록 떨어져야 합니다.

(예시) A학생과 B학생이 짝일 때
① 먼저 A학생이 B학생 종이에 B학생의 첫인상을 적어줍니다.
② A학생은 B학생에게 궁금한 점을 질문하고(앞서 했던 질문은 하면 안됩니다.), B학생은 질문에 대해 대답합니다. A학생은 질문과 대답을 B학생 종이에 적어줍니다.
③ 마찬가지로 B학생도 A학생의 종이에 빈칸을 채워줍니다.
o 교사와 짝을 이뤘을 때에는 교사가 미리 그 학생에게 알고 싶었던 질문들, 예를 들어 가정환경이나 고민들을 집중적으로 묻습니다.
o 다 끝나면 다시 둘러앉아 종이를 돌려가며 종이에 마지막 그 아이에게 해주고 싶은 말을 적도록 합니다. 첫인상과 다른 느낌, 생각, 앞으로의 희망사항을 적습니다.
o 그 종이를 다시 교사가 걷어서 읽고 보관을 해 두었다가 문집을 만들 때 활용하거나 합니다. 1년이 끝날 때 나눠주는 것도 좋습니다.

[표 3.13] 학생 상담카드의 예(고등학교)

상담카드

1. 공부를 이렇게 합니다. 왜 성적이 안 오를까요? [학습]

언어영역		외국어영역	
수리영역		탐구영역	

(현재 공부하고 있는 것들.. 학원이나 과외, 보충, 독학... 자신의 학습 방법에 대하여 구체적으로 쓰시오. ex. 수리영역 점수가 특히 낮음. 현재 학원을 다니며 문제집을 푼다. 학원에서는 2주 전 정도의 진도를 미리 공부하며, 대체로 이해가 가는 편이다. 혼자 문제집을 풀 때에는 모르는 문제를 제외하고 한 단원을 모두 푼 후, 정답지를 보고 정답을 맞힌다. 답지를 보고도 모르는 문제는 수학 선생님(학원, 과외T or친구)에게 물어본다. 이렇게 공부하고 있지만 성적이 나아지지 않는다.)

1) 혼자 공부	평일 - 언제 (학교 일과 중, 방과 후) 요일 (　　　　　　　　) 시간은 얼마나? (　　　) 시간 나의 집중도에 점수를 매겨보세요. (　　/100)
2) 혼자 공부가 필요해?	① 네. 필요 한 것 같아요. 하지만 시간이 안 난다. ② 네. 필요하지만 스스로 공부가 잘 되지 않습니다. ③ 아니요. 학원과 학교 과제만으로 벅찹니다. ④ 아니요. 필요하지 않습니다. 이유 모르겠음. ⑤ 아무 생각 없음.
3) 문제집 몇 권?	(　　　　) 학년도 학교, 보충, 학원 교재 포함 (　　　　) 권
4) 모의고사 성적 (등급)	지난 (　　　) 월
	언어　　　　｜　수리　　　　｜　외국어　　　｜　(　　)탐구
5) 정기고사 성적 (등급)	직전 (　　　) 학년도 (1, 2) 학기

2. 고등학교 졸업 후 뭘 해야 하나요? 내가 무얼 잘하며 무얼 해야 하는지 모르겠습니다.

1) 대학 진학 희망?	① Yes　② No ③ 고3직업반　④ 아직 미정	4) 저는 이게 맞아요!!	① 회사원(출퇴근이 규칙적인, 규율이 있는..) ② 자유직(자신이 조절하는) ③ 다 좋다..! 난 뭐든지~ ④ 아직 모르겠다.
2) 인문? 예체?	① 인문 ② 예체 ③ 고3직업반 ④ 아직 미정	5) 공직에 관심 있어요.	① 유치원교사　② 초등교사 ③ 중등교사(중고)　④ 공무원 ⑤ 경찰직 ⑥ 그 외 공사 등 국가기관
3) 관심 분야?	① 인문계열　｜ 문학, 종교, 역사, 심리 ② 사범계열　｜ 00교육 (중등교사) ③ 사회과학계열 ｜ 정치, 외교, 언론정보... ④ 경영계열　｜ 경영, 경제 ⑤ 법학계열　｜ 법학 ⑧ 기타　　　｜ 생활과학 / 예체능계열	6) 관료제?	① 윗사람의 가당찮은 지시도 수용할 수 있다. ② 윗사람이라고 해서 말도 안 되는 것을 지시한다면 그것대로 할 수 없다. ③ 지금 생각으론 못할 것 같지만 상황 되면 어쩔 수 없겠지. 그 상황을 받아들일 수 있을 듯! ④ 모르겠다.

(이하생략)

라) 정기고사 · 비정기고사

  2회의 중간고사와 2회의 기말고사는 정기고사이며, 일반적으로 학생들이 시험 기간, 시험 준비 등의 성정 향상에 목표를 두고 있는 시험이다. 시험기간은 교사는 물론 학생들에게 당장의 닥친 문제이기 때문에 관심을 기울이고 촉각을 세운다. 1학년의 경우(중학교 1학년, 고등학교 1학년) 시험 방식에 대하여 처음 접하기 때문에 구체적이고 자세하게 설명해야 하며 시험 시간표를 적기에 게시, 배부하는 것은 담임이 학생들에게 정보제공 측면에서 신경 써야 하는 측면이다. 학부모들의 요구도 해당 시험을 학생이 잘 준비하여 치루는 것이기 때문에 담임교사가 정확하게 전하고 방법에 대하여 설명한다면 학생에게 큰 도움이 될 것이다. 또한 고사 대형으로 책상을 배열하는 방법이나 학생들이 정기고사를 대비하여 어떤 준비를 해야하는 것도 안내한다면 금상첨화일 것이다.

  더불어 학력평가(고등학교), 학업성취도 평가와 같은 비정기고사에 대하여도 시험의 종류와 방식은 물론 이와 같은 시험을 보는 이유와 어떤 자세로 임해야 하는지 이 결과가 어떤 영향을 미치는지에 대하여 알린다면 학생들이 의미 있게 최선을 다하여 시험에 임할 수 있게 될 것이다.

[표 3.14] 정기고사 안내 가정통신문(중학교 예시)

교 훈 : ○○○○, ○○○○, ○○○○		가정통신문
2010학년도 1학기 기말고사 계획(3학년)		○○ 제 - 호

학부모님 댁내 늘 건강과 평안이 함께 하시기를 기원합니다. 아래와 같이 2010학년도 기말고사 일정, 범위 및 학생 유의사항을 알려드리니 자녀교육에 참고하시기 바랍니다.

2010학년도 1학기 기말고사 계획(3학년)

| 고사 일자 | 과목 | 배점(문항수) | | | 시 험 범 위 | 고사 시간 |
		객관식	선택형	서술형 논술형		
6월 29일 (화)	사회	50점 (22)	·	50점 (10)	사회 p.52 ~ p.87, 국사 p.158 ~ p.195	45분
	과학	60점 (20)	·	40점 (4)	2단원, 3단원 p.38 ~ p.101	45분
	음악	100점 (25)	·	·	봄이 오면, 운명 교향곡, 악기론 뮤지컬〈사운드 오브 뮤직〉,〈오페라의 유령〉	40분
6월 30일 (수)	수학	50점 (15)	·	50점 (5)	p.78 ~ p.135	45분
	미술	100점 (25)	·	·	p.8 ~ p.31, p.66 ~ p.68	35분
	일본어	70점 (25)	·	30점 (10)	형용동사의 이해	45분

(중략)

2010.6.9

○ ○ 중 학 교 장

[표 3.15] 학생 공부 계획표 예시

나의 시험 공부 계획표

(1) 계획을 세울 때 염두에 둘 일
① 계획을 세울 때는 무리한 계획을 세우지 말고 실천할 수 있는 계획만 세웁니다.
② 계획을 세울 때는 몇 시간 공부하겠다는 식으로 세우지 말고, 무엇을 공부하겠다는 식으로 세웁니다.
③ 평가란에는 스스로 ○(계획대로 하였음. 2점), △(약간 못 하였음. 1점), ×(거의 못 하였음. 0점)로 평가합니다.
(2) 중간고사가 끝난 다음에 아래 항목에 해당하는 사람에게는 상점을 줄 예정임
① 목표점수와 비슷한 과목(목표점수±3점)이 가장 많은 사람
② 계획대로 실천하여 평가란의 점수가 가장 높은 사람
③ 목표 평균 점수에 가장 근접한 사람

(중략)

3. 나의 목표

목표를 세울 때는 너무 무리한 목표를 세우지 말고, 실현 가능한 목표를 세우기 바랍니다.

	평균	국어	도덕	사회	수학	과학	기·가	체육	음악	미술	영어	한문
목 표												
결 과												

4. 시험 공부 계획

구 분			공부할 것(계획)	공부한 것(실행)	평 가	부모님 확인
날짜	요일	공부할 수 있는 시간				

(이하생략)

[출처] 청담중학교 2011 학급담임업무매뉴얼

마) 학급 행사

학급 야영이나 학급 소풍, 학급 체육대회와 같은 자발적인 학급 행사도 있을 수 있다. 이와 같은 학급 행사는 순전히 순수한 담임교사의 좋은 의도로 실시하는 것이다. 추억을 쌓고, 학급 단결력을 고취시키며, 단체 생활의 의미를 되새기는 취지에서 학급 행사는 큰 의미가 있다. 또한 학생들 입장에서 생각해보면 학창시절의 어떤 활동보다도 가장 큰 추억으로 자리매김하는 것이 이 학급 행사일 것이다.

학급이라는 공동체는 1년간 서로를 깊이 알게 되는 끈끈한 관계로 다져지기에 학급 행사는 '추억공동체'의 한 장을 장식하는 것이다. 학급 행사에 있어서 선행되어야 하는 것은 학교장의 사전 허가이다. 학교장의 허가 없이 학급 행사는 이루어질 수 없다. 학급 행사의 취지와 내용을 사전에 잘 설명드리고 실시하며, 때에 따라서는 기안문을 작성하여 결재를 득한 후 추진해야 할 것이다. 허가가 나면 학급 임원을 주축으로 학생들과 의논하여 어떻게 진행할 것인지 정하고 추진하면 된다.

[그림 3.5] 각종 학급행사 모습

[표 3.16] 학급체육대회 안내문 예시

○-○ 학급 청백전

우리끼리 체육대회

1. 일시 : 0000년 00월 00일 (금) 1:00~4:00
2. 장소 : 체육관 및 운동장
3. 종목 : 발야구, 이어달리기(운동장) 농구, 줄다리기, 피구, 단체줄넘기(체육관)

종목	시간	시 간	장소	참가인원	준비물
① 발야구	1:00 (5교시)	1:10~1:40	운동장	전원	라인기(접시), 축구공, 베이스, 팀조끼 18개
② 이어달리기 (계주( ))		1:40~2:00		대표선수 16명	바톤 4개
③ 농구	2:10 (6교시)	2:10~2:40	체육관	대표선수 5명 - 교체 포함 8명 - 자유롭게 교체가능 - 농구부는 2명만	농구공 1개, 팀 조끼 5개
④ 줄다리기		2:40-2:50		전원	줄다리기용 줄, 라인 준비
⑤ 왼손피구		2:50-3:10		전원	배구공 1개
⑥ 단체줄넘기		3:10-3:30		대표선수 10명	줄넘기용 줄,

4. 참가비 : 1500원 (1000원)
5. 패 구성 : 00패, 00패
6. 준비물 : 체육복, 적극적으로 참여하겠다는 열린 마음
7. 시상 : 응원 MVP 1명, 적극 MVP 1명, 우승 패

 ※ 추진위원회 : 000, 000, 000 (담임쌤: 고문)
 ※ 추진위원 준비사항

1. 종목별 준비물 미리 준비 (전날, 당일아침, 당일 점심시간)
   발야구 라인그리기 / 이어달리기 영역 표시...
2. 마이크 설치, 노래 준비 (방송부 협조요청-음악 파일 호환여부 확인)
3. 음악 파일 준비
4. 간식 및 음료 구상

3) 학기말

 가) 진급·진학 지도

　학기말이 되면 가장 많이 해야 하는 일은 학생부 기록이지만 그와 더불어 진로 및 진학 지도가 필요하다. 중학교 1, 2학년에서 각각 2, 3학년으로 진급할 때는 진급에 필요한 수업일수, 교과과정 이수, 성적 산출 등만이 필요하지만 중학교 3학년에서 고등학교 1학년으로 진학할 때는 내가 어떤 진로를 택하기 위해 어떤 고등학교를 선택할 것인지에 따라 학생 및 학부모 상담을 통해 결정해야 한다. 이 문제는 고등학교 3학년에서 대학교 1학년 혹은 사회 진출에 있어서도 마찬가지이다. 또한 고등학교 1학년에서 2학년으로 진급하는 학기말이 되면 여러 가지 결정할 사항들이 있는데 인문계열과 자연계열 중 어떤 쪽을 선택할 것인지, 제 2외국어는 일본어, 중국어, 프랑스어 등에서 어떤 것을 배우고 싶은지 등이다. 학기말의 선택 사항들은 자신의 앞으로의 학교생활이나 진로에 영향을 미치기 때문에 담임으로서 학생들이 신중하고 최선의 결정을 할 수 있도록 안내하고 훈화도 곁들여 해주어야 한다. 또한 고등학교 선택과 대입에 대해서는 충분한 상담을 하고 고민할 수 있도록 한 후에 결정을 돕는 역할을 해야 한다. 성적과 더불어 초미의 관심사가 '진학'이기 때문에 진학을 위해 1년간 관리를 하고 유종의 미를 거두어야 할 것이다.

[표 3.17] 진급 사정안 예시

○○고 진급 사정 보조 자료

학년도   학년 (   )반   담 임: 홍 길 동 ㊞

| 재적인원 | 명 | 사정인원 | 명 | 미사정인원 | 0명 | 미사정자 및 사유 | |

1. 교과 성적 우수상 수상자 : 학기별 과목 석차가 1등인 자.

1학기			2학기		
번호	이 름	해당 과목	번호	이 름	해당 과목

2. 학생 근태 상황 통계

1년 개근 학생수	○○명	1년 정근 학생 수	○○명

※ 1년 정근 : 1년간 결석 1일 또는 지각, 조퇴, 결과의 합이 3회 이내

3. 출석 2/3 미달 학생

번호	성 명	출석할 일수	결석일수	사유	담임의견

4. 학생 개인별 근태 상황 (해당란에 o 표 하십시오.)

번호	성명	1년 개근	1년 정근	번호	성명	1년 개근	1년 정근	번호	성명	1년 개근	1년 정근
1	◇◇◇		o	16			o	31			
2	●●●	o		17			o	32			

(이하생략)

[표 3.18] 모범부문상 추천서

		모범학생 추천서		
인적사항	성 명	○○○	주민등록번호	000000 - 0000000
	학년 반	1학년 2반		
	추천 분야	모범 부문		

추 천 내 용

위 학생은 항상 웃고 화를 내지 않는 모습으로 학생들의 호감을 사는 매우 심성이 고운 학생이다. 2학기에는 학급 부회장을 맡아 적재적소에서 자신의 할 일을 말없이 티내지 않고 묵묵히 수행하는 모습이 교사는 물론 급우들의 신뢰를 얻게 하였다. 친구들의 어렵고 힘든 점을 항상 이해하고 친구들이 귀찮아하는 궂은 일을 마다하지 않는 모습이 심성적 측면에서 훌륭하였다.
  그러면서도 자신의 학업을 게을리 하지 않아, 좋은 성적을 유지하고 있으며 친구들이 질문을 하거나 할 때도 귀찮아하거나 자신의 할 일만 챙기지 않고 서슴치 않고 돕는 모습이 매우 인상적이었다.
  그에 위 학생을 선행 부문 모범학생으로 추천한다.

위의 기재사항이 틀림없음을 확인합니다. 년   월   일 추천교사   홍 길 동 (인)

나) 학생부 기록

학기말 학생부 기록을 위한 학생과의 선행 작업이 필요하다. 학생부에 주로 입력해야 하는 내용은 교과학습발달상황, 과목별·개인별 세부능력, 독서활동상황, 행동발달상황 등이다. 교사는 교사 스스로 이런 내용을 입력해도 무방하다. 학생들의 직접적인 도움을 요구하는 것도 좋은 방법이 될 수 있다. [첨부]에 나타난 것처럼 자신의 1년간의 독서활동상황을 적을 수 있도록 하여 어떤 책을 읽고 어떤 독서활동을 했는지 참고할 수 있으며, 행동발달상황에 대해서도 자신의 장점이나 생활면의 특징을 스스로 혹은 친구를 통해 알림으로서 담임교사가 단지 그 학생을 떠올려 작성하기에 어려움을 겪을 때 도움을 받을 수 있다. 또한 자신이 특정한 과목에 대하여 열심히 했다면 그 과목 선생님이 학생부에 기록해 주실 수 있도록 안내문을 만들어 배부할 수 있겠다. 이러한 일련의 내용을 모두 네이스 상에 작성한 후엔 학생들의 확인을 받아두어 어떤 내용이 기록되었는지 확인할 필요가 있다. (학생부 네이스상 기록에 대해서는 '교육 정보관련' 파트에서 구체적으로 다루었다.)

[표 3.19] 독서활동 상황 기록지 예시

◆ 독서 활동 상황   ( )반 ( )번 이름(   )

1. 도서명, 저자
2. 자신이 즐겨 읽는 책의 관심 분야, 독서 습관, 독서 후 활동 등

ex) 독서 관심 분야	(인문:신화,철학,한문/사회:정치,경제,사회/과학:의학,환경/체육·예술:여행,건축 등)에 관심이 있다. 많다... 그래서 OOO,xxx, 이런 책들을 읽었다.
독서 습관	독서시 숙독한다. ~이 책으로 ~~계기를 가지게 되었다.
독서 후 활동	간단한 에세이를 쓴다, 책의 내용에 대해서 친구들과 토론한다.
인문	
사회	
과학	
체육·예술	

[표 3.20] 진로 지도 상황 학생 기록지 예시

◆ 진로 (학생생활기록부)

- 본인의 특기 또는 흥미를 쓴다. (1~3가지)
  ▶ 본인 및 부모님의 진로 희망을 적는다. (1~2가지)
* **특기 또는 흥미** ex. 영화감상, 소설책읽기, 시 창작, 컴퓨터게임, 웹디자인, 독서, 음악감상, 클래식감상, 웹서핑, UCC만들기, 노래부르기, 작곡, 요리, 공예품만들기, 그림그리기, 만화그리기, 글씨디자인, 운동, 테니스, 농구, 조깅, 하이킹, 달리기, 인라인, 사색, 토론, 헤어디자인, 만들기, 스노우보드, 스키, 에세이쓰기 등 (자기, 먹기, 놀기 절대X)
* **진로희망** ex. 피아니스트, 화가, 전문경영인, 교사, 학원강사, 변리사, 회계사, 회사원, 공무원, 경찰, 소방관, 판사, 변호사, 검사, 자동차정비사, 디자이너, 유치원선생님, 카피라이터, 만화가, 연예인, 작곡가 등
* **진로활동(자신의 진로를 위한 활동)** ex. 기자에 대해서 인터넷으로 알아보고 이메일을 보내봄. 관련 학과 진학을 위해 학습을 꾸준히 함. 나의 진로에 대한 뚜렷한 생각을 가짐, 그림을 꾸준히 그림. 잡지를 구독함. 독서를 함 등 (내가 적은 진로에 대한 자신의 생각이나 자신이 해 온 것을 쓰면 됨)

| 번호 | 이름 | 특기 또는 흥미 | 진로희망 ||
			학생	학부모
진로 활동				

[표 3.21] 학년말 학부모 편지 예시

O-O 학부모님께_
2008년 한 해가 저물고 있습니다.
O학년 O반 친구들과 함께 한 시간도 이제 막바지를 향해 마지막 발돋움을 하고 있네요.
일 년간 다사다난했지만 모두 건강하게 학교 생활을 잘 마치고 이렇게 무사히 전원 진급 하게 되어 참 기쁩니다. ^^* 일 년간 학교와 가정, 그리고 교외에서 열심히 생활했던 우리 학생들을 부모님과 제가 한 뜻을 모아 칭찬해야 할 때인듯 !! ^^
"수고했습니다! 여러분!"
한편, 2학기 최종성적표를 받고 겨울방학을 맞이하는 우리 학생들은 만감이 교차하기도 할 것입니다. 이제 곧 '고3'이 되어 대학 입학을 준비해야 한다는 생각에 이제 1년 후면 고등학교를 졸업하고 자신이 무언가를 결정해야 하는 성인이 되어야 한다는 생각에...
무엇을 생각하면서 무엇을 해야 할 지 고민도 많이 할 것입니다.
뒷 면의 성적표(내신)+11월 모의고사 성적표를 살펴보시고, 마지막 기회 고2 겨울방학 계획을 부모님과 함께 설계해주시면 앞으로의 미래가 더욱 밝으리라 생각됩니다.
대학이 인생의 정답은 아니지만, 인문계 고등학교에 진학한 만큼 자신이 원하는 대학과 과를 선택해서 진학한다면 미래에 대한 자신감과 자신의 꿈을 이룰 수 있다는 확신도 들 것입니다. 본인이 원하는 대학의 위치, 관련 과, 졸업후 진로 등 (남학생의 경우 군대 입대 시기 및 방법) 을 미리 의논하신다면 학생의 대학 진학 및 진로 결정에 도움이 될 것이 며, 뚜렷한 목표는 학생에게 의지를 심어주리라 믿습니다.

☀ 갈 수 있는 대학 알아보기
학교 홈페이지를 참고하시어 11월 모의고사로 자녀의 진학가능 대학을 알아보십시오.
○○고등학교 홈페이지>학생마당>궁금합니다.>7번자료 확인
표준점수 합 (언어+수리+외국어+사탐3과목×2/3)=500점 정도이면 대략 ○○대 및 ○○대 진학 가능. 부모님께서 같이 확인해보시고 객관적인 자녀의 위치를 아시는 것이 도움이 많이 됩니다.

☀ 성적통지표 살펴보기
- 내신성적의 등급은 [1,2등급/3,4등급/5등급이하]로 나뉘어 각각 상,중,하를 의미한다고 생 각하면 됩니다.
- 출결은 2008.12.24까지의 출결내역이 반영되었습니다. 특기사항에 '개근' 이라면! 칭찬해 주십시오. ^^

새해 복 많이 받으세요~

2008/224 OO고등학교 O-O 담임 홍길동

다) 학기말 학급행사

학기말이 되면 마음이 적적해지는 것을 느낀다. 담임과 학생 사이에서도 이제 곧 '헤어짐'이 다가온다는 묘한 기분이 드는데 이 때 담임교사가 기획하는 것이 학기말 학급행사이다. 학기말 행사로 학급문집 제작이나 학급파티(일명 종파티)를 실시할 수 있다. 이 역시도 학급소풍 등과 같이 순수한 담임-학생 간의 교감을 위한 일이며, 자발적이고 진심으로 이루어졌을 때 의의가 있다.

최근에는 많은 담임교사가 1년간 학급 행사, 학교 행사, 일상의 사진들을 찍어두었다가 사진 슬라이드로 동영상을 제작하여 학기말 학급행사에서 보여주곤 한다. 학급 파티에서 간단한 간식거리와 함께 롤링페이퍼를 하고 헤어짐의 인사를 나누고 장기자랑도 하고 동영상 시청도 할 수 있다.

한편, 학급문집을 만들며 그간 학급에서의 이야기를 정리해 볼 수도 있을 것이다. 학기말 학급행사가 잘 이루어진다면 때 만남의 소중함을 느끼고 헤어짐의 아쉬움도 덜어낼 수도 있으니 기획해 보는 것도 좋을 듯 하다.

<학급 사진 CD 만들기>

o 한 해 동안 교실에서 행사 활동에서 찍은 사진을 행사별로 정리해서 CD에 담는다.
o 행사별로 폴더를 만들어 사진을 넣는다.

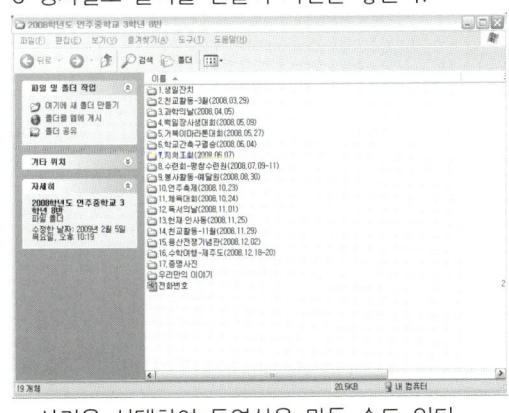 

o 사진을 선택하여 동영상을 만들 수도 있다.
o 학생 수만큼 CD를 만들어 선물한다.

[출처] 청담중학교 2011 학급담임업무매뉴얼

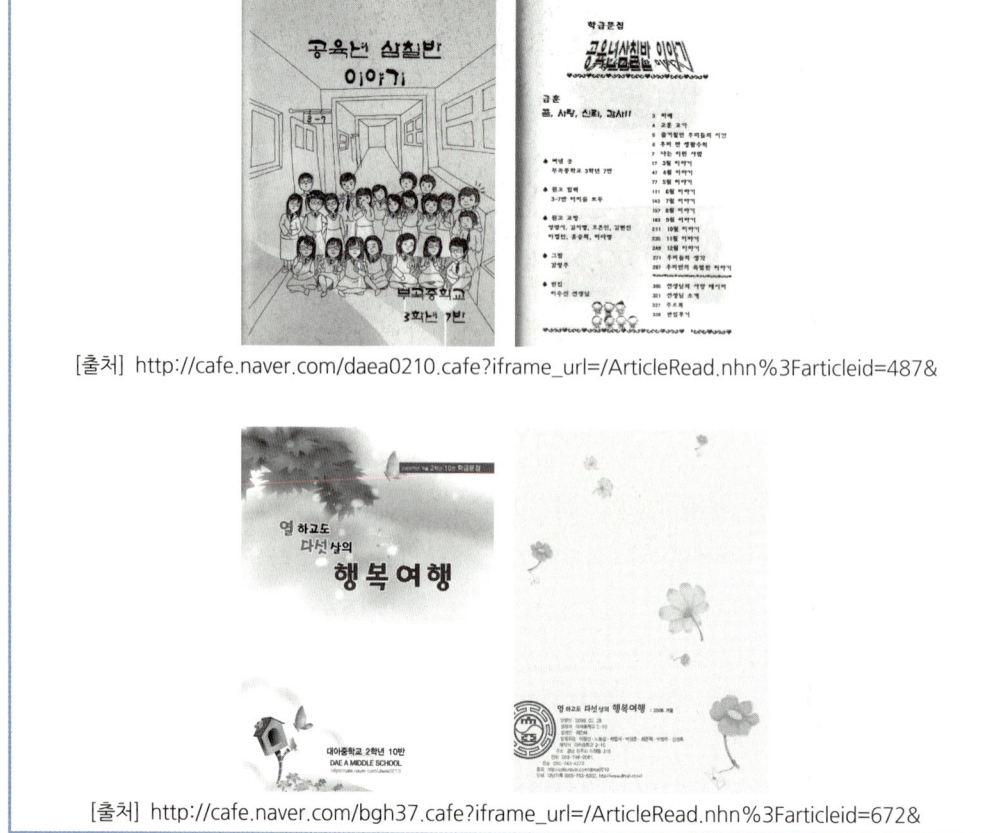

[출처] http://cafe.naver.com/daea0210.cafe?iframe_url=/ArticleRead.nhn%3Farticleid=487&

[출처] http://cafe.naver.com/bgh37.cafe?iframe_url=/ArticleRead.nhn%3Farticleid=672&

[그림 3.6] 학급문집 예시

나. 생활지도

1) 학생 생활 지도

 가) 용의복장 지도

  용의복장은 학생들이 학교생활을 하는 데에 있어서 가장 큰 관심을 갖는 부분일 것이다. 일반적으로 우리나라 중·고등학교에서는 교복 착용에 대한 규정이 있다. 교복은 동복, 춘추복, 하복으로 나뉘어지는데 최근 생활복과 같은 활동에 용이한 옷도 정하여 입을 수 있도록 한다. 교복에는 명찰을 부착해야 하며 교복 치마의 길이(여학생)이나 바지폭을 줄이는 것(남학생) 등은 규정으로 정하여 알린다. 두발에 관련된 규정은 시·도의 차이와 학교별 차이가 존재한다. 용의복장에 대한 규정을 두는 이유는 학업분위기를 저해하지 않도록 하기 위함이며, 생활지도가 잘 되어야 여러모로 안정된 학교 분위기가 조성된다는 것은 공공연한 사실이다.

- 복장 규정 : 명찰 부착(**강제 사항 아님**), 치마 길이, 착용 시기(동, 춘추, 하)
- 두발 규정 : 시 · 도별, 학교별로 규정에 차이가 많음.
- 기타 : 책가방, 신발, 부착물 등의 규정이 있음

[표 3.22] 용의 · 복장 규정 예시

(전략)

제2장 복 장

제3조 (복장구분)
학생들의 복장은 교복(동복·하복·춘추복), 체육복(동복·하복), 생활복으로 구분한다. 단, 여학생의 경우 치마/바지를 선택해서 착용하는 것을 허용한다.

제4조 (기본 복장 착용 시기)
　기본복장 착용 시기는 다음과 같으나, 기온 변화에 따라 그 시기를 늦추거나 당길 수 있다.
① 교복(하복) : 5월 초순 ~ 10월 초순까지
② 동복 : 10월 중순 ~ 익년 4월 중순까지
③ 춘추복 : 4월 중순 ~ 5월 초순 및 10월 초순 ~ 10월 중순까지

제5조 (교복 · 기본복장)
① 남학생의 바지폭과 상의, 여학생의 치마폭과 치마길이 및 상의의 길이는 줄이거나 넓혀 입지 못한다. 바지폭은 일자 형태이고, 치마길이는 무릎이 보이지 않을 정도 이어야 한다.
② 상의의 지정된 곳에 명찰과 교표가 부착되어 있어야 한다.
③ 남학생의 바지에는 혁대를 사용하고, 멜빵 등은 사용하지 않는다.
④ 상의의 단추는 모두 채운다. 단, 남학생 하복의 경우는 상의의 첫째 단추 하나를 풀 수 있다.
⑤ 모든 학생은 양말이나 스타킹(여학생)을 착용해야 하며, 여학생의 경우 동복착용 시 스타킹은 검정색이나 피부색으로 제한한다.
⑥ 동복의 사양은 아래와 같다.

성별\항목	의상 구분		형 태	색 상 및 소 재
남학생	상 의		싱글 재킷 - 3버튼	진밤색 : 울 60%, 폴리에스테르 40%
	와이셔츠		옥스퍼드 셔츠	아이보리색 : 폴리에스텔 65%, 아크릴 35%
	조 끼		브이넥 - 니트 조끼	곤색 바탕 자주 줄무늬 : 울 50%, 아크릴 50%
	하 의		멜란지	밤색 : 울 60%, 폴리에스텔 40%
	넥 타 이		일반(간편용)	자주색
여학생	상 의		싱글 재킷 - 3버튼	진밤색 : 울 60%, 폴리에스테르 40%
	브라우스		둥근 카라 브라우스	아이보리색 : 폴리에스텔 65%, 아크릴 35%
	조 끼		브이넥 - 니트 조끼	올리브색 바탕 베이지 줄무늬 : 울 50%, 아크릴 50%
	하 의	치마	버버리체크 치마 앞 외주름 3개	버버리체크색 : 울 60%, 폴리에스텔 40%
		바지	남학생과 같음	* 추후 교복선정위원회에서 심의 선정할 예정임
	넥 타 이		일반(간편용)	버버리체크색

1. 남학생은 와이셔츠를, 여학생은 블라우스를 하의 안에 넣어 입는다.
2. 모든 학생은 넥타이를 반드시 착용한다.
3. 동한기에는 Y셔츠, 블라우스 대신 흰색, 검정, 회색 등의 폴라를 착용할 수 있다.
4. 남방류와 T셔츠는 착용을 금한다.
5. 방한복 이외의 옷은 두 가지를 껴입을 수 없다.

6. 방한복은 검정색·회색·밤색 등의 짙은 단일색의 반코트 및 이에 준하는 외투를 동복 상위 위에 입을 수 있다.
⑬ 하복의 사양은 다음과 같다.

성별 \ 항목	의상 구분	형태와 색상 및 소재
남학생	상 의	싱글, BP원단, 아이보리(에리, 소매단 밤색배색), 교표 부착
	하 의	바지, 밤색
여학생	상 의	아이보리(에리, 소매단 밤색배색) 색으로 상의길이가 짧지 않게 함. 와펜 부착
	하 의	스커트, 밤색

1. 모든 학생은 상의(Y셔츠, 블라우스)를 하의 속에 넣지 않고 입는다.
2. 모든 학생은 상의 속에 반드시 흰색의 러닝셔츠나 티셔츠를 입어야 하며, 바지 속에 넣고 입는다.(색깔이나 무늬가 있는 러닝셔츠나 티셔츠는 불가함)
3. 남녀 모두 상의(Y셔츠, 블라우스)가 하의를 10~20cm정도 덮어야 한다.

제3장 두발 및 기타

제7조 (신발)
① 신발은 운동화, 캐주얼 학생화, 실내화로 하며, 양말을 함께 착용하도록 한다.
② 색상은 단순해야 하며 지나치게 울긋불긋한 것은 금한다.
③ 교내에서는 흰색 실내화 착용을 원칙으로 하나, 학생회의 요청이 있을 경우 하절기에 슬리퍼 착용을 허용할 수 있다. 단, 슬리퍼를 신고 등·하교하는 것을 원칙적으로 금한다.

제8조 (책가방)
① 책가방은 학생 품위를 손상시키지 않는 학생용 책가방으로 만들어진 것으로 한다.
② 운동 기구나 다른 물품을 넣기 위해서 제작된 가방은 금한다.
③ 색상은 단순해야 하며 지나치게 울긋불긋한 것은 금한다.

제9조 (부착물) 교복 착용 시 다음의 부착물을 갖추어 한다.
① 교표 : 상의의 좌측 호주머니에 똑바로 부착한다.
② 명찰 : 상의의 좌측 호주머니 위에 탈부착 식으로 패용하는 것을 원칙으로 한다.
③ 위 ①, ②항 이외 부착은 금한다. 단, 학교장이 인정하는 부착물에 한하여서만 부착을 허용한다.

제10조 (특별준수사항)
① 학교 교문을 출입할 때에는 규정된 교복을 단정히 착용하여야 한다.
② 교내 각종 행사시에는, 계절에 따른 교복을 착용하고 이에 참가하여야 한다.
③ 특별한 지시가 없는 한 실내·외를 막론하고 개별적으로 탈의, 탈화 혹은 단정치 못한 복장으로 다녀서는 안 된다.
④ 신발을 꺾어 신거나 자기 발보다 큰 신발은 금한다.
⑤ 액세서리(귀걸이·반지·목걸이, 신체부위의 문신·피어싱, 칼라렌즈 등)의 착용과 긴 손톱·매니큐어, 화장은 금한다.

제11조 (검사) 본 규정의 준수 상태 확인을 위하여 다음과 같은 검사를 실시한다.
① 등교 시 인성지도부 주관 하에 자율부 중심으로 검사하고 지도한다.
② 수시 검사 : 담임교사가 학급조회·종례 시간에, 모든 교사는 수업시간과 일상생활을 통하여 검사하고 지도한다.

나) 휴대폰 등 전자기기 사용 지도

휴대폰의 무분별한 사용과 전자기기 사용에 따른 수업 분위기의 저해를 방지하기 위하여 사용에 대한 규정을 정하여 시행한다. 용의복장과 더불어 휴대폰은 학생

들의 관심사의 큰 부분 중 하나이기 때문에 규정을 정확하게 공지하고 시행해야 한다. 언제 사용을 금하는지 사용하다가 적발되는 경우에 어떤 과정을 거치는지에 대하여 학기초와 수업 초반에 철저하게 전달해야 한다. 다음의 휴대폰 등 전자기기 사용에 대한 규정을 참고해보자.

[표 3.23] 휴대폰 사용에 관한 규정 예시

제1조 (목적) 이 규정은 휴대폰 등 전자기기의 사용으로 인한 부작용을 미연에 방지하고 무분별한 사용을 제한하여 바람직한 학습태도를 형성해 나가는 것을 목적으로 한다.
제2조 (휴대폰 사용 예절)
① 함께하는 학교 만들기에 적극 동참하는 계기를 마련한다.
② 휴대폰 사용을 자제하는 습관과 절제하는 삶을 살아가도록 유도한다.
③ 휴대전화의 무분별한 사용을 스스로 억제하여 명랑하고 건전한 학교생활을 할 수 있도록 유도한다.
④ 휴대폰 예절 교육을 통하여 정보 통신 사회에서 건전하고 예절 바른 학생으로 살아가도록 육성한다.
제3조 (휴대폰 사용규정)
① 교실(수업시간, 조·종례 시간 등)에서의 휴대폰 사용을 금한다.
② 수업시간 중에는 전원을 끄고 가방 속에 넣어 두도록 한다.
③ 휴대폰을 사용해야 할 피치 못한 경우는 복도에서 쉬는 시간에만 사용한다.
④ 시험기간 중에는 휴대폰은 등교와 동시에 담임 교사에게 맡겨 보관한다.
제4조 (위반 시 조치)
① 시험(정기고사) 시간 중 몸에 소지하여 적발되는 경우는 부정행위로 간주하고 학칙에 의거하여 징계 처리한다. 휴대폰은 1개월 간 인성지도부에서 보관한다.
② 수업시간 중 휴대폰 사용하다가 적발 시는 2주일간 인성지도부에서 보관하고 벌점 5점을 부여한다. 단 수업시간 중 휴대폰이 울리기만 한 경우에는(진동포함) 벌점 2점만 부여한다.
③ 2회 이상 적발 될 경우 3주일간 인성지도부에서 보관한다.
④ 기타 휴대폰 소지 중 적발 된 경우 교사의 판단에 따라 적절한 지도가 이루어지도록 한다.
제6조 (유사 전자기기의 사용제한) MP3 플레이어, PMP, PDA, 디지털카메라, 게임기기 등에 대해서도 본 규정을 적용하여 사용을 제한할 수 있다. 단, 지도교사의 허락이 인정될 경우는 그러하지 아니하다.
제7조 (규정의 제·개정) 위 규정은 학생, 학부모, 교사 등 교육공동체의 의견수렴을 통하여 학교운영위원회 심의와 학교장 결재를 거쳐 제·개정할 수 있다.

다) 생활 평점제

각 학교에 체벌을 대체하기 위한 좋은 방안으로 상벌점제, 생활평점제, 그린마일리지 등의 이름으로 '생활 평점제'가 운영되고 있다. 생활 평점제는 정해진 교칙을 위반했을 때에는 벌점을, 포상이 필요하나 다소 미흡한 경우에는 상점을 주는 제도이다. 일반적으로 이 상점은 벌점을 상쇄할 수 있기 때문에 교칙을 어겼을 경우에 상점으로 상쇄시킬 수 있다. 학교에 따라서는 상점은 상점대로 부여하고 벌점은 벌점대로 부과하는 경우도 있다. 벌점이 특정점수를 넘었을 경우에는 '생활 평점제' 규정에 의해서 교내봉사, 사회봉사 등의 지도조치를 취한다. 아래 생활 평점제 운영 규정을 참고하자.

[표 3.24] 생활평점제 운영 규정 예시

제1장 총 칙

제1조 (목적)
 이 규정은 학칙 제33조와 학생 선도 규정 제11조에 의거하여 학생들의 인격이 존중되면서 효과적인 생활 지도를 위해 올바른 가치관을 심어줌을 목적으로 한다.

제2조 (생활지도 원칙)
① 기존의 학생 포상·생활지도 규정과 병행하여 실시한다.
② 포상·생활지도 규정을 적용하기에는 다소 미흡한 사안들에 대해서는 상·벌점을 부과한다.

제2장 상 점

제3조 (상점 부여)
①『상점』은 타의 모범이 되는 사안 중, 학생 포상 규정을 적용하기에는 다소 미흡할 경우에 부여한다.
② 모범적인 행동을 발견한 교사는 본교 상·벌점 관리 시스템에 상점을 기록한다.

제3장 벌 점

제5조 (벌점 부여)
①『벌점』은 학교 교칙 위반 행위에 대해 부여한다.
② 지도 대상 학생을 발견한 교사는 지도 후 본교 생활평점 관리 시스템에 벌점을 기록한다.

제6조 (벌점 누적과 지도 방법)
① 벌점이 20점 이상이면 교내 봉사에 처한다.
② 벌점이 50점 이상이면 사회봉사에 처한다.
③ 벌점이 80점 이상이면 특별교육을 이수토록 한다.
④ 벌점이 100점 이상이면 선도위원회 심의를 거쳐 퇴학 처분 할 수 있다.
⑤ 사안에 의한 징계는 무조건 20점의 벌점을 받게 된다. 단, 벌점누적에 의한 징계는 추가벌점이 없다.
⑥ 벌점은 당해 학년도만 누적한다.
⑦ 벌점 감점 목적의 봉사활동 신청은 학생 개인 당 월 5시간[10점] 이내로 한정한다.

제7조 (벌점 통보)
 벌점은 2주마다 담임교사에게 통보하고 징계사안은 발생 즉시 통보한다.

제8조 (벌점 감면)
① 상점을 1점 받을 경우에는 벌점을 1점 감 할 수 있다.
② 각 종 봉사 활동을 30분 할 경우 1점을 감하며, 이 때의 봉사활동시간은 학생생활기록부의 봉사활동 시간으로 인정할 수 없다.

제9조 (상·벌점 기준) 상·벌점 기준표는 다음과 같다.
① 상점 기준표

항 목	항	실 천 내 용	상점
수 업	1	수업태도가 좋아 타의 모범이 되는 학생	2
	2	교재 준비 및 과제물을 잘해온 학생	2
	3	수업분위기 조성에 기여한 학생	2
	4	수업참여도가 높은 학생	2
	5	교사의 질문에 잘 답변한 학생	2
	6	급우의 학업을 잘 도와주는 학생	2

예 절	7	예의범절이 바른 모범적인 학생(인사, 언행 등)	2
복 장	8	복장 및 태도가 모범적인 학생	2
정 의	9	분실물 습득 등 기타 단순·신고	1
	10	학생 안전사고 신고	2
	11	흡연·음주 행위 및 학교 기물 파손 행위 신고	3
	12	학교 폭력 행위 발생 신고	5
	13	외부인 교내 무단출입 신고 등 각종 신고	2
우 애	14	급우들에게 필요한 도움을 줌	2
기 타	15	교사의 칭찬	3
	16	많은 사람이 공감하는 선행으로 인정되는 행위	3
	17	벌점 감점 목적으로 인성지도부에 신청하여 행한 봉사활동(1시간기준)	2

② 벌점 기준표

구분	항	위 반 내 용	벌점
용의 복장	1	왁스, 무스, 젤, 스프레이 등 사용	1
	2	두발 머리 : (남),(여) 규정보다 머리가 긴 경우	2
	3	머리 : (여) 긴 머리를 묶지 않은 경우	1
	4	염색 또는 파마를 한 경우	3
	5	용의 매니큐어 또는 액세서리(귀걸이 등) 착용	1
	6	화장	2
	7	교복 변형 착용	3
	8	사복 착용	3
	9	체육복 차림의 등교	2
	10	명찰, 교표 미 패용	1
	11	복장 양말 미착용	1
	12	모자 착용	1
	13	학생 신분에 어긋난 신발 착용	1
	14	실내화를 신고 등·하교	2
	15	실내화 미착용	1
	16	학생 신분에 벗어난 가방 소지 등	1
		두발, 용의, 복장 지도에 3회 이상 불응한 학생은 징계 기준표에 의거 징계함	징계
준법	17	쓰레기·종이비행기·분필 무단투기, 껌·가래침을 아무 곳에 뱉는 행위 등 공중도덕 위반	2
	18	교사에 대한 예의 없는 언행	3-5
	19	학생에 대한 예의 없는 언행	1-3
	20	다른 반 교실 출입	1
	21	책임 불이행(주번, 청소 등 불이행) 학생	1
	22	인원 점검시 대리 출석, 지도 적발시 타인 이름 도용한 학생	5
	23	오토바이, 자동차(학생운전)로 등하교 하는 학생	3
	24	실내에서 공놀이, 씨름 등 거친 놀이를 하는 행위	1
	25	줄서기 위반	1
	26	욕설, 비방 등 불량한 언어 사용	3
	27	사안을 조사할 때 거짓으로 진술·증언	5

	28	수업시간 지각	1
수업	29	수업 준비 불량(교과서, 과제물, 필기구, 기타 준비물 등)	1-3
	30	수업 중 잡담	1-3
	31	수업과 관련 없는 물품 사용	1-3
	32	수업 중 교사 지시 불이행	3-5
	33	수업태도 불량 / 경미한 수업 방해	5
		수업 방해는 징계 기준표에 의거 징계함	징계
	34	수업시간 중 휴대폰 울림	2
	35	수업시간 중 휴대폰 사용	5
근태	36	조회지각	1
	37	무단지각, 무단결과, 무단조퇴	2
		무단지각, 결과, 조퇴 등의 합계가 10회 이상인 경우 징계 기준표에 의거 징계함	징계
	38	무단결석	3
		무단결석일수의 합계가 7일 이상인 경우 징계 기준표에 의거 징계함	징계
약물	39	담배, 라이터, 술 소지 행위	5
	40	등교 전, 방과 후 흡연	10
		교내흡연(일과시간 중 흡연 포함) 및 음주는 징계 기준표에 의거 징계함	징계
도박	41	단순 도박 행위	3
	42	화투, 트럼프 등 도박성 물품 소지	5
		학교에서 도박을 하는 행위는 징계 기준표에 의거 징계함	징계
절도		절도 행위는 징계 기준표에 의거 징계함	징계
폭력		학교폭력은 학교폭력대책자치위원회에서 다룸	
기타		'벌점 기준표'에 없는 학생 신분에 어긋난 모든 행동은 '징계 기준표'에 의거하여 소선도위원회에서 결정함.	

※ 벌점 20점이상 교내봉사, 50점이상 사회봉사, 80점이상 특별교육, 100점이상 퇴학처분함.

제10조 (규정의 개정) 이 규정을 개정할 필요가 있을 때에는 선도위원회 심의를 거쳐 학교운영위원회에 회부하여 심의를 거친 후 학교장의 허가를 받아 개정할 수 있다.

2) 학생 사안 처리

가) 선도위원회

각 학교에서는 학생들이 학생신분에 크게 어긋나는 행위를 했을 경우 심의·의결하기 위한 선도위원회를 둔다. 벌점 초과에 의한 징계, 흡연에 대한 징계 등 징계 기준이 규정에 정확히 명확히 명시되어 있는 사안은 소선도위원회에서 심의하고, 중대한 사안이나 규정에 명시되어 있지 않은 사안은 선도위원회에서 심의하여 의결한다. 선도위원회는 인성지도부장(생활지도부장)이 소집하고 위원의 2/3참석으로 의결할 수 있다. 다음의 선도위원회 규정을 참고하자.

[표 3.25] 선도위원회 규정 예시

제4조 (구성 및 의결)
① 학생들의 징계 사항을 심의하기 위하여 소선도위원회와 선도위원회를 둔다.
② 소선도위원회는 인성지도부장과 인성지도부 교사들로 구성하여 운영한다.
③ 선도위원회는 교감, 인성지도부장, 인문상담부장, 교무부장, 해당학년부장과 인성지도 담당교사로 구성하며, 교감은 위원회의 위원장이 되어 운영 전반을 총괄하고, 인성지도부장은 이 위원회의 사무를 주관한다.
④ 위원회는 위원 2/3이상의 출석으로 개회하고 출석인원 2/3이상의 찬성으로 의결한다.

제5조 (기능)
① 학생 징계 사안이 발생했을 때 인성지도부장은 소선도위원회를 소집하고, 소선도위원회는 이를 심의·의결할 수 있다.
② 벌점초과에 의한 징계, 흡연에 의한 징계 등 징계 기준이 규정에 정확히 명시되어 있는 사안은 소선도위원회에서 심의·의결 할 수 있다.
③ 중대한 사안 또는 규정에 정확히 명시되지 않아 논의가 필요한 사안은 선도위원회에서 심의·의결한다.

제6조 (사안 설명 및 의견 진술)
심의 전에 담당교사 및 담임교사로부터 사안의 설명과 의견을 청취하고, 학생 및 학생의 보호자(학부모)에게도 의견을 진술할 기회를 부여해야 한다.

나) 징계위원회

징계는 일반적으로 교내봉사, 사회봉사, 특별교육이수, 출석정지로 나누어지고 최종적 징계는 고등학교에서는 퇴학(중학교는 해당되지 않음)에 이른다. 예를 들어, 교사에 지도에 불응하는 경우 경미할 때에는 벌점에 그칠 수 있으나, 그 정도가 심하여 심의가 필요한 경우에는 교내봉사 등의 징계를 취할 수 있다. 아래의 징계 규정과 징계 기준표를 참고하자.

[표 3.26] 학생 징계 기준표 예시 (고등학교 예시-중학교는 퇴학처분이 없음)

제8조 (징계의 종류와 기간)
① 초·중등교육법 제18조(학생의 징계) 및 초·중등교육법시행령 제31조(학생의 징계 등)에 의거 (소)선도위원회는 학생의 선도·교육을 위하여 필요하다고 인정하는 때에는 다음 2~5항의 어느 하나에 해당하는 조치(수 개의 조치를 병과하는 경우 포함)를 취한다.
② 「학교 내의 봉사」는 3~5일의 기간으로 하고 출석으로 처리한다.
③ 「사회봉사」는 3~5일의 기간으로 하고 출석으로 처리한다.
④ 「특별교육이수」는 5일 이상의 기간으로 하고 출석으로 처리한다.
⑤ 학교장은 「퇴학처분」의 징계를 하기 전에 10일 이내의 「가정학습」을 하게 할 수 있다. 이때의 「가정학습」 기간은 '무단결'로 처리한다.(초·중등교육법시행령 제31조5항, 학업성적관리지침, 서울특별시교육청 2007)

제9조 (징계의 방법)
① 「학교 내의 봉사」는 학생을 등교시켜 인성지도부와 인문상담부의 지도를 받으며 학교 내 봉사활동을 하게 한다.
② 「사회봉사」는 학생을 지역행정기관, 공공기관. 사회복지기관에 위탁하여 사회봉사활동을 하게 한다.
③ 「특별교육이수」징계처분을 받은 자는 교육감이 설치·운영하는 특별교육과정을 이수하거나 교육감이 위탁 교육을 계약한
특별교육 기관의 교육이나 상담치료 개별교육을 이수하게 한다.
④ 퇴학처분을 명할 때는 진로 알선을 위해 노력하고. 학생선도대장에 전·편입학, 재입학, 입소, 취업 등 진로 상담결과를 기록한다.
⑤ 제9조에 해당한 징계처분 사실은 학생선도대장에 기록하여 관리하며. 추수지도 자료로 활용한다.
⑥ 제1항과 제2항의 「학교 내의 봉사」와 「사회봉사」는 징계이므로 일반 학생의 봉사활동과 같은 봉사활동시간으로 인정될 수 없다.
⑦ 경미한 사안인 경우 인성지도부 내규에 따라 교내에서 지도할 수 있다.

제10조 (기준) 징계의 기준은 다음과 같다.

징 계 기 준 표

구분	항	행 위 내 용	교내봉사	사회봉사	특별교육	퇴학처분
준법	1	교사의 정당한 지도에 불응한 학생	○	○	○	○
	2	징계 지도에 불응한 학생		○	○	○
	3	교사에게 폭언을 한 학생			○	○
	4	교사에게 폭력을 가한 학생				○
	5	공공문서 위조·변조 또는 나쁜 목적사용 및 대여한 학생			○	○
	6	인장 및 제 증명을 위조한 학생	○	○		
	7	금지된 과외 수업을 받은 학생		○	○	
	8	언행이 불량하여 주민으로부터 학교에 진정 또는 통보된 학생	○	○		
	9	타인을 위협하기 위해 흉기를 고의적으로 휘두르는 학생			○	○
	10	타인(학생이 아닌 일반인)을 폭행한 학생	○	○	○	○

구분	항	행 위 내 용	징계			
			교내봉사	사회봉사	특별교육	퇴학처분
	11	오토바이 또는 자동차를 무면허로 운전하거나 교통법규를 위반한 학생	○	○		
	12	불온문서를 은닉, 탐독, 제작, 게시 또는 유포한 학생		○	○	○
	13	경찰에 연행된 후 훈방된 학생	○	○		
	14	사법 기관에 구속 석방된 학생		○	○	○
	15	형법상 유죄로 판결된 학생				○
	16	품행이 불량하여 개전의 가망이 없다고 인정한 학생				○
	17	성찰 교실 프로그램 지도에 불응한 학생	○	○	○	
수업	18	수업을 방해한 학생	○			
	19	수업을 거부한 학생	○	○		
	20	고사 중 부정행위를 했거나 동조한 학생	○	○		
	21	시험을 거부한 학생		○	○	
	22	백지 동맹을 주동하거나 선동한 학생		○	○	○
	23	시험 문제를 누설 또는 문제지를 절취한 학생			○	○
근태	24	무단가출하여 사회물의를 야기한 학생	○			
	25	무단지각, 무단결과, 무단조퇴 등을 10회 이상 한 학생	○			
	26	정당한 사유 없이 무단결석일수의 합계가 7일 이상인 학생	○			
	27	정당한 사유 없이 무단결석일수의 합계가 17일 이상인 학생		○		
	28	정당한 사유 없이 무단결석일수의 합계가 27일 이상인 학생			○	
	29	법정 수업일수의 1/3 이상 결석한 학생				○
용의복장	30	두발(길이, 파마, 염색), 화장, 복장(바지통, 치마길이)지도에 5회 이상 불응한 학생	○			
	31	두발(길이, 파마, 염색), 화장, 복장(바지통, 치마길이)지도에 7회 이상 불응한 학생		○		
	32	두발(길이, 파마, 염색), 화장, 복장(바지통, 치마길이)지도에 9회 이상 불응한 학생			○	
	33	두발(길이, 파마, 염색), 화장, 복장(바지통, 치마길이)지도에 10회 이상 불응한 학생				○
파손	34	공공 시설물, 집기류 등을 고의로 파손하는 학생	○	○		
약물	35	흡연 또는 음주를 한 학생	○			
	36	흡연 또는 음주를 2회 한 학생		○		
	37	흡연 또는 음주를 3회 한 학생			○	
	38	흡연 또는 음주가 4회 이상인 학생				○
	39	본드, 대마초, 환각제나 마약류를 복용한 학생			○	
퇴폐행위	40	학교에서 도박을 하거나 상습적으로 도박을 한 학생	○	○	○	
	41	학생 출입 금지구역에 출입한 학생	○	○		
	42	학생으로서 불건전한 취업행위를 한 학생	○	○		
	43	음란물을 소지하거나 가져와 내용을 보여 주는 학생	○	○		
	44	불건전한 이성 교제 등으로 풍기를 문란하게 한 학생	○	○	○	○
	45	부녀자를 희롱하거나 심한 욕설을 한 학생	○	○		
금품	46	금품 관련 불미스러운 행동으로 학교 명예를 훼손한 학생	○	○		
	47	금품을 절취, 사취한 학생	○	○	○	

구분	항	행위 내용	징계			
			교내봉사	사회봉사	특별교육	퇴학처분
집단행위	48	금품을 강탈한 학생 (학생의 금품을 강탈한 경우는 학교폭력대책자치위원회에서 심의)	○	○	○	○
	49	불법집회 또는 불량서클에 참석하거나 가입한 학생	○	○	○	
	50	허가 없이 서클을 조직 운영하여 교칙을 문란하게 한 학생		○	○	○
	51	허가 없이 대외 행사에 출품·출연/참가하여 학교의 명예를 훼손한 학생	○	○		
	52	학생을 선동하여 질서를 문란하게 한 학생		○	○	○
	53	등교 거부를 주동하거나 동참한 학생		○	○	○
	54	정치 활동에 관여하여 학생 신분에 어긋나는 행위를 한 학생			○	○
사이버범죄	55	음성·온라인상에서 문자나 동영상을 올려 성적자극을 유발하거나 영상 매체를 이용해 타인의 초상권이나 사생활을 침해한 학생	○	○	○	
	56	해킹이나 크래킹 등과 같은 기술로써 학교나 교사 정보를 손상 또는 유출한 학생	○	○	○	
	57	타인의 신상 정보를 도용하거나 불법 거래 또는 불량소프트웨어를 불법으로 거래·복제·배포한 학생	○	○	○	
	58	반사회적·반인륜적 사이트(자살·테러·폭력·불법거래·불건전한 인터넷 방송 등)를 개설·운영하거나 가입하여 사회질서를 해친 학생	○	○	○	
폭력	59	'학교폭력대책자치위원회'에서 심의한다.				
기타	60	위의 각 항에 상응하는 행위를 한 학생도 처벌할 수 있다.				
	61	선도 기간 중 개전의 정이 없을 때(지도 불응, 불참)는 가중 처벌한다.				
	62	선도규정 위반 행위가 2회 이상인 학생은 가중 처벌할 수 있다				
	63	선도 기준 외의 것은 선도위원회의 심의를 거쳐 실시한다.				
	64	재학기간 중 〈특별교육이수〉징계를 3회 이상 받은 학생은 타교 전학이나 선도위원회의 심의를 거쳐 퇴학 처분 할 수 있다.				

다) 학교폭력대책자치위원회

학교폭력 사안에 대해서는 학교폭력대책자치위원회를 구성하여 처리한다. 학교폭력대책자치위원회에서는 피해학생을 어떻게 보호할 것이며, 가해학생에게 어떤 징계를 부여하고 향후 학교생활을 어떻게 하게 할 것인가를 정하게 된다.

다음에 나타나듯이 피해학생, 가해학생에게 다음과 같은 조처가 취해지는데 이를 학교폭력대책자치위원회에서 정하게 된다. 가해학생에게는 경미한 조치부터 퇴학처분에 이르기까지 다양하나 실제로 취해지는 조처는 교내봉사, 사회봉사, 전학 등으로 몇 가지 중에서 선택되고 있다. 다음의 학교폭력대책자치위원회 규정을 참고하자.

피해학생의 보호	가해학생에 대한 조치
1. 심리상담 및 조언 2. 일시보호 3. 치료를 위한 요양 4. 학급교체 5. 그 밖에 피해학생의 보호를 위하여 필요한 조치	1. 피해학생에 대한 서면사과 2. 피해학생에 대한 접촉, 협박 및 보복행위의 금지 3. 학교에서의 봉사 4. 사회봉사 5. 학내외 전문가에 의한 특별교육이수 또는 심리치료 6. 출석정지 7. 학급교체 8. 전학

[표 3.27] 학교폭력대책자치위원회 규정 예시 (중학교)

(전략)

제2장 학교폭력대책자치위원회

제4조(설치·기능·권한)
① 학교폭력의 예방 및 대책에 관련된 사항을 심의하기 위하여 학교에 학교폭력대책자치위원회(이하 '자치위원회'라 한다)를 둔다.
② 자치위원회는 학교폭력의 예방 및 대책 등을 위하여 다음 각 호의 사항을 심의한다.
  1. 학교폭력의 예방 및 대책을 위한 학교의 체제 구축
  2. 학교폭력 예방 프로그램의 구성 및 실시
  3. 피해학생의 보호
  4. 가해학생에 대한 선도 및 징계
  5. 피해학생과 가해학생간의 분쟁 조정
  6. 학교폭력에 관해 책임교사, 학생대표가 건의하는 사항
  7. 그 밖에 대통령령이 정하는 사항
③ 자치위원회는 다음과 같은 권한을 갖는다.
  1. 가해학생에 대한 조치를 학교의 장에게 요청
  2. 피해학생에 대한 보호조치를 학교의 장에게 요청
  3. 학교폭력과 관련한 분쟁 발생 시 분쟁조정

제5조(구성·소집·운영)
① 자치위원회는 위원장 1인을 포함하여 5인 이상 10인 이하의 위원으로 구성한다.
② 위원장은 위원 중 호선하며, 위원장 유고시에는 위원장이 지정하는 위원이 위원장의 직무를 대행한다.
③ 위원은 다음 각 호의 1에 해당하는 자 중에서 당해 학교장이 위촉한다.
  1. 교감
  2. 본교 교사 중 학생생활지도의 경력이 있는 교사
  3. 초·중등교육법 제31조에 의한 학교운영위원회의 학부모대표
  4. 판사·검사 또는 변호사, 법학전공대학 교수 또는 연구기관 소속인 자
  5. 본교의 구역을 관할하는 경찰서 소속 경찰공무원
  6. 의사의 자격을 가진 자
  7. 그 밖의 학교 폭력 예방 및 청소년 보호에 지식과 경험을 가진 자

④ 자치위원회의 위원의 임기는 2년으로 하되 연임할 수 있다. 다만, 자치위원회 위원의 사임 등으로 인하여 새로이 위촉되는 위원의 임기는 전임위원의 잔여 임기로 한다.
⑤ 위원장은 다음 각 호의 1에 해당하는 경우에는 자치위원회를 소집하여야 한다.
　1. 학교장이 학교폭력 관련 사실에 관하여 자치위원회를 소집하여야 한다고 요청하는 경우
　2. 자치위원회 재적위원 3분의 1 이상의 요청이 있는 경우
　3. 위원장이 회의 소집이 필요하다고 인정하는 경우
⑥ 회의는 재적위원 과반수의 출석으로 개의하고, 출석위원 과반수의 찬성으로 의결한다.
⑦ 자치위원회의 회의에 출석한 위원에게는 예산의 범위에서 수당과 여비를 지급할 수 있다. 다만, 공무원인 위원이 그 소관 업무와 직접적으로 관련하여 회의에 출석하는 경우에는 지급하지 않는다.
⑧ 자치위원회는 회의록을 작성·보존하여야 한다.

제6조(책임교사 선임 및 전담기구 설치)

① 학교의 장은 전문상담교사, 보건교사 및 책임교사(학교폭력문제를 담당하는 교사를 말한다)등으로 학교폭력문제를 담당하는 전담기구(이하 "전담기구"라 한다)를 구성한다. 전문상담교사는 인문상담부장, 책임교사는 인성지도부장으로 한다.
② 전담기구의 역할은 다음과 같다.
　1. 학교폭력 실태 조사
　2. 학교폭력 예방 프로그램의 구성 및 실시
　3. 학교장, 자치위원회의 요구에 의한 조사 결과 보고

제7조(학교폭력 예방교육)

① 학교의 장은 학생 및 교직원을 대상으로 학생의 육체적·정신적 보호와 학교폭력 예방을 위한 교육을 학기별로 1회 이상 실시하되 교육 횟수, 시간 및 강사 등 세부적인 사항은 학교의 여건에 따라 학교의 장이 정한다.
② 학교의 장은 제1항의 규정에 의한 학교폭력예방교육 프로그램의 구성 및 그 운용 등을 전문단체 또는 전문가에게 위탁할 수 있다.
③ 학생과 교직원 별도로 교육함을 원칙으로 하되, 내용에 따라 함께 교육할 수 있다.

제3장 보호 및 징계

제8조(피해학생의 보호)

① 자치위원회는 피해학생의 보호를 위하여 필요하다고 인정하는 때에는 피해학생에 대하여 다음 각 호의 어느 하나에 해당하는 조치(수 개의 조치를 병과하는 경우를 포함한다)를 할 것을 학교의 장에게 요청할 수 있다. 다만, 학교의 장은 피해학생의 보호를 위하여 긴급하다고 인정할 경우 자치위원회의 요청 전에 제1호, 제2호 및 제6호의 조치를 할 수 있다. 이 경우 자치위원회에 즉시 보고하여야 한다.
　1. 심리상담 및 조언
　2. 일시보호
　3. 치료 및 치료를 위한 요양
　4. 학급교체
　5. 그 밖에 피해학생의 보호를 위하여 필요한 조치
② 제1항에 따른 요청이 있는 때에는 학교의 장은 피해학생의 보호자의 동의를 받아 해당 조치를 할 수 있다.
③ 제1항의 조치 등 보호가 필요한 학생에 대하여 학교의 장이 인정하는 경우 그 조치에 대한 결석을 출석일수에 셈해 넣을 수 있다.
④ 학교의 장은 성적 등을 평가함에 있어서 제2항에 따른 조치로 인하여 학생에게 불이익을 주지 아니하도록 노력하여야 한다.
⑤ 제1항 제3호에 따라 사용되는 비용은 가해학생의 보호자가 부담하여야 한다. 다만, 가해학생의

보호자가 이를 부담하지 아니할 경우에는 「학교안전사고 예방 및 보상에 관한 법률」 제15조에 따른 학교안전공제회 또는 시교육청이 부담하고 이에 대한 구상권을 행사할 수 있다.

제8조의2 (장애학생의 보호)
① 누구든지 장애 등을 이유로 장애학생에게 학교폭력을 행사하여서는 아니 된다.
② 자치위원회는 학교폭력으로 피해를 입은 장애학생의 보호를 위하여 장애인전문 상담가의 상담 또는 장애인전문 치료기관의 요양 조치를 학교의 장에게 요청할 수 있다.
③ 제2항에 따른 요청이 있는 때에는 학교의 장은 해당 조치를 하여야 한다. 이 경우 제8조제5항을 준용한다.

제9조(가해학생에 대한 조치)
① 자치위원회는 피해학생의 보호와 가해학생의 선도·교육을 위하여 필요하다고 인정하는 때에는 가해학생에 대하여 다음 각 호의 어느 하나에 해당하는 조치(수 개의 조치를 병과하는 경우를 포함한다)를 할 것을 학교의 장에게 요청할 수 있다.
  1. 피해학생에 대한 서면사과
  2. 피해학생에 대한 접촉, 협박 및 보복행위의 금지
  3. 학교에서의 봉사
  4. 사회봉사
  5. 학내외 전문가에 의한 특별교육이수 또는 심리치료
  6. 출석정지
  7. 학급교체
  8. 전학
② 제1항 제2호부터 제6호까지 및 제8호의 처분을 받은 가해학생은 교육감이 정한 기관에서 특별교육을 이수해야 하며, 특별교육 기간은 자치위원회에서 정한다.
③ 학교의 장은 가해학생에 대한 선도가 긴급하다고 인정할 경우 우선 제1항 제1호, 제2호 및 제5호의 조치를 할 수 있다. 이 경우 자치위원회에 즉시 보고하여 추인을 받아야 한다.
④ 자치위원회는 제1항에 따른 조치를 요청하기 전에 가해학생 및 보호자에게 의견진술의 기회를 부여하는 등 적정한 절차를 거쳐야 한다.
⑤ 제1항에 따른 요청이 있는 때에는 학교의 장은 해당 조치를 하여야 한다.
⑥ 학교의 장이 제3항에 따른 조치를 한 때에는 가해학생과 그 보호자에게 이를 통지하여야 하며, 가해학생이 이를 거부하거나 회피하는 때에는 「초·중등교육법」 제18조에 따라 징계하여야 한다.
⑦ 가해학생이 제1항 제5호부터 제7호까지의 규정에 따른 조치를 받은 경우 이와 관련된 결석은 학교의 장이 인정하는 때에는 이를 출석일수에 셈해 넣을 수 있다.
⑧ 자치위원회는 가해학생이 특별교육을 이수할 경우 해당 학생의 보호자도 함께 교육을 받게 할 수 있다.
⑨ 제1항 제8호의 규정에 의한 출석정지기간은 "무단결"로 처리한다.

제10조(재심 청구권)
① 제9조제1항에 따른 징계처분 중 퇴학조치에 대하여 이의가 있는 학생 또는 그 보호자는 그 조치를 받은 날부터 15일 이내 또는 그 조치가 있음을 안 날부터 10일 이내에 서울시교육청의 학생징계조정위원회(이하 "징계조정위원회"라 한다)에 그 재심을 청구할 수 있다.
② 제10조제1항에 따라 학생 또는 그 보호자가 징계조정위원회에 재심을 청구할 때에는 다음 각 호의 사항을 적어 서면으로 하여야 한다.
  1. 청구인의 이름, 주소 및 연락처
  2. 피청구인
  3. 퇴학조치가 있음을 안 날
  4. 청구의 취지 및 이유

라) 성찰교실

최근 체벌 금지에 따른 여러 가지 조처 중의 하나로 성찰교실이 운영되기도 한다. 이는 생활지도와 약간은 다른 부분으로 수업 중 학생의 행동이 담당교사의 2~3회의 조치에도 개선되지 않을 경우에 최종적으로 지도를 맡기고 방과 후 추가 지도를 하는 프로그램이라고 볼 수 있다. 단계적으로 상담 및 경고 → 교실 안 지도 → 교실 밖 격리를 취하고 그럼에도 불구하고 개선되지 않을 경우에는 성찰교실로 인계하여 해당 시간의 남은 시간을 성찰교실에서 보낸 후에 성찰교실 지도 선생님의 확인으로 방과후에 추가 상담 및 학습을 한다. 최근에는 수업 중 교사의 지도에 불응하는 경우가 종종 있어 성찰교실 제도를 효과적으로 이용할 필요성이 있다. 다음의 문제 행동 학생 지도 방법 및 성찰교실 운영 규정을 참고하자.

[표 3.28] 문제행동 학생 지도 규정 예시

(전략)

제5조 (방침)
① 교육활동을 방해하거나 다른 학생에게 피해가 되는 행동을 하는 등 문제행동을 하는 학생에 대해 단계별로 조치를 강화한다.
② 문제행동에 대한 교사의 조치 내용을 학생들이 사전에 인지할 수 있도록 지도한다.
③ 단계별 조치 과정에서 해당 학생이 문제 상황에 대해 소명할 수 있는 기회를 제공한다.
④ 타임아웃 된 학생을 위한 성찰교실의 대안적 프로그램을 별도로 운영한다.

제6조 (단계별 운영 방법) 문제행동 학생에 대한 단계별 지도 방법은 다음 각 호와 같다.
 1. 상담 및 경고
    학생이 문제행동을 했을 때 해당 교사는 학생과의 상담을 통해 문제행동의 원인을 우선 파악하고, 재발 방지를 위해 경고하고 훈계한다.
 2. 교실 안 지도
    교사의 경고에도 불구하고 동일한 문제 행동이 반복될 경우 담당교사는 교실 내에서 학생을 격리한 후 수업을 진행한다.
 3. 교실 밖 격리(Time-Out)
    교실 내에서 교사의 지도로 문제 행동이 개선되지 않았을 경우 성찰교실로 이동시켜 성찰교실 담당자가 해당 학생을 상담하고, 해당 수업내용에 대해 자율적으로 학습하도록 지도한다.
 4. 학교관리자 특별 면담
    성찰교실 프로그램 이행 후에도 문제행동이 개선되지 않을 경우 학교관리자가 해당 학생 및 학부모를 특별 면담한다.
 5. 징계
    문제행동의 정도가 심각하거나 개선의 여지가 없을 경우 학생선도위원회 규정에 의거하여 징계 절차를 진행한다.
 6. 지역교육지원청 연계 교육
    사회봉사 이상 징계 시 징계 시행과 관련하여 지역교육지원청에 협조를 요청할 수 있다.

제4장 성찰 교실 운영

제7조 (목적)
 학교 교육과정 운영 중 교육활동에 방해가 되는 행위를 하는 학생들을 격리하기 위해 별도의 교육공간인 성찰교실을 운영한다.

제8조 (담당자)
 ① 성찰교실 운영의 담당자는 교감으로 하며 전문 상담자의 도움을 받는다.
 ② 교실에서 성찰 교실로의 학생 이동은 학교관리자, 배움터 지킴이, 전문상담자 등이 담당하며 원활한 운영을 위한 학교 내 연락체계를 만든다.

제9조 (설치 장소)
 성찰교실은 상담실, Wee클래스, 별도 교실, 교장실 등 학생들의 교육활동이 가능한 독립된 공간이어야 한다.

제10조 (교육활동 내용)
 ① 성찰교실의 교육 활동은 다음 각 호와 같다.
  1. 상황 파악 활동 : 학생이 교실에서 발생한 상황에 대해 기술한다.
  2. 기본 상담 및 훈육
  3. 해당 교과에 대한 자기주도학습 실시
  4. 다양한 교육자료를 활용한 시청각 교육
  5. 자기행동이행계획서 작성
  6. 전문상담자와 연계 활동
 ② 성찰교실 활동 사후 처리는 다음 각 호와 같다.
  1. 상황 파악 활동 시 학생이 자신이 겪은 상황과 관련하여 자기의 생각을 교사에게 전달하는 '교사에게 하고 싶은 말' 칸을 만들어 작성하게 한다.
  2. 성찰 교실 관리자는 학생이 작성한 것을 해당 교사에게 전달, 필요시 교사의 답글을 통한 상호이해를 증진한다.
  3. 성찰교실 담당자 혹은 학교 관리자는 교사와 학생 사이의 상호이해를 증진시켜 교육적 만남이 이루어지도록 한다.

제5장 체벌 발생 시 조치

제11조 (학생고충처리센터)
 ① 학교 관리자는 학생들이 체벌 발생을 알릴 수 있도록 학교 홈페이지에 학생고충처리센터 게시판을 운영한다.
 ② 학생고충처리센터에 신고 된 사항에 대해서는 비밀이 보장되도록 한다.

제12조 (단계별 조치) 체벌 발생 시 단계별 조치 방법은 다음 각 호와 같다.
 1. 신고 : 체벌 발생 시 학생은 학생고충처리센터 또는 교감에게 직접 체벌 상황에 대해 알린다.
 2. 조사 : 교감은 교사와 학생에게서 체벌 상황에 대한 사실 관계를 조사하고, 학생과 교사에게 충분한 소명의 기회를 준다.
 3. 중재 : 교감은 교사 학생 간 중재 및 화해를 유도하며, 학생과 교사 사이에 상호 수용적 분위기가 조성되도록 노력한다.
 4. 연수명령 조치 : 학교장은 반복적으로 체벌을 하는 교사에 대해서는 방학을 이용해 자비연수를 이수하도록 명령하며, 연수는 분노 관리 및 대화 방법, 분쟁 해결 및 평화교육 등 학생 지도 방법에 대한 내용으로 한다.

3 교육정보관련 업무

가. 학교 전자시스템의 개요

1) 공인인증서(GPKI)

가) 관련 용어설명

구 분	내 용
공인인증서	전자 상거래를 할 때 거래자의 신원 확인 및 증명을 위해 사용되는 일종의 전자 서명으로 공인 인증기관이 발행한 인증서
GPKI	(Government Public Key Infrastructure) : 정부 공개 키 기반구조라는 표현으로 교육공무원은 및 사립학교 교원은 교육기관전자서명인증센터(http://www.epki.go.kr)에서 발급함
인증서 갱신	사용 중인 인증서의 유효기간을 연장하고자 할 경우 인증서를 갱신함. 모든 인증서의 유효기간은 2년 3개월이며, 일반적으로 인증서 갱신은 인증서의 유효기간 만료 30일 전부터 가능

나) 인증서의 종류

구 분	내 용
개인용	교원, 일반직, 기타직 등 일반 개인의 신원확인 및 전자서명
기관용	학교 및 교육행정기관의 신원확인 및 전자서명
업무용	외부급식, 실험보조원 등 외부직원의 신원확인 및 전자서명

다) 공인인증서의 사용
- ○ 업무관리시스템, 차세대나이스, 에듀파인, 업무용 기관메일, 각 시도교육청 포털시스템
- ○ 에듀팟(창의적체험활동 종합지원시스템), 독서교육종합시스템
- ○ 각 시도교육청 교수학습지원센터 등

라) 신청, 발급, 등록

〈인증서 발급 및 등록 절차〉

신청자	인증 담당자	교육청	신청자	신청자	신청자
인증서 신청서 작성	⇒ 관할교육청 공문 제출	⇒ 인증서 신청정보 등록	⇒ EPKI 센터 (www.epki.go.kr) 접속	⇒ 참조번호/인가코드 조회	⇒ 인증서 발급

출처 : 교육행정정보시스템(NEIS) 사용자 설명서 : 시스템관리(2010, 서울특별시교육청)

※ 인증서 신청기관
- ○ 본청 : 본청, 직속기관, 고등학교, 특수학교
- ○ 지역청 : 지역청, 초등학교(유치원포함), 중학교

2) 교육 정보관련 주요 시스템의 개요

구 분	개 요
업무포털	○ 차세대나이스, 업무관리시스템, 에듀파인의 각종 업무를 하나의 포털 로그인을 통해 가능하도록 만든 시스템. 2011년부터 새롭게 적용가능
차세대 나이스	○ 2011년 새로운 서버로 운영되는 교육행정정보시스템(나이스 : National Education Information System) ○ 1만여 개 초·중·고·특수학교, 178개 교육지원청, 16개 시·도교육청 및 교육과학기술부가 모든 교육행정 정보를 전자적으로 연계 처리하며, 국민 편의 증진을 위해 행정안전부(G4C), 대법원 등 유관기관의 행정정보를 이용하는 종합시스템
업무관리 시스템	○ 행정기관이 업무처리의 전 과정을 과제관리카드 및 문서관리카드 등을 이용하여 전자적으로 관리하는 시스템 ○ 문서의 기안·검토·협조·결재 등록·시행·분류·편철·보관·보존·이관·접수·배부·공람·검색·활용 등 문서의 모든 처리 절차를 전자적으로 처리함
에듀파인	○ 사업의 운영은 세부사업 중심으로 사업담당자가 직접 예산 요구·품의 ○ 예산수립은 성질별, 기능별 구분 설정으로 예산편성의 정확성 확보 ○ 계약과 원인행위, 검수, 지출결의 및 분개처리의 연계로 ONE-STOP 처리

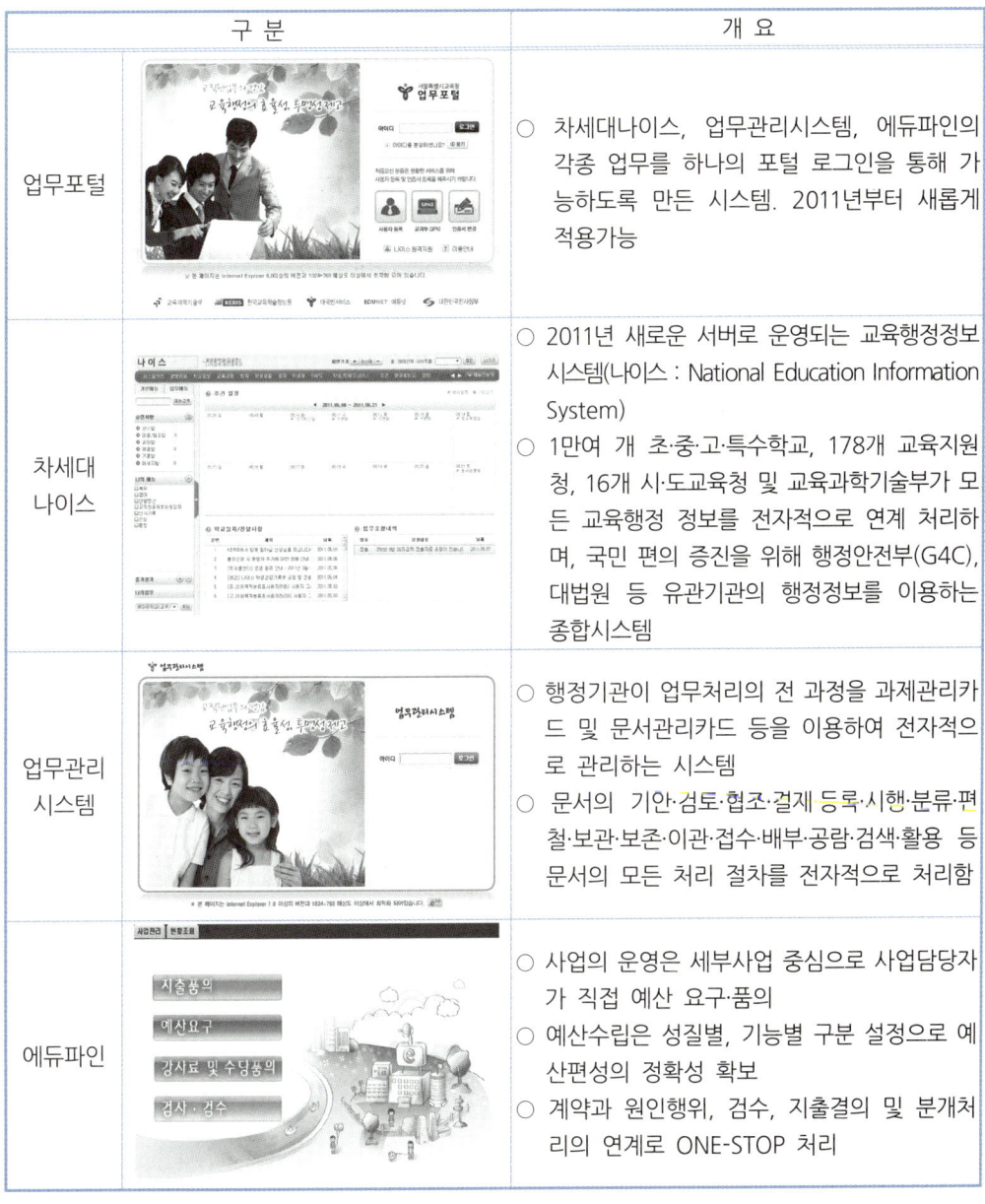

3부 일반교직실무의 실제

나. 업무포털(차세대 나이스)

[표 3.29] 차세대나이스 주요 업무 분류

시스템	서브시스템	대분류
교무업무	교무학사	PAPS, 교육과정, 학교정보, 성적, 학생생활, 학교생활기록부, 학적
	방과후학교	-
	보건	-
	입진학	-
	학생/학부모서비스	-
일반행정	교원인사	정현원, 인사기록, 호봉, 임용발령, 전보, 평정, 징계, 상훈, 계약직교원, 연수, 승진, 교원자격
	지방공무원인사	정현원, 인사기록, 임용발령, 호봉, 전보, 평정, 징계, 상훈, 다면평가, 상시학습, 위원회
	복무	
	비공무원인사	영어회화전문강사, 원어민보조교사, 기타직

[그림 3.7] 차세대나이스 메인화면 및 업무 시스템

① 업무메뉴 : 학적관리, 학생생활기록부 작성, PAPS 입력 등의 업무
② 기본메뉴 : 복무관련 업무 기안 및 승인요청(출장, 초과근무, 연가 등), 연수 이수 기록, 인사정보, 연말정산 등의 정보 조회 업무
③ 승인사항 확인 : 차세대나이스상에서 올린 각종 기안문과 승인상황 조회 업무

1) 차세대나이스 교무업무시스템
  가) PAPS 입력

〈PAPS 입력 및 조회 절차〉

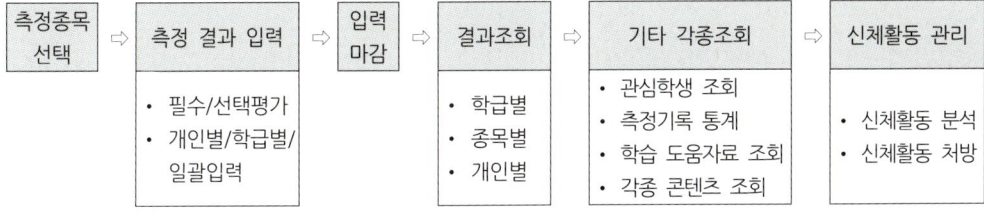

◆ 측정종목선택 ◆

▶ 메뉴경로 : PAPS 〉 측정종목관리〉 측정종목선택
▶ 개요 : 측정종목을 측정회차와 학년별로 등록, 수정, 삭제 가능
▶ 선행처리 : 측정회차관리 메뉴에서 측정회차를 등록

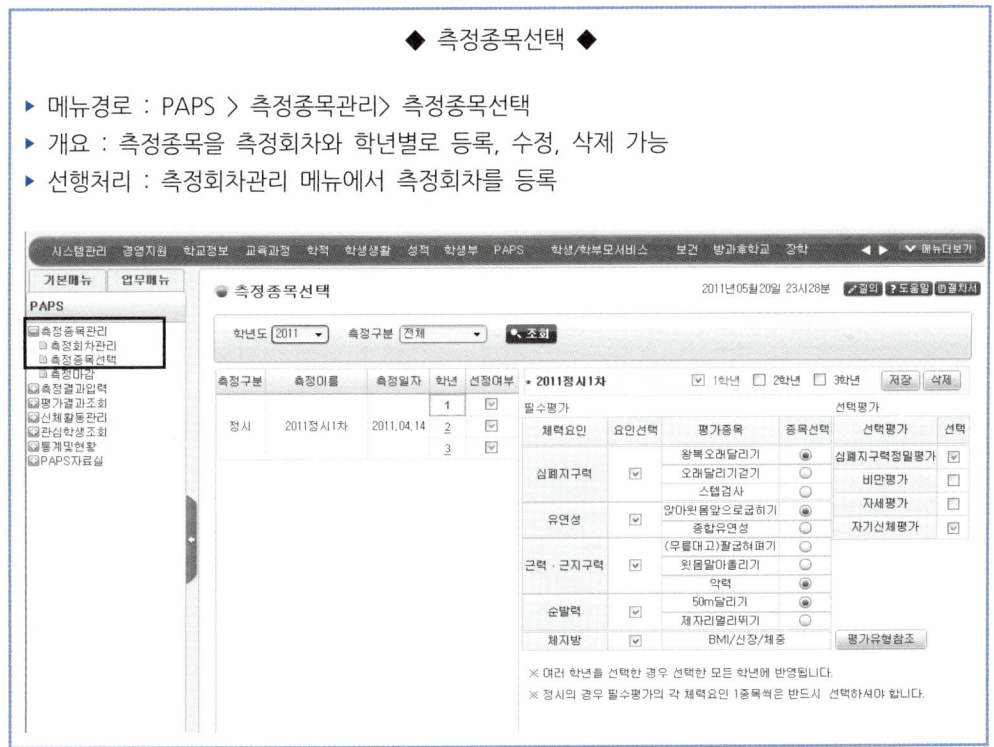

3부 일반교직실무의 실제

◆ 측정결과 입력 ◆

○ 학급별 필수평가 입력
▶ 메뉴경로 : PAPS > 측정결과입력 > 학급별필수평가입력
▶ 개요 : 학급별로 PAPS 필수평가 측정값을 입력
▶ 선행처리 : 측정회차를 등록

화면예시 (심폐지구력 입력 예시)

○ 학급별 선택평가 입력
▶ 메뉴경로 : PAPS > 측정결과입력 > 학급별선택평가입력
▶ 개요 : 학급별로 PAPS 선택평가 측정값을 입력
▶ 선행처리 : 측정회차를 등록

화면예시(심폐지구력 정밀평가 예)

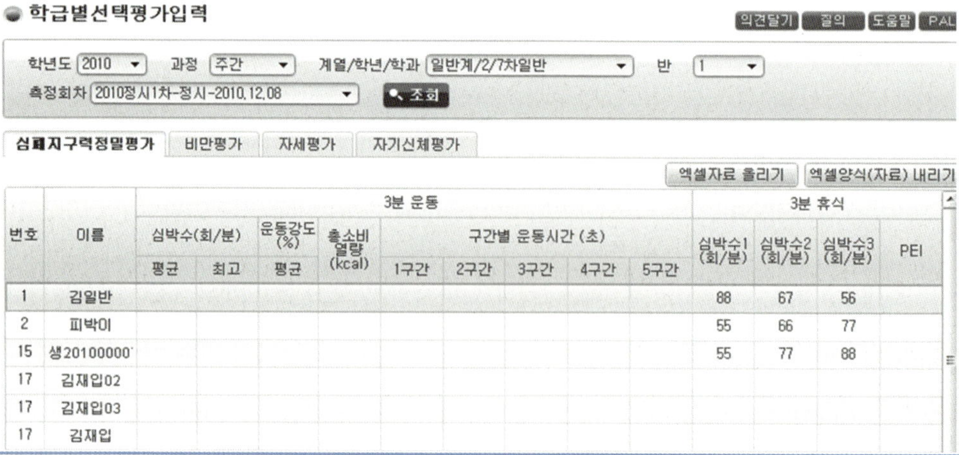

○ 입력마감
▶ 메뉴경로 : PAPS > 측정결과입력 > 입력마감
▶ 개요 : PAPS 입력마감을 설정한다.
▶ 선행처리 : 측정회차를 등록
▶ 주의사항 : 입력마감 후에는 측정값의 수정 및 삭제불가

○ 종목별 조회
▶ 메뉴경로 : PAPS > 평가결과조회 > 종목별조회
▶ 개요 : 종목별로 PAPS 측정결과 값을 조회 한다.

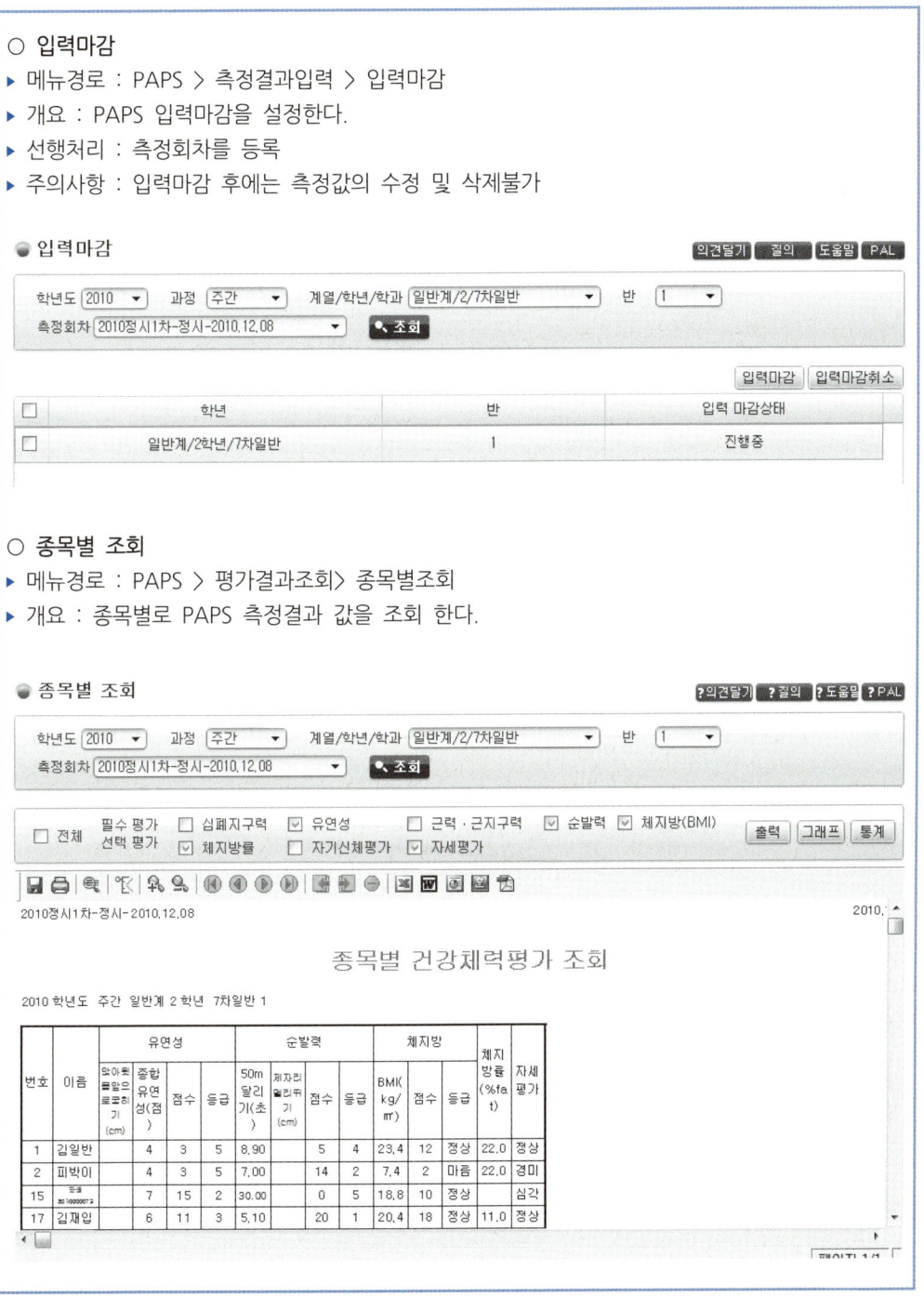

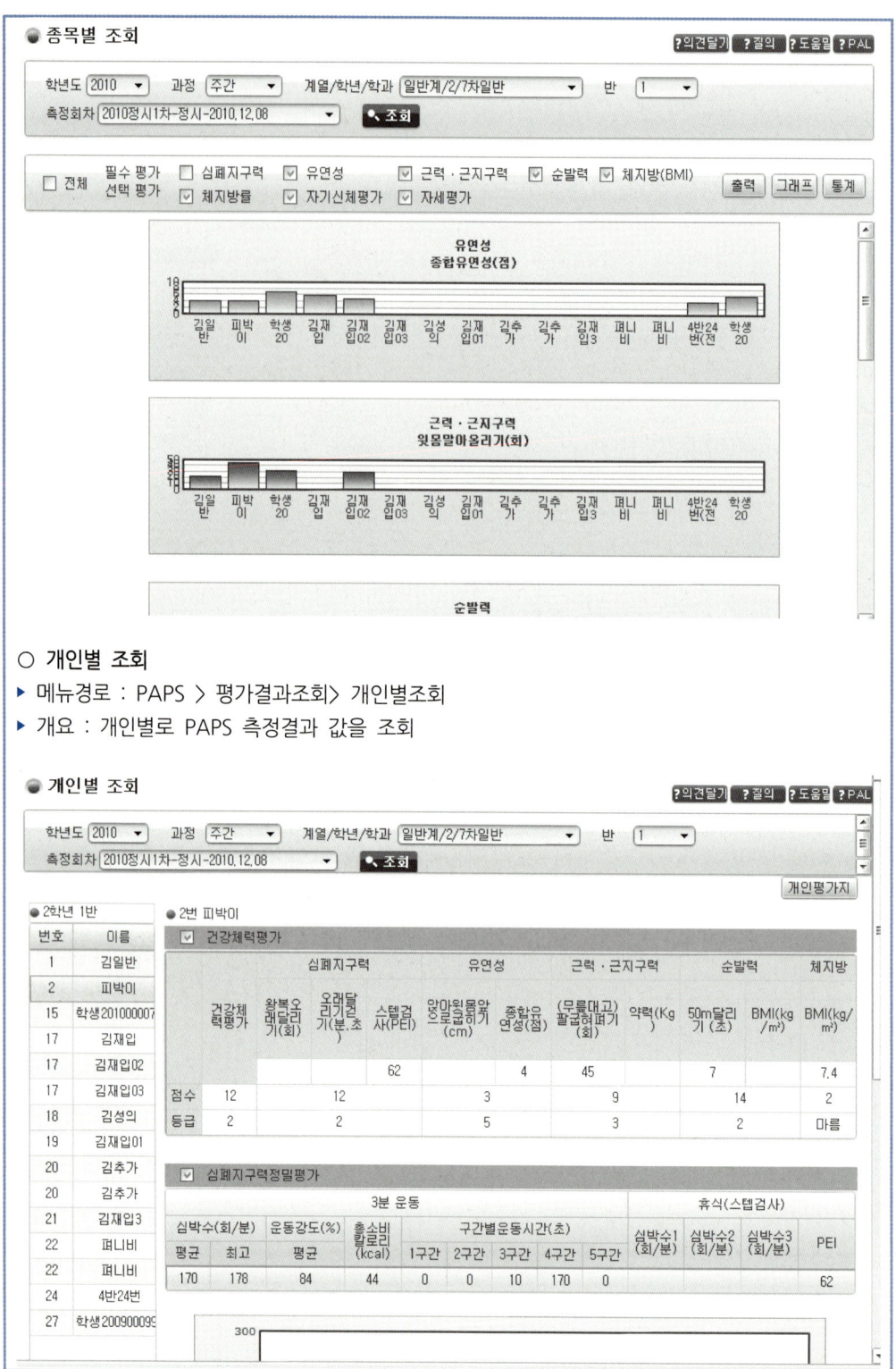

○ 개인별 조회
▶ 메뉴경로 : PAPS > 평가결과조회 > 개인별조회
▶ 개요 : 개인별로 PAPS 측정결과 값을 조회

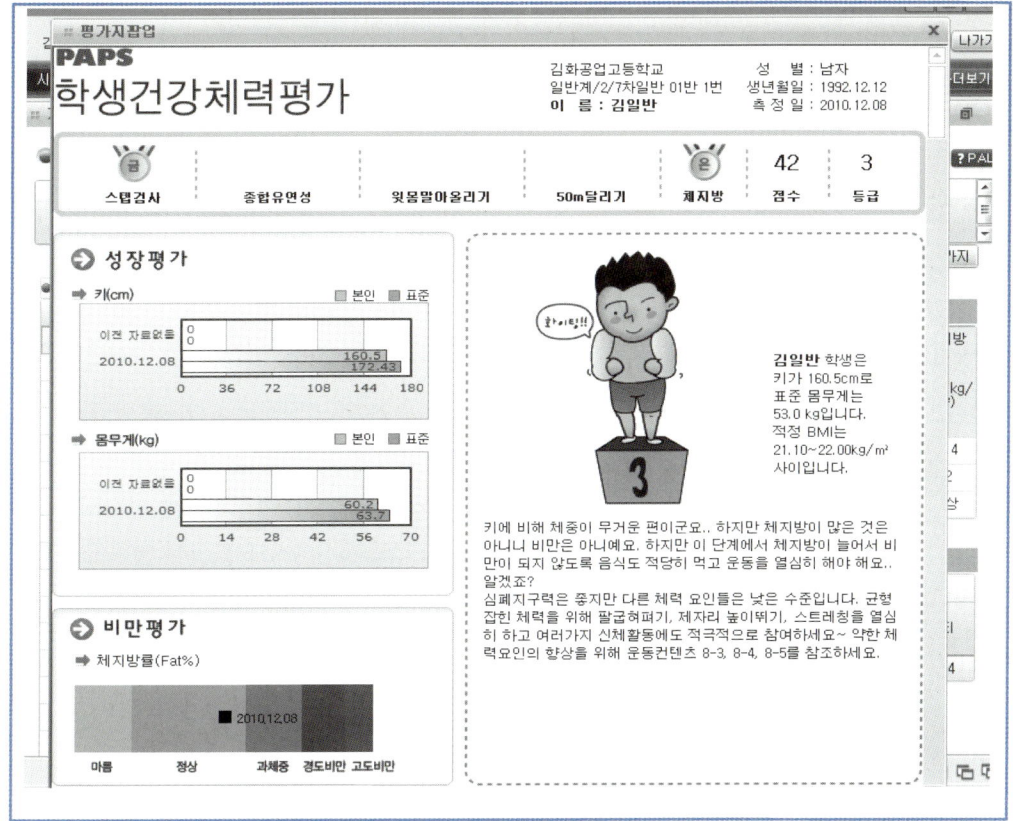

◆ 관심학생 조회 ◆

항 목	개 요
체력우려학생 조회	▶ 메뉴경로 : PAPS > 관심학생조회> 체력우려학생조회 ▶ 개요 : 학생의 평가결과에 따른 체력 우려 학생을 조회 ○ 조회 조건을 선택하고 조회 버튼을 누르면 체력 조건에 따른 학생 목록이 화면에 나타남 ○ 저체력은 건강체력 등급이 4급, 5급인 학생 ○ 비만은 체지방 등급이 경도비만, 고도비만인 학생 ○ 목록에서 평가결과 조회 버튼과 신체활동 버튼 선택 시, 개인별 상세 화면 조회 가능
체력우수학생 조회	▶ 메뉴경로 : PAPS > 관심학생조회> 체력우수학생조회 ▶ 개요 : 학생의 평가결과에 따른 체력 우수 학생을 조회 ○ 스포츠 영재 : 심폐지구력, 순발력의 평가 점수가 20점인 학생 ○ 건강체력우수 : 심폐지구력, 유연성, 근력·근지구력, 순발력의 평가 등급이 1등급이며 체지방 등급이 정상인 학생 ○ 체력우수 : 심폐지구력, 유연성, 근력·근지구력, 순발력의 평가 등급이 1등급인 학생
신체활동 우수학생 조회	▶ 메뉴경로 : PAPS > 관심학생조회> 신체활동우수학생 조회 ▶ 개요 : 학생의 평가결과에 따른 신체활동우수학생을 조회

항 목	개 요
체력향상 우수학생 조회	▶ 메뉴경로 : PAPS 〉 관심학생조회〉 체력향상우수학생 조회 ▶ 개요 : 학생의 평가결과에 따른 체력향상우수학생을 조회
측정종목별 백분위 조회	▶ 메뉴경로 : PAPS 〉 관심학생조회〉 측정종목별백분위 조회 ▶ 개요 : 학생의 평가결과에 따른 백분위를 조회

◆ 측정기록 통계 ◆

메뉴경로 : PAPS 〉 통계 및 현황 〉 측정기록통계
개요 : 개요 : PAPS측정기록의 통계를 조회한다.

항 목	화면예시
대상별 측정기록 통계	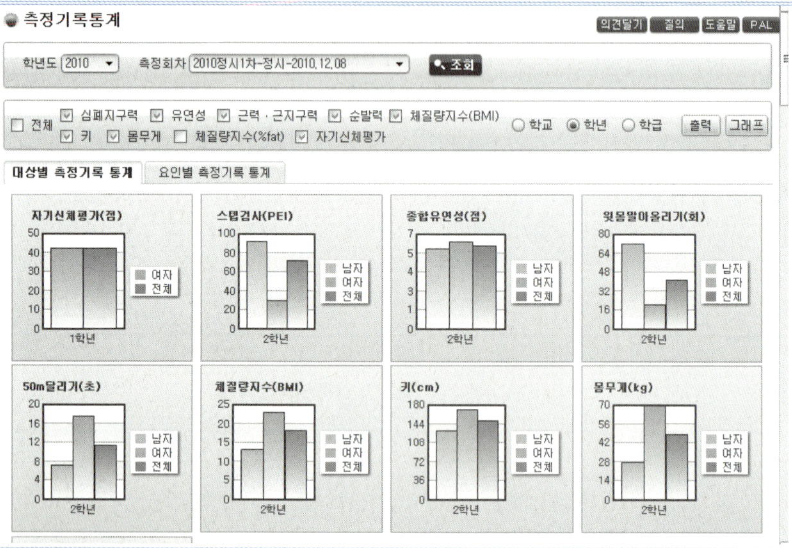
요인별 측정기록 통계	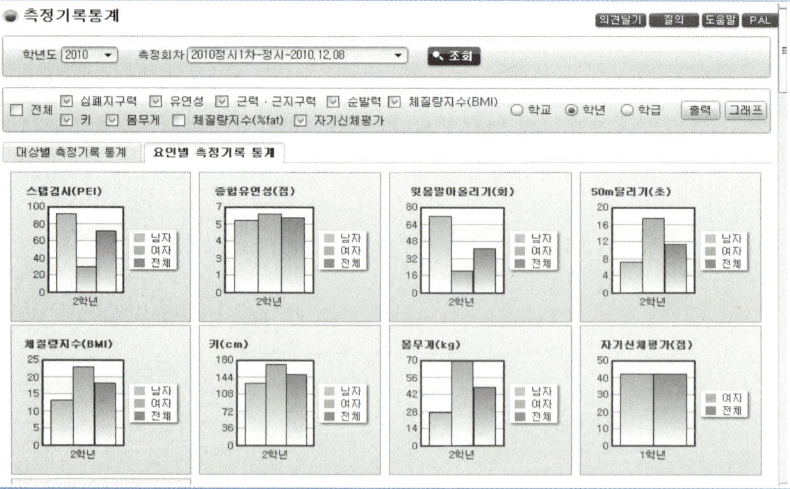

체육교사로 일하기 - 체육교직실무 매뉴얼 -

◆ 학습도움자료 조회 ◆

▶ 메뉴경로 : PAPS 〉 PAPS자료실 〉 학습도움자료
▶ 개요 : 학년별 학습도움자료를 내려받기 가능

항 목	화면예시
체육수업 모형	체육 수업모형 / 방과후활동 모형 / 가정활동 모형 탭에서 7학년, 8학년, 9학년, 10학년별로 영역(건강, 도전, 경쟁, 표현, 여가), 분류, 수업안, 학습도움자료(교사/학생 내려받기)를 조회하는 화면
방과후활동 모형	주차시별(1주~5주, 1차시~10차시) 학습내용과 시간(분), 교사/학생 자료 내려받기 화면
가정활동 모형	6 unit 구성으로 심폐지구력, 근력/근지구력, 유연성, 순발력, 신체조성, 가정활동을 통한 건강 체력 향상 기록지에 대한 교사 자료 내려받기 화면

3부 일반교직실무의 실제   351

◆ 각종 콘텐츠 조회 ◆

○ PAPS 콘텐츠 조회
▶ 메뉴경로 : PAPS 〉 PAPS자료실 〉 PAPS콘텐츠 조회
▶ 개요 : PAPS콘텐츠를 조회하여, 내려 받을 수 있다.

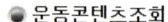

○ 운동콘텐츠 조회
▶ 메뉴경로 : PAPS 〉 PAPS자료실 〉 운동콘텐츠 조회
▶ 업무처리 시기 : 학기중
▶ 개요 : 운동콘텐츠를 조회하여, 내려 받을 수 있다

○ 건강콘텐츠 조회
▶ 메뉴경로 : PAPS > PAPS자료실 > 건강콘텐츠 조회
▶ 업무처리 시기 : 학기중
▶ 개요 : 건강콘텐츠를 조회하여, 내려 받을 수 있다.

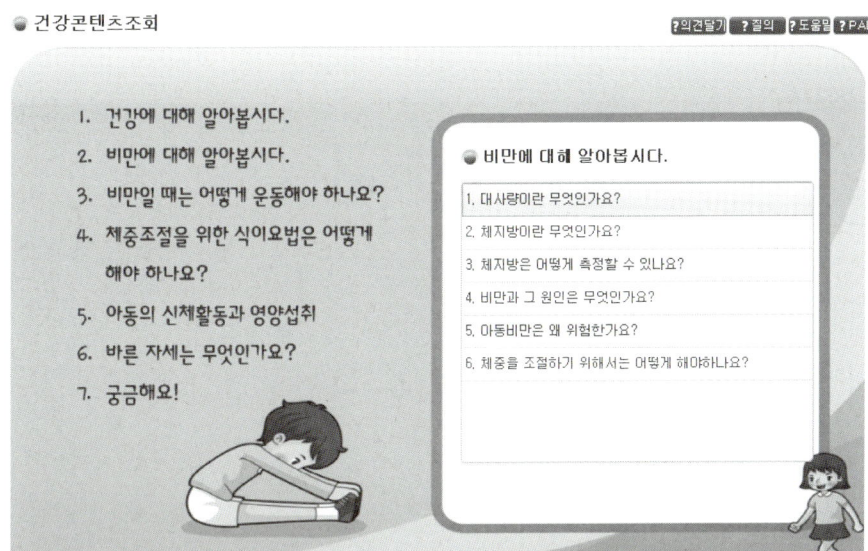

○ 주요콘텐츠 조회
▶ 메뉴경로 : PAPS > PAPS자료실 > 주요콘텐츠 조회
▶ 업무처리 시기 : 학기중
▶ 개요 : 주요콘텐츠를 조회한다.

3부 일반교직실무의 실제

◆ 신체활동 관리 ◆

○ 신체활동 분석
▶ 메뉴경로 : PAPS > 신체활동관리 > 신체활동분석
▶ 업무처리 시기 : 학기중
▶ 개요 : 학생이 입력한 신체활동일지의 분석자료 조회

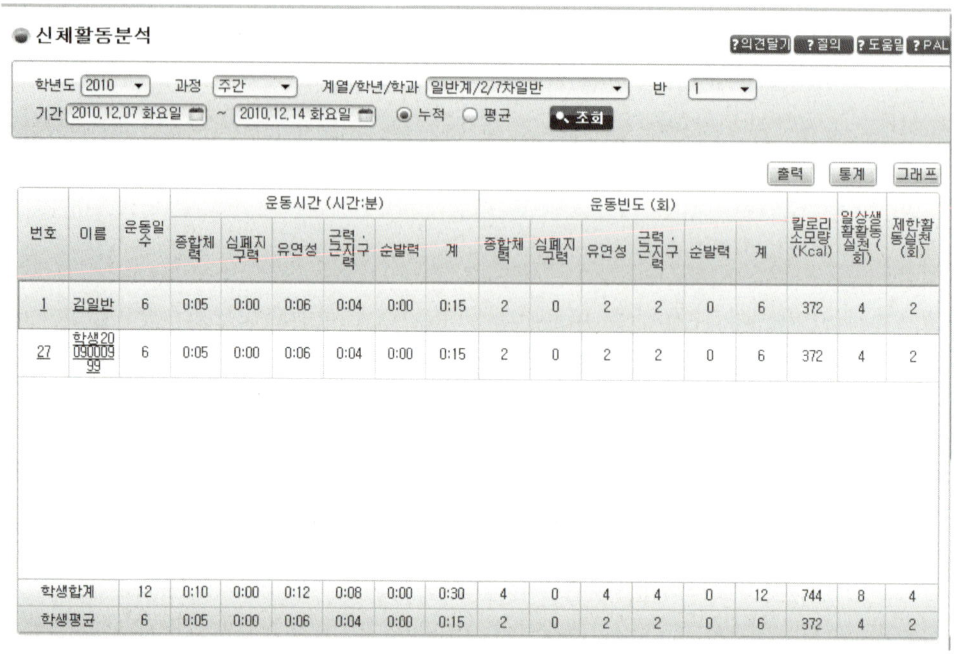

번호	이름	운동일수	운동시간 (시간:분)						운동빈도 (회)						칼로리소모량(Kcal)	일상생활활동실천(회)	제한활동실천(회)
			종합체력	심폐지구력	유연성	근력·근지구력	순발력	계	종합체력	심폐지구력	유연성	근력·근지구력	순발력	계			
1	김일반	6	0:05	0:00	0:06	0:04	0:00	0:15	2	0	2	2	0	6	372	4	2
27	학생20090009 99	6	0:05	0:00	0:06	0:04	0:00	0:15	2	0	2	2	0	6	372	4	2
학생합계		12	0:10	0:00	0:12	0:08	0:00	0:30	4	0	4	4	0	12	744	8	4
학생평균		6	0:05	0:00	0:06	0:04	0:00	0:15	2	0	2	2	0	6	372	4	2

354 체육교사로 일하기 - 체육교직실무 매뉴얼 -

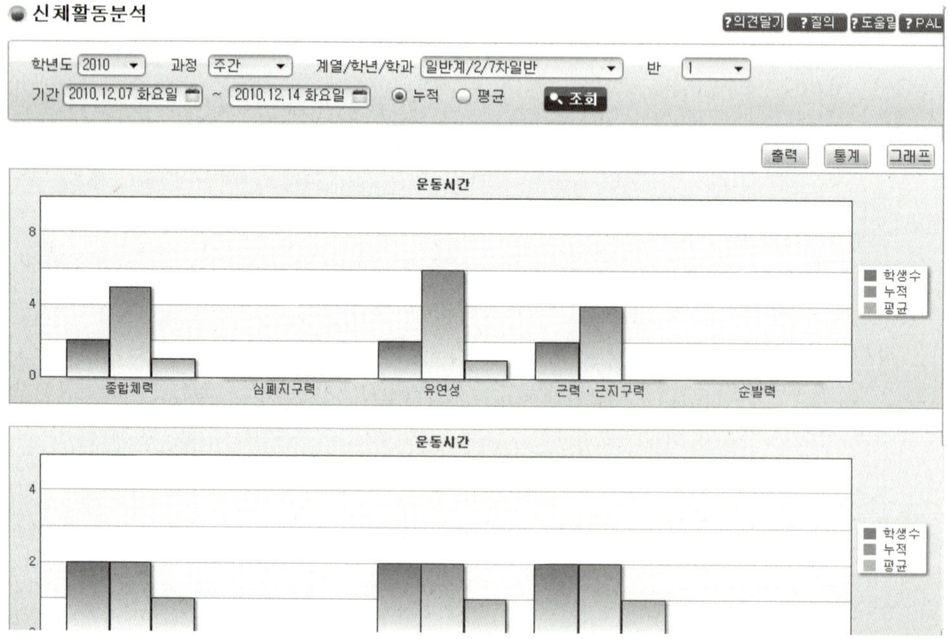

○ 신체활동 처방
▶ 메뉴경로 : PAPS 〉 신체활동관리 〉 신체활동처방
▶ 개요 : 학생의 평가결과에 따른 처방을 조회하고 학생에게 적합한 처방 내림
▶ 선행처리 : 입력마감이 완료되어야 함

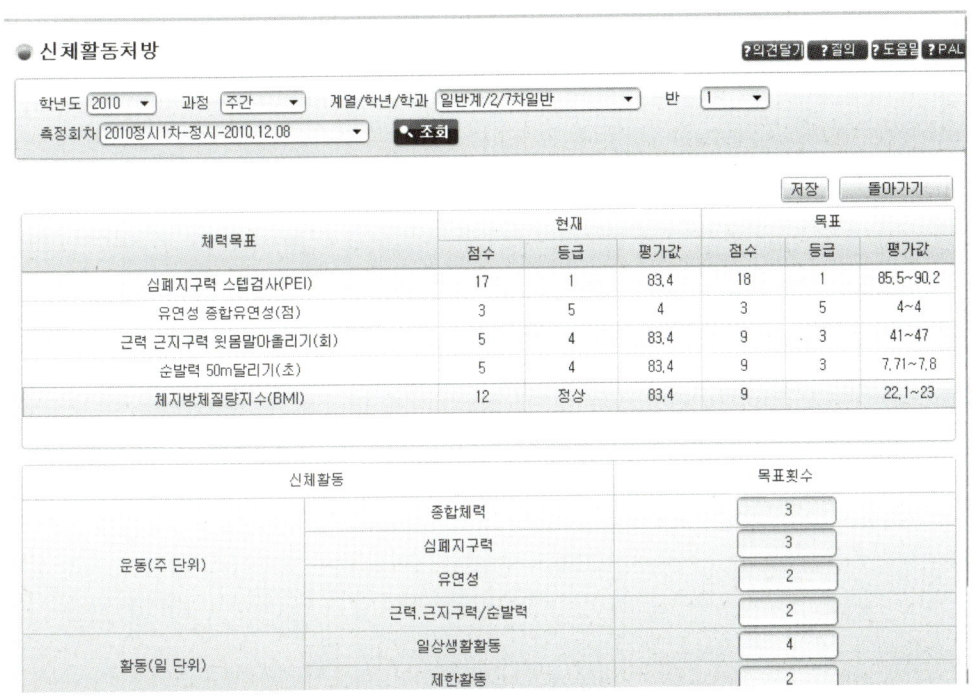

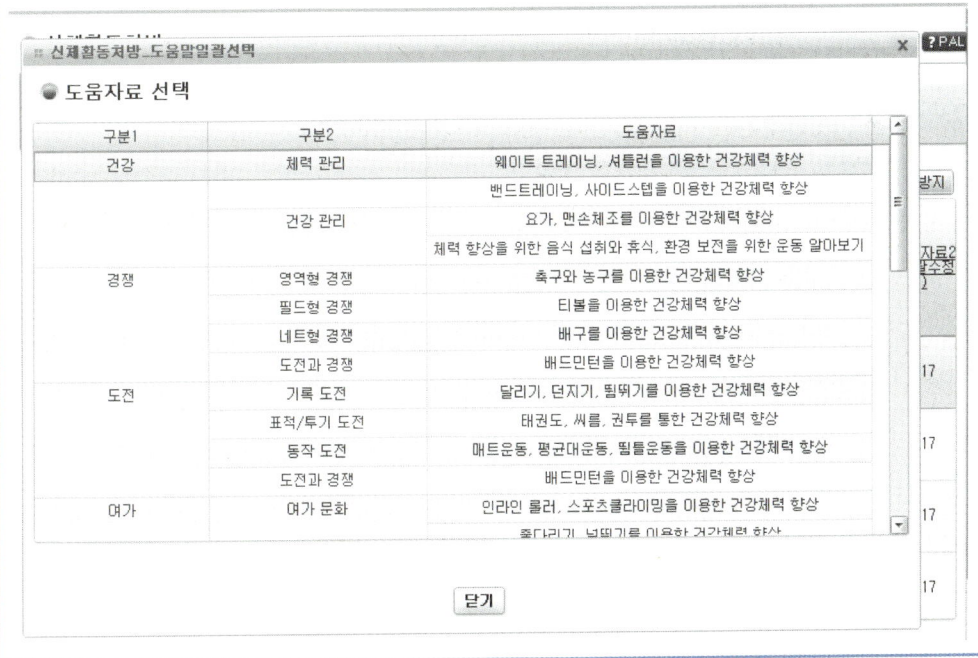

3부 일반교직실무의 실제

나) 학급담임 업무 입력 사항

학기초

입/진학 처리
- 입학생 관리 및 진학대상 학생관리

진급 및 반편성처리
- 진급대상자 생성하고 반편성 후 진급자 학적반영

학급 담임 편성
- 학급별 담임 편성

편제등록 및 과목개설
- 편제등록
- 일반과목 및 수준별이동수업

시간표 생성
- 기초시간표 등록, 검증 및 반영
- 전체시간표 관리

* 기본학적
- 기본신상정보 관리 및 학생사진 입력

도형 범례
* 담임업무

학기중

* 출결 및 학생자료 관리
- 일출결/월출결 자료 입력 및 마감
- 자치/적응/행사, 봉사, 계발활동 자료 입력
- 자격증, 수상 등록
- 정정대장 작성

성적처리
- 지필/수행평가
- 성적산출 및 마감

* 학부모서비스
- 학부모서비스 승인
- 학부모 상담 관리

학년말

* 학교생활기록부 정리
- 기본신상, 출결, 특별활동, 성적, 행동특성및종합의견 등 학생자료 입력 및 확인

* 학교생활기록부
- 연중 입력된 모든 자료들을 생활기록부에 반별로 반영

* 학교생활기록부
- 학교생활기록부 자료검증

* 학교생활기록부 마감
- 학교생활기록부 별마감(담임) 후 전체마감(관리자)

졸업처리
- 졸업대상자 등록하고 졸업대장번호를 부여
- 학교생활기록부, 졸업대장 등 출력 후 학적반영

[그림 3.8] 학급담임교사의 나이스 업무 흐름

◆ 각 사항별 입력방법 예시 1 기본신상관리 ◆

○ 기본신상관리 : 기본신상, 누가주소등록, 가족사항등록, 학적사항 등
▶ 메뉴경로 : [학적] → [기본학적관리] → [기본신상관리] → {기본신상}
▶ 개   요 · 학생들의 기본 신상자료(성명, 주민등록번호, 생년월일, 성별 등)를 확인 및 점검
▶ 주의사항 - 학년 초 반드시 성명 및 주민등록번호 등 기본신상을 확인
           - 주소가 변동된 경우에는 기존 주소를 수정하지 않고 새로 등록
           - 주소는 교육행정보시스템에서 제공되는 주소에 따라 예시와 같이 입력

예1) 교육행정정보시스템에서 '지번주소' 형식의 주소 체계가 제공될 경우
     - ○○도 ○○시 ○○구 ○○동 40 ○○아파트 000-0000
     - ○○광역시 ○○구 ○○동 000-0000
예2) 교육행정정보시스템에서 '도로명주소' 형식의 주소 체계가 제공될 경우
     - ○○도 ○○시 ○○구 ○○2길 11, 111-1111(○○동, ○○아파트)
     - ○○광역시 ○○구 ○○3길 11

           - 학적사항은 잘못 입력된 학적사항에 대해서만 추가 또는 정정함.

◆ 각 사항별 입력방법 예시 2 출결상황 입력 ◆

○ **출결상황 입력**
1. 일일 출결관리
▶ 개 요 : 학급담임교사가 일별 출결사항을 정리하고 마감
▶ 메뉴경로 : [학적] → [출결관리] → [일일출결관리(담임용)]
▶ 선행처리 : [교육과정] - [시간표관리] - [전체시간표관리]에서 해당 반에 대한 해당 일자에 시간표가 등록되어 있어야 함.

'일자'선택 → {조회} → 출결유형선택 후 출결사항을 표시 → '비고'란에 사유 입력 → {저장} → {출결마감}함.

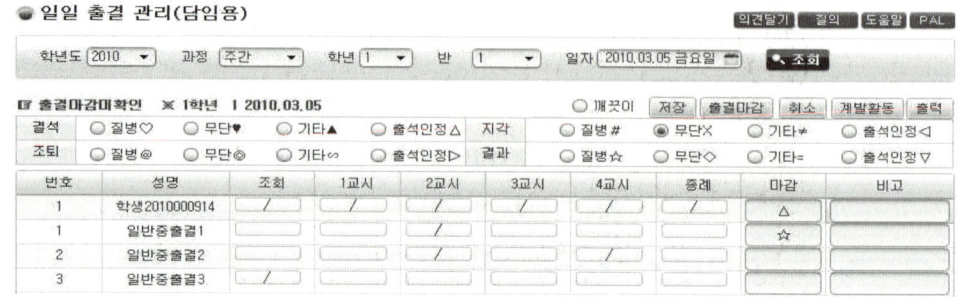

2. 반별 일출결 마감관리
▶ 개 요 : 반별 일출결마감 작업을 일괄로 처리
▶ 메뉴경로 : [학적] → [출결관리] → [반별일출결마감관리]

조회조건에서 '학년도', '학년', '반', '월'선택 → {조회} → 일자별로 출결마감을 선택 → {저장}함. 출결 마감을 취소할 때는 선택해제를 한 후 {저장}함.

3. 반별 월출결 마감관리

▶ 개   요 : 일일출결관리를 하는 학교의 경우 해당 월에 대한 월출결마감
▶ 메뉴경로 : [학적] → [출결관리] → [반별월출결마감관리]

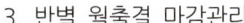

> 조회조건에서 '학년도'와 기타사항을 확인 → {조회} → 좌측화면에 '월출결마감현황'이 조회됨 → 우측화면에서 마감처리 할 월을 선택 → {마감}버튼을 클릭함.
> 마감된 자료에 대해서 '마감취소'할 경우 해당 월을 선택하고 {취소}버튼을 클릭함.
> {반별월출결마감}할 때 일일출결 등록한 것을 기초로 {월출결통계}를 생성함.

4. 반별 월출결 마감 자료 등록

▶ 개   요 : 일일 출결관리를 하지 않고 월별 출결관리를 하는 학교의 경우, 해당 월에 대한 학생별
▶ 수업일수, 출결 상황을 입력하고 저장 및 월출결마감 작업
▶ 메뉴경로 : [학적] → [출결관리] → [반별월출결마감자료등록]

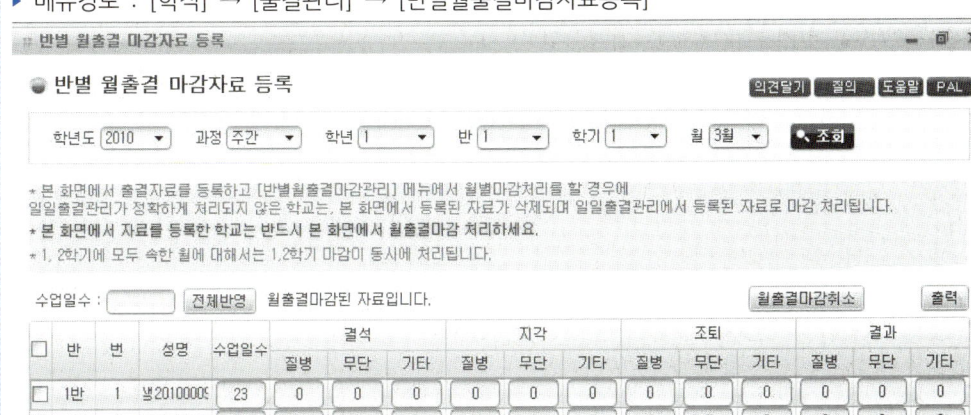

> 조회조건에서 '학년도'와 기타사항을 확인 → {조회} → 수업일수가 전체학생에게 동일한 경우 '수업일수' 등록 후 {전체반영}을 클릭 → 자료를 {저장} → {월출결마감}함.

◆ 중간고사 후 성적관리 업무 ◆

○ 중간고사 정오표 출력/배부
▶ 개   요 : 지필평가 고사의 전과목 학생답정오표를 반별로 조회 및 출력
▶ 메뉴경로 : [성적] → [지필평가조회] → [학생별학생답정오표조회]
▶ 선행처리 : 교과담당교사의 지필평가(중간고사) 성적 채점이 모두 완료되어야 함

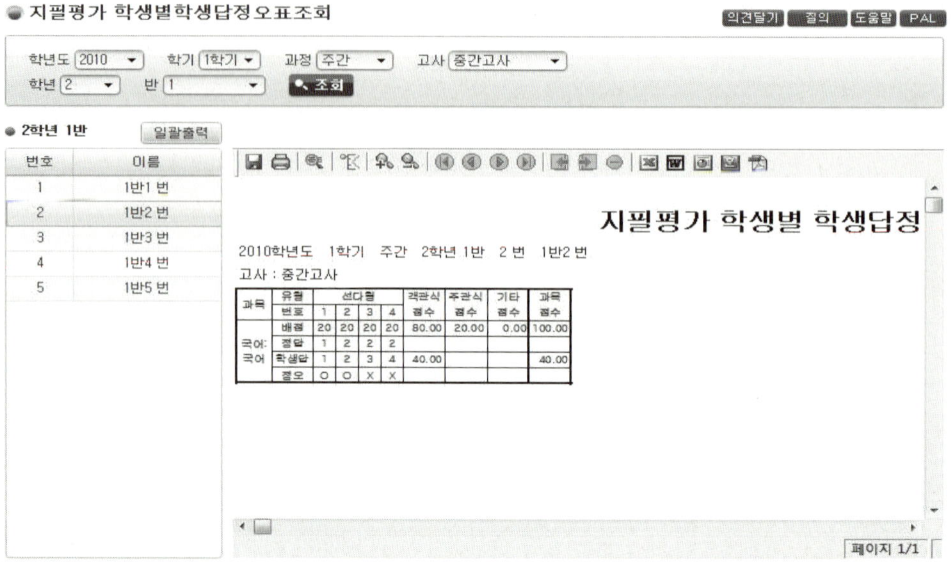

담임교사가 '고사', '학년', '반' 선택 후 {조회} → 학생 선택 → 해당 학생의 전과목 학생답정오표가 조회됨.

○ 가정통신문 입력
▶ 개   요 : 성적통지표의 [개인가정통신문]과 [전체가정통신문]의 내용을 등록
▶ 메뉴경로 : [성적] → [성적처리] → [성적통지표(가정통신문) 관리]

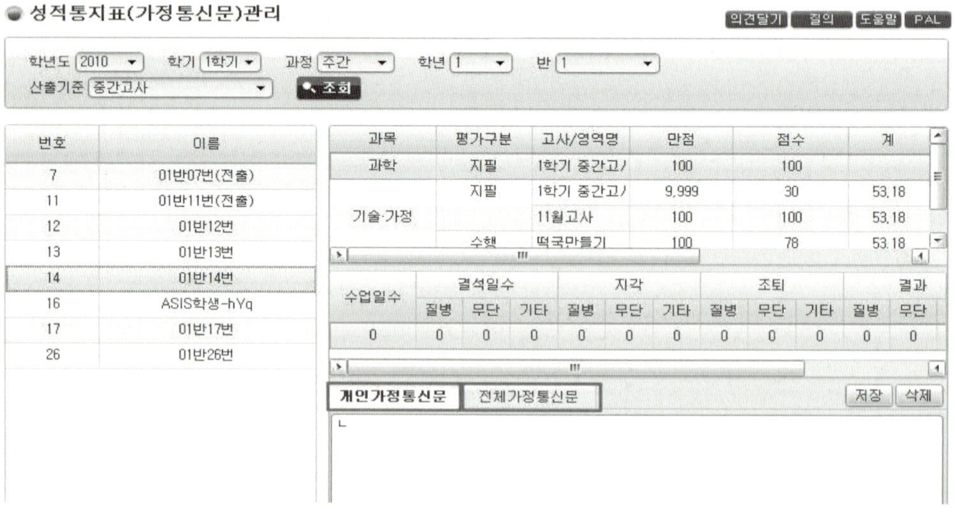

360 체육교사로 일하기 - 체육교직실무 매뉴얼 -

○ 성적통지표 출력
▶ 개   요 : 성적통지표조회를 조회 및 출력
▶ 메뉴경로 : [성적] → [성적조회] → [성적통지표조회]

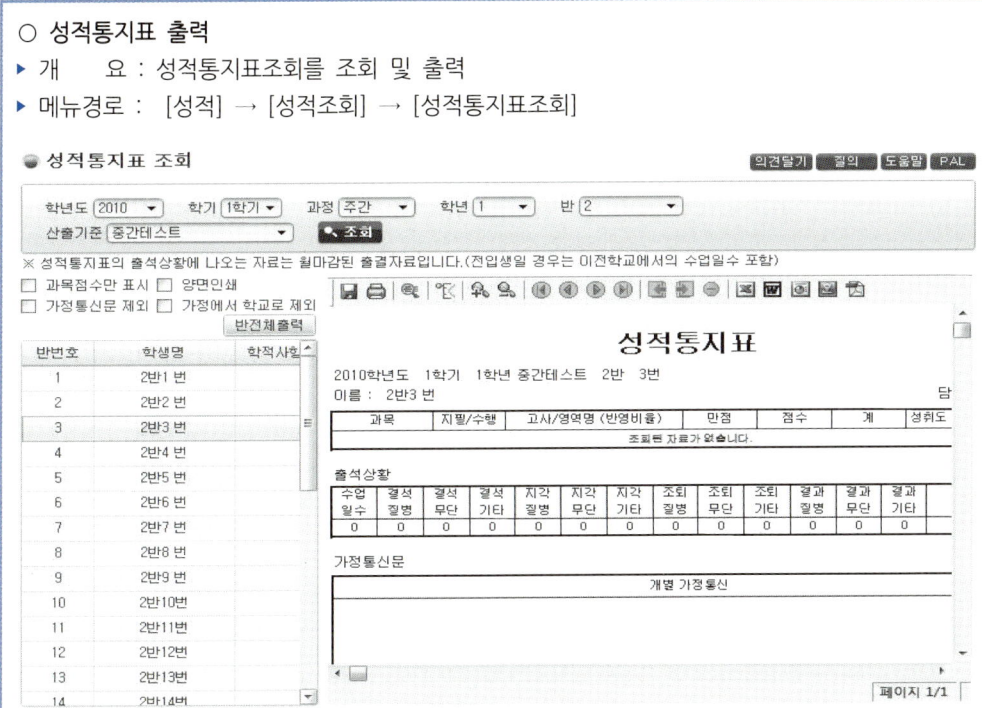

○ 기타 각종 성적자료 조회
▶ 개   요 : [성적]-[성적조회] 탭에서 다양한 성적과 관련한 다양한 내용을 확인 가능

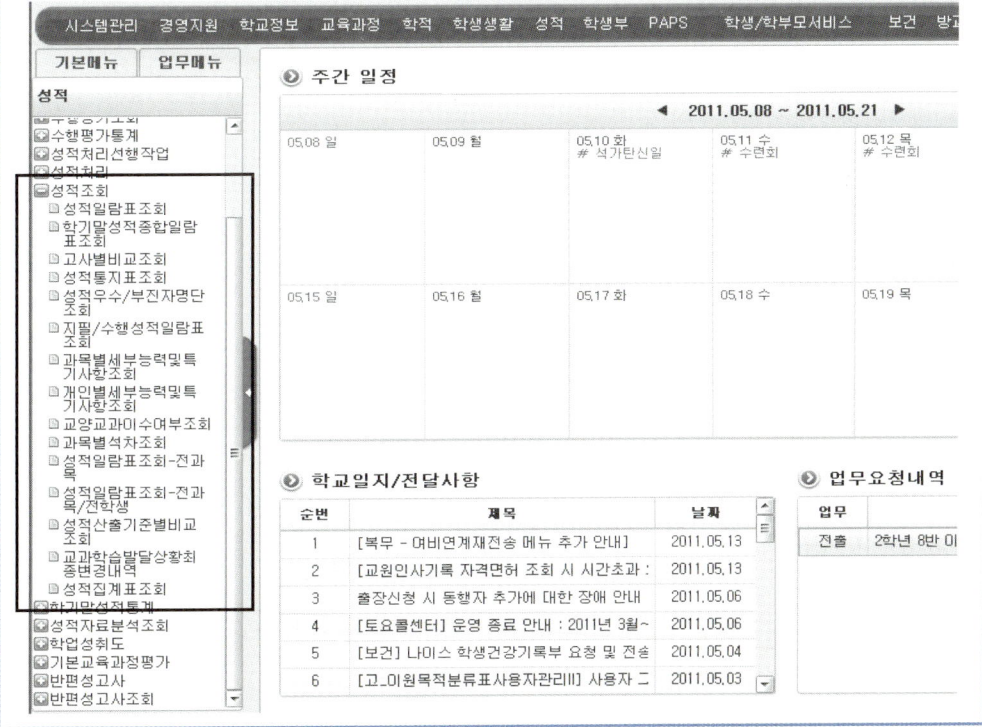

3 부 일반교직실무의 실제

◆ 생활기록부관련 입력항목 업무 ◆

○ **학년말 각종 입력 확인 사항**

1. 출결 특기사항 입력 확인
   ▶ [학적]-[출결관리]-[출결특기사항등록]→학급별 출결특기사항을 등록

2. 학생 인적사항
   ▶ 누가주소등록 확인 : [학적]-[기본학적관리]-[기본신상관리]의 {누가주소등록}에서 주소 변동자, 전입생에 유의하여 누가주소를 확인함(누락된 주소 발견 시 입력)
   ▶ 사진입력 확인 : [학적]-[기본학적관리]-[사진일괄입력] 또는 [학적]-[기본학적관리]-[기본신상관리]의 {기본신상}에서 입력

3. 학적사항
   ▶ [학적]-[기본학적관리]-[기본신상관리]의 {학적사항}→ 학적변동, 학적특기사항을 확인

4. 출결상황
   ▶ [학적]-[출결관리]-[반별월출결마감관리] → 월말마감 후 학교생활기록부에 출결상황을 반영(자료반영 영역 : 9.학년자료(학년별자료)) → [학생부]-[학교생활기록부]-[출력] → '항목별-출결사항(현재학년)'에서 확인함.
   ▶ 학적변동자(전입생, 재취학생, 편입생)의 출결상황은 특히 유의하여 확인.
   ▶ '특기사항'란의 확인에 유의함(결석 사유, 개근 등)

5. 수상경력
   ▶ [학생생활]-[수상관리]-[학급별수상조회] 또는 [학생부]-[학교생활기록부]-[출력]-'항목별' → '수상경력'을 선택하여 수상입력담당(수상계 등) 또는 학급담임교사가 입력한 내용을 확인함(특히, 단체상인 경우 유의하여 확인).

6. 교외체험학습상황
   ▶ [학생생활]-[교외체험활동관리]-[누가기록] → '개인별' 선택(기본값)후 {조회} → 해당학생 이름 선택 → {등록} → '체험활동등록'창에서 '시작일자', '종료일자', '시간 또는 일수', '체험활동명', '장소 또는 주관기관명', '체험활동 내용' 입력 → {저장}

7. 교과학습발달상황
   ▶ 개인별 세부능력 및 특기사항 : [성적]-[성적처리]-[개인별세부능력및특기사항] 에서 학급담임교사가 입력(심화·보충 등)하거나, [과목별세부능력및특기사항]에서 교과담당 교사가 입력
   ▶ 성적자료 반영 : [학생부]-[학교생활기록부]-[자료반영]에서 {조회} → 자료반영 영역을 '8.교과학습발달상황(과목성적)'으로 선택 → {전체반영}

8. 행동특성 및 종합의견 입력
   [학생생활]-[행동특성및종합의견]-[기록] → {조회} → 해당학생 이름 선택 → '행동특성 및 종합의견-학교생활기록부 반영기록'에서 '행동특성 및 종합의견' 내용 입력 → {저장}
   영재교육을 받은 학생은 영재교육진흥법 시행령 제36조 제1항, 제2항에 의거 영재교육 수료에 관한 내용을 '행동특성 및 종합의견'란에 기록

○ 창의적체험활동(자율/진로활동) 누가기록 입력

▶ 개   요 : 자치/적응/행사활동의 누가기록과 학생부 반영기록을 개인별로 입력
▶ 메뉴경로 : [학생생활] → [창의적체험활동] → [자율/동아리/진로활동 누가기록] → {개인별}탭
▶ 선행처리 : 자율/동아리/진로활동은 [교육과정]-[시간표관리]-[전체시간표관리] → 해당 일자 {조회} → 자율/동아리/진로활동 으로 등록
▶ 동아리활동, 진로활동을 입력할 때는 {동아리활동누가기록}, {진로활동누가기록}을 선택하여 위와같은 방법으로 입력

○ 진로지도상황 입력
▶ 개   요 : 진로지도상황을 등록
▶ 메뉴경로 : [학생생활] → [진로지도상황] → [진로지도상황기록]

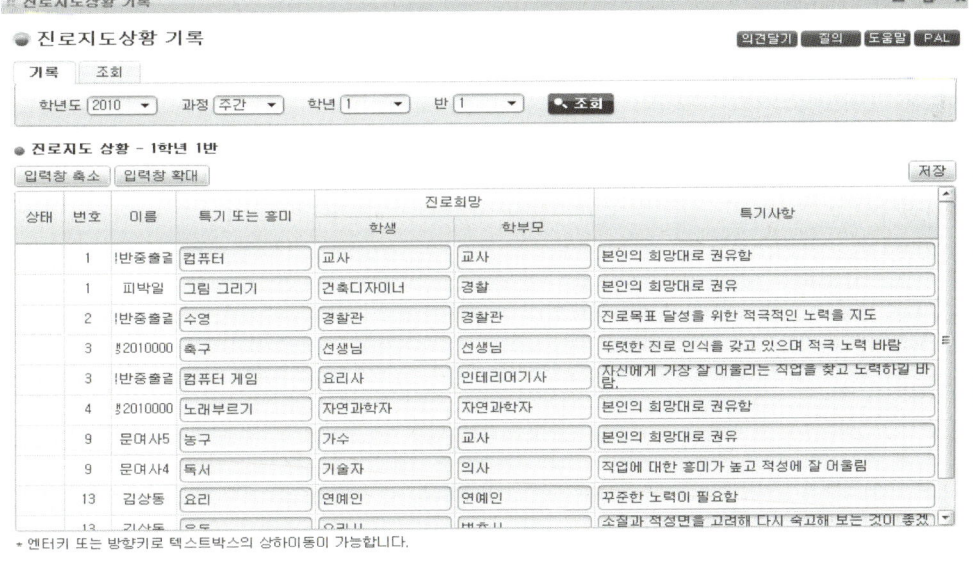

○ 봉사활동 누가기록 입력
▶ 개   요 : 창의적체험활동 중 봉사활동의 누가기록과 특기사항을 개인별로 입력
▶ 메뉴경로 : [학생생활] → [창의적체험활동] → [봉사활동 누가기록] → {개인별}탭

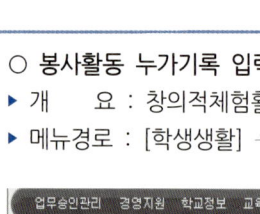

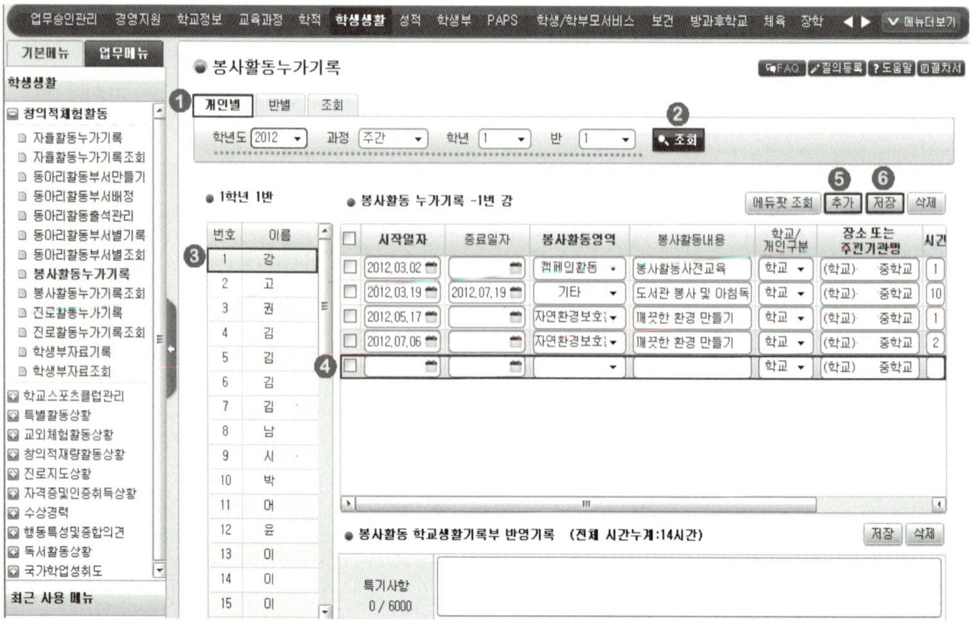

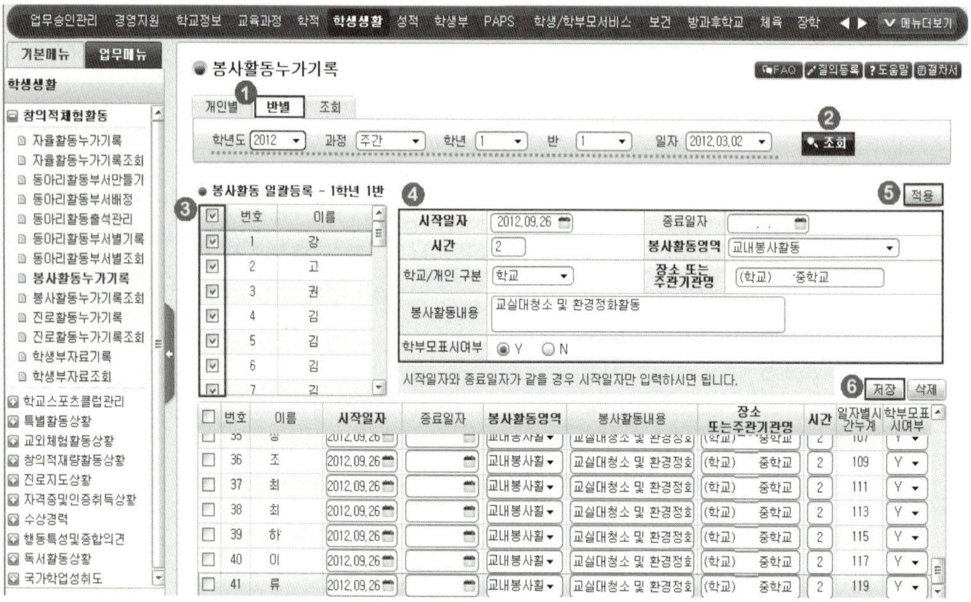

| 개인별 봉사활동 입력 경우 : 학생 개개인이 실시하고 받아온 봉사활동 확인서를 바탕으로 입력 |
| 학급별 봉사활동 입력 경우 : 학교 교육과정에 포함되어 실시한 봉사활동, 혹은 학급, 학년 단위로 실시한 봉사활동 사항을 입력 |

○ 행동발달 누가기록 입력
▶ 개   요 : 행동발달 누가기록을 등록
▶ 메뉴경로 : [학생생활] → [행동특성 및 종합의견] → [행동특성 및 종합의견]

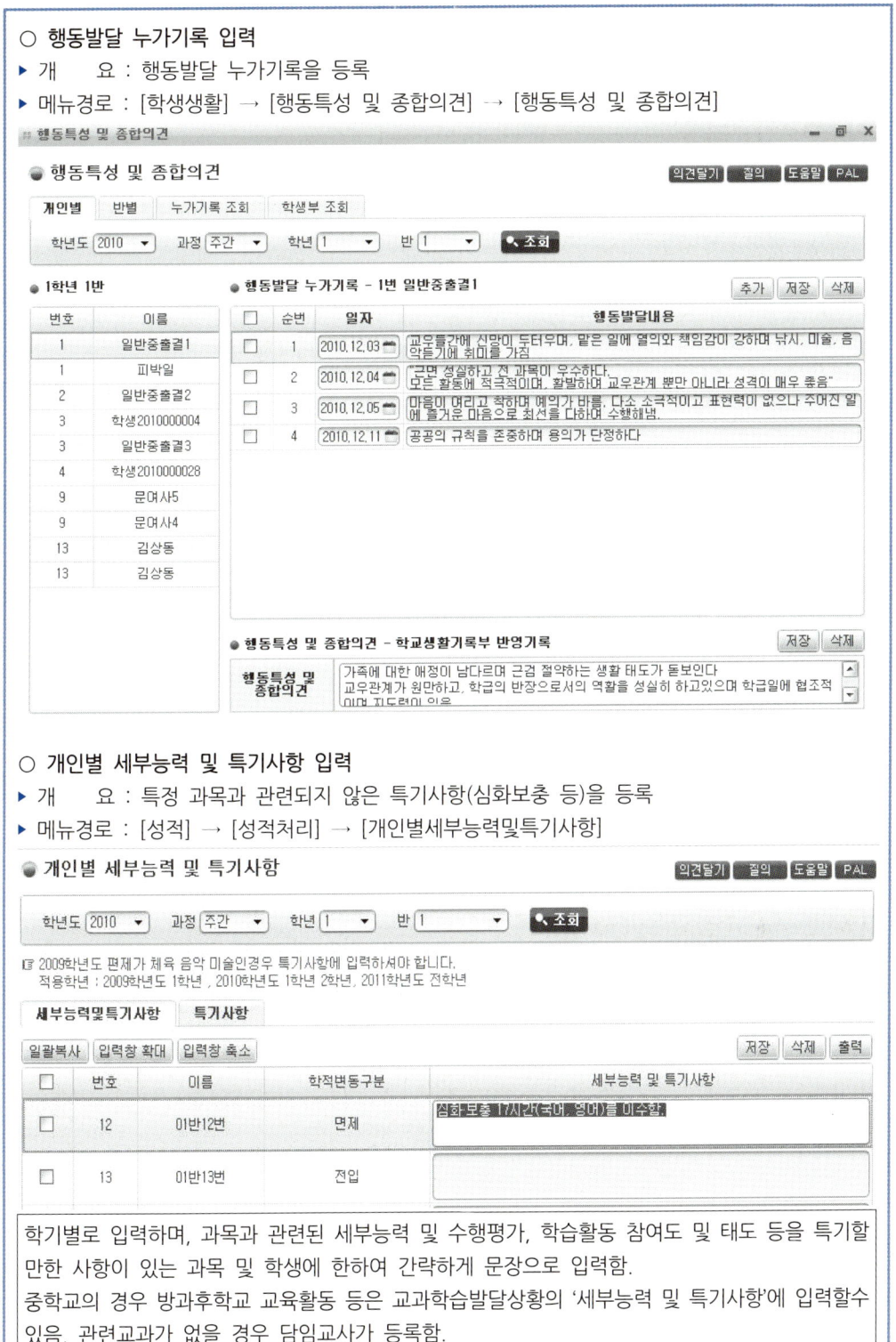

○ 개인별 세부능력 및 특기사항 입력
▶ 개   요 : 특정 과목과 관련되지 않은 특기사항(심화보충 등)을 등록
▶ 메뉴경로 : [성적] → [성적처리] → [개인별세부능력및특기사항]

학기별로 입력하며, 과목과 관련된 세부능력 및 수행평가, 학습활동 참여도 및 태도 등을 특기할 만한 사항이 있는 과목 및 학생에 한하여 간략하게 문장으로 입력함.
중학교의 경우 방과후학교 교육활동 등은 교과학습발달상황의 '세부능력 및 특기사항'에 입력할수 있음. 관련교과가 없을 경우 담임교사가 등록함.
2010학년도부터 자격증, 인증, 교외상 수상 내역은 입력하지 않음.

3부 일반교직실무의 실제

○ 독서활동상황 입력
▶ 개   요 : 독서활동상황을 학기별로 교과담당교사 또는 담임교사가 등록
▶ 메뉴경로 : [학생생활] → [독서활동상황] → [독서활동상황등록]
▶ 주의사항 : 독서활동의 내용이 특정 교과와 관련이 있을 경우에는 해당 교과지도교사가 입력하는 것을 원칙으로 하되, 그 외의 경우에는 담임교사가 영역(인문, 사회, 과학, 체육·예술)별로 기록할 수 있음.

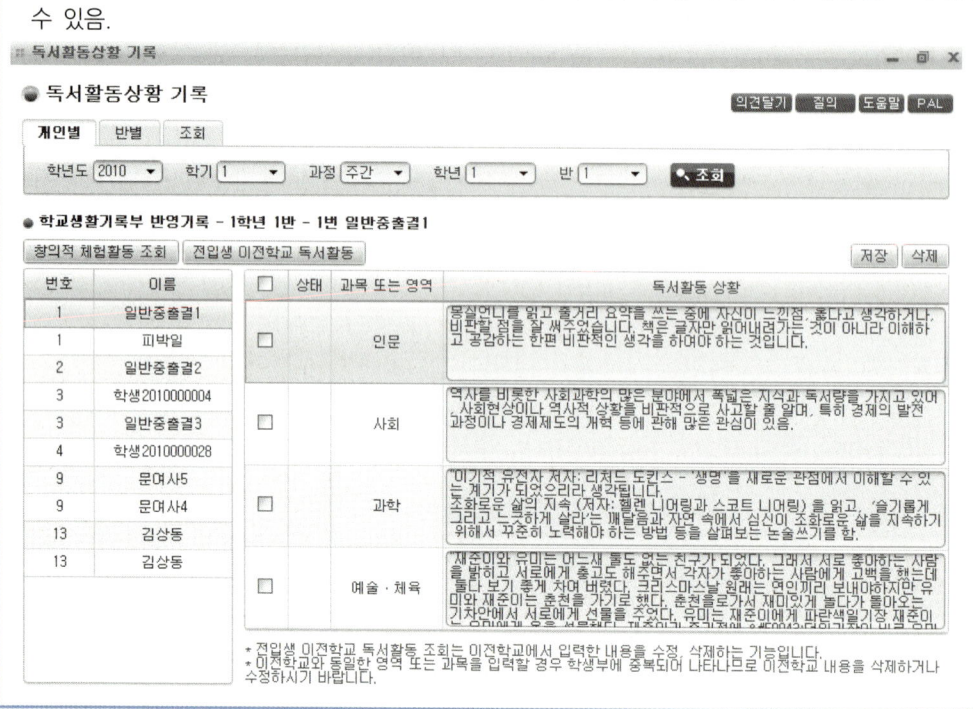

<학교생활기록부 작성 시 유의사항 메뉴별 분석 참고자료>

영역	메뉴	유의사항
인적사항	주민등록번호	1학년 때는 변경가능 2, 3학년 정정대장 작성(특히 초등학교 자료가 틀리는 경우가 자주 발생하므로 확인해야 함)
	주소	주민등록표상 동일하게 등록
	부모사망	입학 전은 성명 란에 사망, 재학 중엔 특기사항에 기록
	특기사항	부정적인 내용 입력하지 않음, 동의서를 받아 입력
학적사항	학적처리용어	별지 제7호에 의거 입력 해외 전 가족 이주- 면제
	특기사항	부정적인 내용 입력하지 않음, 학적변동사유 입력할 수 있음
출결상황	특기사항	지각, 조퇴, 결과 사유 입력하지 않음, 장기결석, 기타결석 사유 입력 개근의 경우 개근 입력, 전입생(10월 10일까지 개근)의 특기사항삭제
	수업일수	연말 수업일수 확인 필요, 특히 전입생 수업일수 확인- 전입한 월 마감 이후에 학적반영이 되면 전입월의 수업일수 누락됨 학교의 수업일수를 전체적으로 확인하도록 해야 함
수상경력	구분	교외상의 수상범위를 학부모에게 홍보함(교육과학기술부, 시도지역 교육청 주최, 주관대회, 학교장 추천받아 참가한 대회에 한함)
	등급(등위)	등급과 등위 병기함(교내상 계획할 때부터 병기함)
	참가대상	1학년, 전교생, 도내 중학생, 전국중학생, 전국 중학생 2학년 등으로 표기
	수상명	동일 실적물로 2인 이상(공동수상)
진로지도 상황	특기 또는 흥미	학기 중 입력, 특정사물의 명칭을 그대로 입력하지 않고 구체적 용어나 구체적 행동과 관련된 용어로 입력 예) 야구(○) 운동(×)
	진로희망	구체적인 직업의 명칭 입력 예) 의상 디자이너(○) 디자이너(×)
	특기사항	학년말에 입력, 단순표현 지양
창의적 재량활동 상황	영역별 이수시간 입력	실제 이수 시간 - 이수시간반영을 통해 자동계산 출석인정결석 등도 이수시간에서 제외됨
	특기사항	구체적인 임원의 종류를 알 수 있도록 하고 재임기간( )안에 병기해당 사항이 있는 학생에 한하여 입력하도록 되어 있으나 교육적인 차원에서 가능한 한 많은 학생에 대하여 관찰한 내용을 입력하되, 구체적인 범위는 학교장이 정함
교외체험활동 상황	입력범위	당해 학교 이외의 기관이나 단체에서 주최·주관한 행사에 참여한 체험활동, 학교장의 사전승인 및 사후확인을 거친 개인 교외체험 학습으로 교육적으로 유의미하고 바람직한 것으로 판단되는 경우 입력
	장소 또는 주관기관명	기관명이나 지역명으로 입력
	체험학습기간	공휴일, 휴업일 포함 실제 실시한 기간
교과학습 발달상황	세부능력 및 특기사항	과목별 세부능력 및 특기사항 - 특기 사항이 있는 학생만 입력
행동특성 및 종합의견		행동특성 및 종합의견은 수시로 관찰하여 누가 기록된 행동특성을 바탕으로 총체적으로 학생을 이해할 수 있는 종합의견을 문장으로 입력

3부 일반교직실무의 실제

다) 교과담임 업무 입력 사항

◆ 교무업무시스템 교과담임 업무의 흐름 ◆

	항목	입력 방법 및 내용
학기초	성적처리 선행작업	• 지필/수행평가 반영비율/만점 등록 • 수행평가 등급/구간 기준 등록

	항목	입력 방법 및 내용	

학기중	지필평가 성적관리	• 이원목적분류표 입력
		  ← 정답 및 배점만 입력해서 사용할 수 있음.
		  ← 모든 항목(평가내용, 난이도 등)을 입력시 이원목적분류표 출력 가능
		• 채점
		• 성적관리
		• 학생답 확인
		• 정오표 출력/배부
		• 학생 이의신청 접수 및 처리
		• 성적일람표 출력 및 학생 확인
		• 성적 마감 및 문항분석 ← 마감 시 문항분석이 자동으로 됨
		• 지필평가 조회/통계	

	수행평가 성적관리	• 수행평가 점수 입력 • 수행평가 학생 확인	• 수행평가 조회 및 결시생 확인 • 마감
	기본교육과정 평가	• 과목별 영역 등록 • 교과학습발달사항 등록 • 과목별 성적조회	• 과목별 교과평가 등록 • 개인별 성적조회

	항목	입력 방법 및 내용
학기말	학기말 성적 확인	• 전산 처리된 과목별 학기말 성적일람표 학생 확인
	과목별 세부능력 및 특기사항 입력	• 과목별 세부능력 및 특기사항 입력
	성적자료 분석 조회	• 과목별 표준점수분석표 및 성적변화표 개인별 조회

◆ 성적처리 선행작업 ◆

○ 지필/수행평가 영역관리
▶ 개   요 : 과목별로 지필평가와 수행평가의 '학기말 반영여부', '반영비율', '과목/영역 만점' 등을 등록
▶ 메뉴경로 : [성적] → [지필/수행선행작업] → [수행평가 영역관리]
▶ 선행처리 : 성적처리 담당자가 [성적]-[지필/수행선행작업]-[카드과목코드관리], [지필평가고사관리]를 처리

타 교과에 비하여 수행평가 측정 항목이 세분화 되어있는 체육교과의 경우, [반영비율/만점관리] 메뉴보다 [수행평가영역관리] 메뉴에서 작업하는 것이 '반영비율 및 만점관리'항목 입력에 편리함. 수행평가 영역만점은 해당 학교의 수행평가 척도안에 의해 입력함.

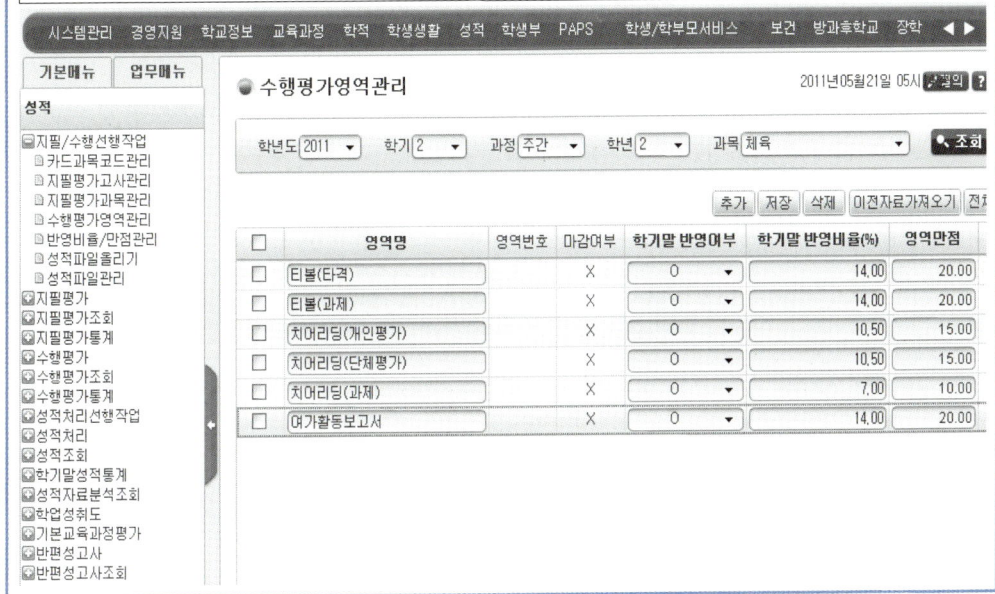

◆ 수행평가 성적처리 ◆

○ 수행평가 입력
▶ 개   요 : 수행평가 영역별 점수, 결시명칭, 영역별 학적변동을 등록
▶ 메뉴경로 : [성적] → [수행평가] → [성적관리] : 점수로 입력 또는 등급이나 구간으로 입력

'학년', '과목', '영역', '반' 선택 후 {조회} → 학생의 수행평가 '영역별 점수'를 입력, 또는 점수가 없는 (미응시자) 학생자료의 '결시명칭' 또는 '고사별학적변동'을 선택 → {저장}
등급이나 구간으로 입력하는 경우 [지필/수행선행작업]-[수행평가영역관리]에서 등급기준관리나 구간기준관리 등록 선행작업이 완료되어야 함.

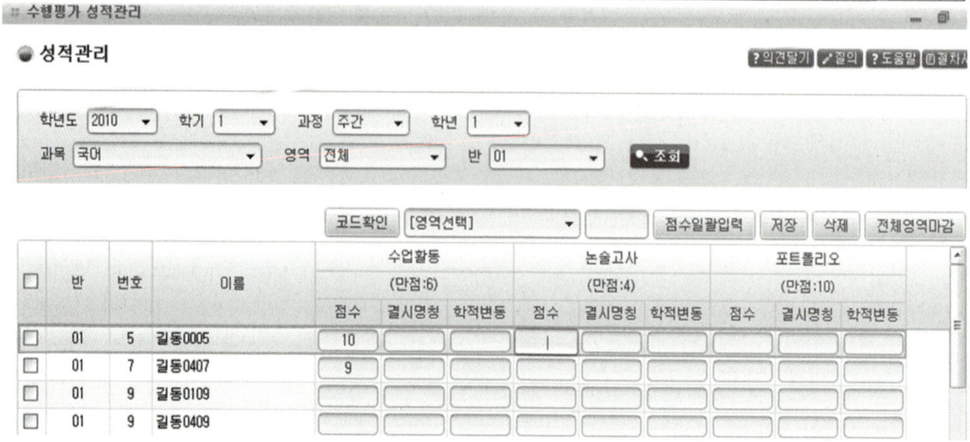

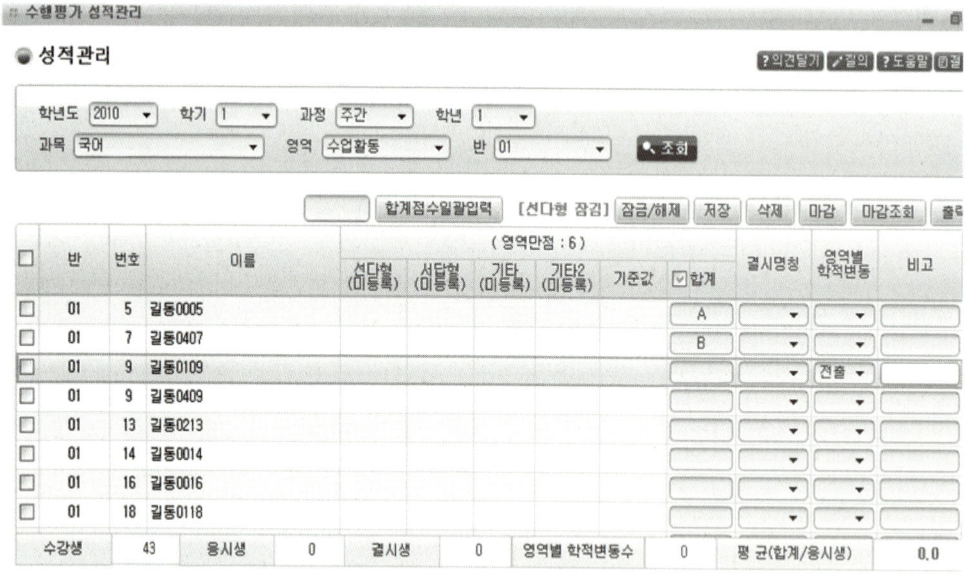

○ 수행평가 학생 확인
▶ 개   요 : 수행평가 학급별 일람표(전체영역)를 조회 및 출력
▶ 메뉴경로 : [성적] → [수행평가조회] → [학급별 일람표 조회-전체영역]

출력 후 학생 개인별 확인 → 교과담당교사의 서명 또는 날인 → 성적관련 담당부서에 제출함.
학생들 개인별 성적 확인을 위한 작업이므로 반드시 수행해야 함

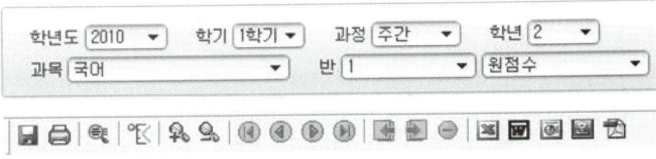

● 수행평가 학급별 일람표 조회-전체영역

수행평가 학급별 일람표

2010학년도 1학기 주간 2학년 1반
교과목 : 국어   교고

반/번호	이름	듣기 (만점 100.00, 10.00%)	합계	비고
1/1	1반1 번	60.00	60.00	
1/2	1반2 번	50.00	50.00	
1/3	1반3 번	40.00	40.00	
1/4	1반4 번	70.00	70.00	
1/5	1반5 번	90.00	90.00	
응시생수		5 명		
총점		310.00	310.00	
평균		62.00	62.0	
학과응시생수		19 명		
학과총점		1,040.00		
학과평균		54.7		

○ 마감
▶ 개   요 : 수행평가 성적에 대하여 최종확인을 한 후 영역별, 반별로 마감
▶ 메뉴경로 : [성적] → [수행평가] → [성적관리]

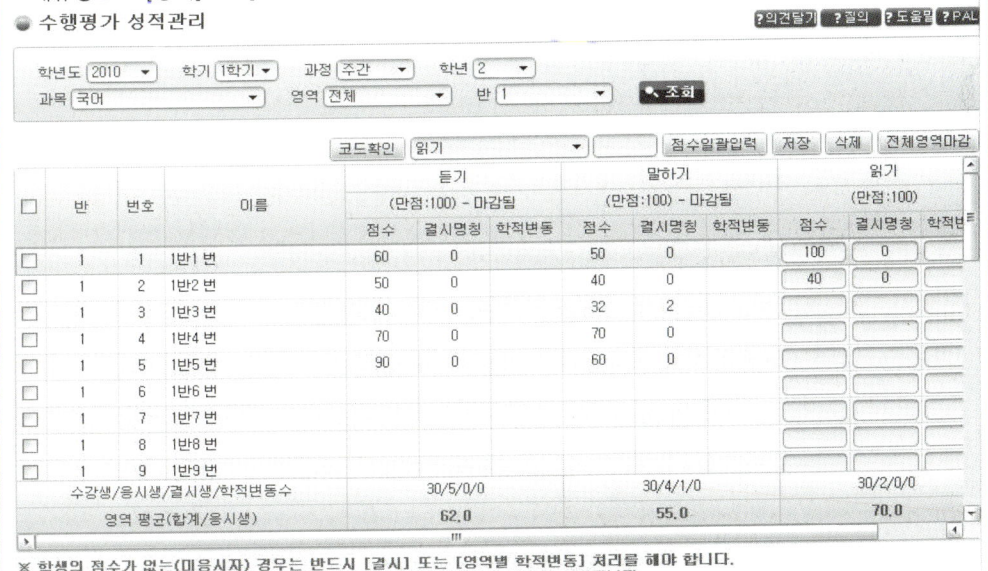

※ 학생의 점수가 없는(미응시자) 경우는 반드시 [결시] 또는 [영역별 학적변동] 처리를 해야 합니다.
※ 마감관리의 영역별 마감이 되어 있지 않은 경우에만 전체마감취소 버튼이 출력됩니다.

3부 일반교직실무의 실제

◆ 지필평가 성적처리 ◆

○ **지필평가 이원목적분류표 등록**
▶ 개   요 : 지필평가의 평가내용, 평가영역, 난이도, 선다형, 서답형의 정답/배점을 등록
▶ 메뉴경로 : [성적] → [지필평가] → [이원목적분류표]
▶ 선행처리 : 본 메뉴에서 정답/배점을 입력. 모든 항목(평가내용, 난이도 등)을 입력시 이원목적분류표 출력 가능. 이원목적분류표를 출력하지 않고 정답/배점만 입력하여 사용 가능

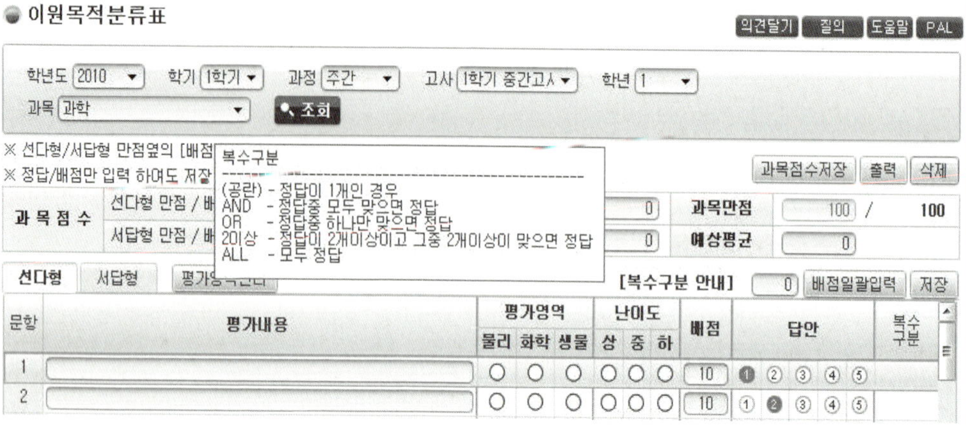

○ **지필평가 채점**
▶ 개   요 : [이원목적분류표]에서 입력한 정답/배점을 이용하여 학생답을 채점
▶ 메뉴경로 : [성적] → [지필평가] → [채점]
▶ 선행처리 : 고사실시 → 학생답안카드 제출 → OMR카드 읽기 → 파일올리기/이관
         (성적처리담당자로부터 완료연락을 받은 후)

'고사', '학년', '과목' 선택 후 {조회} → 본인 수업 반을 선택한 후 {일괄채점}함.

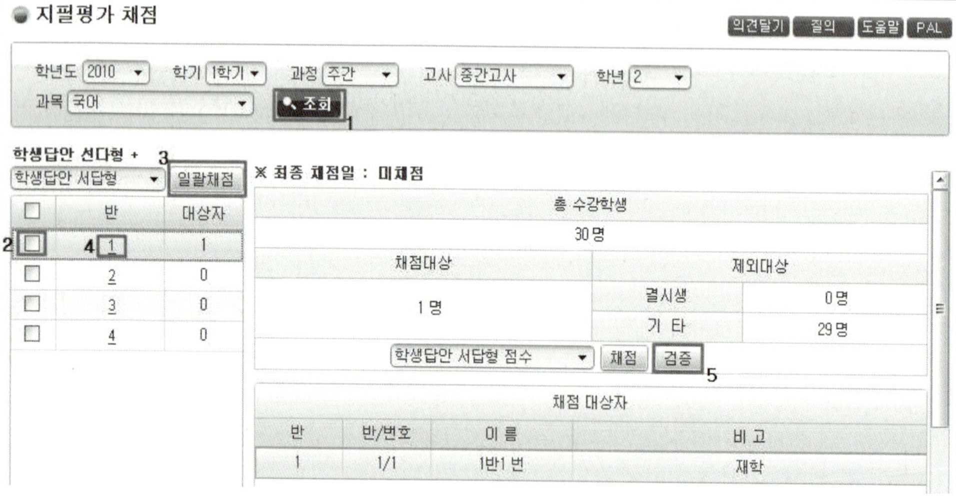

372 체육교사로 일하기 - 체육교직실무 매뉴얼 -

○ 정오표 배부 후 성적처리
1. 학생 이의신청 접수 및 처리
 가. 성적에 대한 학생들의 이의신청을 접수 : [성적]-[지필평가]-[학생답관리]에서 '고사', '학년', '과목', '반' 선택 후 {조회} → 학생 본인의 OMR 카드를 확인하도록 함
 나. 학생 답안을 수정할 경우 : {잠금/해제}를 선택한 후 '수정' 하고 {저장} → 해당학급에 대하여 재채점 실시.
 다. 부득이하게 이관된 학생답안을 수정할 경우, 학교장 판단에 의한 일정한 근거(학업성적관리위원회 회의록 등)를 남김. → 정정 시 [학교정보]-[성적수정이력조회]에서 수정한 내용 조회

2. 성적일람표 출력 및 학생확인
 가. 성적에 대한 학생들의 이의신청 기간 종료 또는 이의신청 해결 후 실시.
 나. [성적]-[지필평가 조회]-[교과목별일람표조회-학급별]에서 '고사', '학년', '과목', '반'을 선택 후 {조회} → {출력(🖨)}
 다. 과목별 성적일람표를 출력 → 학생 개인별 확인 → 교과담당교사의 서명 또는 날인 → 성적관련 담당부서에 제출

○ 지필평가 성적 마감 및 문항분석
▶ 개   요 : 지필고사에 대한 이상 유무에 대한 확인(출제오류, 학생확인 등)이 끝난 후 마감(문항분석)
▶ 메뉴경로 : [성적] → [지필평가] → [성적관리]
▶ 선행처리 : 모든 반이 마감되면 문항분석(반별/학년별)작업이 자동 실행됨

점수가 없는 학생은 결시명칭이나 고사별 학적변동을 선택하여 점수가 없는 이유를 선택해야 함 (모든 학생들의 점수, 결시명칭, 고사별 학적변동 이 세 가지 중 하나는 반드시 입력되어야 함)

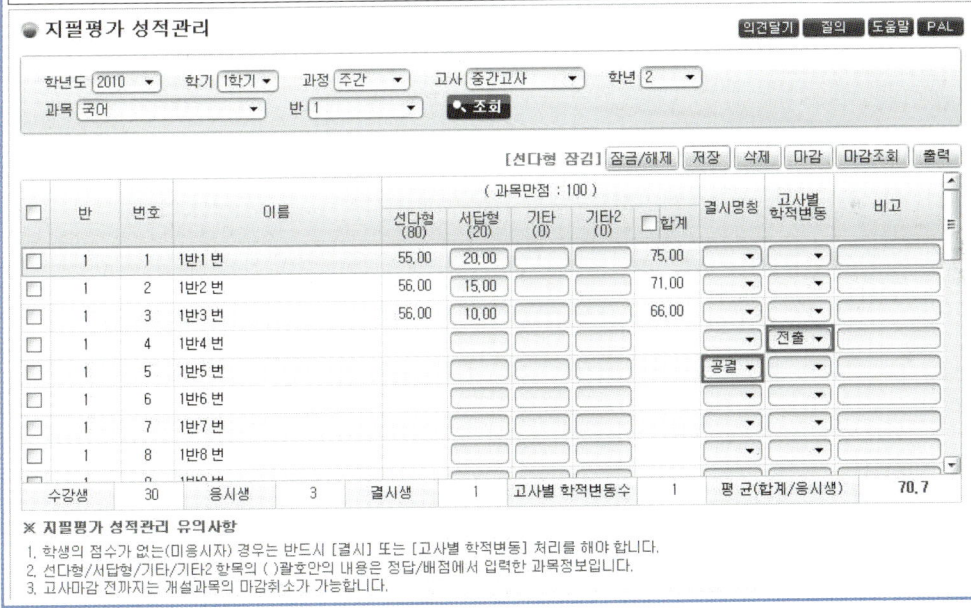

※ 지필평가 성적관리 유의사항
 1. 학생의 점수가 없는(미응시자) 경우는 반드시 [결시] 또는 [고사별 학적변동] 처리를 해야 합니다.
 2. 선다형/서답형/기타/기타2 항목의 ( )괄호안의 내용은 정답/배점에서 입력한 과목정보입니다.
 3. 고사마감 전까지는 개설과목의 마감취소가 가능합니다.

◆ 과목별 세부능력 및 특기사항 입력 ◆

▶ 개   요 : 해당 과목과 관련된 세부능력 및 수행평가, 학습활동 참여도 및 태도 등을 등록
▶ 메뉴경로 : [성적] → [성적처리] → [과목별세부능력및특기사항]

학기별로 입력하며, 과목과 관련된 세부능력 및 수행평가, 학습활동 참여도 및 태도 등을 특기할 만한 사항이 있는 과목 및 학생에 한하여 간략하게 문장으로 입력
중학교의 경우 방과후학교 교육활동 등은 교과학습발달상황의 '세부능력 및 특기사항'에 입력할 수 있음. 특정 교과관련 내용은 교과담임교사가 등록
예시) 예시(음악교과담당교사가 입력) : 방과후학교 프로그램 클래식 기타반(40시간)을 수강

개인별 특기사항

20○○학년도 ○학년 ○반

번호	이름	특기사항
1	고○○	
2	김○○	
3	김○○	체육 : 20○○년 1학기, 여름방학 및 2학기 방과후 배드민턴 특기적성 수업에 성실하게 참여하여 경기기능 및 전술을 습득하고 경기를 즐길줄 아는 태도를 학습하여 평생스포츠 입문의 발판을 마련함.
4	김○○	체육 : 신체 움직임에 대한 이해가 높고, 모든 운동종목을 즐겁게 참여할 줄 아는 자세를 지님. 체육부장으로서 매우 적극적인 태도로 수업에 참여하였으며, 학급 대표로 구기대회에 참가하여 입상하는데에 큰 공헌을 함. 특히 야구에 뛰어난 두각을 보이며, 20○○년 여름방학, 2학기, 겨울방학 배드민턴 특기적성 방과후 수업에 성실하게 참여하여 모범을 보임.
5	김○○	
6	김○○	체육 : 축구에 소질이 있으며 모든 신체활동에 적극적이고 성실하게 참여하여 모범을 보임.
7	김○○	
8	박○○	체육 : 축구에 소질이 있으며 모든 신체활동에 적극적이고 성실하게 참여하여 모범을 보임.
9	손○○	체육 : 순발력과 민첩성이 뛰어나며 기초체력이 우수함. 특히 단거리 달리기에서 큰 두각을 나타냄.

[그림 3.9] 교무업무시스템 개인별 특기사항 입력 확인용 출력물 예시

라) 차세대나이스 기타 서비스

◆ 차세대나이스 학부모 및 학생 서비스 ◆

1. 학부모서비스
○ 학부모의 교육 참여를 통해 교육기본법 제13조에서 보장하는 학부모의 교육할 권리와 책임을 다할 수 있도록 제공하는 서비스
○ 학교를 직접 찾아가지 않아도 학교정보 뿐만 아니라 자녀의 성적, 출결, 학교생활기록부 등 자녀의 학교생활을 인터넷으로 한 눈에 열람가능
○ 선생님과의 상담, 가정통신 등 자녀의 담임선생님과도 상호 의견 교환을 할 수 있는 쌍방향 서비스를 제공

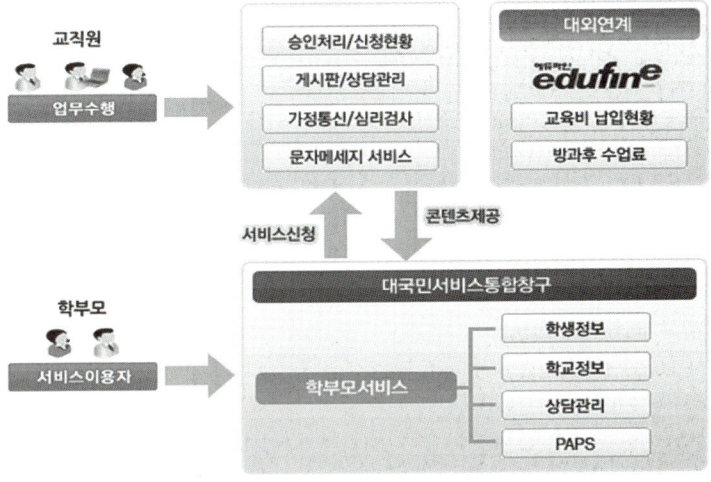

2. 학생서비스
○ 학생 본인의 교육과정, 성적, 출결사항, 학사일정, 학교생활기록부, 급식식단표, 건강기록부 등의 정보를 인터넷을 통해 조회가능

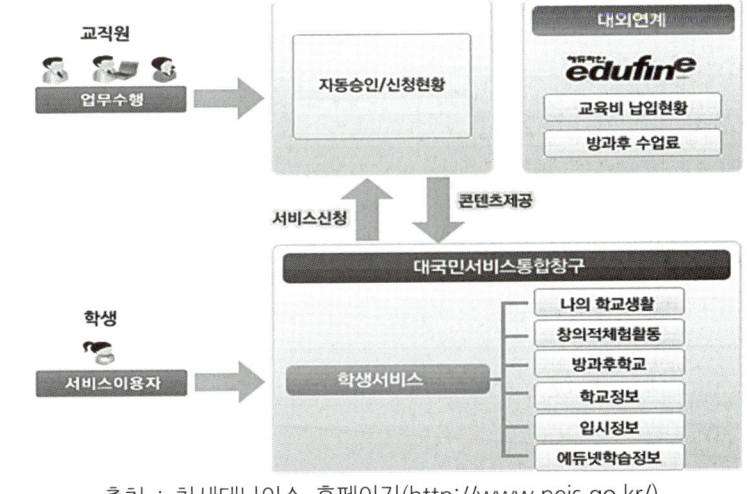

출처 : 차세대나이스 홈페이지(http://www.neis.go.kr/)

◆ 차세대나이스 온라인 대입전형 서비스 ◆

○ 대입전형 시 대학에 제출하여야 하는 학생의 학교생활기록을 온라인으로 고교에서 대학으로 직접 제공함으로써 업무효율성과 자료의 신뢰성을 높이고, 학생 및 학부모의 편의를 증진
○ 2006학년도부터 수시, 정시 등 전체 대입전형을 지원
※ 수험생이 지원한 대학에 한하여 수험생 본인의 동의가 있는 경우에만 제공

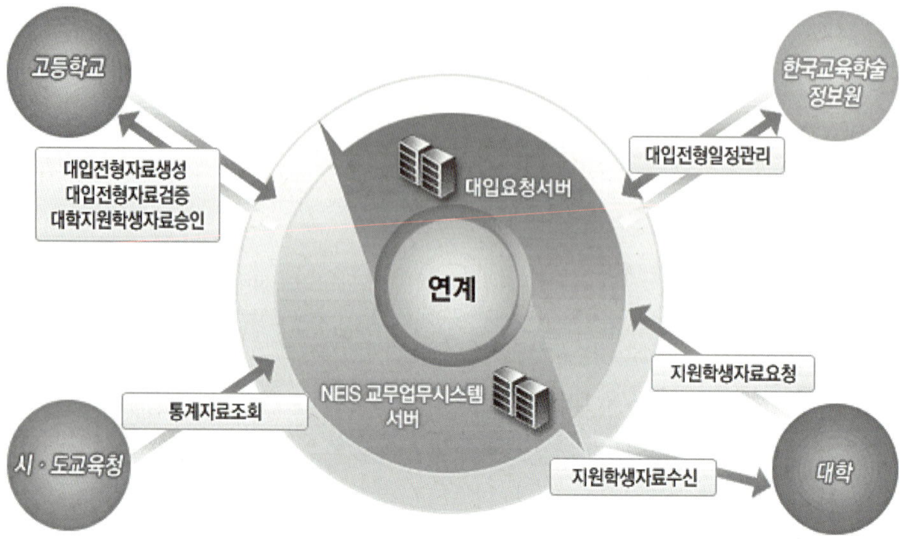

	이전방식	온라인 제공방식
대상학교	전체학교	전체학교
제공대상	재학생	재학생 및 졸업생
제작형태	CD	온라인 제공(암호화 처리)
학생부제공방법	대학에 전체학생정보를 CD로 배포	학생이 지원한 해당 대학에만 자료제공
인증서	해당없음	대학 및 고등학교 인증서 발급

출처 : 차세대나이스 홈페이지(http://www.neis.go.kr/)

2) 차세대나이스 기본메뉴 업무 (복무, 급여 등)

○ 복무 관련 사항
▶ 근무사항 신청 - 연가, 병가, 공가, 특별휴가, 근무지내 출장, 육아시간, 결근, 반일연가, 반일병가, 지참, 병지참, 조퇴, 병조퇴, 외출 및 교육공무원법 제41조연수 등
▶ 메뉴경로사전 연락 - 신청을 하기 전에 교감에게 구두/유선/메신저 등으로 미리 연락
신청 방법 : 왼쪽 [나의메뉴] 탭

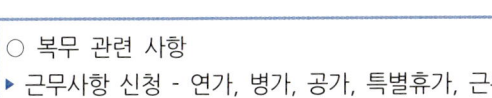

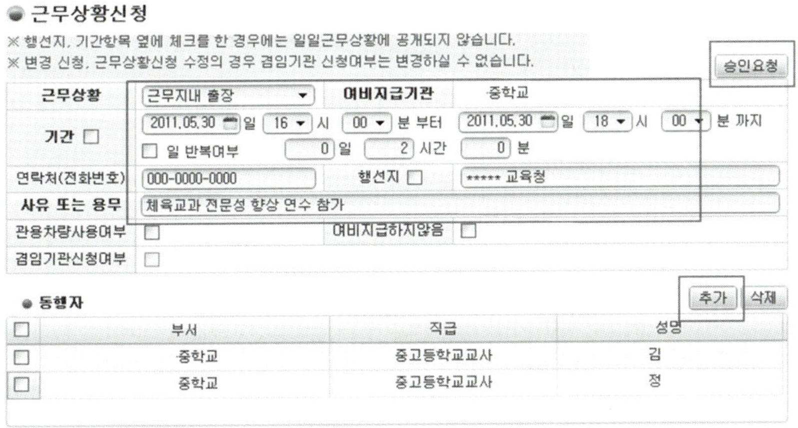

① '근무상황신청' → '조회' → 아래쪽에 있는 '신청'메뉴 클릭
② 근무상황신청이라는 팝업 창이 뜨면 근무지내 출장, 지참, 조퇴, 외출, 지참 등을 선택 후 해당 내용 입력(행선지, 기간, 연락처, 사유)
 ※ 동행자가 있는 경우 [추가] 버튼을 눌러 해당 교직원 선택하여 등록
③ 우측상단의 '승인요청'클릭
④ 승인자 지정(좌측 하단)
 - 출장, 병가, 연가, 특휴 : 교무부장→교감→교장

3 부 일반교직실무의 실제

- 조퇴, 외출, 지참 : 교무부장→교감
- 초과 근무 : 소속부장→(행정실장)→교감→교장

⑤ 마지막으로'승인 신청'을 해야 결재가 진행됨→결재는 부장-교감-교장 순으로 진행. 신청 후 해당 부장, 교감에게 신청 사실을 통보하여 주셔야 신속하게 결재가 이루어짐

○ 기타 메뉴

① [급여] : 급여 지급 명세서, 연말정산 관련 업무 처리
② [연말정산] : 연말정산 관련 업무
③ [교직원공제회회원업무] : 교직원공제회 회원인 경우 웹사이트와 연결되어 각종 업무가 직접 가능
④ [인사기록] : 인사기록카드 내용의 조회 및 출력 가능
 - 근무사항, 학력, 경력, 자격취득, 포상, 징계, 가산점 등
⑤ [전보] : 유예, 요청, 초빙 등 관련 업무
⑥ [평정] : 자기실적 평가서 등록 및 조회

다. 업무관리시스템

1) 업무관리시스템 주요 업무

○ 시스템 접속

① 인터넷 브라우저 주소창에 시스템 접속URL를 입력
☞ 하단의 접속주소 참고

② 나이스 또는 에듀파인에서 사용하는 아이디와 인증서로 로그인

※ 업무관리시스템 접속주소

구분	업무관리시스템	구분	업무관리시스템
서울특별시교육청	bms.sen.go.kr	강원도교육청	bms.kwe.go.kr
부산광역시교육청	bms.pen.go.kr	충청북도교육청	bms.cbe.go.kr
대구광역시교육청	bms.dge.go.kr	충청남도교육청	bms.cne.go.kr
인천광역시교육청	bms.ice.go.kr	전라북도교육청	bms.jbe.go.kr
광주광역시교육청	bms.gen.go.kr	전라남도교육청	bms.jne.go.kr
대전광역시교육청	bms.dje.go.kr	경상북도교육청	bms.kbe.go.kr
울산광역시교육청	bms.use.go.kr	경상남도교육청	bms.gne.go.kr
경기도교육청	bms.ken.go.kr	제주특별자치도교육청	bms.jje.go.kr

○ 업무관리 시스템 주요화면

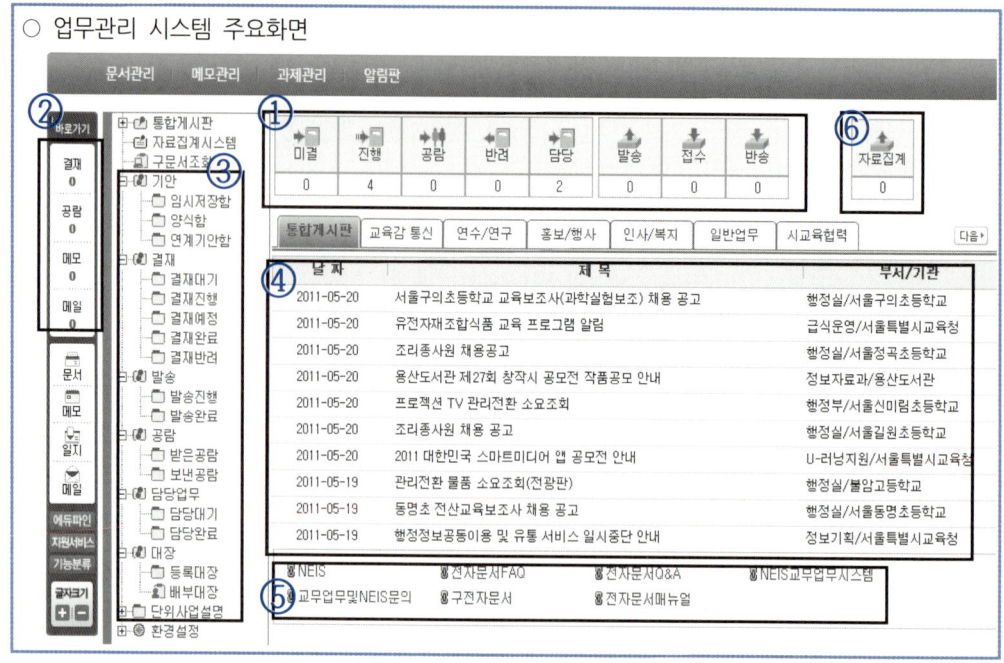

① **문서현황판** : 문서현황판에서는 문서 도착 현황을 확인할 수 있으며, 클릭시 해당 메뉴로 바로 이동 가능
- 미결 : (주로 보직교사, 교감, 교장 등) 결재 담당자들이 결재를 해야 하는 기안문이 대기 중인 건수
- 진행 : 기안을 올렸거나 결재 처리한 문서들 중 현재 결재가 진행 중인 문서건수
- 공람 : 해당 담장자에게 전달되었지만, 모든 교직원들이 함께 공람해야 하는 내용의 문서를 편철해 놓은 건수
- 반려 : 기안 작성자 본인이 기안을 취소하여 회수하였거나 (주로 보직교사, 교감, 교장 등에 의해) 결재 반려된 문서건수
- 담당 : 본인이 담당자로 지정된 접수문서건수
- 발송 : 발송할 문서건수
- 접수 : 접수 대기 중인 문서건수
- 반송 : 접수문서 중 재 배부 요청되었거나 담당자로부터 반송된 문서건수

② **바로가기**
- 메일 : 본인에게 도착한 받은 편지건수, 공식 기안문서 상이 아닌 간단한 안내사항을 각 교육기관(교육청 및 학교 등)의 담장자에게 전달하고자 할 때 편리하

게 이용 가능
- 결재, 공람 : 문서현황판 기능과 동일

③ **주 메뉴** : 화면 왼쪽 사이드에 트리로 구성된 주 메뉴가 있으며, + 버튼을 펼쳐서 세부 메뉴 확인
- 기안 : 기안문을 작성
  - 임시저장함 : 기안 작성 시 임시 저장한 문서들이 보관되는 곳
  - 양식함 : 등록된 양식을 불러와서 기안문을 작성
- 결재 : 결재대기중인 문서를 처리하고 해당 결재현황을 조회
  - 결재대기 : 결재처리 대기 중인 문서를 조회하고 처리
  - 결재진행 : 결재처리 진행 중인 문서 형황을 조회하고 기안 취소 함
  - 결재예정 : 앞으로 본인이 결재 처리해야할 문서들을 조회 가능
  - 결재완료 : 최종 결재 완료된 문서를 조회하고 공람 가능
  - 결재반려 : 기안취소 및 결재 반려된 문서를 조회하고 재기안 함
- 공람 : 받은 공람 문서를 조회하고, 공람현황을 조회할 수 있음
  - 받은공람 : 공람 문서를 조회할 수 있음
  - 보낸공람 : 보낸 공람 문서의 열람 현황을 조회하고, 공람취소 및 추가공람 할 수 있음
- 발송 : 문서를 발송하고 발송된 문서의 수신현황을 조회할 수 있음
  - 발송진행 : 본인이 기안 작성 후 결재 완료되어 발송 요청된 문서의 현황을 조회
  - 발송처리 : 발송담당자에게만 활성화되는 메뉴로서, 발송대기 중인 문서에 관인 날인 후 발송
  - 발송완료 : 발송 완료된 문서의 수신현황을 조회
- 접수 : 문서를 접수하여 처리
  - 접수대기 : 기관 문서과 및 처리과에 도착한 문서를 접수하여 배부처로 배부하거나 담당자를 지정
  - 접수완료 : 접수 완료된 문서의 처리현황을 조회하고, 재 배부 요청 및 담당 반송된 문서에 대해 재 배부 및 담당 지정
- 담당업무 : 담당 문서를 편철하고 공람

- 담당대기 : 본인이 담당자로 지정된 접수문서를 편철하고, 공람
- 담당완료 : 편철지정 완료된 접수문서를 조회하고, 반송/이송/경유 기안을 작성
- 철등록부 : 기록물 철을 신규로 생성하고 등록된 기록물 철을 조회
- 등록대장 : 부서 내 생산 및 접수하여 등록된 기록물들을 조회
- 배부대장 : 기관 문서과에서 접수 후 배부되어 등록된 문서들을 조회

④ **통합게시판** : 주제영역에 따라서 공문게시판 조회가 가능, 제목을 선택하면 게시물에 대한 상세정보 확인 가능하며 공문서를 조회할 수 있음

⑤ **웹사이트** : 해당영역을 클릭하면 바로 인터넷 사이트로 연결됨

⑥ **자료집계시스템(e-DATA)** : 신속 정확한 통계정보의 효율적 확보와 공유를 위한 웹 기반(Web-based) 온라인 자료통계 및 자료수집 시스템. 본 시스템을 통해 통계가 필요한 자료의 실시간 리포팅과 집계, 수집 처리 및 자료의 공유가 가능.

[그림 3.10] 자료집계 시스템의 주요 화면

2) 문서 기안 작성 방법

가) [기안]-[양식함] : 필요한 양식을 선택(기안 양식 중, 결재4, 협조 4를 선택할 경우의 예)

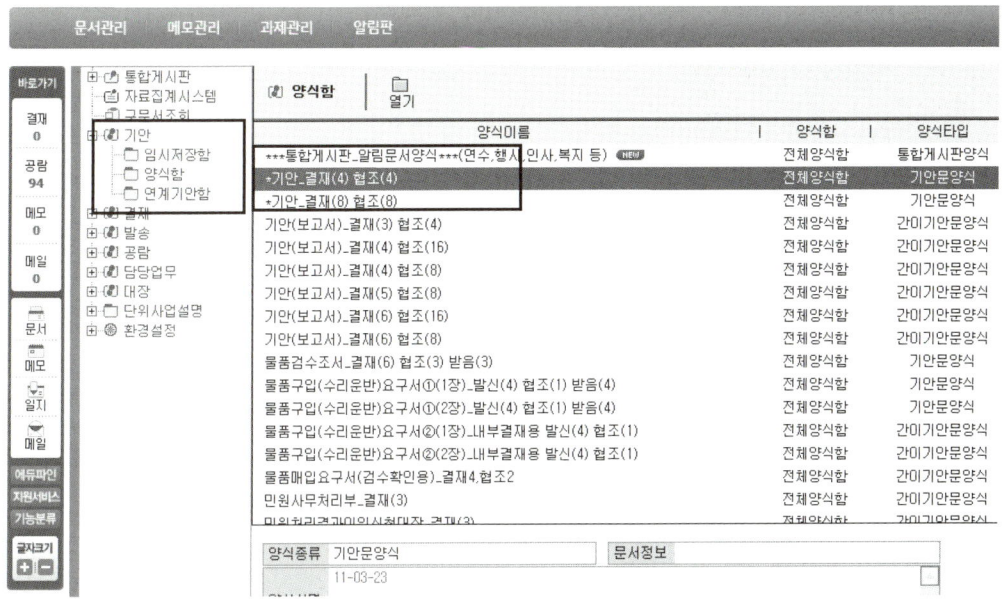

나) 기안 신규 화면 : [정보]를 클릭하여 문서정보 작성

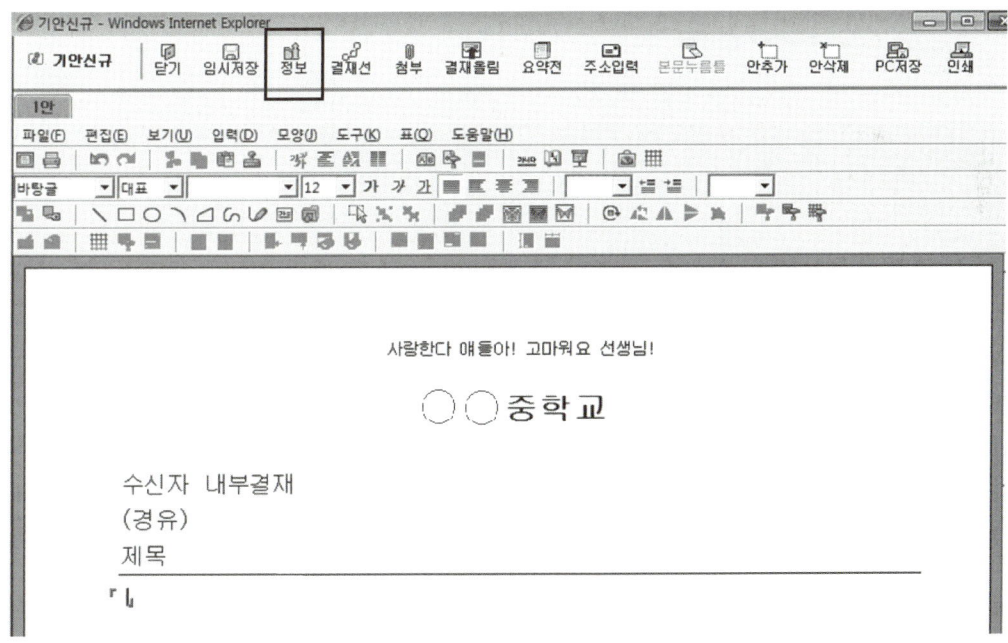

다) 문서정보 작성 : 제목, 결재선 지정, 단위과제카드명, 업무유형 등 입력

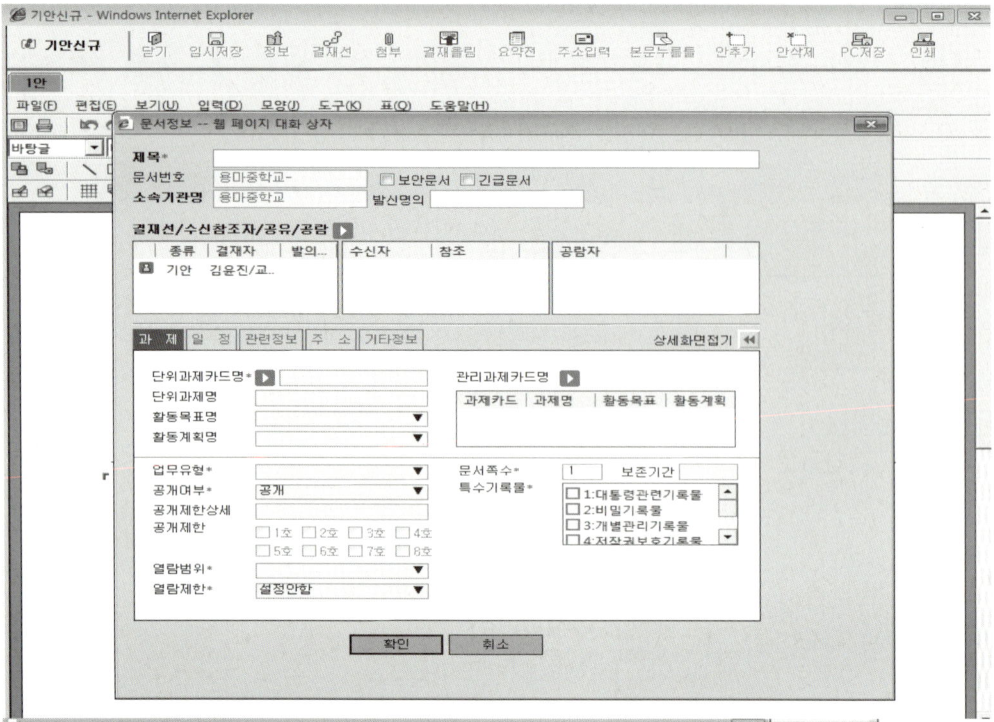

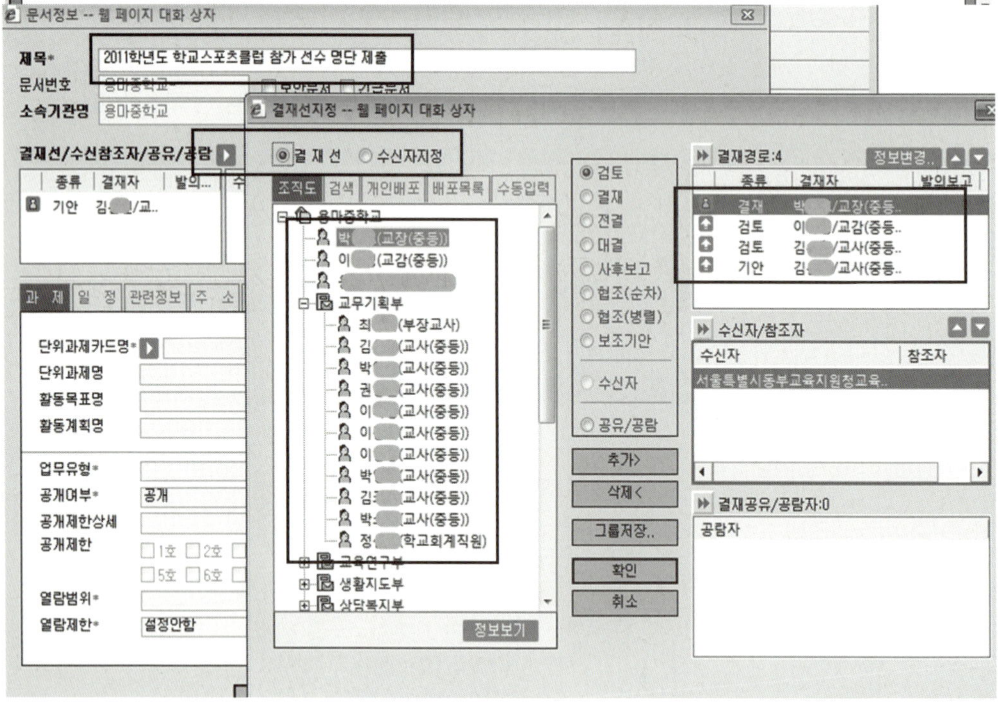

▇▇중학교

수신자 ▇▇▇▇▇▇▇교육지원청교육장(중등교육지원과장)
(경유)
제목 2011학년도 학교스포츠클럽 대회 참가 선수 명단 제출

   1. ▇▇▇▇▇교육지원청 중등교육지원과-7117(2011.04.13.)의 관련입니다.
   2. 2011학년도 학교스포츠클럽(배드민턴)대회 참가 선수 명단을 붙임과 같이 제출합니다.

붙임 2011학년도 학교스포츠클럽 대회 참가 신청서(**중) 1부. 끝.

[참고] 기안문 작성요령

실력과 인성을 갖춘 창의적 인재 육성

○○ 고등학교

수신자   수신자 참조
(경유)
제목   유치원 교원 자율장학 협의회 개최
        (문서제목에는 특수문자 사용을 금함)

1. 기획예산담당관 - ○○○(2010. 5. 10)호의 관련입니다.
    (관련공문 하단 좌측의 처리과명, 문서번호, 시행일자를 기재함)
2. 아래의 유의사항을 각 업무 담당자(기안자)에게 전달하시기 바랍니다.
    가. 다음 특수기호는 본문에 사용 금지
        1) 전각기호(일반) 중 사용금지 기호 : ~ 「 」 『 』
        2) 전각기호(로마자)중 사용금지 기호 : Ⅰ Ⅱ Ⅲ Ⅳ Ⅴ ……

3. 본문내용에 서식이나 그림파일은 가능한 첨부물로 작성
    가. 본문에 부득이하게 표를 작성하는 경우 반드시 표를 선택하고 오른쪽 마우스를 눌러 고치기 → '일반글자처럼 취급'에 체크

붙임 : 1. 서식 승인 목록 1부.
       2. 승인서식 2부.   끝.

○ ○ 고등학교장

수신자   공고 1-100, 공특 1-20

교사   교감   교장   결재일 5./11
협조자
시행 처리과명- 일련번호(시행일자)   접수처리과명-일련번호(접수일자)
우편번호   주소/   홈페이지주소
전화   전송(fax)   /기안자의개인 전자우편 주소   /공개구분

라. 에듀파인

1) 기본 품의서 작성 (물품구입)

가) 에듀파인 학교회계시스템 초기화면 : [학교회계]-[지출품의]

학교회계시스템 초기화면에서 **[품의작성바로가기]** 버튼을 클릭하면 **[사업현황]** 화면으로 이동한다.

나) 사업현황 화면

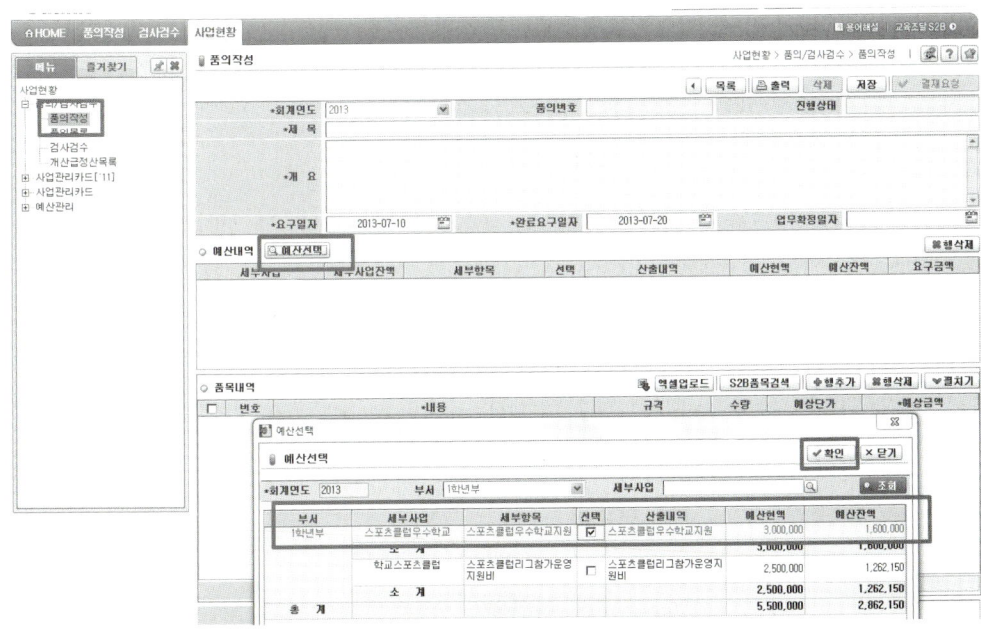

3부 일반교직실무의 실제

다) 지출품의 기안 작성

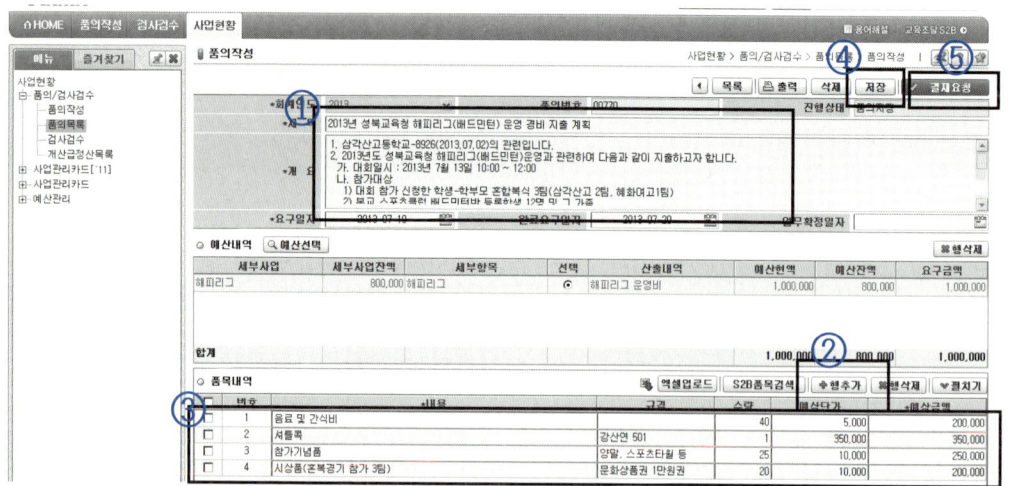

○ [사업현황]에서 선택한 세부사업의 예산정보가 기본정보로 등록되므로 확인한 후 ① 제목과 개요를 입력한다.
○ ② [행추가]를 버튼을 클릭하여 생성된 행에 품명, 규격, 수량, 단위 등 품목 정보를 입력한다.
○ 완료요구일은 요구일자의 10일 후로 자동 기재된다.
○ 품의내역을 작성한 후 ④ [저장]후 ⑤ 결재요청한다.

2) 통합자산관리 업무

가) 에듀파인 학교회계시스템 초기화면 : [학교회계]-[통합자산관리]

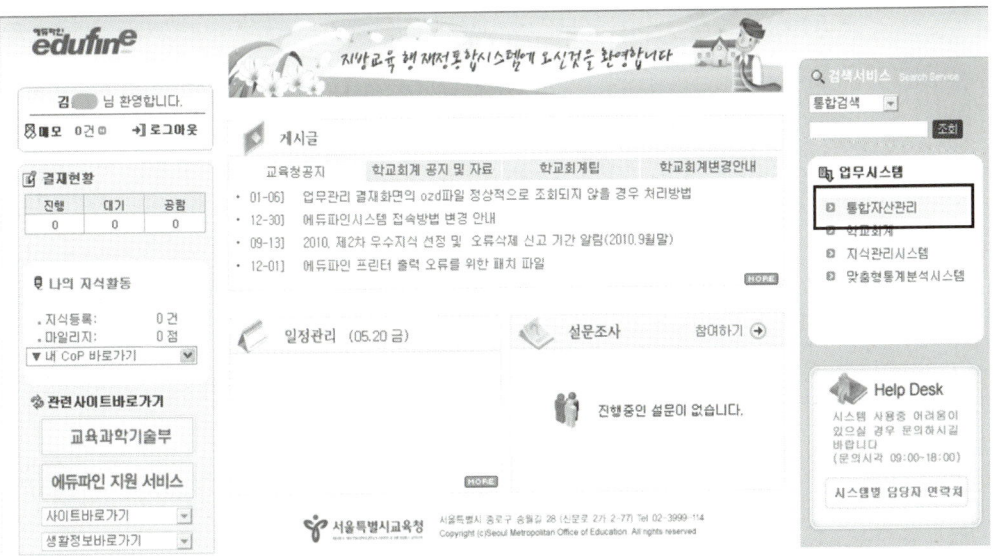

나) 교구수불관리 : [통합자산관리]-[교구관리]-[교구운용]

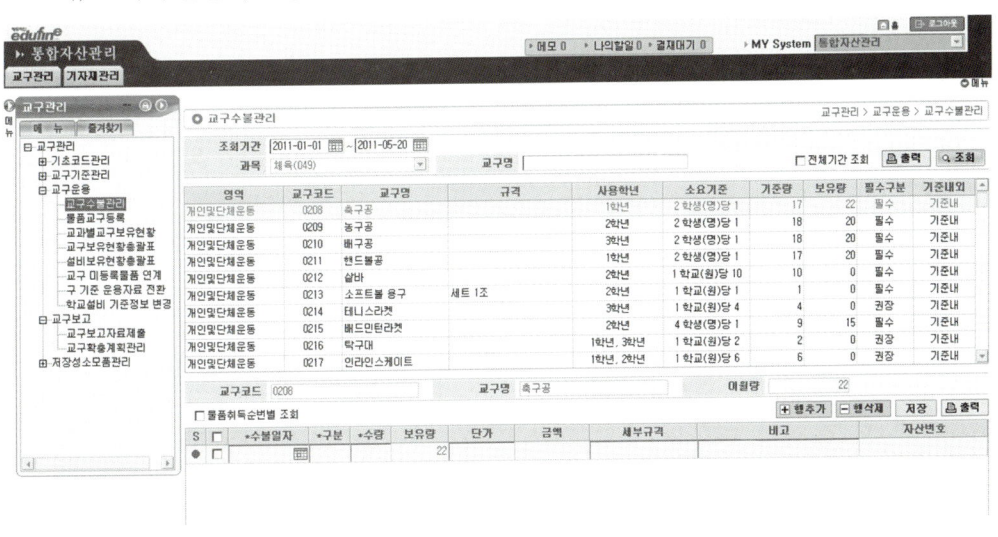

교과별 교구 수불현황, 보유량 등을 입력한다.

다) 교과별 교구 보유현황 : [통합자산관리]-[교구관리]-[교구운용]-[교과별 교구 보유현황]

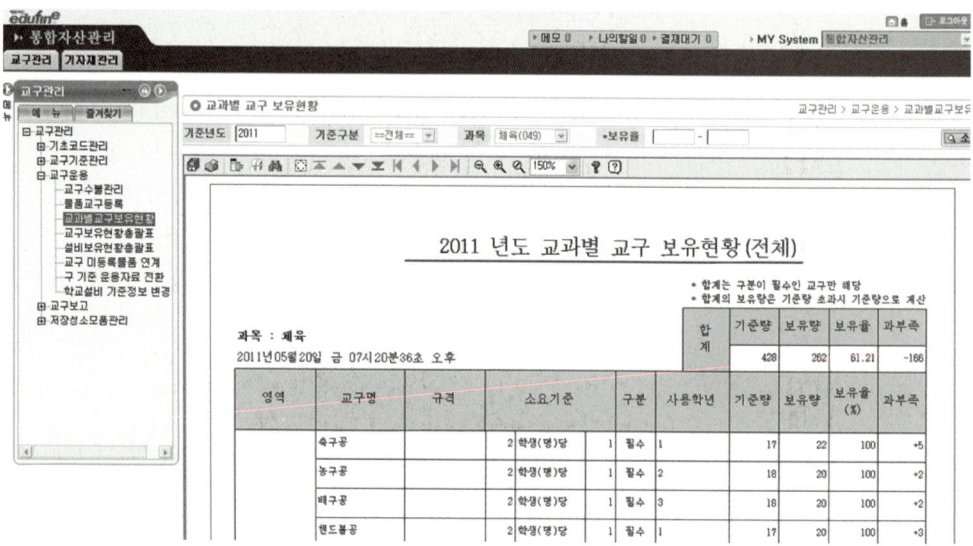

교과별 교구 보유 현황을 조회할 수 있다.

라) 교구자료제출 : [통합자산관리]-[교구관리]-[교구보고]-[교구보고자료제출]

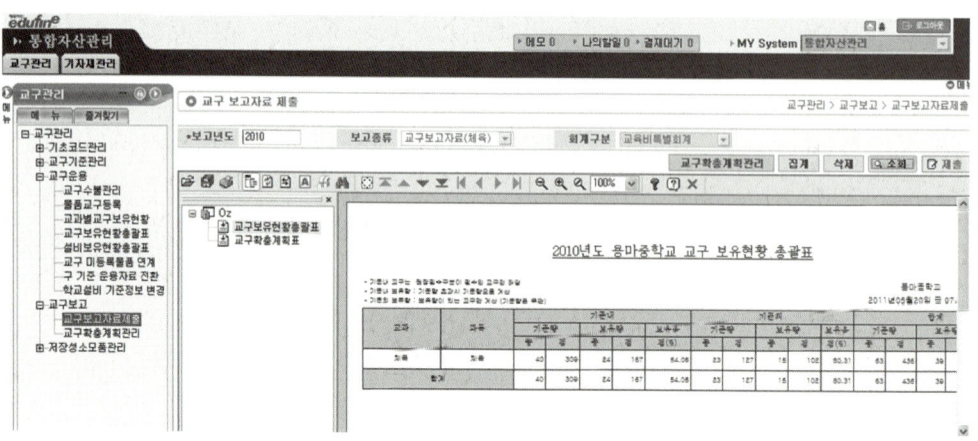

입력된 자료들은 매년 1회 교육청에 제출한다.

8장
교육지원 및 행정체계의 이해

1 교원의 인사 및 복무관리

가. 인사

1) 임용

가) 임용의 정의(교육공무원법 제2조 제5항)

신규채용·승진·승급·전직·전보·겸임·파견·강임·휴직·직위해제·정직복직·면직·해임 및 파면을 말함

나) 공무원 임용의 결격 사유(국가공무원법 제33조)

○ 금치산자 또는 한정치산자
○ 파산자로서 복권되지 아니한 자
○ 금고이상의 형을 받고 집행 종료 또는 집행을 받지 않기로 확정된 후 5년 미경과자
○ 금고이상의 형을 받고 집행유예 완료 후 2년 미경과자
○ 금고이상 형의 선고유예기간 중인 자
○ 법원의 판결 또는 다른 법률에 의하여 자격 상실 또는 정지된 자
○ 징계에 의한 파면 처분을 받은 때로부터 5년 미경과자
○ 징계에 의한 해임 처분을 받은 때로부터 3년 미경과자

다) 인사 발령(교육공무원 인사기록 및 인사사무 처리규칙)

(1) 전보, 강임, 면직, 징계, 직위해제, 휴직, 복직, 호봉재획정, 승급, 전출, 전입, 각종위원 임명, 위촉 또는 해임, 해촉시

(2) 교원 및 각급 학교의 교사전보시, 인사발령통지서의 교부로 임용장 수여에

갈음할 수 있음

(3) 인사기록카드 및 발령대장의 기록·보관

(4) 인사보고 : 전보, 승급, 국내 연수, 국외 연수, 국외 출장, 포상, 사망, 징계처분, 직위해제, 휴직, 복직, 겸임 및 파견 근무 사유 발생시 발령일 또는 당해 사유 발생일로부터 7일 이내에 임용권자에게 보고

라) 승진(교육공무원법 제13조, 교육공무원승진규정, 교육공무원승진규정개정에따른인사업무처리지침)

(1) 평정 대상 : 교사, 교감(원감 포함), 장학사, 교육연구사

(2) 평정의 종류 및 시기

평정의 종류	평정 실시 기준일 및 시기	평정자와 확인자	평정 결과의 보고
경력평정	• 매년 12월 31일 기준 정기적 실시 • 신규채용, 승진, 전직 또는 강임된 자가 있거나 상위자격 취득자가 있을 때 사유 발생 2월 이내 정기 평정일 현재 기준으로 평정	승진후보자 명부 작성권자가 정함	확인자는 평정 결과를 평정후 10일 이내에 평정대상자의 임용권자에게 보고
근무성적 평정	• 매년 12월 31일 기준 정기적으로 실시		
연수성적 및 가산점 평점	• 매년 12월 31일 기준 실시 • 승진 후보자 명부 조정 시기		

마) 전보(교육공무원임용령 제13조의3, 교육공무원인사관리규정 제15~19조)

(1) 전보의 정의 : 동일 직위 또는 자격 내에서 근무기관이나 부서를 달리하는 임용

(2) 전보의 시기

(가) 교육전문직, 교장 : 매년 9월 1일을 원칙으로 하되 3월 1일 보완

(나) 교감, 교사 : 매년 3월 1일을 원칙으로 하되 9월 1일 보완

(다) 학기도중 전직, 전보는 부득이한 경우에 한함

(3) 정기전보

(가) 전보기간 : 5년 범위 내에서 교육감·교육장이 정하는 기간

(나) 전보유예 : 근무성적 '우' 이상인 자

(다) 순환근무원칙으로 2000학년도부터 '가'급 학교 폐지

(4) 보직교사의 전보 : 보직교사겸임을 면하여 전보

바) 전직
  (1) 승진과 전직의 구분(국가공무원법 제5조, 교육공무원법 제2조)
     (가) 승진 : 하위직급에서 직무의 책임도, 곤란도가 높은 상위직급으로 인사이동
     (나) 전직 : 교육공무원의 종별과 자격 또는 직렬을 달리하는 임용
  (2) 교원에서 교육전문직으로의 전직(교육공무원인사관리규정 제13조)
     (가) 교육관이 투철하고 교육에 대한 자질과 능력이 탁월하다고 인정된 자로서

장학관, 교육연구관	장학사, 교육연구사
• 교장, 교감인 자 • 박사학위 소지자로서 교육경력이 5년 이상인 자	• 교육경력 10년 이상, 근무성적이 최근 2년간 '우'이상인 자(3년 이내의 임용전 군복무경력 포함) • 임용예정일 기준 교감은 52세 이하, 교사는 47세 이하인 자(2000학년도 이후 3회 이상 불합격자는 제외)

     (나) 장학사, 교육연구사는 교육기관, 교육행정기관 또는 교육연구기관의 추천을 받아 전형을 거쳐 임용하여야 함
  (3) 교육전문직에서 교원으로서 전직(교육공무원인사관리규정 제14조)
     (가) 교육전문직 이전의 직위에 전직하여야 함. 다만, 교육전문직 2년 이상 재직자로서 교육·교육행정·교육연구경력 22년 이상인 자는 교장의 직위로 전직할 수 있음.
     (나) 교육전문직 2년 이상 재직자로서 교육·교육행정·교육연구경력이 17년 이상의 자는 교감의 직위로 전직할 수 있음
     (다) 교육경력 10년 이상이고 교육전문직으로 10년 이상 근속한 자는 전직될 직위에 제한을 받지 아니함

사) 파견(국가공무원법 제32조의 4, 교육공무원임용령 제7조의 3, 4)

2) 신분 및 권익 보장
  가) 휴직(교육공무원법 제44, 45조, 공무원보수규정 제15, 28조)
   (1) 휴직 사유 및 기간

휴직종류	휴직관련 호와 사유	휴직조건	휴직기간	경력인정 여부 보수	경력인정 여부 승진	봉급	구비서류
직권휴직	1.병휴직 (요양)	• 신체·정신상의 장애로 장기요양	1년이내	불인정	불인정	7할 (결핵성: 8할)	휴직원 진단서 (공상증명서)
	(공상)	• 공상으로 장기요양	1년이내	인정	인정	전액지급	
	2.병역의무 (병역)	• 병역복무를 위한 징집 또는 소집	복무기간	인정	인정	부지급	휴직원 입영증명서
	3.생사소재 불명(행불)	• 천재·지변·전시·사변 기타사유로 생사·소재 불명	3월이내	불인정	불인정	부지급	휴직원 증빙서류
	4.법정의무 수행(의무)	• 법률의 규정에 의무수행을 위하여 직무이탈	복무기간	인정	인정	부지급	휴직원 증빙서류
	11.교원노 조전임자	• 교원의 노동조합설립 및 운영 법률	전임기간	불인정	인정	부지급	휴직원 증빙자료
청원휴직	5.해외유학 (연구·연수)	• 학위취득 목적 해외유학, 1년 이상 외국에서 연구 또는 연수	3년 이내 (3년 연장 가능)	인정	인정 (5할)	5할	휴직원 입학허가서 유학계획서등
	6.외국기관 고용	• 국제기구·외국기관 • 재외국민교육 기관 임시고용	고용기간	인정(상근 10할 비상근 5할)	인정(상근 10할 비상근 5할)	불지급	휴직원 고용계약서
	7. 양육휴직	• 자녀(1세 미만) 양육이나 여교원이 임신 또는 출산하게 된 때	1년 이내 (여교원 2년 연장 가능)	인정	최초1년 이내인정	불지급	휴직원 진단서 주민등록등본
	8. 국내연수 (연수)	• 교육인적자원부 장관이 지정하는 국내연구기관·교육기관 등에서 연수	3년이내	인정	인정 (5할)	불지급	휴직원 입학허가서
	9. 간병휴직 (간호)	• 사고·질병으로 장기요양을 요하는 부모, 배우자, 자녀 또는 배우자의 부모간호	1년이내 (재직 기간 중 3년 이내)	불인정	불인정	불지급	휴직원 진단서 간병확인서
	10. 배우자 동반	• 배우자 외국근무, 또는 제5호에 해당된 때	3년 이내 (3년 연장 가능)	불인정	불인정	불지급	휴직원 증빙서류

(2) 휴직 중인 자의 처리(교육공무원법 제73조, 동 인사관리규정 제21조, 제22조)

　(가) 휴직의 효력 : 신분은 보유하나 직무에는 종사하지 못함

　(나) 휴직 연장 : 휴직 만료전 15일까지 신청(휴직허용기간 범위 내)

　(다) 휴직자의 동태파악 : 6개월마다 소재지와 휴직사유 지속여부를 소속 기관장에게 보고(교육공무원인사관리규정 제22조)

나) 복직(국가공무원법 제73조)

(1) 복직의 정의 : 휴직·직위해제 또는 정직중인 자의 직위복귀

(2) 복직의 시기

　(가) 휴직사유 소멸시 : 30일 이내 임용권자 또는 임용 제청권자에게 복직신고 · 지체 없이 복직을 명하여야 함

　(나) 휴직기간 만료시 : 30일 이내 복귀신고 · 당연 복직

(3) 휴직과 직권면직 : 휴직기간 만료 또는 사유소멸 후에도 직무에 복귀하지 않거나 직무를 감당할 수 없을 때는 관할 징계위원회의 의견을 들어 직권면직(국가공무원법 70조)

다) 직위해제 : 다음 사유의 경우 직위 해제할 수 있음

사 유 (국가공무원법 제 72조의2 제1항)	조 치 (동법 제73조의2 제2~5항)	보 수 (공무원보수 규정제29조)
1. (삭제 '73. 2. 5.) 2. 직무수행 능력부족, 근무성적 극히 불량 3. 징계의결 요구중인 자 4. 형사사건으로 기소된 자(약식명령이 청구된 자는 제외)	• 제1항 제2호에 의한 직위해제자 : 3월이내 대기명령-능력회복이나 근무성적의 향상을 위한 교육훈련 또는 특별한 연구과제 부여 등 필요한 조치를 하여야 함(3월 이내 직위 부여 또는 직권면직) • 제1항 제2호와 3호 또는 4호의 직위 해제 사유가 경합시 제3 또는 4호의 직위해제처분을 해야 함 • 4호 사유에 의한 직위해제의 경우 소급발령 가능 ※ 직위해제 사유 소멸시 지체 없이 직위를 부여하여야 함	• 봉급의 8할 • 제3 또는 4호 해당자 - 직위 해제일부터 　3월까지 : 8할 - 3월경과시 :5할

라) 퇴직(국가공무원법 제33, 69, 70조, 교육공무원법 제47조)

(1) 당연퇴직 : 국가공무원법 제69조 각호의 1에 해당되는 자

(2) 직권면직(국가공무원법 제70조 제1항)

(가) 직제와 정원의 개폐, 예산감소 등에 의하여 폐직 또는 과원 발생시

(나) 휴직만료, 휴직 사유소멸 후 직무복귀 불응 또는 직무감당 불능시

(다) 직위 해제되어 대기명령을 받은 자가 그 기간 중 능력 또는 근무성적의 향상을 기대하기 어렵다고 인정된 때

(라) 전직시험에서 3회 이상 불합격자로 직무수행 능력 부족하다고 인정시

(마) 징병검사, 입영 또는 소집 명령을 받고 정당한 이유 없이 이를 기피하거나 재영중 근무 이탈시

※ 직권면직 시킬 경우는 미리 관할 징계위원회의 의견을 들어야 함
다만, 국가공무원법 제70조 제1항 제5호의 규정(위 3)의 사유에 의거 면직 시킬 경우는 징계위원회의 동의를 얻어야 함

(3) 교육공무원의 정년퇴직(교육공무원법 제47조)

(가) 연령 : 62세

(나) 정년퇴직일 : 정년이 달한 날이 속하는 학기의 말일(임기가 있는 교육공무원 포함)

(다) 정년퇴직자의 신분유지 : 정년퇴직일 전까지 유지

(라) 직위해제 중인자의 정년 : 직위해제 기간에도 불구하고 정년퇴직

(4) 명예퇴직(교육공무원법 제36조, 국가공무원 명예퇴직수당지급규정 제3조)

(가) 적용범위 : 교육공무원(교장 외에 임용기간을 정하여 임용되는 자, 2급 이하 일반직 공무원, 검사, 치안감 이하의 경찰공무원등 제외)

(나) 대상자 : 교육공무원으로 20년 이상 근속한 자로 정년퇴직부터 1년 이상 10년 이내에 자진 퇴직하는 자 · 교장이 임기만료 전에 자진하여 퇴직하는 경우 그 정년은 62세로 봄

(다) 수당지급액 산정(동 규정 제4조 관계 별표)

정년 잔여기간	산 정 기 준
1. 1년 이상 5년 이내자	퇴직당시(특별승진자는 특별승진직전)월봉급액의반액 × 정년잔여월수
2. 5년 초과 10년 이내인 자	퇴직당시 월봉급액의 반액 × {60 + $\dfrac{정년잔여월수 - 60}{2}$}
3. 10년 초과인자	정년잔여 10년인 자와 동일금액(10년초과정년잔여기간에 대하여는 수당을 지급하지 아니함)

(5) 의원면직(교육공무원법 제43조)

(가) 처리절차

본 인		소속기관장		발령권자
· 사직원(본인) · 카드 이력서 · 서약서 · 기타 증빙서류	→	· 서류확인 · 내신	→	· 접수 · 결정 · 면직통보

(나) 의원면직자의 신분유지 : 면직발령일 전일까지

(6) 징계면직 : 징계위원회 의결을 거쳐 파면, 해임시키는 경우

3) 상훈 및 징계

가) 상훈

(1) 훈장 및 포장 - 상훈법, 상훈법시행령

등급 \ 훈장	국민훈장	근정훈장	새마을훈장	문화훈장	체육훈장
1등급	무궁화장	청조근정훈장	자립장	금관문화훈장	청룡장
2등급	모란장	황조근정훈장	자조장	은관문화훈장	맹호장
3등급	동백장	홍조근정훈장	협동장	보관문화훈장	거상장
4등급	목련장	녹조근정훈장	근면장	옥관문화훈장	백마장
5등급	석류장	옥조근정훈장	노력장	화관문화훈장	기린장

(2) 재직자 포상

(가) 스승의 날 포상(매년 5월15일 실시)

① 추천기준 : 국가관 및 교육관이 투철한 교원으로 표창은 5년 이상, 포장은 10년 이상, 훈장은 15년 이상 재직한 자

(나) 업무추진유공(우수·모범) 공무원 포상

① 포상대상

- 우수공무원 : 직종, 직급 제한 없이 소속공무원 전체(교육공무원 제외)대상
- 모범 공무원 : 직종 제한 없이 소속 6급(상당)이하 공무원 및 초·중등교사

② 포상시기 : 연 2회, 상반기 6월 중, 하반기 12월 중

(3) 퇴직자 포상

(가) 훈격 및 표창 결정기준

① 추천대상자 : 재직 중 직무에 정려하여 국가발전에 기여한 교육공무원 또는 사립학교 교원으로서 정년(명예)퇴직자 또는 의원퇴직자(임기만료 퇴직자 및 사망자 포함)

② 종류 : 평생봉사상(훈·포장수여), 성실근속상(대통령, 국무총리표창수여), 교육인적자원부장관상

(나) 훈격 결정기준 : 재직연수

나) 징계(국가공무원법 제78조, 교육공무원 징계령)

(1) 징계위원회의 종류와 관할

종 류	설치기관	구 성	징계심의 의결대상
대학의장 징계 위원회	교육인적 자원부	위원장, 부위원장 각1인 포함 위원 7인(위원장 : 교육인적자원부장관, 부위원장 차관)	• 대학의 장 • 부총장
특별징계 위원회	교육인적 자원부	위원장 1인 포함위원 5인 이상 9인 이하(위원장 : 교육인적자원부차관)	• 대학의 단과 대학장, 전문대학의 장 및 이에 준하는 각종 학교의 장 • 교육장 • 교육부와 그 소속기관에 근무하는 교수, 부교수, 전임강사, 장학관, 교육연구관 및 특별시, 광역시, 도교육청에 근무하는 국장이상의 장학관
일반징계 위원회	시·도 교육청	위원장 1인 포함 위원5인 이상 9인 이하 (위원장 : 부교육감)	• 공립각급학교 교장(원장), 교감(원감) • 시·도교육청 관할기관의 장학관(교육연구관), 장학사(교육연구사), 교사 • 공립고등학교교사 • 공립유치원, 초등, 중학교교사의중징계
	지역 교육청	위원장 1인 포함 위원 5인 이상 9인이 이하 (위원장 : 학무국장) ※ 위원일부를 관할학교 교장, 교감으로 임명가능	• 공립유치원, 초등학교, 중학교 교사의 경징계

(2) 징계사유(국가공무원법 제78조 제1항)

(가) 국가공무원법 및 동 법에 의한 명령위반

(나) 직무상의 의무위반, 직무태만(타법령에서 공무원의 신분으로 인하여 부과된 의무 포함)

(다) 직무내·외 불문 체면 또는 위신의 손상행위

(3) 징계사유의 시효 : 징계사유 발생일로부터 2년(금품 및 향응수수, 공급횡령의 경우 3년) 징계시효 경과 후면 징계의결요구 불가

(4) 징계의 종류와 효력

종류 (국가공무원법 제79조, 교육공무원징계령 제1조의2)		기간 (국가공무원법 제80조)	신분 (국가공무원법 제33조) (공무원임용령 제32조)	보수, 퇴직금여등 (국가공무원법 제80조, 공무원보수규정 제14조, 공무원연금법시행령제55조)
중징계	파면	—	• 공무원 관계로부터 배제 • 5년간 공무원에 임용될 수 없음	• 재직기간 5년 미만자 퇴직 급여액의 1/4, 5년이상인자 1/2 감액 지급
	해임	—	• 공무원 관계로부터 배제 • 3년간 공무원에 임용될 수 없음	• 퇴직급여 전액 지급
	정직	1월~3월	• 신분은 보유하나 직무에 종사 못함 • 18월+정직처분기간 승진제한 • 처분기간 경력평정에서 제외	• 18월+정직처분기간 승급 제한 • 보수의 2/3감액
경징계	감봉	1월~3월	• 12월+감봉처분기간 승진제한	• 12월+감봉처분기간 승급제한 • 보수의 1/3감액
	견책	-	• 6월간 승진 제한	• 6월간 승급 제한

(5) 징계의 절차(교육공무원징계령 제6~18조, 교육공무원법 제51조 참조)

(6) 징계양정의 기준(교육공무원징계양정등에관한규칙)

비위의 유형 \ 비위 의도 및 과실	비위의 도가 중하고, 고의가 있는 경우	비위가 도가 중하고 중과실이거나, 비위의도가 경하고 고의가 있는 경우	비위의 도가 중하고 경과실이거나, 비위의도가 경하고 중과실인 경우	비위가 도가 경하고, 경과실인 경우
1. 성실의무 위반 가. 직무태만 또는 회계 질서 문란	파 면	해 임	정직-감봉	견 책
나. 기타	파면-해임	정 직	감 봉	견 책
2. 복종의무 위반	파 면	해 임	정직-감봉	견 책
3. 직장이탈금지 위반	파면-해임	정 직	감 봉	견 책
4. 친절·공정의 의무 위반	파면-해임	정 직	감 봉	견 책
5. 비밀엄수의무 위반	파 면	해 임	정 직	감봉-견책
6. 청렴의무위반	파 면	해 임	정 직	감봉-견책
7. 품위유지의무 위반	파면-해임	정 직	감 봉	견 책
8. 영리업무 및 겸직금지의무 위반	파면-해임	정 직	감 봉	견 책
9. 집단행위금지 위반	파면-책임	정 직	감 봉	견 책

※ 직무관련 금품수수 및 중점관리 대상 비위자는 엄중 문책하여야함

4) 교원 연수

가) 연수기관의 종류 및 설치(교원 등의 연수에 관한 규정 제2조, 제3조 참조)

나) 위탁연수 및 지정연수

 (1) 위탁연수 : 연수원장은 교육인적자원부장관의 승인 하에 연수의 일부를 다른 연수기관·교육기관·교육행정기관에 위탁하여 실시

 (2) 지정연수 : 연구원이 실시할 수 없는 특수분야에 대한 연수는 특정기관 지정 연수 실시

다) 연수종별과 연수과정

연수종별	연수목적	연수과정	연수기간 및 이수시간	연수대상자 선발
자격연수	• 교원의 자격취득	• 2급정교사 • 1급정교사 • 전문상담교사 • 사서교사 • 1급양호교사 • 교감·원감 • 교장·원장 ※ 연수과정은 동규정 시행규칙 제7조 별표2에 명시	• 30일 이상 • 90시간 이상	• 2급정교사과정 : 준교사로 장기근무자순 • 1급정교사과정 : 2급정교사로 장기근무자순 • 1급양호교사과정 : 2급양호교사로 장기근무자순 • 교감·원감과정 : 응시대상자 순위 명부 선순위자 순으로 관할교육감이 실시하는 교직, 교양 등에 관한 면접 고사에 선발된 자 • 교장·원장과정 : 연수대상자명부 선순위자 순
직무연수	• 직무수행과 직장적응에 필요한 능력과 자질배양	• 연수원장이 정함	• 연수원장이 정함	• 직무수행능력의 향상을 위하여 필요하다고 인정하는 자 • 2년 이상 자녀양육 휴직 후 복직하고자 하는 여교원 • 2년 이상 배우자 국외근무·해외유학·연수·연구사유로 휴직 후 복직하고자 하는 교원

라) 연수원에서의 연수

 (1) 연수성적 평가 및 수료

  (가) 과정별 60점 이상 득점자(100점 만점)

  (나) 우수연수자 표창

  (다) 연수성적 : 10일 이내 연수자의 소속 기관장에게 통보

 (2) 수료점수 미달자에 대한 조치 - 다시 연수를 받게 할 수 있음

마) 연수여비(공무원교육훈련비지급기준 〈총무처예규 제261호〉, 국내여비규정 제17조)

(1) 연수여비지급기준

교육훈련기관 구분	여비구분	운 임	일 비	숙 박 료	식 비
근무지내의 동일지역에 있는 교육훈련기관에 입교하는 경우	합숙의 경우	• 불지급	• 등록일, 입교일, 수료일은 근무지내 출장여비로 지급 • 기타일은 불지급	• 당해 교육 훈련 기관이 요구하는 금액	• 당해 교육훈련 기관이 요구하는 금액
	비합숙의 경우	• 불지급	• 등록일, 입교일, 수료일은 근무지내 출장여비로 지급 • 기타 일은 반액	• 불지급	• 불지급 단, 당해 교육 훈련기관의 요구시는 요구 금액 지급
근무지 외의 교육훈련 기관에 입교하는 경우	합숙 또는 기숙사 이용의 경우	• 국내 여비규정에 의한 왕복 운임	• 등록일, 입교일, 수료일은 전액 • 기타 일은 불지급	• 당해교육 훈련 기관이 요구하는 금액	• 당해 교육 훈련 기관이 요구하는 금액 또는 구내식당 가격
	비합숙의 경우	• 국내 여비규정에 의한 왕복 운임	• 등록일, 입교일 수료일은 전액 • 기타일은 국내 여비규정에 의한 금액의 반액	• 국내 여비 규정에 의한 금액	• 국내여비규정에 의한 금액 • 구내식당이 있는 경우에는 구내식당 가격

(2) 연수비의 지급(교원 등의 연수에 관한 규정 제8조)

(가) 예산의 범위 내에서 필요한 실비의 전부 또는 일부를 지급

(나) 근무지내 연수여비 : 국내여비규정 제18조를 적용하여 근무지내 출장여비로 지급

※ 근무지내 출장 : 동일시(특별시 및 광역시 포함) 군 및 도서(제주도 제외) 안에서의 출장이나 여행거리가 12㎞ 미만인 출장

5) 호봉 및 승급

가) 호봉

(1) 호봉 확정

(가) 초임호봉의 획정(공무원보수규정 제8조 별표15)

① 대상 : 신규 채용되는 교육공무원

② 시기 : 신규채용일

③ 방법 : 환산경력 년수＋(학령－16)＋가산연수＝경력기산호봉＋(경력÷호봉승급기간) ＝ 호봉

(나) 호봉의 재획정(공무원보수규정 제9조)

요 건 (공무원보수규정 제9조 제1항)	• 새로운 경력을 합산하여야 할 사유가 발생한 경우(자격, 학력, 직명 변동 포함)	• 승급 제한 기간을 승급 기간에 산입하는 경우(동 규정 제15조 제2호 규정)	• 초임호봉 획정 방법이 변경된 경우
시 기 (동규정 제9조 제2항)	• 공무원 경력 : 경력 합산을 신청한 날이 속하는 달의 다음달 1일 • 유사 경력 : 전력조회가 완료된 날이 속하는 달의 다음 달 1일	• 징계처분의 집행이 종료된 날로부터 다음 기간이 경과 한 날이 속하는 달의 다음 달 1일 - 정직 : 7년 - 감봉 : 5년 - 견책 : 3년 • 휴직, 정직, 직위해제 중 인자 : 복직일 • 징계 기록이 말소된 경우 처분 기간을 제외한 승급제한 기간 산입	• 전직일 또는 개정된 법령의 적용 등 당해 공무원에 적용되는 초임호봉 획정 방법이 변경된 날
방법 및 절차 (동규정 제9조 제3~5항)	• 호봉 재획정 : 현재까지의 총경력+새로운 경력→초임호봉 획정 방법에 의하여 획정 • 잔여 기간 : 다음 승급기간에 산입	• 특별승급 또는 승급 제한 등의 사유가 있을시 이를 가감 • 잔여 기간 : 다음 승급 기간에 산입	• 초임 호봉 획정 방법을 준용함 • 특별승급 또는 승급제한 등의 사유가 있을 시 이를 가감 • 잔여 시간 : 다음 승급 기간에 산입

(2) 호봉획정의 관련자료

(가) 교육공무원 등의 경력 환산율표(공무원보수규정 별표 22)

유 별	환산율	경 력
제1류	10할	1. 교원으로서의 경력 2. 대학(대학원 포함) 기타 교육인적자원부장관이 인정하는 연구 기관에서 연구에 종사한 경력 3. 국가 또는 지방공무원(기능직 및 고용직공무원 제외)으로 근무한 경력 4. 대한민국 군인으로 근무한 경력(무관후보생 경력은 제외)
제2류	8할	국가기관 또는 지방자치단체에 근무한 자로서 제1류 제3호에 해당하지 아니하는 경력
제3류	7할	1. 재야 법조인으로 종사한 경력 2. 교육법에 의한 교육회에서 근무한 경력
제4류	6할	종교단체의 교직자로서 근무한 경력
제5류	5할	1. 공공단체에서 근무한 경력 2. 법령에 의하여 설립된 법인에서 근무한 경력 3. 제3류 제2호 교육회 이외의 교육문화단체에서 근무한 경력
제6류	4할	제5류 제2호 및 제3호를 제외한 각종 회사에서 근무한 경력 (외판원, 점원제외)
제7류	3할	기타 직업에 종사한 경력

비고
1. 제1류에 해당하지 아니하는 자라도 전력이 채용될 직종과 상통하는 직인 경우에는 10할까지의 율 적용 가능
2. 동등 정도의 2개 이상 학교졸업자는 1학교 외의 수학연수는 8할의 율을 적용
3. 학력과 경력이 중복되는 경우에는 그 중 1개만 삽입

(나) 교육공무원 기산 호봉표

자 격 별	기산호봉	자 격 별	기산호봉	비 고
1급정교사	9	사 서 교 사	8	교장, 원장, 교감, 원감, 교육장, 장학관, 교육연구관, 장학사 및 교육연구사에 대하여는 1급 정교사의 호봉적용
2급정교사	8	실 기 교 사	5	
준 교 사	5	1급양호교사	9	
전문상담교사	9	2급양호교사	8	

(다) 교육공무원 호봉사정 계산표(생략)

(라) 호봉의 정정(공무원보수규정 제18조) : 호봉의 획정 또는 승급 오류시 호봉 발령일자를 소급정정

나) 승급
  (1) 정기승급기간 : 공무원의 호봉간 승급에 필요한 기간 - 1년
  (2) 정기 승급일 : 1년에 4회(1월, 4월, 7월, 10월 1일자, 단, 승급제한 중인 자는 제한기간이 만료된 다음달 1일)
  (3) 승급의 제한(동규정 14조)
    (가) 징계처분, 직위해제 또는 휴직 중인 자(공무상 질병휴직 제외)
    (나) 징계처분 집행 종료일로부터 정직 - 18월, 감봉 - 12월, 견책 - 6월의 기간이 경과되지 아니한 자
    (다) 근무성적 평정점이 최하등급에 해당되는 자로서 정기승급 예정일로부터 6월이 경과되지 아니한 자
    (라) 승급제한 기간 중 다시 징계처분이나 기타 사유로 승급을 제한 받는 경우의 승급제한기간은 현 승급제한이 만료된 날부터 기산 하여 승급제한
    (마) 징계처분을 받은 후 훈·포장 및 국무총리이상의 표창, 모범공무원 포상, 제안 채택포상 수상자 : 제한기간의 1/2단축 가능
  (4) 승급기간의 특례 : 승급에 산입(동규정 제15조 참조)

6) 교원능력개발평가제
  ■ 실시 목적
    ○ **교원**의 교육활동에 대한 전문성을 진단하고 그 결과에 따른 **능력개발을 지원**하여 **학교교육의 질 향상**을 도모
    ○ 전국 모든 학생들에게 **양질의 교육서비스를 지속적으로 제공**하여 **학교교육 만족도를 향상**하고, 구성원간의 소통 증진을 통해 **공교육의 신뢰 제고**
  ■ 교원의 전문성 신장을 위한 평가제로서 발전적 정착
    ○ **평가모형의 정교화로 안정적 정착 도모** : 현장의 혼란을 최소화하고 안정적으로 시행하기 위하여 **최소한의 전국공통기준을 조정**하고, 지역적 여건 및 특성을 반영하며, **단위학교의 자율영역 확대**(특히, 소규모 학교 지역적 여건 반영 시행 권장)
    ○ **시행 방법 개선으로 현장 수용도 제고**
      - **운영 절차 간소화** : 운영 절차 및 방법을 간소화하고, 업무처리를 간편화하여 용이성 제고
      - **공정성·객관성 확보** : 평가 문항의 변별력을 제고하고, 평가의 정보를 적극

제공하며, 적극적인 참여를 유도하여 객관성 제고
- **운영 성과의 확대** : 단위학교 평가결과 공유 및 맞춤형 연수 등을 활성화하여 실효성 제고

○ 현장 적합도 제고를 위한 지속적 정책연구를 통한 제도 개선
- 제도 개선을 위한 양적·질적 분석 병행, 시도(공동)연구, 연구(협력)학교 운영 등의 정책연구를 통한 평가 방안의 지속적인 검증

■ 교원능력개발평가 관련 법령(교원 등의 연수에 관한 규정 제4장)

제18조(교원능력개발평가) ① 교육부장관 및 교육감은 법 제37조부터 제42조까지의 규정에 따른 연수자를 선발하기 위하여 「초·중등교육법」에 따른 학교에 근무하는 교원을 대상으로 교원의 능력을 진단하기 위한 평가(이하 "교원능력개발평가"라 한다)를 매년 실시하여야 한다. 〈개정 2012.9.28, 2013.3.23〉

② 교원능력개발평가는 교원 상호 간의 평가 및 학생·학부모의 만족도 조사 등의 방법으로 실시한다.

제19조(평가의 원칙) 교육부장관 및 교육감은 다음 각 호의 원칙에 따라 교원능력개발평가를 실시하여야 한다. 〈개정 2013.3.23〉

1. 평가대상 및 평가참여자의 범위는 평가의 공정성 및 신뢰성이 확보될 수 있도록 기준을 정할 것
2. 평가방법은 계량화될 수 있는 측정방법과 서술형 평가방법 등을 병행하여 평가의 객관성 및 타당성을 확보할 것
3. 평가에 참여하는 교원 및 학생·학부모의 익명성을 보장할 것
4. 평가에 관한 학교의 자율성을 최대한 보장할 것

제20조(평가항목) 교원능력개발평가는 교원의 종류에 따라 다음 각 호의 구분에 따른 항목을 평가한다. 〈개정 2011.10.25〉

1. 교장 및 교감: 학교경영에 관한 능력
2. 수석교사: 학습지도 및 생활지도 등에 관한 능력과 교사의 교수·연구활동 지원 능력
3. 교사: 학습지도 및 생활지도 등에 관한 능력

제21조(평가결과의 통보 및 활용) ① 교육부장관 및 교육감은 교원능력개발평가를 실시한 경우에는 그 평가 결과를 해당 교원 및 해당 교원(학교의 장은 제외한다)이 근무하는 학교의 장에게 통보하여야 한다. 〈개정 2012.9.28, 2013.3.23〉

② 교육부장관, 교육감 및 학교의 장은 교원능력개발평가의 결과를 직무연수 대상자의 선정, 각종 연수프로그램의 개발 및 제공, 연수비의 지원 등에 활용할 수 있다. 〈개정 2013.3.23〉

제22조(교원능력개발평가관리위원회) ① 교육감 및 「초·중등교육법」에 따른 학교의 장은 교원능력개발평가의 실시에 필요한 사항을 심의하기 위하여 해당 교육청 및 학교별로 교원능력개발평가관리위원회(이하 "평가관리위원회"라 한다)를 구성·운영하여야 한다.

② 평가관리위원회는 교원, 학부모 및 외부 전문가 등을 포함하여 5명 이상 11명 이내의 위원으로 구성한다.

③ 평가관리위원회의 심의사항, 구성 및 운영 등에 필요한 세부사항은 교육부장관이 정하는 기준에 따라 교육감 및 해당 학교의 장이 정한다. 〈개정 2013.3.23〉

제23조(세부평가방법) 교원능력개발평가의 구체적인 실시방법 및 기준은 다음 각 호의 구분에 따라 교육부장관이 정하는 기준과 절차에 따라 교육감이 정한다. 〈개정 2012.9.28, 2013.3.23〉

1. 평가대상 및 평가에서 제외되는 교원의 범위와 기준
2. 평가에 참여하는 교원 및 학생·학부모의 범위
3. 평가항목의 추가 및 조정
4. 평가의 방법 및 절차
5. 평가의 실시 시기
6. 연수자의 선정 기준, 방법 등 평가 결과의 활용 및 연수 지원
7. 그 밖에 교원능력개발평가 실시에 필요한 중요 사항

나. 복무

1) 공무원의 의무와 책임
 가) 의무(국가공무원법 제55~57조, 제59~61조, 제63조, 교육공무원법 제38조, 국가공무원복무규정)
  (1) 선서의 의무(국가공무원법 제55조): 취임 시 소속기관장 앞에서 선서
  (2) 직무상 의무
   (가) 성실의 의무(국가공무원법 제56조): 법령을 준수하여 성실히 직무 수행

(나) 복종의 의무(국가공무원법 제57조): 직무수행에서 소속 상관의 직무상 명령에 복종

(다) 친절·공정의 의무(국가공무원법 제59조): 국민전체의 봉사자로서 친절·공정히 집무

(라) 종교중립의 의무(국가공무원법 제59조의 2): 종교에 따른 차별 없이 직무를 수행

(마) 비밀엄수의 의무(국가공무원법 제60조): 재직 및 퇴직 후에도 직무상 취득한 비밀엄수

(바) 청렴의 의무(국가공무원법 제61조): 직무와 관련 직·간접을 불문하고 사례·증여·향응수수 불가, 소속 상관이나 공무원간에 증여 불가

(사) 품위유지의 의무(국가공무원법 제63조): 직무내외를 불문하고 품위 훼손 행위 불가

(아) 연찬의 의무(교육기본법 제38조): 직책 수행을 위한 부단한 연구와 수양에 노력

(3) 직무전념의 의무(신분상 의무, 국가공무원법 제58조, 제6조2, 제64조, 제65조, 제66조, 국가공무원복무규정 제25조, 제26조)

(가) 직장이탈금지(국가공무원법 제58조): 소속 상관의 허가 또는 정당한 이유 없이 직장 이탈금지

(나) 영리업무 및 겸직금지(국가공무원법 제64조, 국가공무원복무규정 제25, 26조)
  ① 공무 이외의 영리 목적 업무에 종사하지 못하며 소속기관장의 허가 없이 겸직 불가(국가공무원법 제64조)
  ② 영리를 추구함이 현저한 업무 등 종사 금지(국가공무원복무규정 제25조)
  ③ 겸직허가: 영리업무에 해당되지 아니하는 다른 직무를 겸직 하고자 할 때 소속기관 장의 사전허가를 받아야 함.(허가는 담당직무수행에 지장이 없는 경우에 한함, 국가공무원복무규정 제26조)

(다) 정치운동금지(국가공무원법 제65조)
  ① 정당, 기타 정치단체결성에 관여하거나 가입할 수 없음.
  ② 선거에 있어서 특정정당, 특정인 지지 또는 반대행위 금지

(라) 집단행위 금지(국가공무원법 제66조): 사실상 노무에 종사하는 공무원을 제외하고는 노동운동, 기타 공무 이외의 일을 위한 집단행위 금지

(마) 영예의 제한(국가공무원법 제62조): 대통령의 허가 없이 외국정부로부터 영예 또는 증여를 받지 못함.

나) 책임

(1) 국민전체의 봉사자로서 창의와 성실로써 책임완수

(2) 행정상의 책임

(가) 징계책임(국가공무원법 제78조)

(나) 변상책임: 국가 재산상 손해를 끼쳤을 때 국가배상법 및 회계 관계 직원 등의 변상책임에 관한 법률에 의한 변상책임을 짐.

(3) 형사상의 책임: 특별권력관계에 있는 공무원으로서의 책임 외에 일반 법익을 침해하는 경우에는 징계벌 이외에 형벌을 병과할 수 있음.

2) 공무원의 근무

가) 근무시간(국가공무원 복무규정 제9조)

(1) 1주간 근무시간은 점심시간을 제외하고 40시간, 토요일은 휴무

(2) 1일의 근무시간은 9시부터 18시까지로 하며, 점심시간은 12시부터 13시까지 (다만, 행정기관의 장은 직무의 성질, 지역 또는 기관의 특수성을 감안하여 1시간의 범위 안에서 점심시간을 달리 정하여 운영할 수 있음.)

※ 교원의 경우 주5일제가 실시될 때까지는 종전의 규정 적용 → 단, 현재 학교는 교육과학기술부(구교육인적자원부) 교원12410-52(2002. 1. 21)에 의거 탄력적 근무시간제 적용

나) 근무시간 등의 변경(국가공무원 복무규정 제10조): 중앙행정기관의 장은 직무의 성질·지역 또는 기관의 특수성에 의하여 필요하다고 인정할 때에는 근무시간 또는 근무일을 변경할 수 있음. 이 경우 중앙행정기관의 장은 변경하고자 하는 내용과 이유를 미리 행정안전부장관에게 통보하여야 함.

다) 시간외 근무 및 공휴일 등의 근무(국가공무원 복무규정 제11조)

(1) 행정기관의 장은 민원편의 등을 위하여 근무시간외의 근무를 명하거나 토요일 또는 공휴일의 근무를 명할 수 있음.

(2) 토요일 또는 공휴일 근무 시 그 다음의 정상근무일을 휴무하게 할 수 있음. (부득이 한 경우 다른 정상근무일을 지정하여 휴무하게 할 수 있음.).

(3) 근무시간외 근무자 및 휴일 근무자에 대하여 예산의 범위 내에서 수당지급 (공무원수당규정 제15조, 제17조)

※ 교원의 경우 주5일제가 실시될 때까지는 종전의 규정 적용

라) 단위학교별 탄력적 근무시간제[교육과학기술부(구교육인적자원부), 교원12410-52. 2002. 1. 21]
(1) 고등학교 이하 각급 학교에서는 단위학교별 탄력적 근무시간제를 2002년 3월 1학기부터 시행
(2) 적용대상: 고등학교 이하 각급학교 교원을 대상으로 적용
(3) 제도의 취지: 학교별 교육과정 운영의 자율성을 높이고 교원의 자율연수 기회를 확대하며 방과 후 특기적성교육 등을 활성화함.
(4) 내용
   (가) 국가공무원 복무규정(종전규정)에 의한 1일 근무시간의 총량(평일 8시간, 토요일 4시간)을 확보하여 근무시간을 정하고, 교육과정 운영에 지장이 없는 범위 내에서 교원의 출·퇴근시간을 학교별로 자율적으로 정할 수 있도록 하는 제도임.
   (나) 종전 근무시간 (09:00~17:00)을 유지할 수도 있음. 종전 교원의 근무시간은 1985. 2. 6.(문교부, 교행 01136-104)일자로 업무특성상 09:00-17:00 (동절기, 하절기 공통)로 시행하였음.
   (다) 개인별 또는 일부 집단별 근무시간의 조정은 불가능함. 특정 학년별·교과별 교사집단이 단위학교 근무시간과 별도로 근무시간을 정할 수 없음.

마) 근무상황관리(공무원 근무사항에 관한 규칙 제3조, 제4조)
(1) 각급기관장은 엄정한 근무기강 확립을 위하여 노력하여야 함.
(2) 근무상황은 근무상황부 또는 근무상황카드에 의하여 관리함.
※ 각급기관의 장은 소속공무원에 대한 근무상황을 전자적으로 관리할 수 있다.
(3) 근무상황카드 비치·관리여부는 학교장이 자율적으로 결정하되 근무상황카드가 비치된 학교의 교원은 지정된 시간까지 출근하여 직접 서명 또는 날인해야 함.
(4) 복무관리의 효율화를 위해 근무상황부를 부서·개인별로 비치
(5) 휴가·지참·조퇴 및 외출과 근무지내 출장 시 근무상황부나 근무 상황카드에 의하여 사전에 학교장에게 허가를 받아야 함.
(6) 허가를 받지 아니하고 출근하지 아니한 때에는 결근 처리
(7) 소속공무원이 전보·파견·파견복귀 또는 전출된 때에는 전년도 및 당해연도의 근무상황부 또는 근무상황카드의 사본을 지체 없이 전보·파견·파견복귀

또는 전출된 기관이나 부서에 송부
- (8) 업무의 인계
  - (가) 전보·파견·전출·휴직·정직·직위해제·면직 등의 명령을 받은 때에는 지체 없이 담당업무 중 미결사항과 관련문서·물품목록을 작성하여 소속기관의 장이 지정하는 자에게 업무를 인계
  - (나) 출장·휴가 등으로 장기간 근무지를 이탈하는 경우에는 소속기관의 장이 지정하는 자에게 그 담당업무를 인계
- (9) 공무원은 퇴근 시 문서 및 물품을 잠금 장치가 된 지정 서류함에 보관

3) 휴가

※ 「국가공무원 복무규정(2005.06.30)」의 '부칙〈제18892호〉 ②(주40시간 근무제 실시에 관한 교원의 특례)'를 적용하여 작성된 것으로, 주5일 수업제 실시 후의 규정은 「국가공무원 복무규정(2005.06.30)」을 참조

가) 종류 : 연가, 병가, 공가, 특별휴가

나) 실시 원칙
(1) 허가권자에게 미리 신청을 하여 사유 발생 전까지 허가 받아야 함
(2) 병가·특별휴가 등 불가피시 당일 정오까지 필요한 절차를 취해야 하며, 타 교원이 대행 가능
(3) 휴가 중의 토요휴무일 또는 공휴일은 일수에서 제외하나, 30일 이상 연속 휴가나 경조사 특별휴가 시는 포함하며, 이 경우 토요일도 1일로 처리
(4) 법정휴가일 초과 : 결근처리(공무원보수규정27조-봉급일액의 2/3 삭감)

다) 연가
(1) 재직기간별 연가일수

재직기간	연가일수	재직기간	연가일수
3월이상 6월미만	3 일	3년이상 4년미만	14 일
6월이상 1년미만	6 일	4년이상 5년미만	17 일
1년이상 2년미만	9 일	5년이상 6년미만	20 일
2년이상 3년미만	12 일	6년이상	21 일

(2) 연가는 매년 1.1~12.31까지 1년 단위로 실시, 이월 금지
(3) 교원의 연가는 학생 수업 등을 고려하여 특별한 사유가 없는 한 하기·동기 및 학기말 휴업일에 실시함이 원칙(장기재직휴가도 동일)
(4) 연가는 1회 6일 이내 허가(7일 이상은 분할하여 시행)

(예외) 공무외 국외여행, 병가기간 만료 후 계속 요양시

(5) 연가일수 공제 : 결근·정직·직위해제일수는 연가일수에서 공제

※ 지참·외출·조퇴는 누계하여 8시간을 연가 1일로 계산

※ 반일연가 실시 가능, 반일연가 2회는 1일로 간주

※ 휴직자의 연가 공제일수

$$\frac{당해연도\ 휴직기간}{12(월)} \times 당해연도\ 연가일수$$

라) 병가

(1) 일반병가 : 연 60일 이내

  (가) 토요일 반일(4시간) 병가 처리, 7일 이상 병가는 의사진단서 첨부

  (나) 병가기간 연간 6일 초과시 7일 이후 병가는 연가 우선 활용. 연가를 다 쓰고도 미완치시 잔여 병가 활용(진단서 제출시 예외)

  (다) 1년 단위 계산, 전년도 사용 일수에 관계없이 신년도에 새로 시작. 공무상 병가는 제외

  (라) 수회 지속 병가 및 통원치료시 최초 제출 진단서로 갈음

  (마) 일반병가 사용 → 연가 사용 → 휴직

  (바) 휴직 후 복직은 완쾌 등 휴직 사유 소멸시 가능하므로 휴직 기간 만료시 동일 사유로 병가 불가. 단 휴직 후 복직하여 상당기간 정상 근무 중 동일 질병 재발시만 일반병가 허가

(2) 공무상 병가 : 공무상요양 승인자(공무원연금법), 연 180일 이내

  (가) 일반병가 사용 일수와 별도 계산

  (나) 공무상요양 승인 결정서를 받을 때까지는 일반병가 → 연가 → 질병휴직 처리, 승인 통보 후 소급하여 공무상 병가 처리

  (다) 공무상 병가180일+일반병가60일+연가21일+휴직1년=최대 1년 8개월 21일간 공무원 신분을 유지하며 요양 가능

  (라) 180일 사용했으면 연도가 바뀌어도 동일 질병으로 재차 공무상병가 불허

> □ TIP : 병가 기간의 계산
> (문) 27일의 병가를 사용한 후 계속 병세가 악화되어 계속 다시 병가원을 제출하여 15일간의 병가를 사용한 후에도 병가를 다시 사용하여야 할 경우의 공휴일의 계산 방법은?
> (답) ○ 27일의 병가 허가 (공휴일 3일 미산입)
> ○ 계속 15일의 병가 허가 (공휴일 2일 미산입)
> ○ 당해교사의 총 병가일수 : 27+3+15+2=47일

마) 공가

(1) 사유

(가) 징병검사, 소집, 검열점호, 동원, 훈련참가

(나) 공무에 관해 국회·법원·검찰 기타 국가기관에 소환시

○ 구속시 기소 전까지는 공가 처리

○ 징계·행정소송 당사자나 참고인 : 공가(업무담당공무원 : 출장)

○ 민사소송 당사자 출석시 : 연가, 참고인 : 공가

(다) 법률의 규정에 의한 투표 참가

(라) 승진·전직 시험에 응시할 때

(마) 원격지간의 전보발령을 받고 부임할 때

(바) 국민건강보험법시행령 제26조에 의한 건강 검진

(사) 교원등의연수에관한규정 제13조에 의거한 외국어 능력시험 응시

(아) 올림픽·전국체전 등 국가적인 행사 참가(선수·심판 등)

(자) 혈액관리법에 따른 헌혈에 참가할 때

(차) 천재·지변·교통 차단, 기타의 사유로 출근이 불가능할 때

(타) 교원단체의 교섭·협의 당사자로 참석할 때

(2) 기간 : 공가사유에 따라 직접 필요한 기간(왕복소요일수 가산 가능)

바) 특별휴가

(1) 경조사휴가

구분	대상	일수
결혼	본인	5
	자녀	1
출산	배우자	5
입양	본인	20
사망	배우자, 본인 및 배우자의 부모	5
	본인 및 배우자의 조부모·외조부모	2
	자녀와 그 자녀의 배우자	2
	본인 및 배우자의 형제자매	1

비고: 입양은 「입양촉진 및 절차에 관한 특례법」에 따른 입양으로 한정하며, 입양 외의 경조사 휴가를 실시할 때 원격지일 경우에는 실제 왕복에 필요한 일수를 더할 수 있다.

※ 본인에는 본인의 배우자 포함

(2) 기타 특별휴가

종류	대상	시기	일수
출산휴가	·임신중의 여자공무원	·출산전후(출산 후 45일)	90일 이내
여성보건휴가	·여자공무원	·매 생리기마다	1일
수업휴가	·한국방송통신대학 재학공무원으로 출석수업시	·출석수업기간	연가일수 초과시간
포상휴가	·상훈법에 의한 훈·포장 ·국무총리이상 표창 ·모범공무원 선발 ·주요업무의 성공적 수행	·수상 후 3개월 이내 ·주요업무의 성공적 수행 시는 즉시	6일 이내 (휴업일 중 실시 원칙)
장기재직휴가	·20년 이상 재직 공무원	·재직기간 20년이 도래한 날 이후	10일 (분할가)
재해구호휴가	·재해·재난 피해공무원 ·재해·재난 발생지역에서 자원봉사활동 희망공무원	·재해복구상 필요시	5일 이내
퇴직준비휴가	·정년퇴직 및 명예퇴직할 공무원	·퇴직예정일 전 3월이 되는 날부터 퇴직 예정 전일	3월

(3) 원격지 경조사휴가 가산 : 원격지는 2일 범위 내에서 왕복 소요일수 가산 가능

　(※원격지 : 가장 빠른 교통수단으로도 왕복 8시간 이상 소요되는 지역)

(4) 직계존속의 범위(행정자치부예규35호 : '99. 12. 7)

　○ 부모·조부모·증조부모·외조부모·외증조부모까지 포함

　○ 양자·양녀로 입적된 경우에는 양부모와 친생부모 포함

            ○ 계부·계모는 인척으로 직계존속이 아님
      (5) 육아시간
            ○ 생후 1년 미만의 유아를 가진 여자 교원으로 1일 1시간
            ○ 본인의 신청에 따라 수업 등 학생지도에 지장이 없는 범위 내 허가
            ○ 근무상황부에 사용 기간과 매일 사용 시간 기재 일괄 결재
            ※ 2일 이상의 경조사휴가시 사유 발생일 포함, 전후에 연속 실시
            ※ 휴가일수 1일인 경조사가 일요일 발생시 특별휴가 불가
   사) 휴가 실시상의 유의점
   (1) 출산휴가
      (가) 산모의 건강을 고려 출산일 또는 출산예정일 기준으로 출산 후 45일 이상 확보
      (나) 임신 16주 이후 유산 또는 사산한 경우로서 그 교원이 신청하는 때에는 다음 기준에 따라 유산·사산휴가를 주어야 함
            (인공임신중절에 의한 유산은 제외 :「모자보건법」제14조 제1항)
            - 임신기간 16주 이상 21주 이내인 경우 : 유산, 또는 사산한 날로부터 30일까지
            - 임신기간 22주 이상 27주 이내인 경우 : 유산 또는 사산한 날로부터 60일까지
            - 임신기간 28주 이상인 경우 : 유산 또는 사산한 날로부터 90일까지
      (다) 임신 중에 심한 입덧이나 부작용 또는 안정의 필요성이 있을 경우나 임신 16주 미만(105일까지) 기간 중에 발생한 유산·유산·사산의 경우는 일반 병가 허가 가능
   (2) 수업휴가 : 본인의 법정연가일수를 먼저 사용한 후 부족한 일수에 한하여 수업휴가 인정
   (3) 퇴직준비휴가 : 명예퇴직 예정일 전의 퇴직준비휴가는 명예퇴직수당 지급 대상자로 결정 통보를 받은 다음날부터 얻을 수 있음

4) 휴직, 복직 제도

　가) 휴직시 유의사항

　　(1) 휴직기간 중 신분은 보유하나 직무에 종사하지 못함

　　(2) 6개월마다 소재지와 휴직 사유의 계속 여부를 기관장에게 보고

　　(3) 휴직 중 사유 소멸시 항시 신고(30일 이내) → 지체없이 복직 조치

　　(4) 휴직기간 만료시 30일 이내 복직 신고 → 당연 복직(복직시까지 기간은 휴직 처리)

　　(5) 휴직기간 연장시 만료 15일전까지 신청(교육공무원인사관리규정 제25조)

　　(6) 경력이 인정되고 봉급 받는 휴직(질병, 유학)은 복직 후 사직해야 호봉재획정으로 퇴직금 유리

　　(7) 휴직기간의 만료 또는 휴직사유 소멸 후 직무 미복귀시 → 직권면직

　　(8) 휴직 중 징계, 직권면직(직제 조정시), 직위해제, 명예퇴직 가능

　　(9) 가급적 학기 단위 휴·복직 → 학생의 학습권 보호

　　(10) 정기전보대상자가 전보일 현재 휴직을 원할 경우 전보대상자에서 제외

　나) 휴직 사유 및 기간

　　○ 직권휴직(교육공무원법 제44조제1항)

종류	질병휴직	병역휴직	생사불명	법정의무 수행	노조전임자
근거	제1호	제2호	제3호	제4호	제11호
요건	신체·정신상의 장애로 장기요양을 요할 때	병역의 복무를 위하여 징집, 소집된 때	천재지변·전시·사변, 기타 사유로 생사·소재 불명시	기타 법률상 의무수행을 위해 직무 이탈시	교원노동조합 전임자로 종사하게 된 때
기간	1년 이내	복무기간	3월 이내	복무기간	전임기간
재직 경력 인정	· 경력평정 : 미산입 단, 공무질병은 산입 · 승급 제한 단, 공무질병은 포함	· 경력평정 : 산입 · 승급 인정	· 경력평정 : 제외 · 승급 제한	· 경력평정 : 산입 · 승급 인정	· 경력평정 : 산입 · 승급 인정
결원 보충	6월이상 휴직시 결원보충 가능 (2008.12부터)	6월 이상 휴직시 결원보충	결원보충 불가	6월이상 휴직시 결원보충	6월 이상 휴직시 결원보충
보수 지급	· 봉급 7할 지급 (결핵은 8할지급) · 공무상 질병은 전액 지급	지급 안함	지급 안함	지급 안함	지급 안함
수당	· 공통수당 : 보수와 같은율 · 기타수당 : 사유별차등 지급	지급 안함	지급 안함	지급 안함	지급 안함

○ 청원휴직(교육공무원법 제44조제1항)

종류	유학휴직	고용휴직	육아휴직	연수휴직	간병휴직	동반휴직
근거	제5호	제6호	제7호	제8호	제9호	제10호
요건	학위취득 목적 해외유학, 1년이상 외국 연구·연수시	국제기구, 외국기관, 재외국민교육기관에 임시 고용시	만6세 이하의 초등학교 취학 전 자녀양육이나 여교원의 임신 또는 출산	장관 지정 국내 연구기관·교육기관 등에서 연수시	부모, 배우자, 자녀 및 배우자 부모 간호	배우자의 국외근무나 유학시
기간	3년이내(학위취득시 3년 연장 가능)	고용기간	1년 이내(여교원은 2년 연장 가능)	3년 이내	1년이내 (재직중 총3년)	3년 이내 (3년 연장가능)
재직 경력 인정	·경력평정 : 5할 산입 ·승급 인정	·경력평정 : 산입 ·승급 인정 (비상근5할)	·경력평정 및 승급 : 최초 1년범위내 인정	·경력평정 : 5할 산입 ·학위취득 시만 승급)	·경력평정 : 제외 ·승급제한	·경력평정: 제외 ·승급제한
결원 보충	6월이상 휴직시 결원보충	6월이상 휴직시 결원보충	6월이상 휴직시 결원보충	6월이상휴직시 결원보충	6월이상휴직시 결원보충	6월이상휴직시 결원보충
보수	봉급 5할지급	지급 안함	지급 안함	지급 안함	지급 안함	지급 안함
수당	·공통수당 5할, 기타 수당 미지급	지급 안함	지급 안함	지급 안함	지급 안함	지급 안함

※ 당해 학교 소속 공무원의 6개월 미만의 휴·복직은 학교장에게 위임함
(서울특별시교육감 행정권한의 위임에 관한 규칙 제730호 : 2008.12.26.시행)

2 장학

가. 장학 패러다임의 변화 : 지도·점검 중심의 시책장학에서 학교 지원 중심의 컨설팅장학으로 변화

1) 교육 환경의 급변 : 학교 자율화, 권한 위임(이양), 학교 교육 재구조화
2) 학교와 수시 소통하는 "밀착 장학"
   - 정보 제공, 학교 바로 알기, 활발한 의사소통과 상호 작용
3) 특색, 우수 사항 발굴·홍보, 취약 사항 지원
   - 우수한 인력풀, 교사(학생, 학부모) 정보 확보 및 지원
   - 학교 교육프로그램 발굴 및 홍보
   - 학교 현안 해결 지원 중심의 장학 계획 수립 후 체계적 지원 활동 전개
4) 장학 담당자 : 학교와 교육청의 가교 역할(연결핀)
   - 장학 결과 보고서 작성 및 데이터베이스화
   - 장학 지도 및 협의 결과의 포트폴리오 작성
5) '교육의 질 향상'에 대한 요구와 기대에 부응하는 장학의 위상 및 역할 변화 필요 ⇨ 교육의 총체적 질 관리를 지원하는 "적극적 장학"

나. 장학의 개념

1) 계선조직의 행정활동에 대한 전문적, 기술적 조언을 통한 참모 활동(법규적 개념)
2) 교사의 전문적 성장, 교육과정 운영의 합리화, 교수 행위의 개선, 학생의 학습 환경 개선, 학교 경영의 합리화 등을 위한 전문적·기술적 지원 활동(기능적 개념)
3) 교수-학습 지도의 개선을 위해 제공되는 지도·조언 활동(이념적 개념)

○ 교사의 교수행위의 개선을 이념으로 하여 교사에게 직접, 간접으로 제공되는 지도성(이종재)
○ 교수-학습의 효율화를 목적으로 교사의 전문성 신장, 교육과정 운영 및 학교 경영의 합리화를 위해 제공되는 지도, 조언, 조정, 정보제공, 자원봉사 등 일련의 전문적 기술적 활동(윤정일)
○ 학생들의 성장과 발달을 증진시키기 위하여 교사들의 활동을 전문적으로 개선 향상시키는 일(남정걸)

3부 일반교직실무의 실제

다. 장학의 법적 근거

○ **초·중등교육법 제7조(장학지도)**
  교육과학기술부 및 교육감은 학교에 대하여 교육과정운영 및 교수·학습방법 등에 대한 장학지도를 실시할 수 있다.
○ **초·중등교육법 제20조(교직원의 임무)**
  1. 교장은 교무를 통할하고, 소속교직원을 지도·감독하며, 학생을 교육한다.
  2. 교감은 교장을 보좌하여 교무(校務)를 관리하고 학생을 교육하며, 교장이 부득이한 사유로 직무를 수행할 수 없을 때에는 그 직무를 대행한다.
  3. 교사는 법령이 정하는 바에 따라 학생을 교육한다.
○ **초·중등교육법시행령 제8조(장학지도)**
  교육과학기술부장관 및 교육감은 법 제7조의 규정에 의한 장학지도를 실시함에 있어서 매 학년도 장학지도의 대상·절차·항목·방법 및 결과처리 등에 관한 세부계획을 수립하여 이를 장학지도 대상학교에 미리 통보하여 한다.

라. 장학의 영역 및 필요 능력

	역 할	필요 능력
교육정책 영역	교육정책 기조의 논리 구성과 운영을 공식화시키고, 이를 위한 참모 기능 수행	교육정책의 본질에 대한 깊은 이해, 의사결정 및 기획 능력, 교육 혁신 주도 및 변화 수용 능력
교과지도 영역	교과교육과정 편성·운영에 대한 지도·조언하고, 교과교육계획-준비-수행-평가 등에 지도·조언 및 안내·시범을 보이며, 교사의 교수-학습 활동을 평가	교육과정에 대한 전반적 이해, 교수-학습 활동의 문제점 및 해결방안 제시, 수업의 이론과 실제 능통
생활지도 영역	학생 이해, 생활지도, 진로·상담, 수련활동 지도 등의 지식과 기법을 개발·보급하고 지도·조언·협조	인간에 대한 긍정적 수용, 생활 지도에 대한 전문적 지식 겸비, 생활지도 영역에 대한 정책 수립 및 행정 능력
학교경영 관리 영역	학교 교육계획 수립을 지도·조언하고, 학교 경영·관리 평가를 하며, 학교운영위원회 활동에 대한 협의 및 조언과 학교 및 학부모의 건의 사항을 수렴·해결	학교 교육 조직의 자율성 존중, 학교 조직의 특성 이해, 학교 조직의 관리 기법 능통, 학교 현장 현안의 융통성 있고 창의적인 대처 능력

마. 교내 자율장학

1) 개념 및 의의

가. 단위 학교에서 교육활동의 개선을 위하여 자율적으로 교장, 교감을 중심으로 전체 교직원이 공동으로 노력하는 과정 → 학교 여건, 교직원의 필요와 요구에 기초하여 내용과 방법의 개별화, 다양화

나. 교장·교감·교사 등 교직원간의 상호 이해와 신뢰, 협조를 바탕으로 자율적 장학 활동 전개

2) 교내 자율장학의 유형

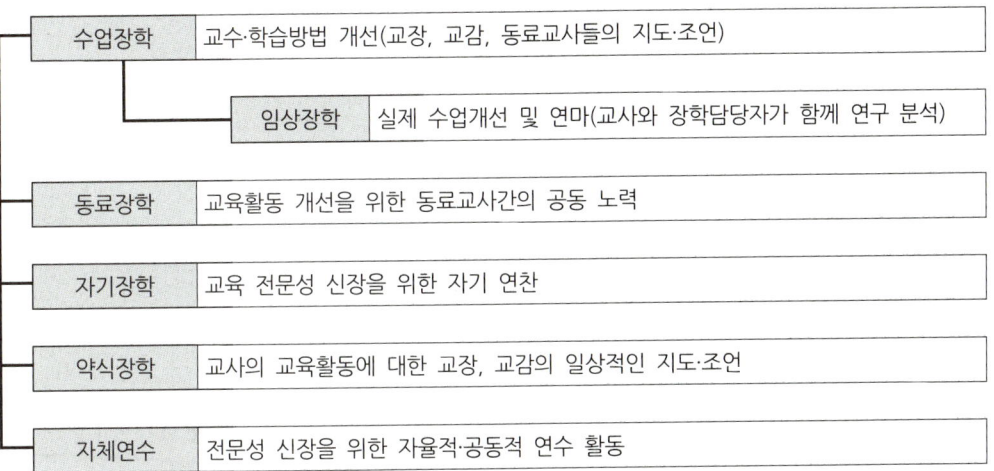

- 수업장학: 교수·학습방법 개선(교장, 교감, 동료교사들의 지도·조언)
- 임상장학: 실제 수업개선 및 연마(교사와 장학담당자가 함께 연구 분석)
- 동료장학: 교육활동 개선을 위한 동료교사간의 공동 노력
- 자기장학: 교육 전문성 신장을 위한 자기 연찬
- 약식장학: 교사의 교육활동에 대한 교장, 교감의 일상적인 지도·조언
- 자체연수: 전문성 신장을 위한 자율적·공동적 연수 활동

(가) 수업장학
- 교사의 수업행동에 직접적으로 도움을 주며 학교교육과정 운영 개선에도 영향을 미치는 것이 핵심

(나) 임상장학
- 교사의 실제 수업개선을 위해 교과전문가(장학위원 등)와 교사가 수업현장에서 계획, 수업관찰, 피드백 등에 관하여 협의 과정을 밟는 장학
- 학급 내에서 교사와 학생간의 상호작용 과정에 대한 기록과, 수업에 관련된 교사의 신념, 태도, 지각, 지식 등에 관한 정보를 교사와 장학담당자가 함께 분석하고 결과에 따라서는 교사가 학급 내에서의 교수행동을 개선함으로써 학생들의 학습을 향상시키도록 하는 활동·절차·전략
- 교사와 장학담당자가 같이 수업을 계획·실행·협의하고, 평가 분석함으로써 수업 기술을 연마하고 자기 발전을 꾀할 수 있음

(다) 동료장학
- 교사들 상호간에 수업을 관찰하고 분석하여 그 결과를 피드백하고, 공통적인 관심사에 대하여 토의하는 방법
- 동학년 또는 동교과 단위로 이루어지는 수업연구, 공동 과제나 문제의 해결·개선을 위한 협의회 형태

(라) 자기장학
- 자기수업 반성, 1인 1과제 연구, 대학원 수강, 문헌연구, 전문가 상담, 방문·견학 등을 포함한 각종 자기연찬 활동

(마) 약식장학
- 교장·교감이 교사들의 일상적인 수업·학급경영 활동을 관찰하고 지도·조언·격려하는 활동

(바) 자체연수
- 전체 교직원의 필요와 요구를 반영하여 단위학교 자체에서 실시하는 연수 활동

3) 교내 자율장학의 운영 실제
- 교내 자율장학 운영 절차

준비 단계	계획·수립 단계
○ 학교 여건 점검 ○ 전년도 교내 자율장학 운영 평가 및 결과 분석 ○ 교육청의 장학계획 분석 ○ 당해년도 교내 자율장학의 목표 설정	○ 교내 자율장학위원회 구성 ○ 각종 협의회 실시 ○ 교내 자율장학계획서 작성 ○ 교내 자율장학 계획안 확정 ○ 교내 자율장학 운영에 관한 연수 실시

교내 자율장학 활성화

평가 단계	운영 단계
○ 장학 활동 후 평가협의회 실시 ○ 협의 결과 환류 ○ 교내 자율장학에 대한 평가	○ 교내 자율장학 운영을 위한 지원 ○ 교내 자율장학 세부 운영안 작성 및 제출 ○ 교내 자율장학 실시 ○ 교수·학습 자료의 체계적 관리

> 각 단계별 세부 추진 내용

1. 준비 단계
   가. 학교 여건 점검 : 학교 조직 풍토, 교내 자율장학 참여도, 시설 여건 등
   나. 전년도 자율장학 운영 평가 및 결과 분석
   다. 교육청의 장학 계획 분석 : 서울교육 방향, 장학지도계획, 주요업무계획 등
   라. 당해년도 교내 자율장학의 목표 설정
   마. 교내 자율장학 이해 제고를 위한 교직원 연수 : 전문 강사 초빙 연수 실시
2. 계획 수립 단계
   가. 교내 자율장학위원회 구성·운영 : 학부모, 지역인사도 참여 가능, 역할 분담
   나. 교내 자율장학 기본 방향 설정(자율장학위원회)
      ○ 목표 및 운영 방침 설정, 교직원의 요구 조사
   다. 교과협의(연구)회 및 학년·부별 협의회
      ○ 당해년도 교과 지도의 방향 설정, 수업연구자 결정
      ○ 교과별 교육과정 작성, 수행평가 기준안 마련
   라. 장학유형, 시행일시, 교과 기준별로 교내 자율장학 개별 및 통합 계획안 작성
   마. 교내 자율장학 계획안 검토 및 확정 : 심의 및 학교장 결재
   바. 교내 자율장학 계획에 관한 연수 실시
3. 운영 단계
   가. 교내 자율장학 운영을 위한 지원
      ○ 예산 지원(교수·학습 자료 제작, 협의회비) 및 각종 기자재 지원
      ○ 교내 자율장학 지원을 위한 협의회 실시
      ○ 각종 협의회 장소(교과별, 학년별, 부별) 지정 배치, 연구 자료실 확보
   나. 교내 자율장학 세부 운영안 작성·제출
      ○ 수업지도안(수업과정안, 약식안), 자체 연수 강의계획서, 자기장학 계획서
   다. 교내 자율장학 실시
   라. 교수·학습자료 체계적 관리
      ○ 수업지도안, 학습지, 수행·형성평가 관련 자료 제출 및 보관
      ○ 교수·학습 관련 자료 학교 홈페이지 탑재, 학교별 교수·학습 도움센터 마련
      ○ 수업 사례 동영상 촬영 및 학교 홈페이지 탑재
4. 평가 단계
   가. 장학 실시 후 평가협의회 실시 : 평가협의록 작성(상세 기록)
   나. 평가 결과 환류
   다. 교내 자율장학 운영에 대한 평가 실시

4) 효율적인 장학을 위한 방안

가) 수업장학의 활성화 방안

- 수업담당교사의 부담을 줄여야 한다.
- 수업지도안 약안 작성을 허용한다.
- 평소 하고 있는 수업을 그대로 공개할 수 있도록 한다.
- 동 교과 교사들이 자료 수집, 수업아이디어 제공 등을 통해 적극적으로 도움을 줄 수 있도록 한다.
- 동 교과 팀티칭(Team Teaching)을 활용한다.
- 수업 담당교사와 장학 담당자간에 신뢰할 수 있는 인간관계(rapport)를 형성하도록 해야한다.
- 수업담당교사는 수업에 대한 환류(Feedback)를 받을 수 있는 열린 마음을 지닌다.
- 장학담당자는 격려와 조언을 아끼지 않는다.
- 수업담당교사에게 수업 연구에 필요한 교육 경비를 지원한다.
- 수업장학 공간(교과교실, 교과연구실 등)을 확보한다.
- 동 교과 교사간의 정보 교환 및 협의회를 활성화시킨다.

□ 수업장학 관찰 포인트

전시학습 확인	새 학습 관련 사전지식 활성화
흥미위주 동기유발	새 학습 연계 동기 유발
많은 내용 전달	정확한 내용 전달
다양한 수업방법(모형) 적용	내용에 적합한 수업방법(모형) 적용
다양하고 많은 학습활동	수업목적과 부합하는 학습활동
과다, 화려한 매체/자료 활용	적절한 자료/매체 활용
시간 때우기 모둠활동, 발표학습	학생들을 적극 참여하게 하는 활동
아는 것을 확인하고 암기하는 학습	새로운 것을 탐구하고 도전하는 학습
학습목표/교과서에 얽매이는 수업	학습목표/교과서를 넘나드는 수업
불명료한 지시와 불안한 언어 구사	명료하고 고저장단이 능숙한 언어구사
따라오지 못하는 학생 무시하기	못 따라오는 학생 끝까지 지도하기
학습목표와 유리된 학생평가	학습목표와 연계된 학생평가

나) 동료장학의 활성화 방안

- 동료장학의 개념과 방법에 대하여 충분히 이해한다.
- 교사들이 만족할 수 있는 다양하고 융통성 있는 동료장학을 실시한다.
  ✓ 동료장학에 대한 수요 조사 및 의견을 수렴하고
  ✓ 자율적으로 장학의 주제 및 장학담당자 선정, 일시(日時) 등을 선택하도록 하며
  ✓ 동료장학에 필요한 교육 경비를 지원하도록 한다.
- 교과협의회, 교과별 연구회 등을 통한 수업 기술과 자료제작·활용, 생활 지도 및 상담 등에 관한 정보를 공유한다.
- 스스로 공개 수업이나 요청 장학을 하여 동료 교사들의 지도 조언을 듣고, 교수·학습 방법을 개선하는 적극적인 자세를 지닌다.
- 동호인회, 자생적 모임 등을 통해 교직에 대한 긍지, 협동심, 동료애 등을 향상시킨다.

교내여건에 맞는 동료장학 모형 선택(예시)

교내여건	모형		모형의 내용 및 방법
수업의 전문성 향상을 꾀할 때	수업연구중심의 동료장학		공동의 사고와 협동을 통해 다양한 수업의 방법을 연구하고 개선하는 장학의 유형
목적달성의 의지와 교육환경개선의 욕구가 있을 때	교내 팀 단위의 동료 장학	팀 중심의 동료장학	팀장을 중심으로 인원을 구성하여 과제를 수행하며 서로 도움이 되게 하는 장학의 유형
유대관계가 약하거나 학교구성원의 구심력이 약할 때		동호회 활동 중심의 동료장학	취미와 여가선용의 방법으로 활용하되 유기적인 동료관계 형성을 통해 상호신뢰와 협력적 분위기 조성에 도움이 되는 유형
업무효율의 극대화 추구할 때		행정업무중심의 동료장학	학년별, 부서별로 업무의 효율성을 추구하여 신속하고 정확한 업무의 체계를 이끌 수 있는 장학의 유형
초임교사가 있을 때	멘토링을 통한 동료장학		초임교사와 경력과 전문성이 있는 교사 간에 1:1의 관계를 맺어 초임교사에 필요한 다양한 정보와 조력을 하는 장학의 유형

다) 약식장학의 활성화 방안

- 약식장학에 대한 인식을 새롭게 한다. ⇒ 교사의 결점이나 단점을 지적하기 위한 것이 아니다.
- 교장 교감선생님에 의한 일방적 장학이 아니라 교사들의 자발적 동의하에 이루어지는 장학이 되도록 노력한다.
- 교사는 자신의 수업 활동과 학급 경영 활동을 언제든지 공개할 수 있다는 자신감과 열린 마음을 가지도록 노력한다.
- 교장, 교감선생님의 지도·조언을 긍정적으로 수용할 수 있는 개방적인 자세를 가진다.

다) 자체연수의 활성화 방안

- 연수 계획 수립 시 교사들의 요구사항을 반영합시다.
- 연수의 내용과 방법을 다양하게 편성·실시합시다.
- 자체연수에 대한 예산을 책정하여 지원합시다.
- 교사, 학부모, 지역사회 자원 등을 활용해 봅시다.
- 교육청 소속기관, 지역사회 문화센터 등의 시설을 적극 활용합시다.
- 소모임, 교과별, 주제별 연수를 다양하게 실시할 수 있도록 합시다.

5) 교내 자율장학의 새로운 접근 : 선택적 장학

	대상 교사	형 태	장학 방법
수업장학	전체교사	임상장학, 수업연구	교사들의 수업기술 형성을 위한 체계적이고 개별적인 과정 · 초임교사 및 경력 4년 미만 교사(5명) · 수업연구 지원 교사(3명)
동료장학	높은 동료의식 경험있고 능력있는 교사	동교과 수업연구 스터디 그룹 1:1 멘토	동료교사들이 교육활동의 개선을 위해 보임이나 짝을 이루어 공동으로 노력하는 과정
일상장학 (약식장학)	전체교원	학급순시, 수업참관	교장, 교감이 간헐적으로 짧은 시간의 수업참관을 통하여 지도, 조언하는 활동 ※ 다른 장학의 보완적 역할
임상장학	초임교사	마이크로 티칭 임상장학	신규교사(경력교사)가 교직에 신속히 적응하고 교과지도 기술을 연마할 수 있도록 경력과 경험이 풍부한 장학위원 등의 지도 아래 수업장학 받음

바. 장학의 발전 방향

1) 장학에 대한 인식의 긍정적 전환
   - 수동적, 주어지는 장학 → 능동적, 적극적으로 참여하는 장학
   - 귀찮고 부담을 주는 장학 → 자기 발달을 도와주는 가치 있는 장학
     ▸ 학교 교육활동의 개선을 위한 '공동 노력의 과정'
     ▸ 교사들이 교직 생애주기에서 계속적으로 성장·발달하도록 도와주는 가치 있는 활동
     ▸ 단위학교의 상황과 조건, 교사들의 필요와 요구를 바탕으로 한 다양하고 특색 있는 활동
2) 장학 담당자들의 창의성, 전문성 확보
3) 교사 간 협동 노력하는 동료장학 내실화
4) 개인의 특성에 맞는 개별화된 선택적 장학 활성화

사. 수업개선을 위한 장학 지원

1) 수업지원단(교육연구정보원, 교육연구개발지원부)
   - 학교급별, 교과별로 구성·운영(초·중·고·특수 총 31개 지원단)
   - 자격 : 교과교육연구 및 수업활동에 열의가 높은 5년 이상의 교육경력자
   - 지원단 활동 내용
     - 수업 및 평가에 관한 컨설팅 실시
     - 장학요원·종합장학·학교평가 등 수업 장학 지원
     - 차별화된 수업모형별 시범수업 공개, 시연수업 실시
     - 수업 지원을 위한 연구 활동, 자료와 정보 제공
2) 서울교육포털 : SSEM(www.ssem.or.kr)(교수학습정보지원부)
   - 회원 자율 교과자료 탑재(연중) : 「자료나눔방」(우수자료 전국 공유)
   - 교과외 학습자료 수합(연중) : 「자료나눔방」 → 「교육청자료」 학교교육계획서 및 자원/중점/연구학교 보고서 탑재
   - 수업자료지원단 : 학교급별 총 40여명의 교과·ICT 전문교사로 구성
   - 정보화 자율원격연수 시스템(etraining.ssem.or.kr) 운영 : 25개 정보화 원격연수 과정 운영 및 정보화 자율평가문항 운영
   - 동영상클립뱅크 대메뉴 운영 : 셈 동영상자료 통합서비스 및 편집기 제공

3. 교원단체 및 교직단체

가. 우리나라의 교직단체

1) 개요
   - 가) 우리나라의 교직단체는 교육기본법에 의한 전문직 교원단체와 교원의 노동조합 설립 및 운영 등에 관한 법률에 의한 교원노조로 나누어짐
   - 나) 2009. 1월 현재 교원단체로서 한국교원단체 총연합회(한국교총)와 교원노조로서 전국교직원노동조합, 한국교원노동조합, 자유교원조합, 대한민국교원조합이 설립되어 활동하고 있음

> ※ 교육기본법
> 제15조(교원단체) ① 교원은 상호 협동하여 교육의 진흥과 문화의 창달에 노력하며, 교원의 경제적·사회적 지위를 향상시키기 위하여 각 지방자치단체와 중앙에 교원단체를 조직할 수 있다.
> ※ 교원의 노동조합 설립 및 운영 등에 관한 법률
> 제4조(노동조합의 설립) ① 교원은 특별시·광역시·도·특별자치도 단위 또는 전국단위에 한하여 노동조합을 설립할 수 있다.

2) 교원단체의 설립 과정
   - 가) 우리나라 교원단체는 자유·민주적인 교원단체를 설립할 필요성에 따라 미국의 전국교육연합회(NEA)와 유사한 '조선교육연합회'를 1947년에 결성하여 현 한국교총의 모태가 됨
   - 나) 1948년 대한민국 정부가 수립되면서 '대한교육연합회'(대한교련)로 개칭
   - 다) 1989년 대한교육연합회는 회원의 권익신장과 학교교육 개혁을 위한 방안을 제시하고, 자체기구와 기능을 보완하여 '한국교원단체총연합회'로 개칭
   - 라) 1991년 '교원지위향상을 위한 특별법' 제정으로 교원의 사회·경제적 지위 향상 및 전문성 신장에 관한 사항에 대하여 정부와 교섭·협의 할 수 있는 교섭·협의권 인정

> ※ 교원지위향상을 위한 특별법
> 제11조(교원의 지위 향상을 위한 교섭·협의) ①「교육기본법」제15조제1항에 따른 교원단체는 교원의 전문성 신장과 지위 향상을 위하여 교육감이나 교육과학기술부장관과 교섭·협의한다.
> ② 교육감이나 교육과학기술부장관은 제1항에 따른 교섭·협의에 성실히 응하여야 하며, 합의된 사항을 시행하기 위하여 노력하여야 한다.

3) 교원노조 설립 과정
  가) 1998년 2월 6일 노사정위원회에서 교원의 노동조합 결성권 보장 합의
  나) 1998년 11월 23일 노사정 합의에 따라 '교원의 노동조합 설립 및 운영 등에 관한 법률' 국무회의 의결
  다) 1999년 1월 6일 '교원의 노동조합 설립 및 운영에 관한 법률'(이하 '교원노조법') 국회 의결(1999. 1. 29. 공포, 1999. 7. 1. 시행)
  라) 1999년 7월 1일 전국교직원노동조합 및 한국교원노동조합 설립 신고
  마) 2006년 3월 31일 서울자유교원조합 설립 신고
  바) 2006년 5월 4일 자유교원조합 설립 신고(전국단위는 연합체 노동조합)
  사) 2008년 12월 5일 대한민국교원조합 설립 신고

4) 교직단체 비교

구분	교원단체	교원노조
설립근거	교육기본법 제15조	교원의 노동조합 설립 및 운영 등에 관한 법률 제4조
가입 대상	전 교원 대상(학교장 포함)	초·중등교육법 제19조 1항에서 규정하고 있는 교원(교장, 교감 제외)
교섭·협의 당사자	교과부장관, 교육감	교과부장관, 교육감, 사립학교 설립·경영자

교섭·협의 구조	- 중앙 단위 : 교과부장관
	- 시·도 단위 : 교육감
	※ 국·공·사립 구분 없음
		■ 국·공립의 경우
		  - 전국 교섭 : 교과부장관
		  - 시·도 교섭 : 교육감
		■ 사립의 경우
		  - 설립·경영자가 전국 또는 시·도 단위로 연합하여 교섭

교섭·협의 대상	처우개선·근무조건·복지후생·전문성 신장에 관한 사항	임금·근무조건·후생복지 등 경제적·사회적 지위향상에 관한 사항
교섭·협의 시기	연 2회 및 특별히 필요하다고 판단된 때 당사자 협의에 의해	최소 2년에 1회
합의사항의 법적 성격	정부·교육청과 교원단체가 교원 지위향상 방안을 강구하고 공동의 목표를 도출하는 합의과정으로서의 성격	단체협약으로서 규범적 효력이 미침. 다만, 법령·조례·예산에 의해 규정되는 내용과 법령 또는 조례에 의한 위임 받아 규정되는 내용은 단체협약으로서의 효력을 가지지 아니함

5) 주요 교원 단체

교원단체 및 노조 가입 교원 현황
(단위: 명)
▶ 전체 교원 40만3796(100%)

- 교총 15만7736 (39.1%)
- 미가입 17만1748 (42.5%)
- 전교조 7만3319 (18.2%)
- 자유교조 561(0.1%)
- 한교조 432(0.1%)

자료: 한나라당 조전혁 의원실

❏ **한국교원단체총연합회** : 한국교원단체총연합회는 약칭 교총이라고 하며, 1949년 제정된 《교육법》 제80조에 의해 교사들의 단결권이 인정되어 교원단체로 설립되었다. 1960년 4·19혁명 이후에 《한국교원노동조합》이 결성되었으나, 1961년 5·16 군사정변 이후 불법으로 규정되어 해체되었다. 1989년 5월 28일 전국교직원노동조합(전교조)가 공식 출범하게 된다. 그러나 전교조는 실정법상 불법으로 규정되어 정부의 허용불가 방침 발표 이후 해체를 요구받게 되었다. 전교조의 출현으로 《대한교육연합회》가 창립 이후 최대의 위기를 맞게 되자 1989년 12월 조직 개편을 서두르는 한편 그 명칭을 한국교원단체총연합회(한국교총)로 변경하였다.

❏ **전국교직원노동조합** : 전국교직원노동조합은 약칭 전교조라도고 하며, 1986년 5월 10일 YMCA중등교육자협회가 제1회 교사의 날을 개최한 자리에서 전국에서 600여 명의 일선 교사가 서명한 《교육민주화선언문》이 발표되었다. 이 일로 수십 명의 교사가 구속되었다.[7] 이를 계기로 1987년 '초·중·고등학교의 평교사'들이 〈민족, 민주, 인간화 교육〉을 이념으로 하는 〈참교육의 실천〉을 위해 《전국교사협의회》를 구성하였다. 이때 전국에서 평교사의 10%에 해당하는 3만명의 회원을 확보하였다. 1989년 5월 28일 전국교직원노동조합(전교조)으로 공식 출범하였지만, 노태우 정부에서는 이를 불법

으로 간주하였다. 1999년 1월 6일 교원의 《노동조합 설립 및 운영 등에 관한 법률》이 국회에서 의결되어 전교조는 합법적인 노동조합이 되었다.

❏ **한국교원노동조합** : 한국교원노동조합은 약칭 한교조라고도 하며, 1999년 1월 6일 교원의 《노동조합 설립 및 운영 등에 관한 법률》이 국회에서 통과되자 같은 해 5월 16일 《한국교원노동조합》 전국위원회 창립 및 보고대회를 가지고 교총에서 분리되어 나왔다.

❏ **자유교원조합** : 자유교원조합은 약칭 자교조라고 하며, 2006년 1월 6일 조전혁 《자유주의교육운동연합》 상임대표는 《전교조》에 대항하는 《자유교원조합》을 설립한다고 밝혔다. 《자유교원조합》에는 신지호 자유주의연대 대표, 이명희 공주대 교수 등 뉴라이트 운동가들이 지도위원으로 참여하였다.

❏ **대한민국교원조합** : 대한민국교원조합은 약칭 대교조 또는 대한교조라고 하며, 《뉴라이트교사연합》의 후신인 대한민국 교원조합은 2008년 11월 26일 두영택 《뉴라이트교사연합》 상임대표가 초대위원장을 맡았다. 이들은 〈반 전교조 활동 강화〉를 목표로 프레스센터에서 이영훈 《교과서포럼》 공동대표, 이명희 《자유주의교육연합》 상임대표, 이상진 《반국가교육척결 국민연합》 상임대표 등이 참석한 가운데 창립대회를 열고 '반전교조 활동 강화'와 '자율·책임·다양화 교육에 기반한 《자유민주적 교원운동》'을 기치로 내걸었다.[8]

나. 교원노조법의 주요 내용

1) 목적(1조)
   - 집단행위를 금지하고 있는 국가공무원법(66조1항)과 사립학교법(55조) 규정에도 불구하고, 노조법 5조 단서에 따라 노동조합 설립에 관한 사항을 정하고, 노조법의 특례를 규정함

2) 가입 범위(2조)
   - 초·중등교육법 제19조 제1항에서 규정하고 있는 교원만이 가입할 수 있음 (단, 사용자의 지위에 있는 학교 설립자·교장·교감 등은 가입 불가)

- 해고된 자로서 노동위원회에 부당노동행위 구제신청을 한 자 포함

※ '사용자'라 함은 '교육과학기술부장관, 시·도교육감, 사립학교를 설립·경영하는 자 또는 교원에 관한 사항에 대하여 교육과학기술부장관, 시·도교육감, 사립학교를 설립·경영하는 자를 위하여 행동하는 자'를 말함(교원노조법 제14조1항)

※초·중등교육법
제19조 (교직원의 구분) ①학교에 두는 교원은 다음 각호와 같다.
1. 삭제
2. 초등학교·중학교·고등학교·공민학교·고등공민학교·고등기술학교 및 특수학교에는 교장·교감 및 교사를 둔다. 다만, 학생수 100명 이하인 학교 또는 학급수 5학급이하인 학교 중 대통령령으로 정하는 일정규모이하의 학교에는 교감을 두지 아니할 수 있다.
3. 각종학교에는 제1호 및 제2호의 규정에 준하여 필요한 교원을 둔다.

---

3) 정치활동 금지(3조)

○ 교원노조에 정치활동을 허용하는 경우 교육현장이 정치적 영향을 받게되어 학생들의 학습권과 교육의 자주성이 훼손될 우려가 있으므로 정치활동은 금지됨

4) 설립단위(4조)

○ 특별시·광역시·도·특별자치도 단위 또는 전국 단위에 한하여 설립 허용
- 학교단위 교원노조 설립은 금지

※ 현재 전교조·한교조·대한교조는 전국단위로 설립신고 한 단일노조이나 자교조는 각 시·도별로 설립신고 하고 전국단위는 연합체 노동조합으로 별도 신고

5) 전임자 인정(5조)

○ 임용권자의 허가를 받아야 함.
○ 휴직으로 처리되며, 임용권자로부터 봉급은 받을 수 없으나, 승급 기타 신분상의 불이익은 받지 않음.

6) 단체교섭 창구의 단일화(6조3항)

○ 복수의 교원노조가 있을 경우 자율적으로 교섭창구를 단일화하여 단체교섭을 요구해야 함.
○ 교섭개시 예정일 전까지 교섭위원을 선임하지 못하는 때에는 노동조합의 조합원수에 비례하여 교섭위원을 선임함.(교원노조법시행령 제3조 제5항)

7) 국민여론 및 학부모 의견 수렴(6조4항)
   - 단체교섭 및 단체협약 체결과정에서 학생들의 학습권이 침해되는 것을 방지하기 위해 단체교섭 당사자는 국민여론 및 학부모의 의견을 수렴하여 교섭에 임해야 함

8) 쟁의행위 금지(8조)
   - 단체행동권 금지
     - 쟁의행위(파업, 태업, 준법투쟁 등)는 인정되지 않음
     - 위반 시 5년 이하의 징역 또는 5천만원 이하의 벌금 부과

9) 조정(9조)
   - 단체교섭이 결렬된 경우 당사자의 일방 또는 쌍방은 중앙노동위원회에 조정 신청(조정기간 30일)
   - 조정의 효력 : 조정안을 양 당사자가 수락한 경우 서명·날인함으로써 단체협약과 동일한 효력을 갖게 됨.

10) 중재(10조)
   - 단체교섭이 결렬되어 관계당사자 쌍방이 함께 중재를 신청한 경우와 조정안을 당사자 일방 또는 쌍방이 거부한 경우는 중재 요건이 됨
   - 중재의 효과
     - 중재안은 양 당사자의 수락여부와 관계없이 당연히 수용하여야 하며, 중재재정의 내용은 단체협약과 동일한 효력을 가짐.
     - 중재재정이 위법하거나 월권에 의한 것이라고 인정하는 경우에는 중재 재정서를 송달받은 날부터 15일 이내에 행정소송을 제기할 수 있음

다. 부당노동행위

1) 부당노동행위의 구제 제도
   - 부당노동행위 제도는 헌법상 보장된 노동기본권을 보호하기 위해 설정된 제도로서 사용자의 부당한 침해행위를 방지하고 개개인의 근로자 또는 노동조합을 보호함으로써 공정한 "규칙"에 의해 노사관계 질서를 형성·정립하기 위한 제도임

2) 부당노동행위의 유형
   가) 불이익 취급 : 교원의 노조가입·결성 기타 정당한 조합업무를 위한 행동을 이유로 해고 또는 불이익을 주는 행위
   나) 불공정 고용계약 : 특정 노조가입, 미가입, 탈퇴를 고용조건으로 하는 행위
   다) 단체교섭의 거부·해태 : 정당한 이유 없이 단체교섭 또는 단체협약 체결을 거부하거나 해태하는 행위
   라) 지배·개입 : 노조의 조직·운영에 지배·개입하는 행위와 노조 전임자에게 급여를 지원하거나 노동조합의 운영비를 원조하는 행위

3) **부당노동행위의 성립 요건**
   ○ 부당노동행위의 주체 : 사용자에 대하여 금지되는 행위임
   - 사용자 : 교육과학기술부장관, 시·도교육감 또는 사립학교를 설립·경영하는 자 또는 이들을 위하여 행동하는 자(교장, 교감)
   ○ 부당노동행위 의사 : 부당노동행위 의사가 있어야 부당노동행위가 성립함
   - 다만, 그 의사는 고의·과실의 차원이 아니고 객관적·외형적 사실로부터 추정되는 의사만으로도 충분

4 부

부 록

1 생활기록부 기재 예시

가. 중학교 기재 예시

1) 출결관리

> ○ 월별로 출결 마감한 자료를 최종 확인하여 정정사항이 발생한 경우 수정하고 출결 특기사항을 등록함.

가) 일일출결관리(담임용) : 생기부 작업 중 가장 최우선되어야, 가장 먼저 입력해야함, 그래야 후에 입력하는 이수시간 오류를 줄일 수 있음.

  ○ [학적] - [출결관리] - [일일출결관리(담임용)]

나) 출결 학기말/ 학년말 통계

  ○ [학적] - [출결현황및통계] - [학급별출결현황]에서 {조회} →{출력}하여 사용함.

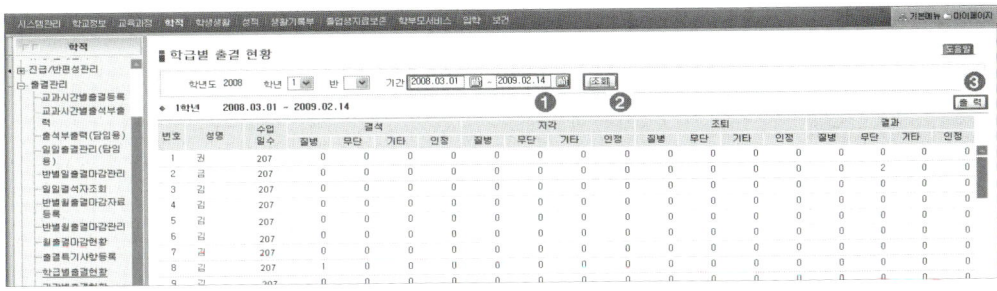

다) 출결 특기사항 입력

  ○ 출결 자료에 대해 출결 특기사항(개근, 질병이나 기타결석 사유 등)을 등록함.

  ○ [학적]-[출결관리]-[출결특기사항등록]에서 {조회} → 특기사항 입력 → {저장}

Key Point

※ 특기사항을 입력할 때, 학생이름을 클릭하면 [일일출결관리(담임용)]에서 등록한 사유가 팝업창으로 나타나므로 참고하여 입력하면 편리함.

○ '특기사항'란에는 질병, 무단 등으로 인한 **장기결석, 기타결석의 사유** 등을 입력한다.
특기사항에 기록하는 장기결석의 기간은 학교장이 정하고(본교는 10일 이상), 단기결석이라도 횟수가 많을 경우 주된 사유를 입력할 수 있다.
○ 지각, 조퇴, 결과의 사유 : 횟수에 관계없이 입력하지 않음.
○ **기타결석은 1일 이상인 경우 사유를 입력함.**
○ 2014년 2월 6일(종업식,졸업식) : 개근인 경우 특기사항에 '개근' 으로 입력함
(3년 개근인 경우도 3학년 란에 '개근'이라 입력함 - 특기사항은 당해 학년에 해당되는 것임).
○ 특기사항 기재예시 : 허리수술(10일), 어깨수술(11일), 부모간병(20일)
<u>교통사고입원(15일), 미인정유학(63일), 가사조력(15일)</u>

라) 월출결 마감 확인
  ○ [학적] - [출결관리] - [반별월출결마감관리]
  ○ 우선 7월 25일, 12월 31일(방학식날)까지 1차 마감하시고, 내년 02월 06일 종업식, 졸업식에 2차 마감합니다.
마) '특기사항란'에는 학교폭력자치위원회에서 결정된 가해학생에 대한 조치사항을 기록한다.
  - 심의위원회 심의 결과를 즉시 학생부에 기재
  - 학교폭력조치사항이 기록되는 학교생활기록부Ⅱ는 5년동안 학교에서 보존 관리하고 이후 삭제되므로 5년 후 자동 삭제 됨.

입력 영역	가해 학생 조치 사항(학폭법 제 17조 1항)	
학적사항 특기사항	· 8호(전학)	· 9호(퇴학처분)
출결상황 특기사항	· 4호(사회봉사) · 6호(출석정지)	· 5호(특별교육이수 또는 심리치료)
행동특성 및 종합의견	· 1호(서면사과) · 3호(학교에서의 봉사) - 졸업 직후 삭제 대상	· 2호(접촉, 협박 및 보복행위 금지) · 7호(학급교체)

2) 인적사항

   가) 누가주소등록 확인 : 입학 시 주소와 다른 경우(중학교 배정받고 이사한 경우)

   ○ 주소 변경 또는 전입생의 새주소 입력 : 새주소를 "추가"하고 **기존 주소를 절대로 삭제하지 않는다(누가기록이 원칙).**

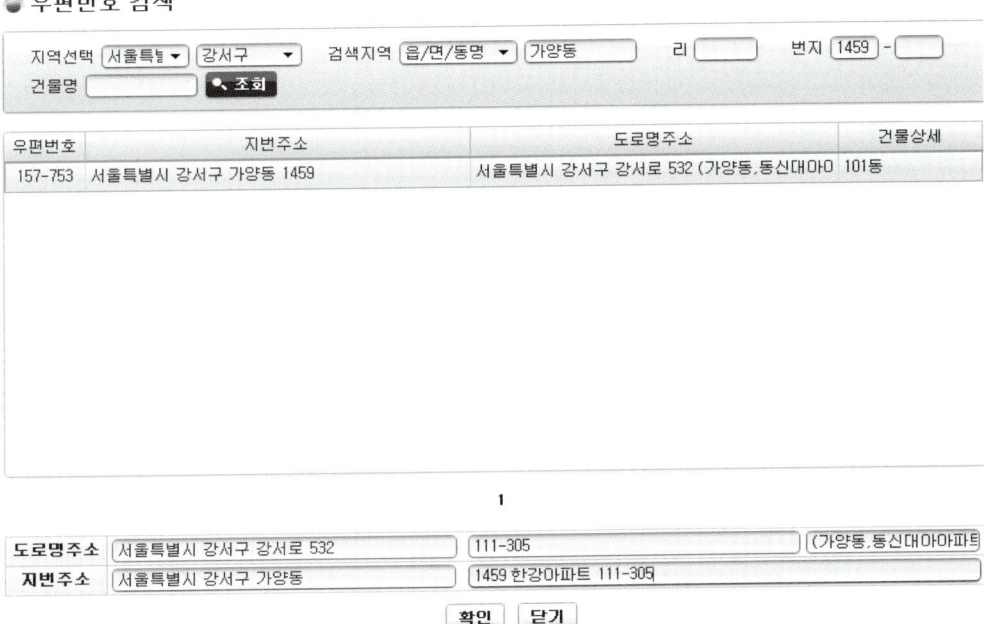

★ 새로운 "도로명주소" 단계별 입력방법(제발 단계별로 입력하시길!!!!)

1단계) 학적-기본학적관리-기본신상관리-학년, 반 조회-누가주소등록-

2단계) 기존주소를 그대로 → (파란색) 주소 클릭
       새로운 곳으로 이사했다면 → "등록" 클릭

3단계) - 하단의 우편번호 옆 "주소찾기" 클릭-**강서구** 선택- **동명, 번지** 입력 후 **조회** 클릭

4단계) - 하단의 도로명주소 옆 빈칸에 "주민등록등본상 나머지 주소" 입력 (예: 101(동)-301(호))- 지번주소 옆 빈칸도 입력(예:##아파트 101(동)-301(호))

5단계) 확인 클릭- 저장 클릭

지번주소와 도로명주소의 표기방법 비교

구 분	지번주소	도로명주소
단독주택	서울특별시 강남구 삼성동 58-1	서울특별시 강남구 학동로 2 (삼성동)
업무용빌딩	서울특별시 종로구 수송동 146-1 이마빌딩	서울특별시 종로구 중학천길 42 (수송동)
아파트	서울특별시 서초구 잠원동 58-24 신반포아파트 108동 206호	서울특별시 서초구 명주길 125, 108-206 (잠원동, 신반포아파트)

| 기본신상 | **누가주소등록** | 가족사항등록 | 학적사항 | 학년반이력조회 |

5번 김홍준   [등록] [삭제]

☐	등록일자	우편번호	주소
☐	2009.03.02	157-752	서울특별시 강서구 가양동 1460 한강아파트 111-305
			서울특별시 강서구 허준로 23 , 111-305 (가양동,한강타운아파트)

나) 사진입력 확인

[학적]-[기본학적관리]-[학급별사진명렬표출력]에서 사진이 모두 있는지 확인

다) 작성요령

○ 성명은 주민등록등본의 성명을 그대로 입력한다.

** 혹시 부모님이나 학생 본인의 성명이 개명된 경우가 있는지 조사해주세요!
→ 정정대장 올려야 합니다.

○ 주소는 주민등록등본의 주소를 그대로 입력하되, APT(X)의 경우 '**아파트(O)**'로 기록한다.

○ 부모의 인적사항은 학생의 가족관계증명서를 기준으로 기본적으로 기록해야 할 사항이다(**입학 전** 사망한 경우 '성명'란에 성명 대신 '**(사망)**'으로 입력하고, 재학 중 사망한 경우는 '특기사항'에 아래 표와 같이 입력).

○ 특기사항에 날짜를 입력할 때는 **띄어쓰기 없이 8자리**로 입력하고 연월일 대신에 '점(.)'을 찍는다(예: 2012.03.06).

○ 주소누가기록을 제외한 인적사항 변경인 경우 **증빙서류를 첨부하여 학업성적 관리위원회의 심의(고사계에 심의일자 요청하여 받아 입력)를 거쳐** 학교생활

기록부 정정대장에 입력한 후 정정한다.
- 신입생은 입학 후 인적사항을 새롭게 작성하는 것이므로 학생의 개명이외에는 [학적] - [기본학적관리] - [기본신상관리]에서 직접 수정할 수 있음
- 2·3학년 재학생의 성명, 주민등록번호, 부모 성명, 생년월일 등의 인적사항 변경시에는 생활기록부 정정대장으로 정정해야 함.

라) 기재 예시

학 생	성명 : ○○ 성별 : 남 주민등록번호 : 981212-1443211
	주소 : 경기도 성남시 분당구 수내동 40 한길나라아파트 101-1405
	서울특별시 양천구 신월3동 164번지
가족 상황 부 모	성명 : 한○○ 생년월일 : 1964년 03월 02일
	성명 : 강○○ 생년월일 : 1965년 04월 05일
특기사항	2008.05.02 부친 사망 (←재학 중 사망한 경우)

※ 가족상황의 특기사항 기록은 본인 또는 보호자의 동의를 얻어 기록함.
※ 전입생인 경우 누가주소등록(예: 가양동 주소)과 사진을 반드시 확인함.
※ 3학년은 졸업학년도에 촬영한 사진으로 교체 입력함.

3) 학적사항
  가) [학적]-[기본학적관리]-[기본신상관리]의 {학적사항}→ 학적변동, 학적특기사항을 확인함.
  나) 기재 예시

| 2005년 02월 17일 □□초등학교 제6학년 졸업 |
| 2005년 03월 02일 ○○중학교 제1학년 입학(2005년 06월 20일 전출) |
| 2005년 06월 21일 △△중학교 제1학년 전입(2005년 07월 18일 유예) |
| 특 기 사 항 | 질병 치료로 유예(유예기간 1년) |

| 2005년 02월 17일 □□초등학교 제6학년 졸업 |
| 2005년 03월 02일 ○○중학교 제1학년 입학(2004년 07월 18일 유예) |
| 2007년 08월 06일 ◇◇중학교 제3학년에 재취학 |
| 특 기 사 항 | 2005.07.18 전가족 일본 출국(부 파견 근무)
2005.09.01-2007.07.26 일본 ○○중학교 재학
2007.09.01 전가족 귀국(부 파견 종료) |

※ 개인의 인권을 침해할 소지가 있는 사항은 가급적 입력하지 않고, 별도의 교무수첩 등에 기록하여 활용함
※ 학적변동자(전출, 재취학 등)는 '특기사항'란에 학적변동의 사유를 입력함.

> **생활기록부 정정방법**
>
> 1단계 : 증빙서류를 학생으로부터 받는다.
> 2단계 : 성적관리위원회의 심의를 받아 **심의일자**를 받는다.
> 3단계 : 나이스 : 학생부 → 정정대장관리(권한 없으면 교무부에 요청) → 정정대장작성 → 학년, 반 조회 → 학생이름 클릭 → 등록 → 잘못하면 징계할 것 등등의 경고창 확인 클릭 → 학생이름 앞의 번호 앞의 체크박스 클릭 → 고사계에서 받은 심의일자& 항목, 오류내용, 정정내용, 정정사유 **입력 후 저장** → 학생이름 클릭 → **정정한다!!!** → **승인요청**(담임,교무부장,교감,교장 4단결재상신) → 결재완료 후 '완결자료반영' 클릭
> 4단계 : 나이스계, 고사계에 증빙서류 각각 제출함
>
> 정정내상 작성 시 정정 항목별로 구분하여 작성하도록 변경되었습니다.
> (적용 : 2012년 8월24일) 정정대장 작성 시 항목별로 작성한다.

4) 수상경력

구 분	수 상 명	등 급(위)	수상연월일	수여기관	참가대상
교내상	교과우수상(국어,사회,영어)		2008.04.20	○○학교장	<u>1학년</u>
	표창장(효행상부문)		2008.05.08	○○학교장	<u>3학년</u>
	자연탐구대회(공동수상, 3인)	은상(3위)	2008.05.20	○○학교장	<u>전교생</u>
	과학탐구대회(물로켓부문)	최우수상(1위)	2008.06.15	○○학교장	<u>2학년</u>

- 2011학년도부터 초·중·고등학교등학교 모두 '수상경력'란에 **교내상만 입력**하고 교외상은 입력하지 않는다.(생활기록부 어떤 항목에도 교외상은 입력 안 함)
- 학급, 학년단위의 단체수상(교내체육대회 응원상, 환경미화상 등)은 입력하지 않는다. 학급 단위로 시상을 하기 위해 수상대장에는 등록할 수 있으나 개인별 학교생활기록부 수상경력에는 등록하지 않음.
- '등급(위)'린에 싱의 등급과 등위를 병기한다.
  예) 상의 종류가 '금상','은상'인 경우 금상(1위), 은상(2위)등록한다.
- '참가대상'란에는 관련 대회의 참가대상을 입력한다.
  예) 전교생(○), 전학년(×), 1학년(○), 1학년 전체(×), 전체 1학년(×)
- ※ 영재교육기관 관련 수상, 학교운영위원장상, 학부모회장상 등은 입력할 수 없음

5) 자격증 및 인증 취득상황

- 초·중·고등학교는 2011학년도 이후부터 취득한 교내외 자격증 및 인증은

학교생활기록부 **어떠한 항목에도 입력하지 않는다**(진로지도상황, 창의적체험활동상황, 특별활동상황, 교외체험학습상황, 교과학습발달상황의 '세부능력 및 특기사항'·'특기사항', 행동특성 및 종합의견 등).

○ 고등학생이 재학 중 취득한 국가기술자격법에 의한 국가기술자격증, 개별법령에 의한 국가자격증, 자격기본법에 의한 국가공인을 받은 민간자격증 중 **기술 관련 자격증**에 한하여 입력한다.

6) 진로희망사항(진로지도상황) 입력 오류가 가장 많은 항목!!!

충분한 상담 또는 사전 조사를 한 후 입력하되, 추후 **정정사항이 발생하지 않도록** 유의한다. 학력이 올라감에 따라 진로희망은 구체적으로 입력한다.

가) 진로희망사항(1, 2학년 기재)

(1) [학생생활]-[진로지도상황]-[진로지도상황기록] →특기 또는 흥미, 진로희망 입력함.

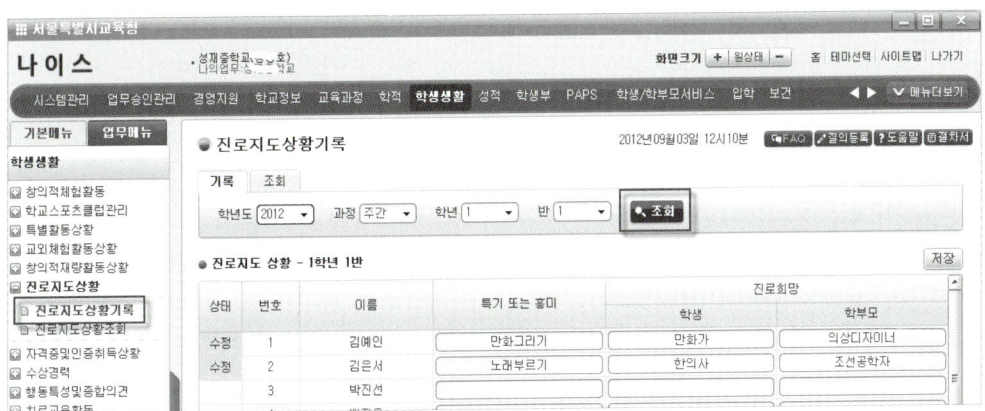

나. 진로지도상황 (3학년 기재)

(1) [학생생활]-[진로지도상황]-[진로지도상황기록] → 특기 또는 흥미, 진로희망, 특기사항을 입력함.

(2) 기재 예시

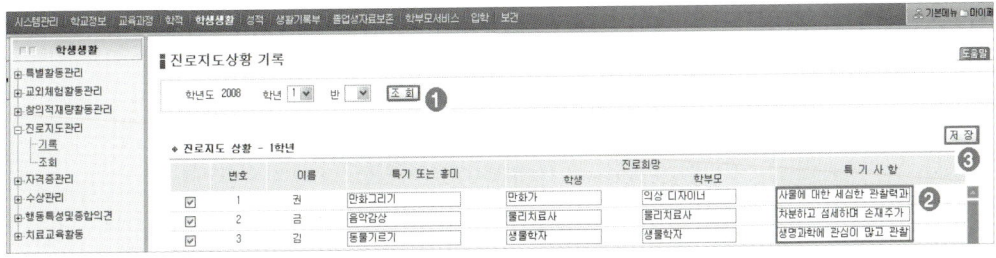

> ○ '특기 또는 흥미'는 구체적인 용어나 구체적 행동과 관련된 용어로 입력함.
>   예) **컴퓨터(x)**, 컴퓨터게임(○), **운동(x)**, 야구(○), **조립(x)**, 모형자동차 조립(○), **자동차(x)**, 자동차정비(○), **없음(X)**
> ○ '진로희망'은 구체적인 직업의 명칭을 입력함.
>   예) **컴퓨터(x)**, 컴퓨터 프로그래머(○), **디자이너(x): 제일 많은 오류**, 의상 디자이너(○), 웹 디자이너(○), 기술자(x), 전기기술자(○)
> ○ (3학년 만 해당)'특기사항'은 '학생의 희망대로 지도함', '적성과 희망에 따라 지도함', '희망과 적성이 일치함', '적성에 맞음' 등과 같은 단순한 표현만 입력하는 것은 지양하고 특기, 진로 희망과 관련된 학생의 자질, 학생이 수행한 노력과 활동을 기록함

　　7) 창의적체험활동 = 자율+진로+동아리+봉사
　　　가) 자율활동 = 자치+적응+행사

[자율활동 담당교사 & 1, 2학년 담임교사] : 단계별! 입력
　1단계 : 학생생활-창의적체험활동-자율활동누가기록-〈반별〉 탭 선택(초기화면에는 개인별 탭으로 되어있음)-학년, 반 조회- 자율활동 **일괄등록(담당선생님은 각 반의 출석부를 보면서 날짜 선택)** : - 전체학생 체크박스 선택 - 일자 선택(**이수시간 뜨면 맞는지 확인**)- 활동내용 입력- 적용 -하단의 자율활동누가기록 -저장

** 정·부회장의 **가운뎃점 입력방법** : "ㄱ"과 "한자" 버튼을 동시에 누르면 우측 하단에 기호가 여러 가지 뜨는데, 거기서 선택함.

　2단계 : 학생생활-창의적체험활동-자율활동누가기록-〈개인별〉 **탭 선택**-학년, 반 조회-학생이름 선택-**이수시간기준일(2월 6일) : 넣지 않으면 이수시간 에러남**-이수시간반영-저장

[담임교사] 확인 & 전입생 확인
1) 확인 : 학생생활-창의적체험활동-자율활동누가기록 조회
2) 전입생 : 학생생활-창의적체험활동-자율활동누가기록- 개인별 탭 선택- 학년, 반 조회- 전입생 이름 선택-**저장된 이수시간에 전적교 이수시간을 합하여(수동계산) 입력 후 저장**

　　나) 진로활동

　진로활동 특기사항 : [학생생활]-[창의적체험활동]-[진로활동누가기록]- 우측 하단의 '학생부반영기록'의 특기사항에 입력(진로활동이나 진로체험 등을 중심으로 기록-)

　　다) 동아리활동 : 담임교사가 부서배정과 확인 후 담당교사가 입력, 담임교사는 권한 없어 담당교사 입력분 확인 불가능

[담임교사] : [학생생활]-[창의적체험활동]-[동아리활동부서배정]-**출력하여 학급학생들에게 확인시킴**(학기 중에 변심하여 반을 바꾼 아이들이 간혹 있는데, 반만 바꾸고 담임에게 알리지 않아 양쪽 반에서 계속 기록되어 학년말에 보면 중대한 오류 발생 → 결국 양쪽 반 담당교사가 모두 고쳐야 함.)

[동아리활동 담당교사] : "동아리활동출석관리"는 담임교사가 일일출결관리로 대체하므로 할 담당교사는 입력할 필요없음, 1단계 반별 입력 + 2단계 개인별 입력

1단계. [학생생활]-[창의적체험활동]-[동아리활동부서별기록]-"**반별**" 탭 선택(초기화면은 개인별 탭에 있음)-우측의 "동아리활동일괄등록"-전체학생 체크박스 선택, "일자" 선택, "이수시간" 숫자입력, "활동내용" 입력- 적용 - 저장

2단계. [학생생활]-[창의적체험활동]-[동아리활동부서별기록]-"**개인별**" 탭 선택-개별 학생이름선택-이수시간기준일(2012.12.28)-[이수시간계산] -특기사항(모든학생)입력(Enter키 사용금지)- 저장

※ 전입생의 동아리활동 이수시간 : 전출교의 이수시간을 **메모함** → 우리교의 [이수시간계산] 클릭 → 우리교 이수시간만 뜬다 → 메모한 전출교의 이수시간을 합산하여 수동 입력- 저장(전적교 계발활동 부서명, 특기사항은 그대로 둠)

전입생 특기사항 예시)

(퀼트반) → 전적교 부서명이 남아있음, 특기사항 있을 때도 → 그대로 둠.
(스텐실반) 활동 내용 쓰고 → 우리 학교 부서명 + 특기사항 입력

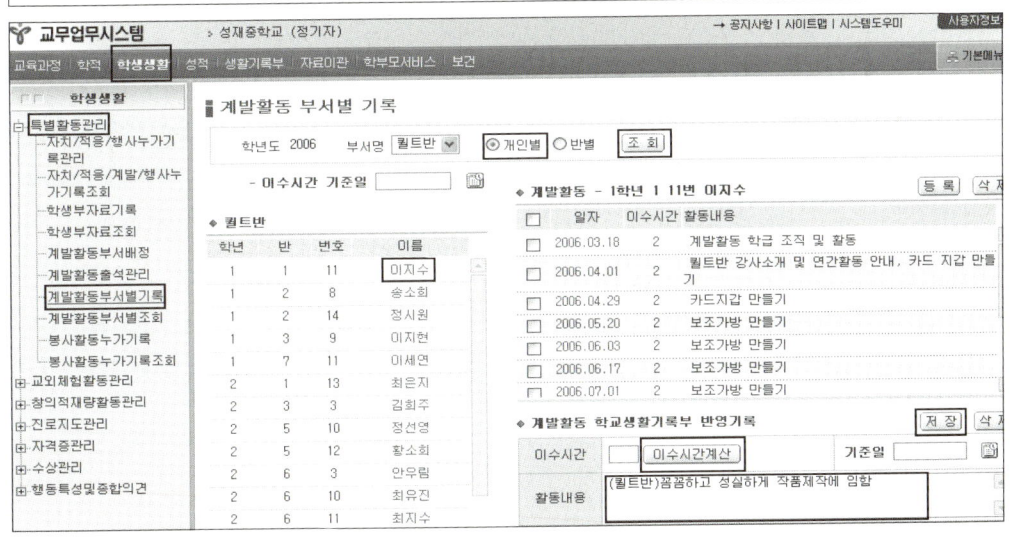

라) 봉사활동 : 봉사활동계에서 안내한대로 따름

8) 교과학습발달상황

　가) '과목별' 세부능력 및 특기사항 : "<u>특기사항이 있는 경우에 한해</u>" 교과 담당교사가 입력

- ○ [성적]-[성적처리]-[과목별세부능력및특기사항]→ 학년, 반 조회→ 내용 입력(**단, 교과명 입력하지 마세요! 교과명 2번 떠서**(예 : **국어: 국어:**) **정정해야 합니다!!!**)→ 저장
  ※ 1학기와 같은 내용을 2학기에 중복 입력 하지 않는다(1, 2학기에 입력한 내용이 <u>한 줄로 이어져</u> 생활기록부에 반영됨, 그러나 2학기 것 입력할 때 1학기 것 보이지 않으므로(기준학기가 2학기로 되어있으므로) 모르고 같은 내용 또 입력할 가능성 있으니 담임샘이 항목별 출력물에서 잘 체크해서 담당교사에게 정정 요청해야 합니다)
- ○ **방과후학교** 교육활동은 담당부서(복지상담부)에서 자료제공
- ○ 공인어학시험(토익, 토플, 텝스 등) 성적, 각종 교내·외 인증사항은 생활기록부 어떠한 항목에도 입력하지 않는다.

○ 중학교의 경우 방과후학교 교육활동 등은 교과학습발달상황의 '세부능력 및 특기사항'에 입력할 수 있고, 고등학교의 경우 고교-대학 연계 심화과정, 방과후학교 교육활동 등은 교과학습발달상황의 '세부능력 및 특기사항'에 입력할 수 있다(입력여부는 교육적 유의미성 등을 고려하여 학교에서 판단하되 원칙적으로 교과담당교사가 입력하고 관련교과가 없는 경우 학급담임교사가 입력함).
　※ 방과후학교 활동상황 입력 예시(입력시간은 실제 참여하여 수강한 시간임)
　　- 방과후학교 프로그램 프라모델반(20시간)을 수강함.
　　- 방과후학교 프로그램 과학실험반(57시간)을 수강함.

9) 독서활동상황

- 교과담당교사 : [성적]-[성적처리]-[과목별독서활동]에서 입력칙
- 학급담임교사 : [학생생활]-[독서활동상황]-[독서활동상황등록]에서 입력 가능

- 독서활동 내용은 학기를 구분하여 입력한다.
 * '(1학기)', '(2학기)'는 교육정보시스템에서 학기별로 입력 시 자동으로 입력 됨.
- 독서활동 내용이 특정 교과와 관련이 있는 경우 해당교과교사가 입력하되, 그 외의 경우에는 학급담임교사가 인문, 사회, 과학, 체육, 예술 등 영역을 구분하여 입력한다.
- 독서기록장, 독서포트폴리오 등의 증빙서류는 학생 개인이 보관하되, 상급학교에서 증빙자료 요구 시 제출한다.
- '독서활동상황'란에는 종합서술형으로 독서활동을 입력하되, 학생이 감명 깊게 읽은 주요 도서명도 구체적으로 입력하여 학생의 독서 상황에 대한 상세한 정보를 제공한다.

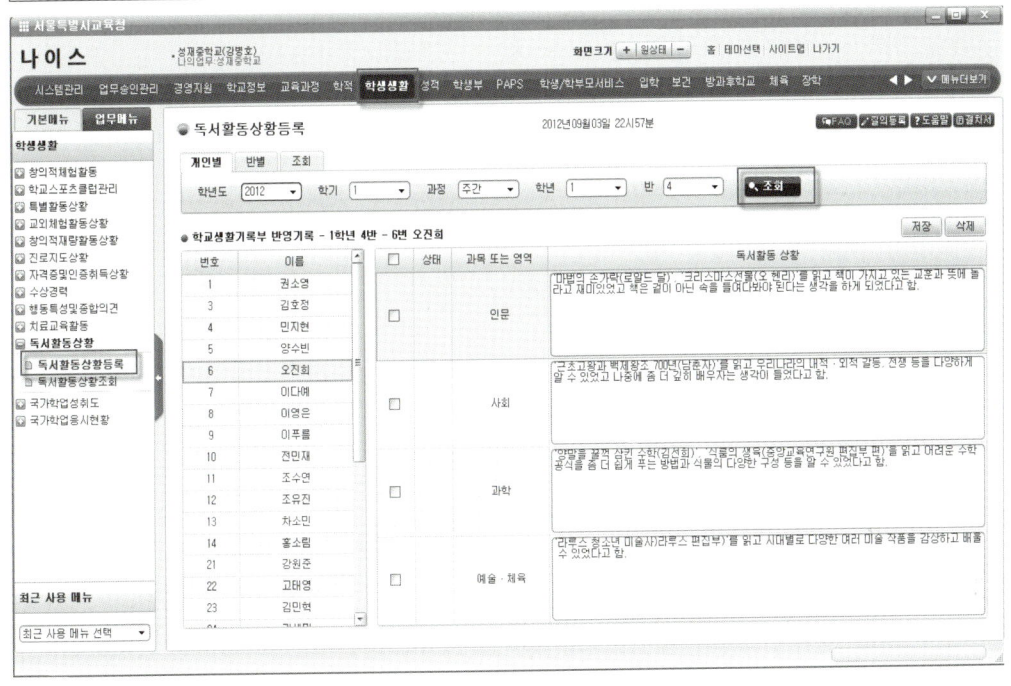

10) 행동특성 및 종합의견

- [학생생활]-[행동특성및종합의견]- [행동특성및종합의견]- 학년, 반 조회 - 학생 선택- 하단의 '행동특성 및 종합의견 - 학교생활기록부 반영기록' 란에 내용 입력(**Enter 키 사용 금지 & 줄 이어서 입력**) - 저장
- 영재교육을 받은 학생은 영재수료에 관한 내용을 입력해준다.
- 행동특성 중 학교폭력과 관련된 사항은 학폭법 제17조에 규정된 가해학생에 대한 조치 사항을 시행 즉시 입력한다.
  (제1호-서면사과, 2호-접촉협박보복행위 금지, 3호-학교봉사, 7호-학급교체)

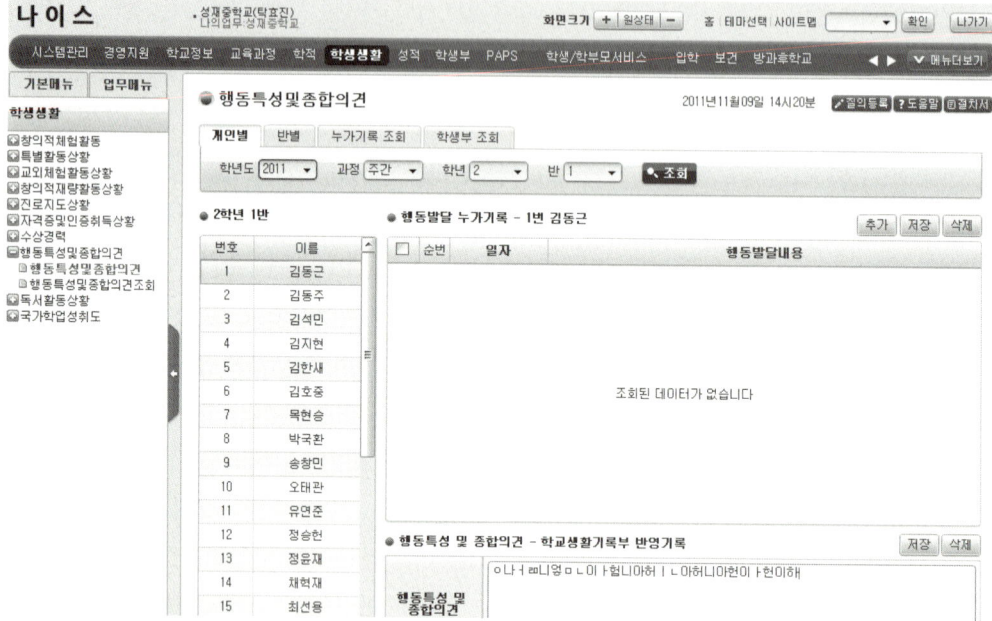

- 행동특성 및 종합의견은 교사가 학생을 수시로 관찰하여 누가 기록한 행동특성, 진로적성검사, 인성검사 등 각종 심리검사 결과나 학력평가, 창의적 체험활동, 특별활동상황 등을 바탕으로 학생을 총체적으로 이해할 수 있도록 잠재력, 인성, 인지적 특성, 자기주도적 학습능력, 창의성 등을 종합적이고 구체적으로 입력한다.
- **학생의 인성관련 내용은 핵심 인성 요소를 ( )안에 입력하고, 객관적인 근거 및 누가기록 자료를 토대로 구체적으로 입력한다.**
- ※ 핵심 인성 요소 : 배려, 나눔, 협력, 타인 존중, 갈등 관리, 관계지향성, 규칙 준수 등
- ※ 핵심 인성 요소는 기재요령에 제시된 것 이외에 교사가 발굴하여 작성할 수 있음.
- 예) (배려) 특수반 친구를 도와주고 스스럼없이 친구로 지내면서 학습활동을 도와주었으며, 학급 친구들의 고민을 해결해 주는 등 또래 상담자로 주 2회 활동함.
- 장점과 단점을 사실에 근거하여 입력하되, 단점은 변화 가능성과 함께 입력한다.
- '책임감 있는', '예의바른', '성실한', '모범이 되는', '착한', '학급 일에 적극적으로 참여하는', '봉사하는', '묵묵히 맡은 일을 하는' 등의 상투적인 표현만을 기록하는 것은 가급적 지양한다.
- 특정 영역으로 분류하기 곤란한 학교교육과정 외 활동 중 특이할 만한 사항(장학금 수여내용, 동아리 활동 등)을 입력할 수 있다.

나. 고등학교 기재 예시

졸업 대장 번호					
학년 \ 구분	학과	반	번호	담임성명	
1		6	15	정○○	
2					
3					

사 진
3.5 × 4.5㎝

학년 \ 전공·과정	1학기	2학기	비고
1			
2			
3			

1) 인적 사항

학 생		성명 : 한○○ 성별 : 남 주민등록번호 : 941212-1443211 주소 : ○○시 ○○구 ○○동 90-2 ○○도 ○○시 ○○구 ○○1길 54, 104-803(○○동, ○○아파트)
가족상황	부 모	성명 : 한□□ 생년월일 : 1961년 03월 02일 성명 : 강○○ 생년월일 : 1962년 04월 05일
특기사항		

2) 학적사항

2011년 02월 16일 ○○ 중학교 제3학년 졸업 2011년 03월 02일 □□ 고등학교 제1학년 입학	
특기 사항	부의 직장 전근으로 전 가족 이주

3) 출결 상황

학년	수업일수	결석일수			지각			조퇴			결과			특기사항
		질병	무단	기타	질병	무단	기타	질병	무단	기타	질병	무단	기타	
1	205			3										부모간병(3일)
2														
3														

4) 수상경력

구분	수 상 명	등급(위)	수상연월일	수여기관	참가대상
교내상	자연탐구대회(공동수상, 3명)	은상(3위)	2011.05.04.	○○학교장	전교생
	과학탐구대회(물로캣부문)	최우수상(1위)	2011.06.30	○○학교장	1학년
	교과우수상(국어,사회,수학)		2011.07.19	○○학교장	1학년
	컴퓨터경진대회(정보검색부문)	최우수상(1위)	2011.09.20	○○학교장	전교생
	독서기록장쓰기대회	장려상(3위)	2011.11.05	○○학교장	1학년
	과학탐구대회(물로켓부문)	최우수상(1위)	2011.12.10	○○학교장	2학년

5) 자격증 및 인증취득 사항

구분	명칭 또는 종류	번호 또는 내용	취득연월일	발급기간
자격증	정보기술자격(ITQ)A등급-한글엑셀	A001-2011101-002317	2011.03.13	한국생산성본부
	워드프로세서 1급	11-I2-031206	2011.05.30	대한상공회의소
	인터넷정보관리사 2급	IIS-1102-001858	2011.06.18	한국정보통신진흥협회
	문서실무사 2급	071PT51-20000713	2011.08.04	한국정보관리협회

6) 진로지도 상황

| 학년 | 특기 또는 흥미 | 진 로 희 망 | |
		학 생	학부모
1	컴퓨터게임	프로게이머	연구원
2			
3			

7) 창의적 체험활동 상황

학년	창의적 체험활동 상황			
	영역	시간	특기사항
1	자율활동	26	1학기 학급부회장(2011.03.01-2011.08.21)으로 간부수련회(2011.05.11-2011.05.13)에 참가하여 리더십, 예절교육, 봉사 체험활동을 하였음. 월 1회 '진로의 날' 행사를 통하여 진로 선택에 대한 안내를 받고 각종 서적이나 참고 문헌, 인터넷 사이트를 통한 직업 탐색 및 적성에 맞는 직업 탐색군 조사 등의 활동을 하였으며, 적성과 능력에 맞는 고등학교를 선택하여 그 방면에 맞는 교육활동에 힘씀. 또래상담 학생들의 학교지킴이 집단상담교육에 참여(6회)하고, 신체발달 상황검사(2011.10.16)시 선생님을 도와 원활한 운영에 기여함. '미래의 나'를 주제로 UCC 만들기 모둠활동(2011.03.31)에 참여하여 참신한 아이디어를 내고 다양한 자료를 수집하며 적극적으로 참여함. 학교축제(2011.10.27)에 진행요원으로 참여하여 행사의 원활한 진행에 이바지하며 건전한 학생자치문화를 체험하고 미래의 비전을 공유함. 특히, 환경사랑 다짐의 글을 낭독하여 전교생이 녹색성장에 대하여 생각해 볼 수 있는 시간을 갖는 데 도움을 줌.
	동아리활동	34	(멀티디미어제작반)영상관련 분야에서 자신의 능력과 역량을 충분히 발휘하며, 특히 UCC제작과 동영상 편집능력이 탁월함. (축구발리킥클럽)공격과 수비를 동시에 잘하는 미드필더이자 멀티플레이어로 활약하여 ○○교육지원청 주최 학교스포츠클럽대회에 학교대표로 출전하였으며, 방과후 학교스포츠클럽 활동으로 120시간 활동함.
	봉사활동		○○시의 '성 지킴이'로 격주 토요일마다 성곽 주변 쓰레기 줍기, 관람객 안내하기 등의 활동을 하였고, 2011 ○○문화제(2011.10.06-2011.10.10)에서는 행사진행 보조요원으로 활동함(2011.03.21.-2011.12.18/56시간). 월 1회 정기적으로 ○○도서관을 방문하여 도서관 홍보전단 발송, 열람실 도서 정리, 열람실 청소, 책·걸상 닦기, 도서 대출 및 반납 보조, 어린이 도서 찾아주기 등의 활동을 함(2011.04.01-2011.11.30/32시간).
	진로활동	34	2학기 진로활동 시간에 아로 플러스 검사를 실시함. 본인의 적성에 적합한 직업 분야(중등학교 교사, 기자, 상담전문가 분야)에 대하여 진로탐색 및 진로계획서를 작성하였음. 진로활동 시간에 HOLLAND 진로적성 검사를 실시하고 그 결과에 따라 본인의 적성에 적합한 직업 분야(중등학교 교사, 기자, 상담전문가 분야)에 대하여 진로탐색 및 진로계획서를 작성하였음.
2	자율활동		
	동아리활동		
	봉사활동		
	진로활동		
3	자율활동		
	동아리활동		
	봉사활동		
	진로활동		

8) 봉사활동 상황

학년	봉 사 활 동 실 적				
	일자 또는 기간	장소 또는 주관기관명	활동내용	시간	누계시간
1	2011.03.07 2011.03.15 - 2011.03.16 2011.04.05 2011.08.12 - 2011.09.14 2011.09.12 2011.10.01 - 2011.12.30. 2011.11.15.	(학교)○○학교 (개인)○○양로원 (학교)○○학교 (개인)꽃동네 (개인)월드비전 (개인)○○사회복지관 (개인)대한적십자사 ○○○혈액원	봉사활동 소양교육 목욕 및 청소 교내 환경정화 청소, 빨래 및 일손돕기 기아체험 행사 참가 교통안전 캠페인 참여, 장애아동들 돌보기 및 대청소 헌혈(성분헌혈)	2 6 2 42 4 60 4	2 8 10 52 56 116 120
2					
3					

9) 교과학습발달 상황

[1학년]

교과	과목	1학기			2학기			비고
		단위수	원점수/과목평균 (표준편차)	석차 등급 (수강자수)	단위수	원점수/과목평균 (표준편차)	석차 등급 (수강자수)	
... 국어 ...	... 국어 ...	... 4 ...	... 80/75(7.9) ...	... 4(240) ...	... 4 ...	... 75/75(7.3) ...	... 4(241) ...	
이수단위 합계								

과 목	세부능력 및 특기사항
사회 : 안락사를 주제로 한 모의재판에서 안락사를 반대하는 검사부 대표로 활약하였음. 현지답사와 인터뷰 등을 통해 '○○지역 도시빈민의 주거환경'이라는 제목으로 지역 조사 보고서를 제출하였고, 사형제도 관련 모의국회에 사형제도 폐지당 국회의원으로 참가하는 등 다양한 활동을 열심히 하였음 기술·가정 : 디자인과 바느질에 재능이 있어 앞치마 만들기 실습 시 정확한 재단과 바느질 솜씨로 수행평가에서 좋은 평가를 받음. 옷감과 디자인을 접목시키는 안목이 뛰어나 독창적인 옷을 만들어 수업 시간에 패션쇼를 함. 영어 : 영어 일기쓰기 수행과제기록장을 분석해 본 결과, 영어 쓰기능력이 점진적으로 신장되고 있음. 영어연극에 풍부한 표현력과 정확한 발음으로 동료들의 높은 평가를 받음. 방과후 학교 프로그램 원어민 영어회화(40시간)를 수강함.	

⟨체육·예술(음악/미술)⟩

교과	과목	1학기		2학기		비고
		단위수	등급	단위수	등급	
체육	체육	1	우수	1	우수	
음악	음악	2	우수	2	우수	
미술	미술	1	보통	1	우수	
이수단위 합계						

과목	특기사항
체육 : 근지구력과 심폐지구력이 남달라 트랙경기 중 장거리 달리기에 능숙함(1600m, 5분 8초). 장거리달리기에 맞는 호흡방법을 익히면 기록 단축이 예상됨. 음악 : 대중음악에 관심이 많고 특히 랩 실력이 뛰어나 음악 시간에 랩송을 작곡하여 연주함. 미술 : 사물과 인체의 동작 묘사 능력이 우수할 뿐 아니라 애니메이션의 스토리전개 능력이 남다르고 카툰의 기본 흐름을 잘 이해하여 만화가로서의 기본 소양을 충분히 지님.	

[2학년]

교과	과목	1학기			2학기			비고
		단위수	원점수/과목평균 (표준편차)	석차 등급 (수강자수)	단위수	원점수/과목평균 (표준편차)	석차 등급 (수강자수)	
이수단위 합계								

과 목	세부능력 및 특기사항

⟨체육·예술(음악/미술)⟩

교과	과목	1학기		2학기		비고
		단위수	등급	단위수	등급	
이수단위 합계						

과목	특기사항

[3학년]

교과	과목	1학기			2학기			비고
		단위수	원점수/과목평균 (표준편차)	석차 등급 (수강자수)	단위수	원점수/과목평균 (표준편차)	석차 등급 (수강자수)	
이수단위 합계								

과 목	세부능력 및 특기사항

〈체육·예술(음악/미술)〉

교과	과목	1학기		2학기		비고
		단위수	등급	단위수	등급	
이수단위 합계						

과목	특기사항

10) 독서활동상황

학년	과목 또는 영역	독서활동 상황
1	국어	(1학기) 문학·인문과학 분야 서적에 관심이 많고, 독서활동 시간을 활용하여 한 달에 두 권 정도 책을 꾸준히 읽고 있으며, 저자가 전달하고자 하는 주제의 핵심을 파악하여 독서활동 시간에 발표함. '내 영혼이 따뜻했던 날들(포리스토 카트)', '10년 후 나(타테미야츠토무)', '성공한 사람들의 독서습관(시미즈 가쓰요시)' 등의 책을 감명 깊게 읽음.
	음악	(2학기) 예술관련 서적을 즐겨 읽음. 특히, 국악에 대해 관심이 많음. '판소리 이야기(최동현)', '우리 소리 우습게보지 말라(김준호)', '재미있는 국악 길라잡이(이성재)' 등을 통해 우리 음악에 가까이 접근하고 흥미를 느꼈으며 국악의 넓이와 깊이를 헤아릴 수 있는 계기를 마련함.
2		
3		

11) 행동특성 및 종합의견

학년	행동특성 및 종합의견
1	친절하며 이해심이 많아 친구들과 어울려 공부하기를 좋아하며 남을 도와주려고 하는 마음이 커 여러 번의 교내외 모범학생 표창을 수상한 학생임. 아울러 풍물반 동아리 기장으로서 활동할 만큼 사람들을 잘 이끌고 행사 기획과 운영의 능력이 뛰어난 학생임. 학업 면에서는 학력평가보다 내신성적이 우수한 편이어서 앞으로의 발전을 위해서는 자기 주도적으로 좀 더 넓고 깊게 공부하는 습관을 기를 필요가 있음.
2	
3	

2 학교 문서관리 및 문서작성 방법

가. 문서관리의 일반 사항

1) 용어정리

용 어	정 의
공문서	행정기관 내부 또는 상호간이나 대외적으로 공무상 작성 또는 시행되는 문서(도면, 사진, 디스크, 테이프, 필름, 슬라이드, 전자문서 등의 특수매체 기록을 포함) 및 행정기관이 접수한 모든 문서
서명	공문서(전자문서 제외) 상에 자필로 자기의 성명을 다른 사람이 알아 볼 수 있도록 한글로 표시하는 것

2) 문서의 성립과 효력발생

구 분	내 용
성립 시기	당해 문서에 대한 결재권자의 서명에 의한 결재가 있음으로써 성립 * 결재권자 : 기관장과 위임전결규정에 의하여 기관장으로부터 결재권을 위임받은 자 및 대결한 자
성립 요건	정당한 권한이 있는 공무원이 직무의 범위 내에서 공무상 작성하고, 결재권자의 결재가 있어야 함
효력 발생	▶ 일반문서 : 수신자에게 도달된 때 ▶ 공고문서 : 고시 또는 공고가 있은 후 5일이 경과한 날. 다만 효력발생 시기가 법령에 규정되어 있거나, 공고문서에 특별히 명시되어 있는 경우는 제외 ▶ 전자문서 : 수신자의 컴퓨터 파일에 기록된 때

3) 문서작성의 원칙

가) 문서의 용어

1) 글자 : 한글로 작성하되, 올바른 뜻의 전달을 위해 필요한 경우에는 괄호 안에 한자나 기타 외국어를 넣어 쓸 수 있으며, 특별한 사유가 있는 경우를 제외하고는 기로로 쓴다.

2) 숫자 : 아라비아 숫자(1, 2, 3, 4)
    예) 금 113,560원(금일십일만삼천오백육십원)

3) 날짜 : 숫자로 표기하되 년, 월, 일의 글자는 생략하고 그 자리에 온 점을 찍어 표시

4) 시분 : 24시각제에 따라 표기하되, 시·분의 글자는 생략하고 그 사이에 쌍점(:)을 찍어 구분
    예) 2010.2.18.(목) 11:40

나) 용지의 규격과 글의 색채
 1) 용지 : 흰색
 2) 기본규격 : 가로 210mm, 세로 297mm (필요한 경우에는 그 용도에 적합한 규격을 정하여 사용 가능)
 3) 용지의 여백 : 위로부터 30mm, 왼쪽으로부터 20mm, 오른쪽으로부터 15mm, 아래로부터 15mm이나, 문서의 편철위치나 용도에 따라 각 여백을 달리할 수 있다.
 4) 글자의 색채 : 검은색 또는 푸른색으로 한다. 다만, 도표의 작성이나 수정, 주의 환기등 특별한 표시를 할 때에는 다른 색을 사용 할 수 있다.

다) 문서의 수정
 수정한 내용대로 재작성하여 시행하되, 수정전의 문서는 기안자·검토자 또는 결재자가 보존할 필요가 있다고 인정하는 경우에는 이를 보존

라) 문서의 면표시
 1) 문건별 면 수 : 중앙 하단, 첨부물, 위부터 아래의 순
 2) 문서철별 면 수 : 우측하단, 표지와 색인목록 제외한 본문부터 면 수 부여, 최초에는 연필로 표시 후 기록물 정리가 끝나면 펜 등으로 기록
 3) 동일한 문서철을 2권 이상으로 나누어 편철 할 경우 2권 이하의 문서철별 면 수는 전권 마지막 면수 다음의 일련번호로 시작

마) 문서에 대한 표시
 1) 문서에 붙임이 있는 경우 : 본문의 내용이 끝난 다음 줄에 '붙임'의 표시
 2) 첨부물이 2개 이상일 때에는 1, 2, ...로 항목 표시
 예) 붙임 1. 현황 1부.
          2. 보고서식 1부. 끝.
 3) 문서 및 유가증권에 금액을 표시할 때 : 아리비아 숫자로 기재
 예) 금 113,560원(금일십일만삼천오백육십원)

바) 항목 구분의 순서, 표시위치 및 띄우기
 1) 첫째 항목부호는 제목의 첫 글자와 같은 위치에서 시작
 2) 다음 항목부터는 바로 앞 항목의 위치로부터 한글 1자(2타)씩 오른쪽에서 시작
 3) 항목부호와 그 항목의 내용사이에는 1타를 띄움

```
1.*첫째항목 1, 2, 3, 4, … …
×가.*둘째항목 가, 나, 다, … …
××1)*셋째항목 1), 2), 3), 4), …
×××가)*넷째항목 가), 나), 다), …
××××(1)*다섯째항목 (1), (2), (3), …
×××××(가)*여섯째항목 (가), (나), (다), …
××××××①*일곱째항목 ①, ②, ③, ④, … …
×××××××㉮*여덟째항목 ㉮, ㉯, ㉰, ㉱, … …
붙임 × 1.*○○○ 계획서 1부.
         2.*○○○○○ 서류 1부. × 끝.
```

※ × 표시는 한글 1자(2타), * 표시는 숫자 1자(1타)를 띄움

※ 필요한 경우에는 부분적으로 ㅁ, ○,—₩,·등과 같은 특수한 기호로 표시할 수 있음.

카) 끝 표시

1) 본문이 끝났을 경우에는 1자(2타) 띄우고 '끝'표시를 한다.

   예) 주시기 바랍니다. × 끝

2) 붙임물이 있는 경우 붙임의 표시를 한 다음에 1자(2타) 띄우고 '끝'표시를 한다.

   예) 붙임 1. 서식승인 목록 1부

       2. 승인서식 2부. × 끝

3) 본문 또는 붙임의 표시문이 오른쪽 한계선에서 끝났을 경우 다음 줄의 왼쪽 기본선에서 1자 띄우고 '끝'표시를 한다.

예) 붙임 -------------------------------- 1부.

× 끝

4) 연명부 등의 서식을 작성하는 경우

○ 기재사항이 서식의 중간에서 끝나는 경우 : 기재사항 마지막자의 다음 칸에 "이하빈칸"이라고 표시

예)

응시번호	성 명	주민등록번호	주 소
10	김길동	560000-100000	도봉구 번동 413-58
33	홍기용	550000-100000	종로구 청운동 30-5
이하빈칸			

○ 기재사항이 서식의 마지막 칸까지 작성되는 경우

: 서식의 칸 밖 다음 줄의 왼쪽 기본선에서 1자 띄우고 "끝"표시

예)

응시번호	성 명	주민등록번호	주 소
10	김길동	560223-1120813	도봉구 번동 413-58
33	홍기용	550415-1020813	종로구 청운동 30-5

× 끝.

나. 기안 문서의 일반사항과 검토

1) 기안 문서의 의의
○ 교육 계획 수립, 각종 행사 계획 수립, 내부 규정 제정 등 내부 의사결정과 감독청, 외부기관 등에 필요한 사항을 요구하거나, 이들 기관에서 요구한 사항을 보고·처리하기 위해 자체에서 생산하는 모든 문서이다.
○ 반드시 결재권자(교장)나 전결권자의 결재를 얻어야만 효력을 발생한다.

2) 기안의 분류
○ 기안은 기안용지를 사용하는 기안 : ① 일반기안 ② 대외비
○ 기안용지를 사용하지 아니하는 경우 : 서식에 의한 처리

3) 기안자
직급에 관계없이 사무관리규정 제5조(사무분장)에 의하여 분장 받은 업무에 대하여 그 업무를 담당하는 자 또는 동규정 제23조 제 4항(결재권자가 문서의 처리담당자를 따로 지정한 경우)에 의하여 지정된 자

4) 기안의 형식
문서의 기안은 원칙적으로 전자문서로 해야 하지만, 업무의 성격, 기타 특별한 사정이 있을시 종이 문서로 기안한다.

5) 기안문 작성 시 유의사항
○ 정확성 : 6하 원칙에 의거하여 작성
○ 신속성 : 이해가 빠르도록 결론부터 짧게 끊어서 작성
○ 용이성 : 읽기 쉽고, 알기 쉽고, 다루기 쉽게 1건 1매 위주로 작성
○ 경제성 : 서식을 통일하고 표준화된 부호 사용
○ 성실성 : 적절한 경어 사용, 위협적 표현 자제

다. 문서의 검토, 결재, 관리

1) 문서의 검토
   ○ 기안문은 결재권자의 결재를 받기 전에 보조(좌)기관의 검토를 받아야 함. 다만, 보조(좌)기관의 출장 등의 사유로 검토를 받을 수 없는 등 부득이한 경우에는 생략할 수 있으며 이 경우 검토자의 서명란에 출장 등의 사유를 명시하여야 함.
   ○ 기안문의 검토 및 협조(생략할 수 있음)

구 분	내 용
검토	기안문은 최종 결재권자의 결재를 받기 전에 조직 계통에 따라 보조(좌)기관이 형식, 내용 등을 재검토함.
협조	문서의 내용이 행정기관내의 다른 보조기관이나 다른 행정기관 업무와 관련이 있을 때에는 협조를 받음.

※ 검토는 직제상 수직적 합의이고, 협조는 수평적 합의임

2) 문서의 결재

결재란 당해 사안에 대하여 기관의 의사를 결정할 권한이 있는 자가 그 의사를 결정하는 행위

   ○ 결재의 종류

구 분	내 용
정규결재	• 정규결재(일반결재 - 기관장 결재)
전결	• 정규의 결재권자로부터 사전에 위임받은 자가 행하는 결재 (위임전결규정 - 당해 기관의 장이 훈령으로 정함) • 전결하는 경우에는 행정기관의 장의 결재란을 설치하지 아니하고 전결하는 자의 서명란에 "전결" 표시를 한 후 서명하여야 함. • 결재권자의 서명란에는 서명일자를 표시 할 수 있음.
대결	결재권자가 휴가·출장 기타의 사유로 결재할 수 없을 때 그 직무를 대리하는 자가 하는 결재 • 내용이 중요한 문서에 대하여는 결재권자에게 사후에 보고하여야 함. • 위임전결사항을 대결하는 경우에는 행정기관의 장의 결재란을 설치하지 아니하고 전결하는 자의 서명란에 "전결"표시를 한 후 대결하는 자의 서명란에 "대결"표시를 하고 서명하여야 함. • 위임전결사항이 아닌 사항을 대결하는 경우에는 행정기관의 장의결재란을 설치하지 아니하고 대결하는 자의 서명란에 "대결"표시를 하고 서명하여야 함. • 결재권자의 서명란에는 서명일자를 표시 할 수 있음.

3 사이트 맵

구분	기관명	홈페이지	소개
교육행정	교육과학기술부	www.mest.go.kr	교육과 과학기술에 관한 모든 업무를 관장하는 중앙행정기관
교원단체	한국교원총단체(교총)	www.kfta.or.kr	교총 조직, 중점 과제, 교직 윤리, 활동 등 안내
	전국교직원노동조합 (전교조)	www.eduhope.net	전교조 조직, 활동/정책, 교권상담 등 안내
연수	한국교원연수원	www.hstudy.co.kr	교과부 인가 대표 연수원, 직무/자율연수 안내 및 신청
	티처빌원격교육연수원	www.teacherville.co.kr	직무연수 신청, 다양한 콘텐츠 및 교사 커뮤니티, 무료 연수 신청 가능
	티처원격교육연수원	www.teacher1.com	
	유니텔원격교육연수원	www.teacher.co.kr	다양한 직무연수 자료 탑재, 독서/논술 자격증 운영
	EBS원격교육연수원	www.ettc.co.kr	EBS 운영. 영어 및 원어민 관련 교육 자료 탑재
	교육사랑연수원	www.edulove.co.kr	에듀카페 및 에듀몰 운영.
	교원연수정보서비스	ttis.edunet.net	교원맞춤형 연수정보 조회 서비스 탑재.
담임업무	창의적체험활동 종합지원시스템	edupot.go.kr	학생, 학부모, 교사 모두 이용. 창의적체험활동 기록, 승인하여 학생 포트폴리오 구성.
	독서교육지원시스템	www.reading.go.kr/	컴퓨터 기반 독서활동 온라인지원 프로그램
교수학습자료	에듀넷 중앙교수학습 센터	www.edunet4u.net/	교사/학생용 교수-학습 자료 탑재
	전국교육정보통합서비스 연구대회 네트워크	contest.edunet.net/	수업 연구대회 운영. 우수 수업 동영상 탑재
	전구 방과후교육 진흥회	www.edusc.net/	방과후학교, 평생교육 관련 콘텐츠 탑재
	연구학교 네트워크	modelschool.edunet.net/	연구시범학교 연구주제 및 자료 탑재

4부 부록

참고문헌

가원중학교 문화체육부(2008) 교내육상경기대회계획서.
가원중학교 문화체육부(2007) 교내체육대회 계획서.
강신복·최의창 역(1994). 체육수업탐구. 서울: 태근문화사.
교육과학기술부(2011). 학교 체육·예술 내실화 방안.
서울대학교 스포츠과학연구소(2010). 학생건강체력평가 매뉴얼.
서울특별시교육연수원(2009). 2009 중등 체육과 1·2급 정교사 자격연수. (서교 2009-중등-1-6).
서울특별시교육연수원(2010). 중등 교감자격연수.
서울특별시교육연수원(2010). 2010 중등신규임용예정교사 직무연수.
서울특별시교육연구정보원(2010). 2010 교직실무편람.
서울특별시교육청(2011). 2011 학교체육 컨설팅장학 매뉴얼.
서울특별시교육청(2011) 수련교육, 수학여행 운영 안내.
서울특별시교육청(2011) 문화·예술·체육·수련교육 활성화 방안 세부추진계획.
서울특별시교육청(2011) 청소년단체 활동 운영 안내.
서울특별시교육청(2011) 학교체육장학계획.
서울특별시교육청(2011) 학생 건강검사 세부 추진 계획.
석촌중학교 방과후교육부(2011) 방과후학교 프로그램 운영 지원사업 운영 계획서.
석촌중학교 예체능부(2011) 재난대비훈련계획서.
한국교육학술정보원(2010). 업무관리시스템 : 사용자 매뉴얼.
한국교육학술정보원(2009). 학교회계시스템 매뉴얼 : 교원용.
한국교육과정평가원(2007). 2007 개정 체육과 교육과정.
한국교육과정평가원(2009). 2009 개정 교육과정.
교육과학기술부(2011). 2011 중·고등학교 학교생활기록부 기재 길라잡이.
 (11-1341000-001278-10).
최의창(2003). 체육교육탐구(제2판). 서울: 레인보우북스.
최의창(2010a). 인문적 체육교육과 하나로 수업. 서울: 레인보우북스.
최의창(2010b). 가지 않은 길2. 서울: 레인보우북스.
최의창(2010c). 가지 않은 길3. 서울: 레인보우북스
한국교육학술정보원(2011). 중학교 나이스 교무업무시스템 도우미.
한국교육학술정보원(2011). 고등학교 나이스 교무업무시스템 도우미.
한국교육학술정보원(2011). 2011학년도 나이스 교무업무시스템 매뉴얼: 중학교/업무별.
독서교육지원시스템(2011). http://www.reading.go.kr/
창의적체험활동종합지원시스템(2011). http://www.edupot.go.kr/